AF764363

Timur Vermes

COMIC VERFÜHRER

HarperCollins

1. Auflage 2022

Originalausgabe

© 2022 by HarperCollins in der
Verlagsgruppe HarperCollins Deutschland GmbH, Hamburg

Konzeption, Gestaltung und Umsetzung von Dominic Wilhelm,
wilhelm typo grafisch, www.wilhelm.black

Umschlagmotiv: GUS 2 – Beau Bandit © DARGAUD 2008,
by Christophe Blain, www.dargaud.com, All rights reserved

Druck und Bindung von Livonia Print, Riga

ISBN 978-3-365-00058-8

www.harpercollins.de

Klimaneutral
Druckprodukt
ClimatePartner.com/15109-2009-1001

MIX
Papier aus verantwortungsvollen Quellen
FSC
www.fsc.org
FSC® C002795

Inhalt

00 Bevor es losgeht

Warum dieses Buch lesen und womöglich noch kaufen?
Warum soll ausgerechnet ich wissen, wie Sie Spaß an Comics neu- oder wiederentdecken?

Wer weiß schon, was ich für einen Geschmack habe? Mal sehen:

Breaking Bad | The Sopranos | Mad Men | The Wire

Kennen Sie? Gucken Sie? Ich auch.

Grand Theft Auto | Red Dead Redemption | Fifa | Far Cry | Portal

Kennen Sie? Spielen Sie? Ich auch.

Sie bleiben regelmäßig bei STAR TREK- und JAMES BOND-Filmen hängen? Sie haben sich bei BLAIR WITCH PROJECT mitgefürchtet und bei BROKEBACK MOUNTAIN mitgeheult? Und ein Blockbuster ist für Sie kein Teufelszeug, weil Sie wissen, dass man mit viel Geld Großartiges machen kann wie die GUARDIANS OF THE GALAXY und Fades wie EVAN ALLMÄCHTIG?

Sehe ich auch so.

Mein Geschmack ist nicht außergewöhnlich. Näher an Pommes frites und Bratkartoffeln als an der Molekularküche. So ähnlich war auch mein Comicgeschmack als Kind: Ich fand gut, was die meisten Kinder gut fanden. ASTERIX, LUCKY LUKE, LUSTIGE TASCHENBÜCHER, FIX UND FOXI, CLEVER & SMART, die Superhelden von DC (die von Marvel waren mir irgendwie zu »anders« gezeichnet). Die Sachen aus PRIMO und ZACK. GESPENSTER GESCHICHTEN. BUFFALO BILL, BESSY und SILBERPFEIL. REX DANNY. Die PEANUTS.
Klingt schon wieder vertraut? Sehr gut!
Also, das ist der Plan:

Ich werde Comics empfehlen. Ich werde versuchen, für alles, was es damals gab, Ersatz zu finden, der heute wieder funktioniert. Für Gruseliges, für Western, für Superhelden. Dazu Themen, für die wir uns früher nicht interessiert haben. Lustig, spannend, nachdenklich, traurig, die ganze Bandbreite. Ich werde das empfehlen, was ich mit meinem BREAKING BAD-Bratkartoffelgeschmack selbst mag.
Die Erfolgsaussichten sind ziemlich gut, denn: Ich werde nicht den neuesten

heißen Scheiß empfehlen, sondern das Beste aus den letzten fünfzehn bis dreißig Jahren. Heißt: Comicfans werden vieles schon kennen, aber Sie sind ja kein Comicfan. Noch nicht. Sie werden's aber werden oder wieder werden, da bin ich ziemlich sicher.

Für alle Fälle gibt's darunter noch die ~~Outtakes~~. Da finden Sie Comics, die

a) sich super verkaufen (die ich aber weniger gut finde);
b) gut aussehen, aber mich erzählerisch nicht überzeugen;
c) toll sind, aber leider nicht mehr leicht erhältlich.

Nächste Spielregel: Man muss die Comics auf Deutsch kriegen können. Möglichst auf Papier, bei einigen werden Sie wohl auf E-Books oder auf Ihre Stadtbibliothek zurückgreifen müssen – oder auch mal auf einen Gebrauchtbuchhändler. Das ist leider so: Der Comicmarkt in Deutschland ist so klein, dass es Verlage oft nicht riskieren können, eine zweite Auflage nachzudrucken. Das ist anders als beim Buchmarkt: Wenn man von einem Buch fünfzigtausend Exemplare verkauft hat, kann man hoffen, dass man noch mal fünftausend weitere loswird. Wenn man aber von einem Comic gerade mal mühsam dreitausend Stück verkauft hat, kann man nicht sicher sein, ob man noch tausend weitere Käufer findet. Mit weniger Exemplaren braucht man einen Nachdruck aber gar nicht erst zu erwägen – er rechnet sich dann einfach nicht.

Was noch? Ich werde ein paar Fach- und Sachgeschichten rund um den Comic erzählen. Wann und ob ein Comic »gut« ist, wie man am sinnvollsten nach neuen Comics sucht, was es bedeutet, wenn »Graphic Novel« draufsteht. Wie es ist, wenn man Comics in Deutschland zeichnet und davon leben will.

Aber im Wesentlichen verspreche ich Ihnen Tipps zwischen Bratkartoffeln und BREAKING BAD. Nur eine kleine Vorwarnung muss noch rein – denn ich habe seit meiner ersten Liebe zu den LUSTIGEN TASCHENBÜCHERN ein paar Dinge dazugelernt.
Nämlich, dass …

… Kaffee und Bier gut schmecken können, obwohl sie eher bitter sind.
… es gute Popsongs gibt, in denen keine E-Gitarre vorkommt.
… Häppchen aus rohem Fisch mit Reis sehr lecker sind.
… Trickfilme genauso gute Geschichten erzählen können wie Realfilme.
… exzellente Szenen auch in Videospielen möglich sind.
… das Privatfernsehen furchtbar ist – und trotzdem STROMBERG gemacht hat.
… Dinge, die »anders« sind, besser sein können als Dinge, die »genauso« sind.

Und jetzt geht's los.

01

Ein Oberlehrer im Umhang geistert durch die Nacht, und die Polizei sperrt alle ein, die er gefesselt zurücklässt: Batman war so was von out – bis ein Comic ihn so durchgeknallt zeigte, wie er schon immer war.

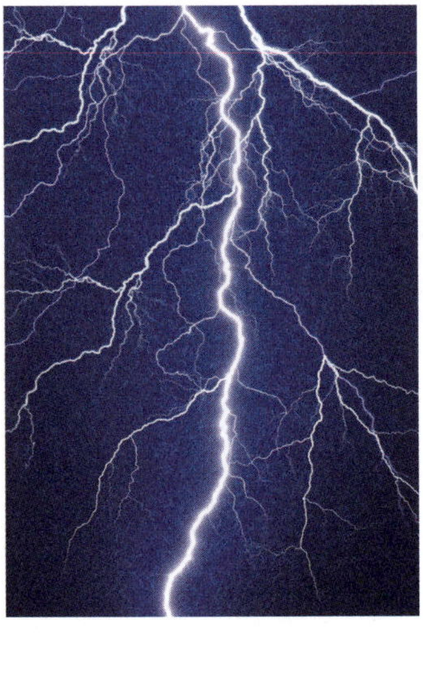

Wiedereinstiegsdrogen I

DIE RÜCKKEHR DES DUNKLEN RITTERS

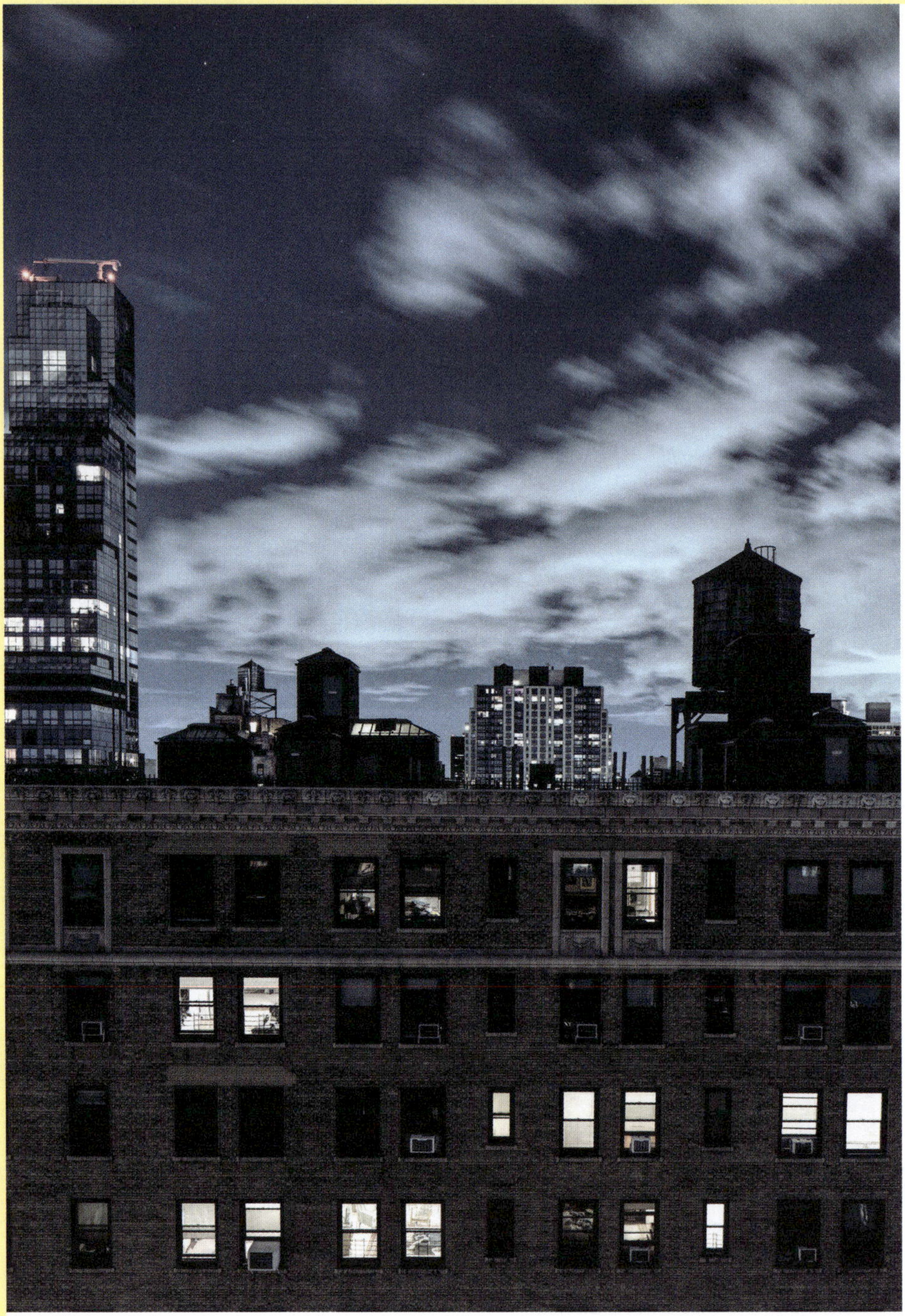

1

1 In einer gewaltigen Gewitternacht feiert Batman sein Comeback, und Frank Miller zeigt ihn erst einmal sehr lange – nicht. Weil natürlich jeder wissen will: Wie ist Batman drauf nach zehn Jahren Ruhestand?

Frank Miller ist schuld.

Also nicht daran, dass ich Comics lese. Aber daran, dass ich WIEDER Comics lese. Ich habe nämlich zwischendrin mal aufgehört, ich las praktisch überhaupt keine mehr ...

Aber dann kam DIE RÜCKKEHR DES DUNKLEN RITTERS. Und die hat für mich alles geändert. Vom Start weg. Denn Frank Miller ließ Batman erstmals zu mir sprechen. Natürlich nicht nur zu mir, sondern zu allen Lesern: Ich-Perspektive. Die Sprechblasen blieben Sprechblasen, normale Comicdialoge, aber die Erzählung, der Text in den Textkästen, das kam alles direkt aus dem Kopf von Bruce Wayne. Seine ersten Worte waren: »Die Zielgerade liegt vor mir, als die Computerdaten keinen Sinn mehr ergeben. Ich schalte auf Handsteuerung um ...«

Denn Bruce Wayne ist zwar immer noch Multimillionär, aber inzwischen Mitte fünfzig, und er fährt Autorennen – so riskant wie möglich, aus schierer Langeweile. Seit zehn Jahren ist er nicht mehr als Batman unterwegs, alle Superhelden haben sich zurückgezogen, nur Superman jobbt heimlich für die Regierung. Wayne sitzt zu Hause, schlägt die Zeit tot und sieht zu, wie die Gangkriminalität in Gotham zunimmt. Aber noch immer glüht in ihm der stillgelegte Batman, meldet sich verlockend wie eine Droge beim Süchtigen: Wie schön wäre es, diese Gangster zu bestrafen, sie zittern zu sehen. Mit Alkohol hält Wayne Batman im Griff, bis schließlich in einer Gewitternacht **Abb. 1** die Fernsehnachrichten so viele Gewaltverbrechen melden, dass sich die Fledermaus nicht mehr beherrschen lässt. Er rettet eine Rentnerin, verprügelt einen Zuhälter, verfolgt drei Bankräuber. Den letzten von ihnen erledigt er aus dem Hinterhalt, und hier sieht man erstmals, was ihn bei der Arbeit bewegt.

Sieben Methoden, so doziert er akribisch, gäbe es für diese Situation. Drei seien tödlich, drei würden den Gegner mit minimalem Kontakt entwaffnen. Eine aber, verrät er, bevor er sie genussvoll anwendet, »eine tut weh«.

»Sie haben den Mann zum Krüppel getreten«, protestiert ein junger Polizist am Tatort, und die Antwort lautet, eher dunkel als ritterlich: »Er wird leben.« Dieser Batman schleppt zum Verhör einen bereits verletzten Gangster mit verbundenen Augen auf Gothams höchstes Gebäude. Er lässt ihn an den Füßen von der Gebäudespitze hängen und enthüllt ihm erst dann lustvoll, in welcher Situation er sich befindet. Um sich dann zu freuen: »Allein der Schrei ist es wert.«

Es war ein Unterschied wie Tag und Nacht: Dieser Batman ergab mehr Sinn als alle vorherigen zusammen. Selbst traumatisiert, eindeutig verhaltensgestört und absolut ambivalent – er war nachvollziehbar und inakzeptabel zugleich. Und so ist auch die Welt, in der er lebt – nur vorgeblich die nahe Zukunft, tatsächlich aber unsere Gegenwart. Immer wieder blendet Miller TV-Sendungen ein. Es gibt Spekulationen über Batmans Comeback, es gibt Kritiker, Befürworter und den allgegenwärtigen Quatschfunk, für den Batman einfach ein buntes Trendthema ist. Und: Es gibt eine junge neue Polizeichefin, für die es keine Frage ist, dass man auch im Fledermauskostüm nicht einfach selbst mal Polizei spielen darf.

Was – ganz nebenbei – ja nicht nur eine Frage der Legalität oder Selbstjustiz ist, sondern auch schlichtweg mit den normalen Erfordernissen der Strafverfolgung zu tun hat: Jeder Erwachsene weiß, dass man nicht einfach Leute einsperren kann, nur weil man sie gefesselt und mit einem Batman-Logo etikettiert am Fuß eines Laternenpfahls findet. Miller warf daher mit der erstmals gesetzeskonformen Reaktion der Polizeichefin elegant mehrere Fragen auf: Wo waren in den letzten fünfzig Jahren die Anklagen, wo die Zeugen? Hatte Batman je vor Gericht ausgesagt oder dabei seine Identität nachgewiesen? Auf welcher rechtlichen Grundlage wurde etwa der Joker in Arkham eingesperrt? Weil das »der Typ mit dem Umhang« gesagt hat, von dem die Behörden nicht mal wissen, wer's ist? Und selbst wenn man unterstellt, die Polizei beträte gelegentlich die Grauzonen der Legalität: Sie wäre wohl kaum so dämlich, mit einem großen Scheinwerfer nachts anzukündigen, dass sie wieder mal jemanden beauftragt, der – bei genauerer Betrachtung – kein bisschen legaler arbeitet als eine philippinische Todesschwadron. In einer echten Welt hätte also jemand wie Batman vielleicht noch nachts herumgeistern können. Aber seine Opfer hätten kein Gefängnis zu erwarten, sondern Schadensersatz. Vielleicht nicht von ihm, aber auf jeden Fall von einem Staat, der diesen ordnungswütigen Hooligan toleriert.

Miller arbeitete die Realität penibel ab: Von Batmans Rückkehr ermutigt, treten weitere Rächergestalten auf, und nicht alle sind sich darin einig, was man als Verbrechen betrachten sollte: Einer geht ins Pornokino und erschießt dann angewidert die Besucher. Zwei Jugendliche laufen zunächst der schicken Verbrechergang der Mutanten hinterher und wechseln dann – nachdem Batman ihren Boss verprügelt hat – nahtlos in das Lager der »Söhne Batmans«. Ein Ladenbesitzer traut sich einfach mal, sich zu wehren. Batman inspiriert alle gleichermaßen, Miller wertet nicht, er bildet nur ab.

Es ist zudem vor allem Batmans Comeback, das den Joker aus seiner Lethargie erweckt – erneut völlig logisch. Der Superheld zieht erst das Rampenlicht auf sich, das dann wiederum Möchtegernschurken und Superschurken anlockt: Konsequenterweise wird der Joker Gast einer Talkshow, dreißig Jahre vor dem Film mit Joaquin Phoenix.

Mich hat all das aus den Socken gehauen. Plötzlich war Batman wieder fesselnd. Die Zeichnungen taten ein Übriges: Sie waren nicht ganz so naturalistisch wie die von Jim Aparo oder Neal Adams, aber genauso explosiv, und sie genossen Freiheiten, die den mir vertrauten Zehn-Seiten-Abenteuern nicht zur Verfügung standen. Miller konnte Batmans erstem Auftritt eine ganze Seite spendieren, gigantisch segelt der durchs Bild und freut sich darüber, dass er sich gar nicht wie ein Mittfünfziger fühlt, sondern wie mit dreißig oder, völlig glücksbesoffen, wie mit zwanzig. Als Batman seinen Batmobil-Panzer verlässt, weil er sich mit dem Boss der Gangster prügeln will, grinst er breit und voller Vorfreude auf die Prügelei. Ist das noch ein einsamer Rächer voller Pflichtgefühl **Abb.2** – oder nicht eher ein seelischer Krüppel, der heiter in die Schlachten zieht, weil das die einzigen Momente sind, in denen sein Kindheitstrauma ihn in Ruhe lässt?

In jedem Fall war dieser Batman einer, den man einfangen musste, und wer würde sich dazu besser eignen als Superman, dieser ewige Jasager und Gutmensch in Blau?

Batman war mein Liebling von früher. Also gab ich ihm 1990 eine Chance. Ich kaufte den RITTER, der inzwischen weit dicker und weit teurer war als ein Comicheft, und setzte mich mit ihm aufs Bett.

Ich las die zweihundertzwanzig Seiten in einem Rutsch durch.

Und als ich fertig war, fing ich sofort noch mal von vorne an.

Kurze Zeit darauf betrat ich das örtliche Comicgeschäft: Ultra-Comix in Nürnberg. Aber diesmal guckte ich nicht mehr ziellos herum. Diesmal wusste ich, was ich suchte: mehr von dieser erwachsenen Art, Geschichten zu erzählen.

Weil Nachmittage mit Comics plötzlich wieder möglich waren.

Und es heute, dreißig Jahre später, immer noch sind.

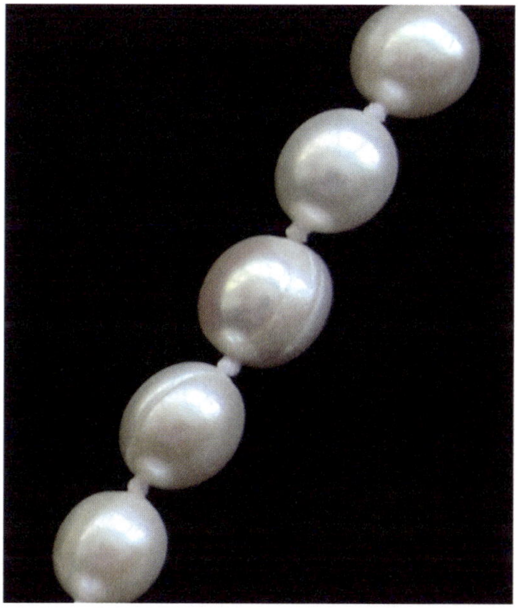

2

2 Wegen einer Perlenkette sterben Bruce Waynes Eltern: Ein Räuber reißt sie Mutter Wayne vom Hals – das Bild des zum Zerreißen gespannten Schmuckstücks bleibt dem Sohn ins Gedächtnis gebrannt.

Der Titel aus diesem Kapitel

→ Frank Miller, DIE RÜCKKEHR DES DUNKLEN RITTERS, Panini/Carlsen

02

Fast alle von uns lesen als Kind Comics. Und das sogar gerne. Aber beinahe genauso viele von uns hören plötzlich auch wieder damit auf. Warum eigentlich?

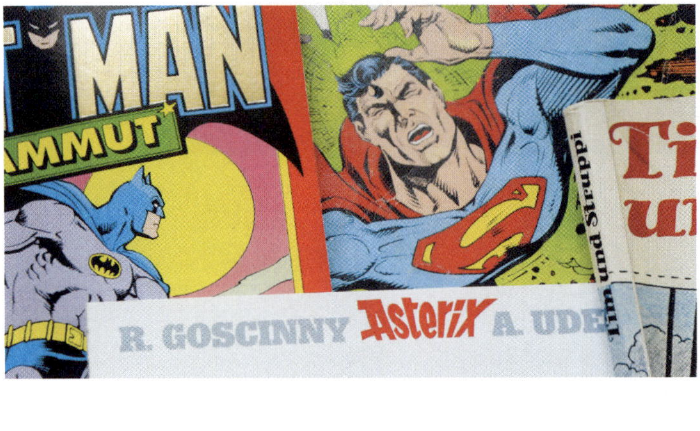

UND DANN WAR AUF EINMAL SCHLUSS MIT LUSTIG

Kürzlich habe ich einem Freund von meinem Burgbaukasten erzählt, den ich als Kind hatte. Und er sagte: »Davon wusste ich ja gar nichts!« Das stimmt. Und er wunderte sich zu Recht: Wir sind so in der sechsten, siebten Klasse zusammengekommen, und ich bin ziemlich sicher, dass der Baukasten damals noch im Einsatz war. Aber es war riskant, davon zu erzählen.

Als Kind mit zwölf, dreizehn lebt man auf einem Minenfeld. Wer weiß, ob andere Kinder auch noch mit Burgbaukästen spielen? Und ist man überhaupt noch Kind? »Jawohl«, hat der Freund erzählt, »kenn ich.« Bei ihm war's Playmobil. Hat er mir auch nicht erzählt, hat er anderen auch nicht erzählt. Mit zwölf oder dreizehn, da genügt ein falsches Wort, und du bist das Gespött der ganzen verdammten Schule.

Deswegen ist die Pubertät häufig auch entscheidend für den Ausstieg aus der Comicszene. Comics verraten einfach zu viel. Von den eigenen Wünschen, den eigenen Träumen und Schwächen. Superman ist eine Idealvorstellung für Jungs, die eben keine erwachsenen Oberarme besitzen. Von sehr jungen Männern, denen dauernd alle sagen, was sie zu tun haben. Superman ist die passende Comicfigur

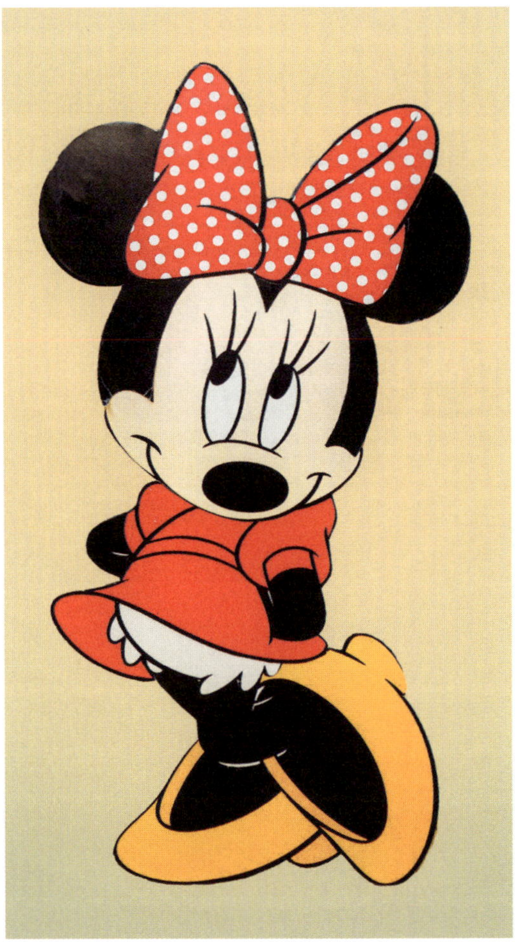

1

1 Wenn Mädchen anfangen sich für Influencerinnen oder Greta Thunberg zu begeistern, kann Minnie Maus mit ihrer langweiligen Niedlichkeit einpacken. Interessante Frage: War eigentlich ihr Spitzenhöschen immer schon so sichtbar?

zum Kindergedanken »Ich gehe weg und werde berühmt, und dann komme ich zurück, und dann wird es euch leidtun«, die Figur zum Wenn-ihr-wüsstet-wie-toll-ich-wirklich-bin. Später hat man diesen Traum schon auch noch, aber in der Pubertät ist man obendrein noch zunehmend damit beschäftigt, cool zu wirken. Und zur Coolness passt leider nicht immer der Traum vom Superhelden. Ich beispielsweise musste eher überlegen, ob die zerfetzten T-Shirts von Ratt besser zu mir passten als die Nietengurte von Mötley Crüe – und wie sich beides in meinen Schulalltag integrieren ließ, ohne als Schwachkopf dazustehen.

Mir ging zunehmend auch Batmans ewige Vorbildlichkeit auf die Nerven. Wer das Twisted-Sister-Video zu »I Wanna Rock« betrachtet, sieht ziemlich genau meine Problemstellung – und es war nicht anzunehmen, dass Batman sich dabei auf die Seite der geschminkten Typen schlagen würde, die knapp bekleideten Schülerinnen zeigen, wie man fachgerecht mit dem Schädel gegen einen Blechspind headbangt. Für ihn blieben dadurch immer weniger Geschichten übrig, die ich noch mochte: etwa die von Neal Adams gezeichneten, die ins Übersinnliche spielten. Der Grund liegt auf der Hand: Eine Gruselgeschichte nahm den Fokus vom Superheldenwunsch, übrig blieb die bis heute faszinierende Optik.

Ähnliches gilt für Donald Duck. Sobald Mädchen interessant werden, ahnt man allmählich, dass die Begeisterung für einen ständig versagenden Comic-Erpel im Matrosenanzug einen bei ihnen nicht attraktiver macht. Logischerweise flog Micky Maus samt seinen albernen Detektivgeschichten noch schneller raus als Batman. Und von den Duck'schen Abenteuern blieben nur die, die einen unbestreitbaren Witz hatten: meistens also jene von Carl Barks. Es ist eindeutig kein Zufall, dass man selbst in der tiefsten Pubertät noch am ehesten zu ASTERIX und LUCKY LUKE stehen konnte oder auch zu den PEANUTS – eben zu außerordentlich gut gemachten Humorprodukten.

Dritter Punkt: Das Gefühl der eigenen Unterlegenheit verschwand immer wieder mit dem Auftauchen fester Freundinnen. Der Traum vom eigenen Superheldendasein wurde ersetzt durch den Traum von handfestem Gefummel und der Selbstsicherheit, dass man diese allgemein anerkannte Fummelei schon mal halbwegs erfolgreich praktiziert hatte. Was ja obendrein ein Bereich war, der überhaupt nicht Batmans Baustelle war. Und das gilt für fast alle Varianten des Superheldenthemas. Diese ganzen einsamen Wölfe waren mir alle zunehmend egal, weil: Ich war ja nicht mehr einsam und musste daher diese Einsamkeit auch nicht mehr verklären. Oder jedenfalls gerade mal nicht. Und wenn, dann waren dafür eher Judas Priest und Cinderella zuständig.

Warum Mädchen mit Comics aufhören? Ich kann's nicht aus erster Hand beurteilen, aber das mit der Coolness ist sicher ebenfalls ein Grund. Erwachsenwerden, erwachsen sein zu wollen, bedeutet, sich als eigenständige Persönlichkeit zu profilieren – und das Bewundern von anderen im Allgemeinen und Minnie Maus **Abb.1** im Besonderen wirkt nun mal wenig eigenständig. Doch das Hauptproblem ist, dass die Welt der Kindercomics einfach nicht nahtlos in die Welt der Erwachsenencomics überführt wird.

Gucken Sie sich zum Vergleich das Fernsehen an. Die Mode. Kino. Videospiele. Internet. All diese Geschäftszweige würden nie zulassen, dass ihnen irgendeine Altersklasse durch die Finger rutscht. Eine Firma wie Lego findet sich nicht damit ab, dass die Menschen erwachsen werden, sie versucht sie zu Sammlern zu machen. Und Influencer erfinden für jede Gruppe ab drei Personen einen eigenen Kanal und versuchen ihn zur werberelevanten Marktreife zu entwickeln. Warum? Weil es Milliardenmärkte sind. Aber Comics, jedenfalls die gedruckten, sind es nicht. Was bedeutet: Es gab damals und gibt noch heute keine derart geschlossene Produktkette von der Wiege bis zur Bahre.

Und so verliert irgendwann der Pups seinen Witz und stinkt nur noch. DIE SCHULE DER MAGISCHEN TIERE, Harry Potters Hogwarts, überall zeigt sich, dass für Erwachsene Zauberei als Alltagskonzept untauglich ist. Übrig bleiben Kinderprobleme, die mit magischem Brimborium und Quidditch künstlich aufgeblasen wurden. Und Superman – was hat ein Kerl mit der Realität zu tun, der einen Hitzeblick hat, eine Kältepuste und einen Türschlüssel von der Größe eines Kranauslegers? Im erwachsenen Alltag gibt es keine Superschurken, sondern nur ganz normale Arschlöcher und nicht funktionierende Updates.

Obendrein müssen wir als Erwachsene zusehen, wie der Comic-Superman **Abb. 2** und seine Kollegen an der Realität scheitern.: Es ist schlicht nicht denkbar, dass der edle, aber illegale Einwanderer vom Planeten Krypton tatenlos dabeistehen würde, wenn die US-Regierung Migrantenkinder von ihren Eltern trennt. Und dennoch wurde in vier Jahren Donald Trump keine Geschichte gezeichnet, in der Superman oder sonst ein namhafter Superheld eine angemessene Reaktion auf die Rassistentruppe im Weißen Haus gezeigt hätte. Heldendarsteller wie Robert Downey jr. oder Mark Ruffalo bezogen Stellung, aber im Comic haben weder Iron Man noch der Hulk sich je explizit gegen Trump positioniert.

Als Kind kommt man damit klar, denn Supermans Feind ist ja Lex Luthor.

Als Erwachsener denkt man: Tja, aus dem Alter für Comics bin ich raus.

Aber das ist ein Trugschluss: Es ist nur Zeit für andere Comics.

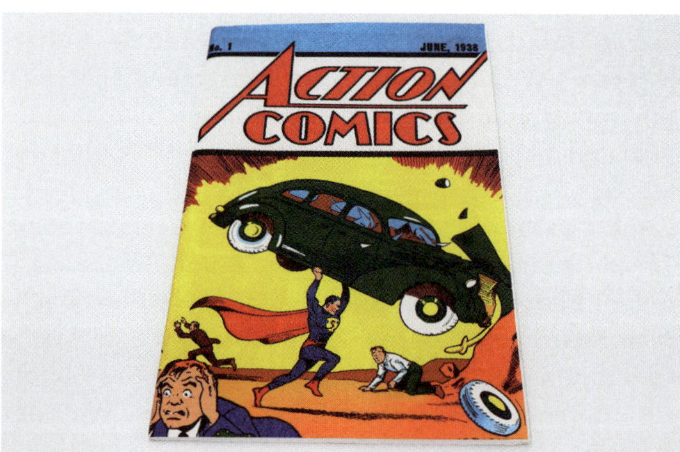

2

2 Berühmte Sachbeschädigung: Schon in seinem ersten Abenteuer zerlegt Superman völlig unnötig ein leeres Auto. Für Kinder cool – für Erwachsene seltsam, für Juristen unzumutbar.

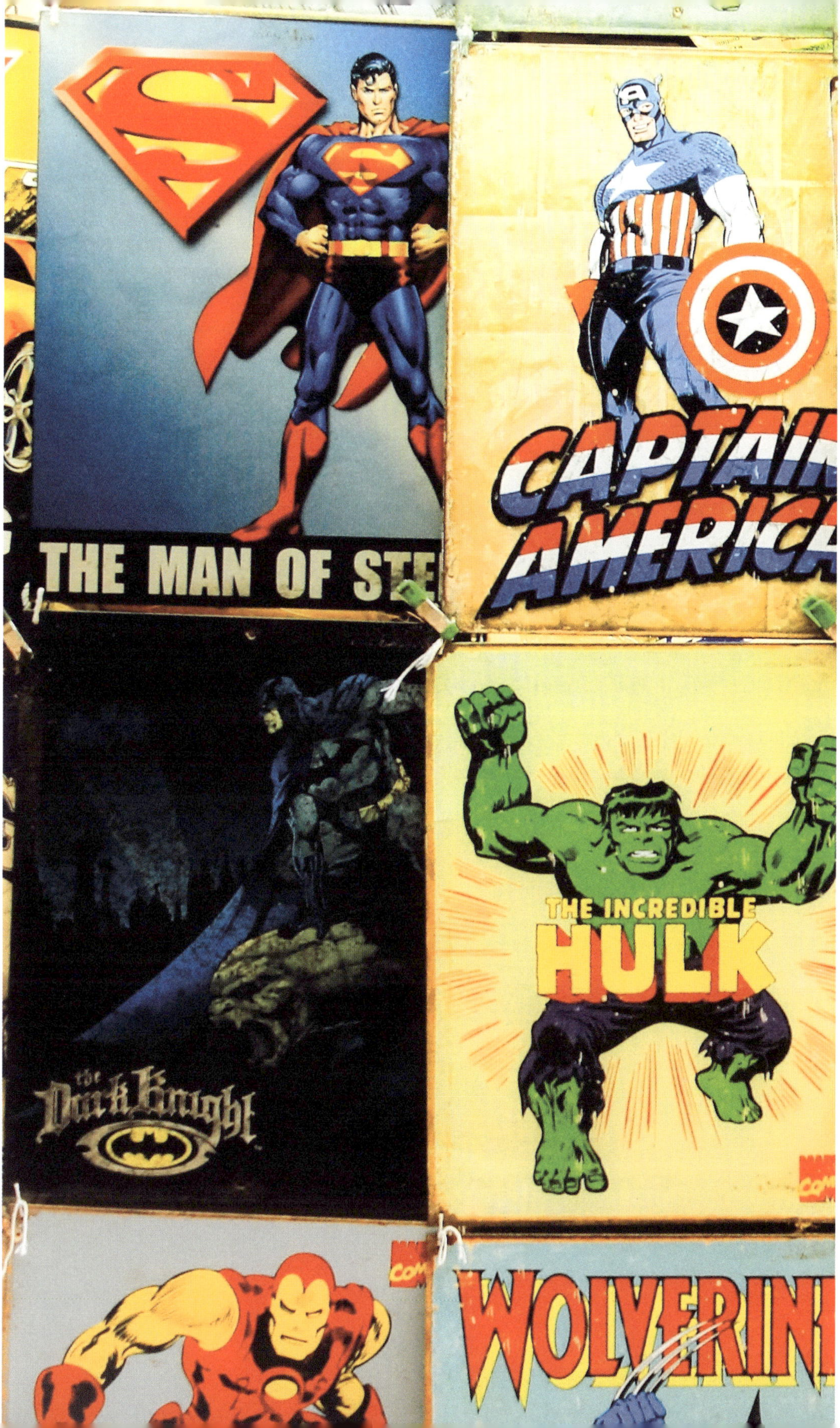
THE MAN OF STE
CAPTAIN
AMERICA
the Dark Knight
THE INCREDIBLE
HULK
WOLVERIN

03

SILBERPFEIL nervt? BUFFALO BILL langweilt? Diese Comics stellen die Westernwelt auf den Kopf, zeigen den »lonesome cowboy« in anderem Licht – und sind manchmal nur neu, weil sie so alt sind

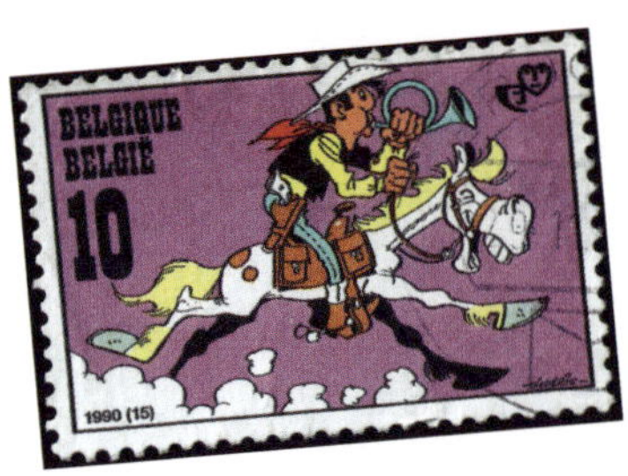

EIN SATTELFEST: LUCKY LUKE UND SEINE ENKEL

Comicwestern gibt es wie Sand am Meer. Vielleicht liegt's an LUCKY LUKE, vielleicht an LEUTNANT BLUEBERRY, vielleicht an Bud Spencer und Terence Hill, aber genau hier liegt auch der Hase im Pfeffer. Das Genre lebt, aber es lebt vor allem von den Ideen von früher. Es gibt den lustigen Western, es gibt den harten Western mit dem einsamen Wolf, aber schon beim Blick aufs Cover können Sie sich – gerade wenn Sie dem Western seit Längerem wohlwollend gegenüberstehen – meistens denken, welche Quelle der jeweilige Comic gerade anzapft. Und obwohl das keineswegs immer ein schlechtes Zeichen sein muss, ist es nur selten ein gutes: Der Comic erscheint dadurch so vertrauenerweckend wie irgendeine italo-spanisch-französische Koproduktion aus dem Jahr neunzehnhundertsoundsiebzig, Titel irgendwas wie Drei Ohrfeigen für vier Himmelhunde oder Geier mögen keine blauen Bohnen, 0 Uhr 35 bei Tele 5. Es gibt Besseres.

Etwa, um konservativ zu beginnen, einen Comic, der neu ist, weil er so alt und unbekannt ist: TICONDEROGA. Eine über sechzig Jahre alte Serie, erschienen in Argentinien, gezeichnet vom nicht ganz unbekannten Hugo Pratt, geschrieben von Héctor Germán Oesterheld. Sie spielt im britisch-französischen Krieg um Nordamerika, also im LEDERSTRUMPF-Setting, aber aus Jungensicht, **Abb.1** sozusagen der Perspektive von Jim Hawkins in der SCHATZINSEL. Das ist gleich dreifach gut: Einerseits wirkt das Altmodische dadurch angemessen und selbstverständlich. Andererseits ist man immer wieder überrascht, wie hart und schonungslos hier gerade in Anbetracht des jungen Zielpublikums gestorben und getötet wird. Und Pratt tuscht die Action PRINZ EISENHERZ-würdig, Natur und Landschaft mit viel Sinn für großes Kino, jede Menge historischer Details aus der Zeit, als Gewehre noch mit Pulverhorn und Stock geladen wurden. All das wirkt erstaunlich lebendig in Schwarz-Weiß-Grau, obwohl das Querformat Pratt anfangs nicht mal Platz für Splashes lässt. Schön gebunden, im Schuber mit vielen Extras. Damit machen auch Nostalgiker nichts falsch.

Von hier geht's vorsichtig in die 1980er, wir bleiben bei Pratt – der aber diesmal schreibt. Zeichnen lässt er den Italiener Milo Manara. Das ist etwa so, als würde Martin Scorsese mit Teresa Orlowski drehen, denn Manara ist vor allem für seine Erotikcomics bekannt – aber im Comic sind die Grenzen viel durchlässiger. Erfreulicherweise, weil Manara nicht nur ausgezeichnete Brüste zeichnet, sondern auch Landschaften, Gesten, harte Action. EIN INDIANISCHER SOMMER spielt im siebzehnten Jahrhundert, als in Nordamerika Siedler und Ureinwohner noch nebeneinanderher leben können. Schon der Einstieg ist so fesselnd wie ambivalent: Zwei junge Indianer treffen an einem idyllischen Meeresstrand eine junge Siedlerin und vergewaltigen sie. Anschließend gehen sie gut gelaunt im Meer baden. Plötzlich taucht ein junger Siedler auf. Er erschießt die Vergewaltiger und skalpiert sie anschließend. Die Skalps gibt er der Vergewaltigten. Der Vorfall ist Auftakt zu einem eskalierenden Konflikt zwischen Ureinwohnern, Dörflern und Farmern, in dem keine Seite sonderlich gut wegkommt.

Das Ungewöhnlichste ist, dass Pratt und Manara so gut wie nicht kommentieren. Die Empörung oder auch nur die Bewertung überlassen sie ihren Lesern.

Sie stellen nur Vorgänge nebeneinander, die alle beide gleich inakzeptabel sind: die Vergewaltigung neben den eiskalten Doppelmord an den wehrlosen Tätern. Wer mäkeln will: Die Menschen sehen im Durchschnitt alle etwas zu gut aus. Und für eine extrem prüde Zeit sieht man doch immer wieder ungewöhnlich viel Haut. Aber mit beidem kann man sich arrangieren.

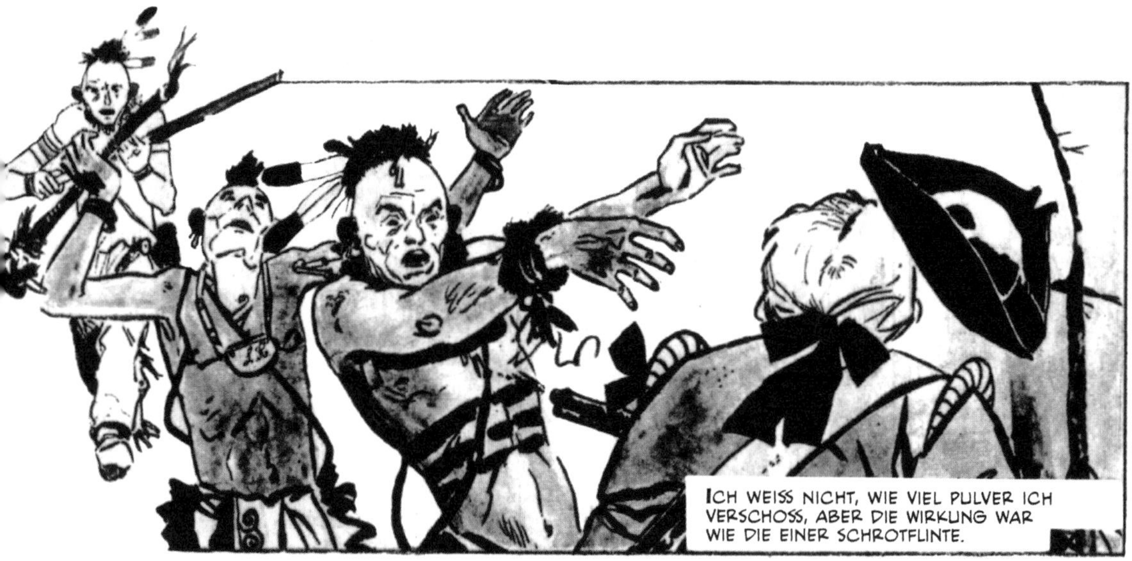

1

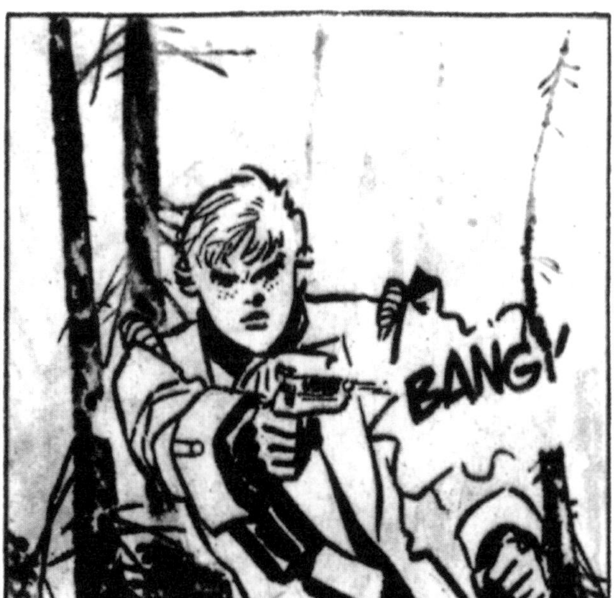

2

1, 2 Nichts für Zartbesaitete: TICONDEROGA erzählt die Abenteuer des Kadetten Caleb (u.). Das Querformat (o.) nutzt dabei geschickt ein einziges Bild für eine ganze Filmszene.

Noch was Altes, noch mal neu: LUCKY LUKE. Es gibt derzeit einen Trend, klassische Comics von modernen Zeichnern neu interpretieren zu lassen. Das kann weniger gut gehen wie bei Flix, der sich an SPIROU versuchte, oder sich wunderbar ergänzen – wie beim Berliner Markus »Mawil« Witzel, der die Möglichkeit bekam, den berühmtesten Cowboy der Comicwelt zu vermawilen. Mawil, leidenschaftlicher Radfahrer, verpasst Luke in LUCKY LUKE SATTELT UM eine Beziehungskrise mit seinem Pferd Jolly Jumper und notgedrungen eine Affäre mit einem Drahtesel. **Abb. 3, 4** Das ist schön frech, rutscht aber nicht ins Doofe ab: LUCKY LUKE hat wie in jedem anständigen Album ein richtiges Abenteuer zu bestehen, es ist eben manches dabei ein bisschen anders und auch ein bisschen deutsch. Unterm Strich eine so schöne neue Geschmacksrichtung, dass das Experiment mit einem weiteren Deutschen wiederholt wurde: Ralf König. Ob er den Cowboy auch anderes schneller ziehen lässt als sein Schatten, wird hier nicht verraten – aber König gelingt der Balanceakt zwischen Veralbern und Würdigen geradezu traumwandlerisch sicher. **Abb. 5** Vielleicht noch eine Spur besser als Mawil, aber das liegt am kniffligeren Thema: Kann man eine traditionell sexlose Figur mit dem Thema konfrontieren, ohne sie zu beschädigen? König benutzt einen Trick: Er lässt einen schwulen Cowboy von seiner Begegnung mit dem Cowboypromi erzählen. Damit nimmt er nichts vorweg und gewinnt auch noch die Bewegungsfreiheit, sich so nah an Lucky Lukes Sexleben heranzupirschen, wie er's gerade für angemessen hält.

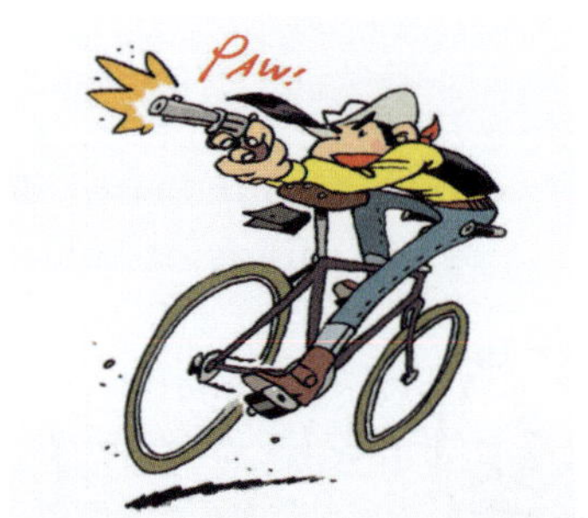

3

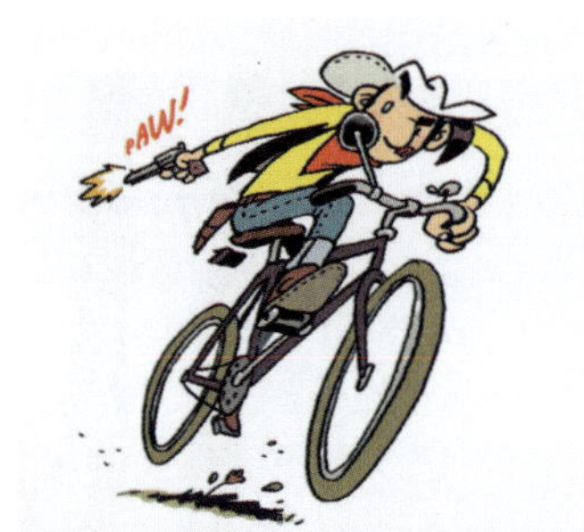

4

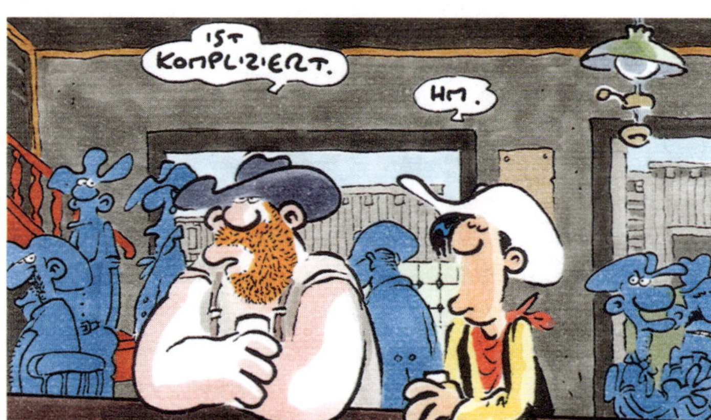

5

3, 4 Liebevoll: Mawil lässt Lucky Luke nicht nur das Reittier wechseln – sondern spielt die Idee dann auch variantenreich durch. Die unterschiedlich großen Räder lassen alles extrem rasant wirken.

5 Feinfühlig: Ralf König unterfüttert den Klassiker mit der Schwulenthematik. Das Ergebnis ist wie das Herrengespräch im Bild: gleichzeitig sehr ernsthaft und sehr komisch.

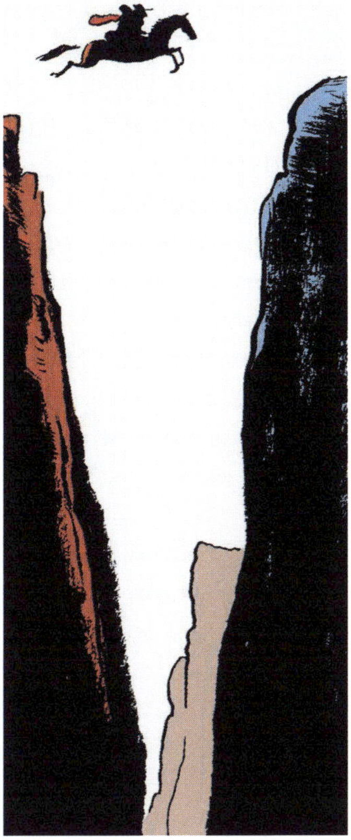

6

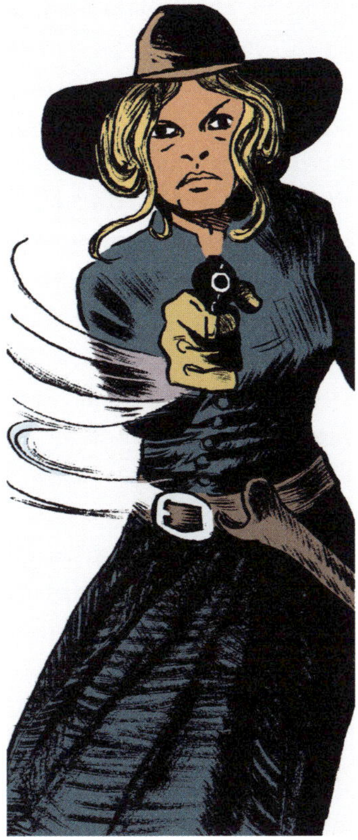

7

6, 7 Wie kein Zweiter mischt Christophe Blain Parodie und Hommage: Der Sprung des Liebespaars über die Schlucht (links) ist albern und atemberaubend in einem. Blain kann auch anders (rechts): Bei Brigitte Bardots Auftritt im Klassiker BLUEBERRY ist der Parodie-Anteil kaum noch sichtbar.

Passenderweise outet sich König auf Seite 53 als Fan des nächsten Tipps: Christophe Blains Serie GUS, die allerdings etwas mehr Umgewöhnung braucht. Die drei Helden, die Gangster Gus, Gratt und Clem, berauben hauptberuflich Banken und Züge und haben weniger Schwierigkeiten damit, irgendwelche Leute über den Haufen zu schießen, und mehr Schwierigkeiten mit Frauen. Clem ist glücklich mit Ava verheiratet, hat eine überwältigende kleine Tochter und eine Affäre mit der aufregenden, tollkühnen, kunstinteressierten Isabella. **Abb. 6, 7** Gus ist so schüchtern, dass er in einer Bank, die er eigentlich ausspionieren will, lieber ein Konto eröffnet, weil ihm die Kassiererin so gut gefällt und er es sonst nicht wagt, sie anzusprechen. Und Gratt ist schlichtweg zu verkopft. Bei diesen Voraussetzungen muss man aufpassen, dass es nicht klamaukig wird – Blain löst das Problem, indem er sein Trio zu brutalen Raubmördern macht, die ihr Gewissen nur entdecken, wenn es um Frauen geht. Und indem er immer wieder das Komische ernst nimmt und das Ernste veralbert, und das kann ruckzuck gehen, von einem Panel zum nächsten. Er kann die Cowboys äußerst finster dreinblicken lassen – inklusive Schattenwurf, Körperhaltung und allem, was dazugehört –, und kurz darauf zeigen sie mit acht oder zehn Armen in alle Richtungen zugleich, weil sie so hibbelig und aufgeregt sind. Gerade eben noch präsentiert Gus fünfhändig den beiden Freunden stolz seine Künste im Fahren von Dampflokomotiven, fünf Panels später rauscht die Lok oben auf einem gigantischen hölzernen Viadukt aus der Kurve, schön mit dem Blick von gaaaanz unten eingefangen. Schon vorher gibt's die für Western fast obligatorische Szene, in der jemand auf den Zug klettert und über die Dächer der Waggons zur Lok rennt – so was kann man bei Blain zugleich absolut ernst nehmen, weil Zug, rasende Geschwindigkeit und Kameraperspektiven alle wunderbar passen, und dennoch sehr, sehr lustig finden, denn Gus' Körperhaltung ist hier eindeutig Parodie. Und so finden Sie alles wieder, was Sie am Western lieben: weite Landschaften, Verfolgungsjagden im Canyon, Schießereien, Hitze, Sand, Felsen, Saloons, Theater, die staubigen Straßen, die Westernstadt, Pferde sowieso – alles übertrieben und doch auch genau so, wie sich's gehört. Und wenn's Ihnen noch zu lustig ist, dann schauen Sie am besten in den Band LEUTNANT BLUEBERRY – DAS TRAUMA DER APACHEN. **Abb. 7** Da hat sich Blain derart zurückgenommen, dass von einer Parodie kaum noch was zu spüren ist. Und warum?

Weil er's einfach kann.

Eine wirklich erstaunliche Westernvariante gibt's noch, ebenfalls humoristisch. Sie heißt MONDO REVERSO und arbeitet im Prinzip mit einem einzigen Gag: Männer sind Frauen, und Frauen sind Männer. Das klingt nach nicht viel, und ich hätte vorher auch gewettet, dass nach zehn Seiten jede irgendwie denkbare Situation durchgespielt ist. Aber das ist nicht so. Es beginnt im Haushalt, beim jungengerechten Spielzeug, **Abb. 8** das natürlich aus Puppen besteht. Es setzt sich fort in alltäglichen Situationen, in denen Männer dumm angemacht werden, weil man etwas zu viel Ausschnitt sieht, während Zeichner Dominique Bertail den Frauen die Brüste halb aus dem Hemd purzeln lässt. Das geht weiter bei modernen Erzählweisen, denn so, wie heute viel öfter die starke, selbstbewusste Frau (immer noch als ungewöhnliches Element!) eingesetzt wird, gibt es hier auch den starken, selbstbewussten Mann, der sich unter vielen Frauen behaupten muss – oder die Dame mit Bart, die im Zirkus auftritt wie in früheren Tagen auch, also als Jahrmarktsattraktion, doch diesmal ist sie die Jahrmarktsattraktion, weil – äh, weil sie einen Bart hat, aber der Bart was anderes meint oder Dings ... Wie MONDO REVERSO dieses Männer-Frauen-Spiel immer wieder umkehrt und doppelt umkehrt und dann noch mal, das ist schon außerordentlich verwirrend und vergnüglich. Und das brandaktuelle Thema Homosexualität haben wir noch gar nicht mal einberechnet. Harmlos ist dabei nichts, es sausen Kugeln in Köpfe, die Frauen behandeln sich untereinander so zurückhaltend wie Clint Eastwood und Eli Wallach in ZWEI GLORREICHE HALUNKEN.

Und ab hier entlasse ich Sie in die weite Comicprärie. Im Western ist die Qual der Wahl mit am größten. Verlage wie Schreiber & Leser oder Splitter haben eine enorme Auswahl an Titeln, die mindestens ansprechend aussehen. Bocola hat die alten Serien CISCO KID und LANCE ausgebuddelt, Salleck erforscht mit WHITE INDIAN die Comicwurzeln des Fantasygroßmeisters Frank Frazetta. Letztlich bleibt vieles eine Geschmacksfrage. Es ist wie mit Pizza Salami: Irgendwie kriegt auch der Texmex-Chinese an der Ecke eine hin – wenn Sie wissen wollen, ob sie auch was taugt, müssen Sie sie probieren.

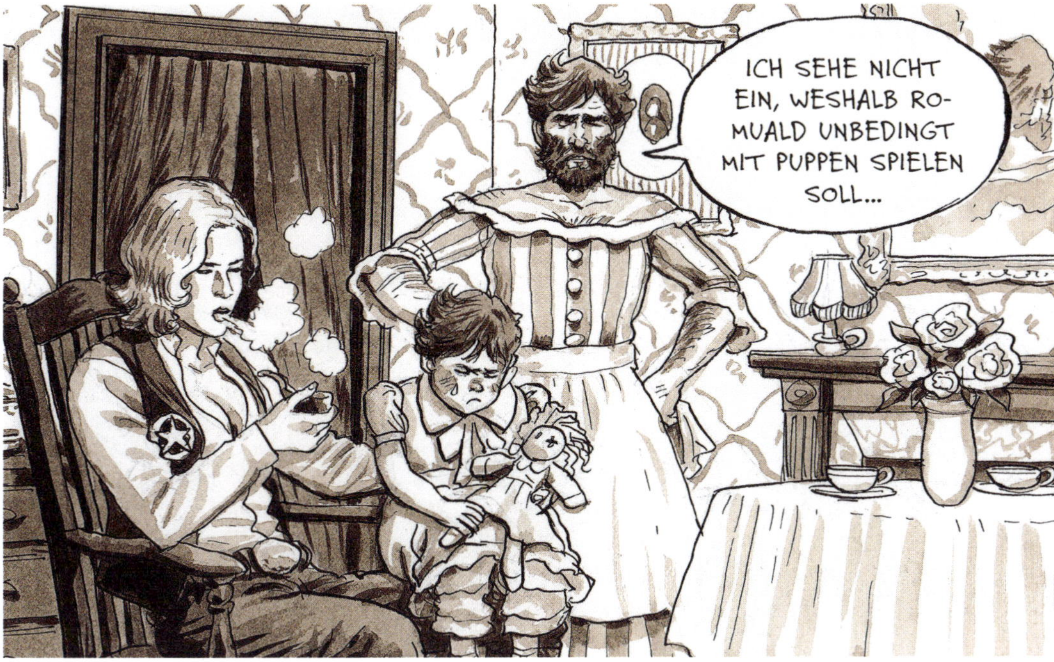

8

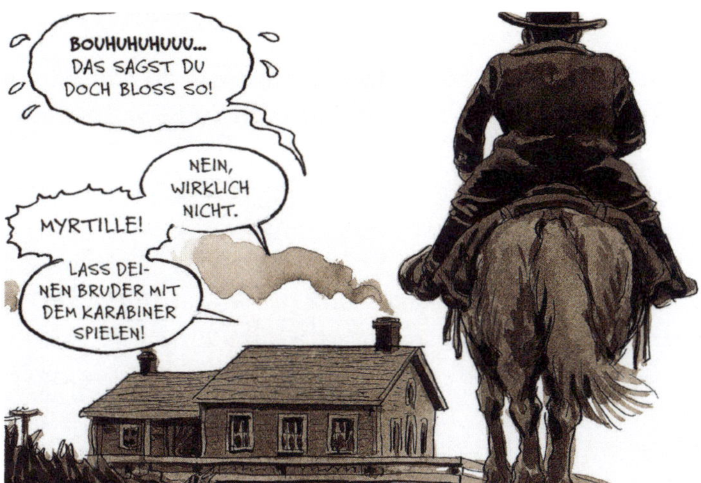

9

8, 9 Sparsame Mittel extrem effektiv eingesetzt: MONDO REVERSO vertauscht Männer mit Frauen (o.) – und schon stellt sich (unten) die Frage: Ist die einsame Reiterin womöglich ein Mann, der nicht am Herd stehen mag?

Die Titel aus diesem Kapitel

→ Héctor Germán Oesterheld (Text)/Hugo Pratt (Zeichnungen), TICONDEROGA, avant-verlag
→ Hugo Pratt (Text)/Milo Manara (Zeichnungen), EIN INDIANISCHER SOMMER, Panini
→ Mawil, LUCKY LUKE SATTELT UM, Egmont Comic Collection
→ Ralf König, ZARTER SCHMELZ, Egmont Comic Collection
→ Christophe Blain, GUS, Band 1–3, Reprodukt
→ Joann Sfar (Text)/Christophe Blain (Zeichnungen), LEUTNANT BLUEBERRY – DAS TRAUMA DER APACHEN, Egmont Comic Collection
→ Arnaud Le Gouëfflec (Text)/Dominique Bertail (Zeichnungen), MONDO REVERSO, Band 1–2, Schreiber & Leser
→ José Luis Salinas, CISCO KID, Bocola
→ Warren Tufts, LANCE, Bocola
→ Frank Frazetta, WHITE INDIAN, Salleck

Outtakes

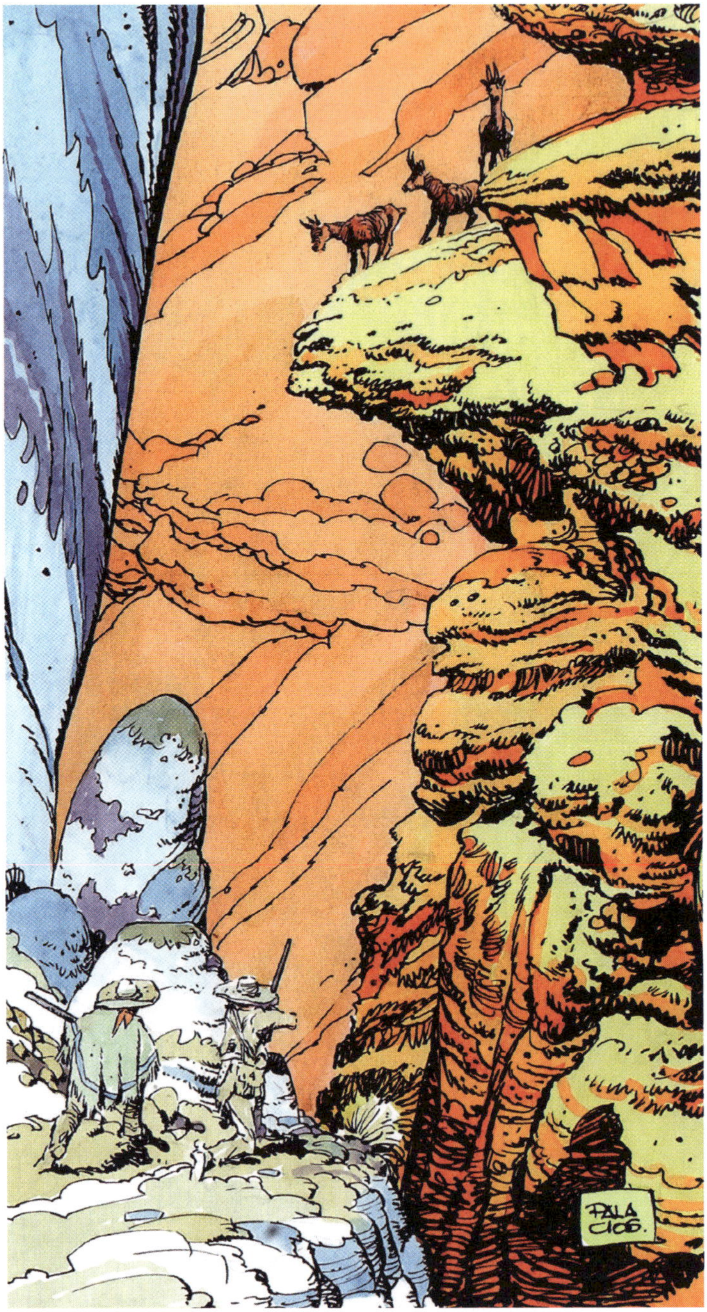

10

10 Gewagte Perspektiven – und mutige Farbkombinationen: Antonio Hernández Palacios mischt die Wüstentöne im Hintergrund vorne mit kaltem Blau, Weiß, Violett.

Antonio Hernández Palacios, MAC COY, MANOS KELLY, beides avant-verlag
Gutes von früher. **Abb. 10** Palacios Schwäche ist das Erzählen, aber die Zeichnungen sind unerreicht abwechslungsreich, explosiv, experimentierfreudig bunt und immer schön dreckig abgenutzt. Und für Pferdeliebhaber ein Paradies, weil Palacios nicht nur eine Handvoll Standardpositionen kennt, sondern Hunderte. Optisch ist Palacios der Sergio Leone unter den Comiczeichnern.

Olivier Jouvray (Text)/Jérôme & Ann-Claire Jouvray (Zeichnungen), LINCOLN, Schreiber & Leser
Lincoln, ein übellauniger Faulpelz, begegnet dem lieben Gott, der ihm die Unsterblichkeit schenkt und nebenher irgendwas mit dem Teufel laufen hat. Die Parodie zündet nur mittelgut. Lincoln riskiert als Unsterblicher nichts und macht letztlich doch, was Gott will. Puh. Dazwischen sorgen ein paar ordentliche Gags und ein paar heftige Szenen für allgemeine Unentschlossenheit.

Paolo Eleuteri Serpieri, SERPIERI COLLECTION, LAKOTA, beides Schreiber & Leser
Auf Anhieb erinnert Serpieris Stil an Palacios. Und die Storys sind vergleichbar nichtssagend. Aber Serpieri zeichnet sauberer, und was Action angeht, ist er zurückhaltender: Entweder liegt sie ihm nicht, oder er zeichnet einfach gern seitenweise Dialoge. Da er nur über wenige Inszenierungsideen verfügt, hat man sich rasch sattgesehen. Das hinterlässt eine rechte Enttäuschung, denn vom Untergang General Custers am Little Big Horn erwartet man doch ordentlich Drama und Krawumms. Geschickterweise vergisst Serpieri nie sein Hauptstandbein Erotik: Bei Serpieri besteht immer die Möglichkeit, dass einfach mal enorme Frauenbrüste ins Bild ragen. Muss man mögen.

Alejandro Jodorowsky (Text)/François Boucq (Zeichnungen), BOUNCER, Schreiber & Leser
Ein einarmiger Held in einer verwahrlosten Welt: Klingt nach FÜR EIN PAAR DOLLAR MEHR, was gut ist. Nicht so gut: Es fehlt jede Doppelbödigkeit, und damit morden und vergewaltigen die Schurken letztlich nur, damit es einen Grund zur Rache gibt. Hübsche, letztlich handelsübliche Optik. Nice to have. Nice to have not.

Tiburce Oger, GHOST KID, Splitter
Sehr ansehnliche Geschichte um einen sehr alten Cowboy, Geschmacksrichtung ERBARMUNGSLOS, wenn auch weniger düster.

04

Hefte, Alben, Graphic Novels. So viele Regale, so viele Stapel. Superhelden. Cartoons. Mangas. Serien. Die (schw)erste Frage im Comicshop lautet: Wo fang ich an? Und wie?

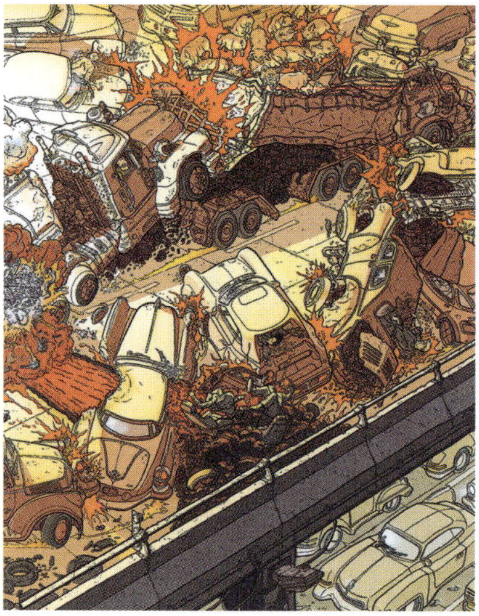

DER ROTE FADEN FÜR DEN BLASEN-DSCHUNGEL

Kleiner Witz für Kinder der 1970er: Was sagt Nina Hagen im Comicladen? »Ich kann mich gar nicht entscheiden, is' alles so schön bunt hier!«

Es gibt natürlich mehrere Wege, sich im Comicdschungel zurechtzufinden. Aber anders als bei Musik oder Comedians stolpert man als Nichtcomicfan eher selten im Internet über sie. Oder im Radio. Das Letzte, was ich im Radio gehört habe, war bei Bayern 5, dem hiesigen Nachrichtenkanal, über den neuen Comic von Mathieu Sapin (den ich für Mist halte) – und berichtet wurde darüber eigentlich auch nur, weil davor Sapin einen Comic über Gérard Depardieu gemacht hat (der mindestens genauso großer Mist war – warum, lesen Sie auf S. 58). Oder Sie hören von SABRINA, der ersten Graphic Novel, die für den Man Booker Prize nominiert wurde und die, ehrlich gesagt, auch nur was ist für Leute mit einer Vorliebe für den abwechslungsreichen Geschmack von Sägemehl. Zum Reinschnuppern ist das nix.

Sie können selbstverständlich, wenn Sie eine gut sortierte Stadtbibliothek haben, einfach dort mal in die Comicabteilung gehen. Aber das fällt nicht jedem leicht, denn: Wo fängt man da an? Und dann gucken einem womöglich Leute zu und sehen, dass man sich nicht auskennt ... Und dann kommen vielleicht welche von diesen Fachleuten und wollen Ihnen helfen, und dann muss man sagen, dass man keine Ahnung hat, und steht irgendwie dumm da, und dann sagen sie, was sie schon alles gelesen haben und nennen einem einhundertdreizehn Titel, und alles ist noch verwirrender als vorher, und es kommt noch ein zweiter dazu und sagt: »Haben Sie schon mal Mangas probiert?«, und dann kann man nur noch aufschreien:

»Ich wollte doch nur einen einzigen verdammten Comic lesen und nicht die ganze Scheißbibliothek!«

Letztlich können Sie eigentlich nur einen Fehler machen.
Und das ist der Fehler der Marke.
Sie nehmen NICHT den neuen BATMAN.
Sie nehmen NICHT das neueste LUSTIGE TASCHENBUCH.
Sie machen es wie bei Büchern: Sie nehmen den neuen Fitzek.
Sie machen es wie bei Filmen: den neuen Spielberg.

Noch ähnlicher: Sie machen es wie bei Bands. Und wenn die Band sich auflöst, dann folgen Sie demjenigen, der die Songs geschrieben hat. Oder der gesungen hat, weil Sie die Stimme mochten.

Und deswegen nehmen Sie auch ganz bestimmt NICHT den neuen ASTERIX. Der ASTERIX von heute ist ein wandelnder Leichnam, der nicht sterben darf. Dieser ASTERIX wird auch nicht (wie LUCKY LUKE, S. 24) mal für einen Band von Mawil oder Ralf König gezeichnet, sondern von zwei Typen, die ihre Geschichten abreißen wie ein Student seine Nachtschicht beim Burgerausliefern (okay, Lewis Trondheim durfte jetzt seinen HERRN HASE, S. 298, im Asterixlook ins alte Gallien schicken, aber Asterix heißen soll er dort nicht).

1990 stand ich genauso da, nachdem ich Frank Millers Batman-Comeback DIE RÜCKKEHR DES DUNKLEN RITTERS gelesen hatte. Ratlos. Ich wusste nur, dass die Lösung nicht »Irgendwas anderes mit Batman« heißen konnte. Denn der langweilige alte Batman hatte mich ja überhaupt erst verscheucht. Der Unterschied musste in diesem Herrn Miller liegen.

Also habe ich nach mehr von Frank Miller gesucht. Ganz vorsichtig. Und weil die Comicabteilungen der Buchläden damals schaurig dünn waren, so dünn, dass man sich wundern musste, warum meine Eltern überhaupt »keine Comics« auf meine Gutscheine schrieben, ging ich in den schönen Comicladen »Ultra-Comix« in Nürnberg. Es stellte sich heraus, dass es durchaus noch mehr von diesem Frank Miller gab.

Ziemlich genauso dick, in einem ähnlichen Zeichenstil, eine andere Graphic Novel von Miller, sie hieß RONIN. Die war auch gut. Aber leider gab es nicht mehr, was Miller alleine gemacht hatte. Es gab jetzt nur noch Sachen, die Miller mit anderen Leuten zusammen produziert hatte. Da hatte er gar nichts gezeichnet, kein einziges Bild, da hatte er nur den Text geliefert. Ich stand vor der Wahl: aufhören – oder etwas probieren, was nur zum Teil von Miller war. Was mich zur ersten bewussten Erfahrung mit dem Szenarist-Zeichner-Konzept führte.

Das ist weder neu noch revolutionär – ich wusste ja, dass ASTERIX immer von Uderzo und Goscinny stammte, das stand dick drüber. Aber ich hatte bis dahin nie genauer darüber nachgedacht, ob das normal war oder nur die Ausnahme, ob ich das gut oder schlecht finden sollte. Bücher schreibt ja auch immer nur einer allein, außer vielleicht bei Iny Lorentz.

Die Antwort: Es ist ziemlich normal. Die Methode entstand, weil es sich mit dem Erfolg der Comics irgendwann lohnte, sie schneller und serienmäßig zu produzieren. Wenn man jedoch alle vier Wochen oder alle vierzehn Tage ein Dutzend neue Hefte rausbringen muss, dann merkt man irgendwann, dass gar nicht allen Zeichnern alle vier Wochen eine gute Geschichte einfällt. Oder dass einige Zeichner zwar schöne Ideen für Storys haben, ihre Zeichnungen aber leider nur Durchschnitt sind, wenn nicht gar fade. Als Verlagschef macht man dann natürlich das Naheliegende: Man lässt den einen die Texte machen und den anderen die Zeichnungen. Das Ergebnis ist eine Win-win-win-win-Situation: Die Qualität der Geschichten wird nicht nur optisch, sondern auch inhaltlich besser, die Leser lesen lieber und kaufen mehr, der Verleger wird reich und macht noch mehr Hefte.

Allerdings konnte man früher kaum drauf achten, selbst wenn man gewollt hätte: Es wurde oft bewusst verschwiegen. In den LUSTIGEN TASCHENBÜCHERN

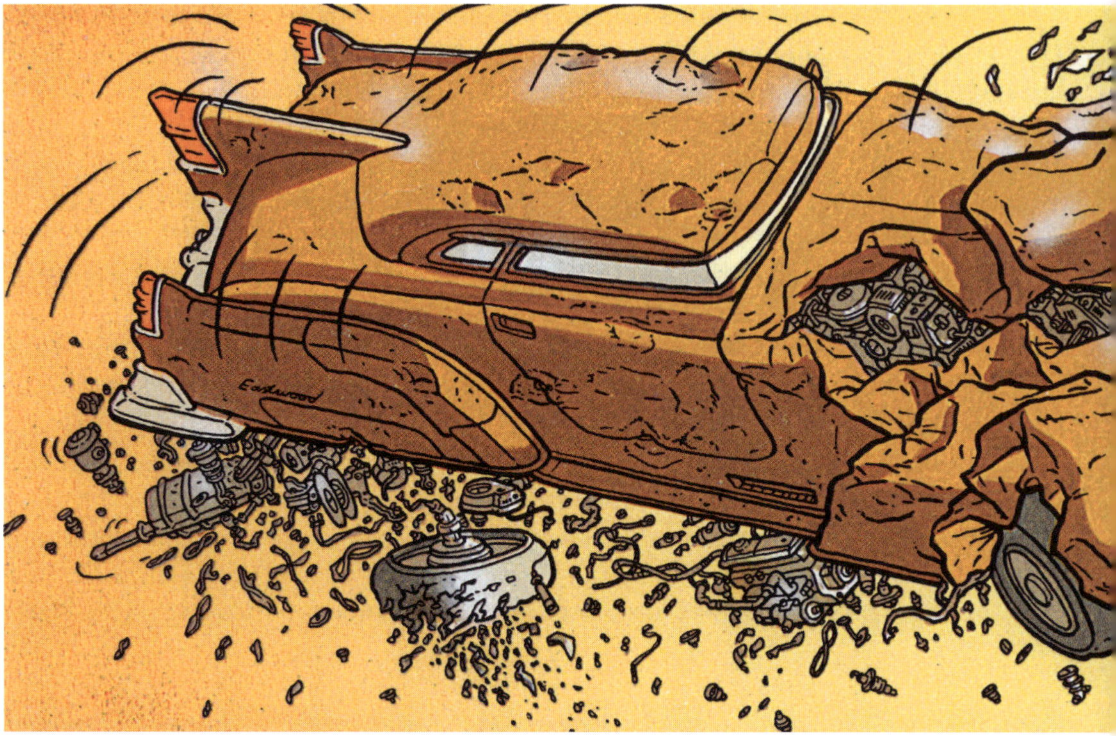

fand sich damals keine einzige Autorenzeile. Kaum eine der FIX UND FOXI-Geschichten hat Rolf Kauka gezeichnet, dessen Name trotzdem häufig auf dem Cover stand. GESPENSTER GESCHICHTEN, SILBERPFEIL, TARZAN – nirgends war ein Hinweis auf die Autoren. Man hatte einfach keine Chance herauszufinden, wer für bessere und wer für schlechtere Geschichten zuständig war.

Bei den Franzosen und Belgiern war das anders. Die machten Albumserien wie ASTERIX, BUCK DANNY, MICHEL VAILLANT oder BRUNO BRAZIL, und da arbeitete meist ein festes Team. Doch weil die Qualität durch die festen Teams und die geringere Erscheinungsfrequenz so ziemlich dieselbe blieb, gab es keinen Grund, sonderlich auf die Autoren und Zeichner achten. Man musste Superheldencomics lesen, um den Zusammenhang zu ahnen.

Superheldencomics hatten den großen Comicheftboom überhaupt erst ausgelöst. Sie waren das Zugpferd der Branche, deshalb erschienen sie – je nach Beliebtheit ihres Helden – öfter, als es ein festes Team leisten konnte. Aber bei den US-Comics, bei SUPERMAN oder BATMAN, wurde stets akribisch vermerkt, wer gezeichnet, wer getextet hatte. Bei Marvel-Publikationen wie SPIDERMAN oder X-MEN wurden die Autoren sogar gerne ironisch bejubelt und bekamen in einem Textkasten so etwas wie einen eigenen Kleinauftritt. Aber obwohl ich natürlich merkte, dass mir BATMAN mal mehr und mal weniger gefiel *, dass er bei Jim Aparo breit war wie ein Schrank und sich bei Kurt Schaffenberger bewegte wie ein Körperklaus, der Held blieb für mich früher unbeirrbar die Hauptsache. Das war jetzt anders geworden.

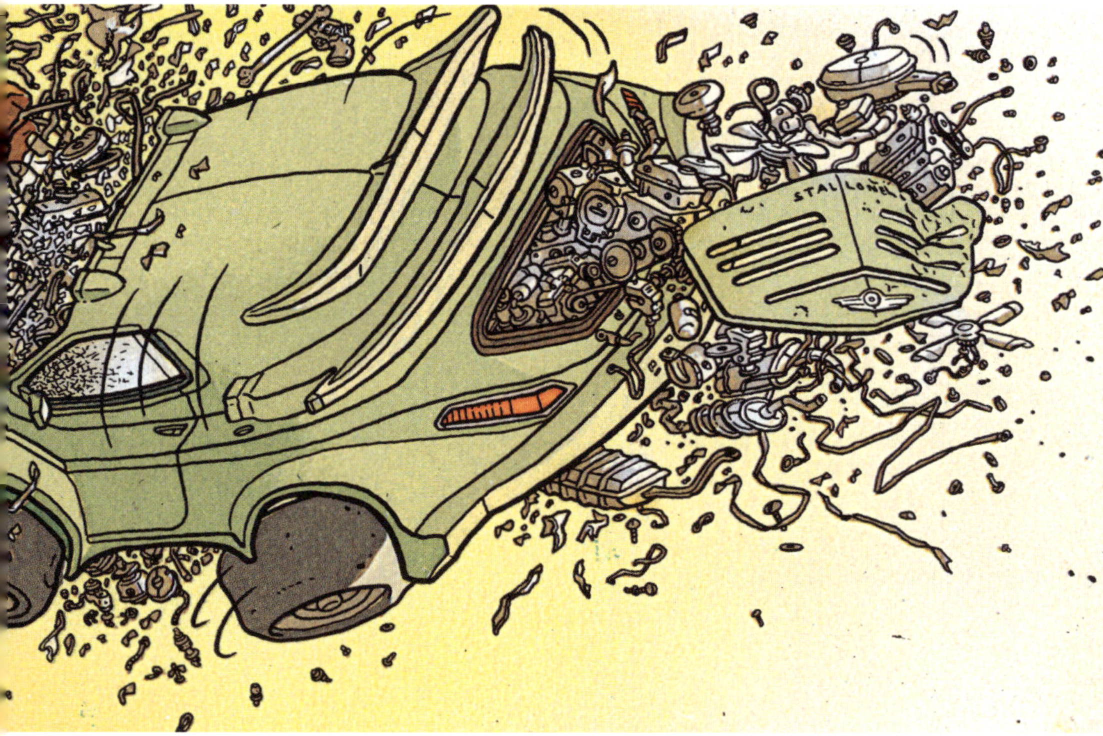

1

BATMAN war jetzt austauschbar, RONIN hatte ja auch funktioniert. Es war Miller, wegen dem es sich lohnte, wieder Comics zu lesen. Er hatte zweimal nicht enttäuscht. Ein bisschen Miller schien daher besser als gar keiner. Ich hoffte also, dass er einen guten von einem schlechten Kollegen unterscheiden konnte, und las todesmutig HARD BOILED. Die Zeichnungen **Abb. 1** dazu stammten von einem gewissen Geof Darrow.

Das Experiment gelang. Denn auch Darrow war einer, der was konnte. Darrows Zeichnungen waren nicht nur ein akzeptabler Ersatz, sie waren geradezu grandios. Der nächste Vorteil war, dass ich hier nahtlos weiterlesen konnte, denn Darrow hatte noch einen Comic mit Miller zusammen gemacht, BIG GUY.

Darrows Nachteil war, dass er unglaublich langsam arbeitete. Weshalb es auch von ihm nicht allzu viel gab. Ich wechselte also zu einem weiteren Kumpel von Frank Miller: Bill Sienkiewicz, mit dem Miller ELEKTRA: ASSASSIN fabriziert hatte. Das war schon sehr gewagt, weil Sienkiewicz einen sehr unkonventionellen, collageartigen Stil hat, das sah schon sehr nach Kunst aus. Es war dennoch gut!

1 Faszination durch Details: Geof Darrow zeigt in HARD BOILED den Crash bis in die kleinste Schraube – wer einmal angefixt ist, will mehr.

* Unter http://ralf-h-comics.de/stammbaum/stammbaum-batman.html findet sich eine erstaunlich reichhaltige Auflistung der verschiedenen Batmen und ihrer Zeichner-Tuscher-Kombinationen samt Einordnung des Ergebnisses. Und nicht nur der Batmen, auch von SUPERMAN oder FIX UND FOXI.

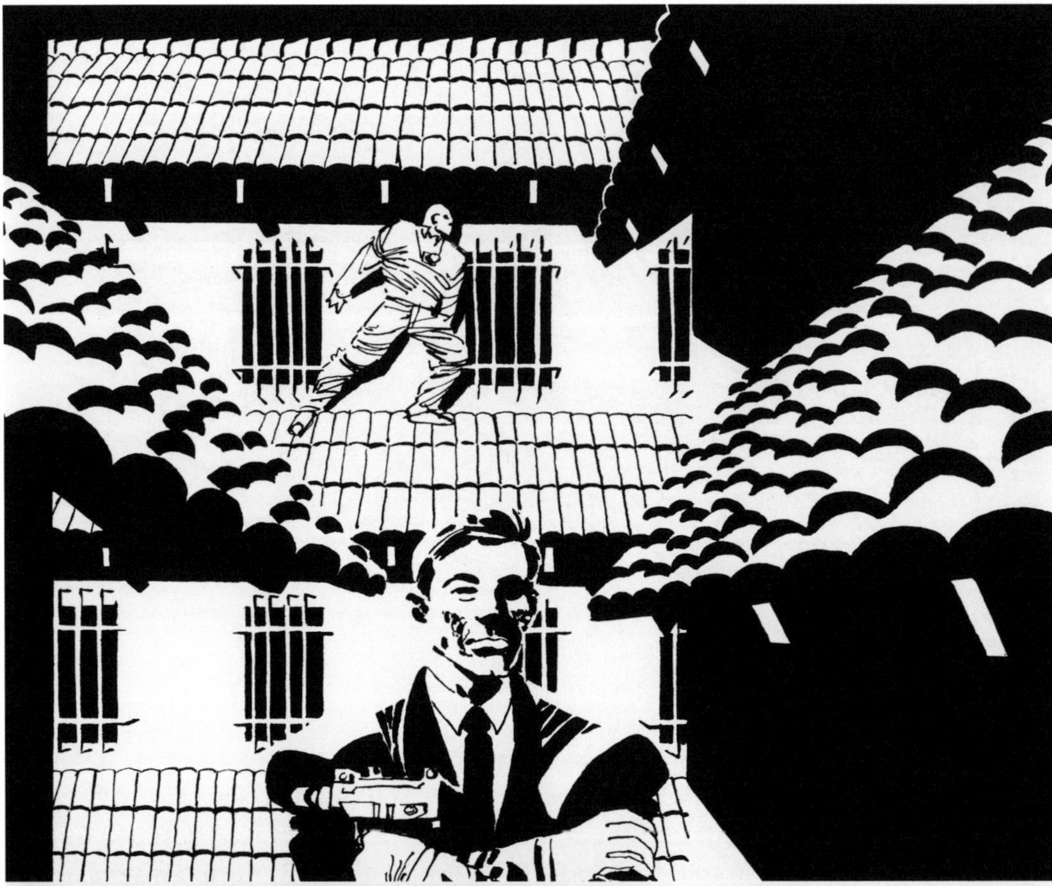

2

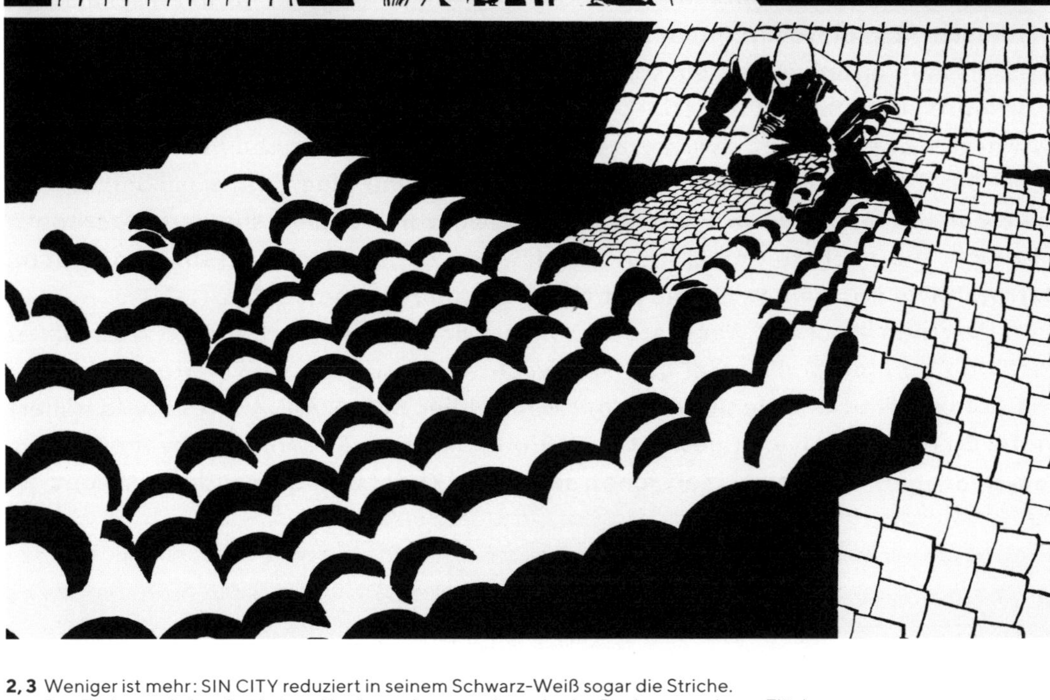

3

2, 3 Weniger ist mehr: SIN CITY reduziert in seinem Schwarz-Weiß sogar die Striche.
Der Bodyguard oben hat keinen Umriss mehr, unten besteht das Dach nur noch aus Flächen.

Inzwischen war ich mit Millers Werkkatalog so ziemlich durch. Doch ich war nun schon dermaßen oft im Comicladen gewesen, dass ich allmählich anfing, den Verkäufern zu trauen. Die überzeugten mich von Alan Moore, angeblich ein Genie, das überhaupt nie zeichnete und sich nur Geschichten für andere ausdachte. Zum Beispiel WATCHMEN (S. 224).

WATCHMEN war eine Hürde, weil ich den Zeichenstil von Dave Gibbons veraltet fand. Das sah nicht so aus, wie ich es wollte. Doch die Geschichte war unglaublich gut, und je länger man sie las, desto besser passte der Stil zu ihr.

Außerdem zeigte sich, dass man sich an die Zeichenstile von Miller, Darrow, Sienkiewicz oder Gibbons so gewöhnen kann wie an Leute, mit denen man täglich zu tun hat. Ihre Eigenheiten verschwinden, Sprachfehler, Muttermale, Hautfarbe, Behinderung, Akzent, all das fällt einem von Tag zu Tag weniger auf, bis nur noch der Mensch übrig ist – und beim Comic kann das mit der Optik genauso klappen.

Alan Moore entpuppte sich als gigantische Fundgrube. Ich fand einen telefonbuchdicken Wälzer namens FROM HELL (S. 237), irgendwie sehr krakelig vom mir unbekannten Eddie Campbell gezeichnet und noch dazu nur schwarz-weiß. Das fand ich schade, aber kurz zuvor hatte Frank Miller grade etwas Neues abgeliefert, SIN CITY (S. 46), und das war auch nur in Schwarz-Weiß, **Abb. 2** aber so reduziert und einfallsreich und aufregend, dass ich Schwarz-Weiß nicht mehr automatisch mit »langweilig« kombinierte.

Etwa zu dem Zeitpunkt fiel mir MAUS in die Hände (S. 82), auch schwarz-weiß, aber irrsinnig gut, von einem gewissen Art Spiegelman, von dem ich leider nicht viel mehr fand. Manches kam unverhofft dazu: Eine Freundin schenkte mir ein Album mit den Abenteuern eines HERRN HASE (S. 298), weil der doch auch irgendwie was mit Journalist war oder so. Herr Hase war zwar kein Journalist, die Geschichte vom neurotischen Hasen und seinen egozentrischen Freunden aber trotzdem gut. Es war meine erste Begegnung mit Lewis Trondheim, der eine Menge interessanter Sachen machte, er zeichnete, er schrieb auch Szenarios, er hatte einen abstrusen Humor und arbeitete häufig mit jemandem namens Joann Sfar (S. 76) zusammen, und dieser Sfar wiederum machte Sachen mit anderen Leuten, mit Christophe Blain und mit Manu Larcenet, und wenn man sich an die dranhängte, dann fand man wieder weitere Leute ...

Die Zeichner und Autoren sind der Schlüssel. Über KICK-ASS kam ich zu Mark Millar, und dann stellte ich fest, dass er derjenige ist, der auch hinter WANTED steckt. HELLBOY ist gut, aber richtig gut eben nur, so lange Mike Mignola alles in der Hand hatte. Die Namen entscheiden, und das macht die Sache ein wenig unübersichtlich, weil es so viele Namen gibt. Aber für den Anfang reicht einer, der einem gefällt. Ein einziger Name. Und den nehmen Sie sich vor und folgen ihm ins Labyrinth. Denn auf dessen Spur finden Sie unterwegs all die interessanten Abzweigungen und Umwege, derentwegen Sie vermutlich bald ein neues Regal brauchen.

05

Trendwende in der Unterwelt:
Die besten Comic-Krimis sind elegant gestylt, eiskalt ausgehärtet oder ganz nah am Leben. Reporterdetektive sind was für Nostalgiker. Und onkelige Kommissare bleiben im TATORT.

DRAUF-
GÄNGER,
DUMM-
KÖPFE,
DRECK-
SÄCKE

Über gute Krimis kann man ja lange streiten. Ob nun darüber, wer und wie und ob zu viel von diesem und zu wenig von jenem, und dabei geht oft unter, dass ein guter Anfang schon mal alle Debatten abwürgen würde. Sagen wir: Eine junge Frau wird aus dem Knast entlassen. Und auf der U-Bahn-Fahrt nach Hause setzt sich ein Mann im Anzug neben sie. Ein Mann mit einem Aktenkoffer. Im Koffer sind: Beweise, wer sie in den Knast gebracht hat. Eine Pistole. Und hundert Kugeln, die garantiert nicht zurückverfolgt werden können. Die Chance, für Rache oder Gerechtigkeit zu sorgen, garantiert ohne Konsequenzen. Was sie damit macht, ist ihre Entscheidung.

Guter Anfang?

Es ist der Start der extrem cleveren Serie 100 BULLETS von Brian Azzarello und Eduardo Risso, und eines der geschickt gewählten Elemente ist, dass sie häppchenweise beginnt. Der düstere Agent mit dem Koffer besucht weitere Menschen, gibt ihnen die Chance, die Vergangenheit zu korrigieren. Die jeweiligen Episoden funktionieren sehr gut für sich, aber natürlich fragt man sich irgendwann: Wer ist der Mann mit dem Koffer? Was hat es mit Pistole und Kugeln auf sich? Ab diesem Moment weitet sich 100 BULLETS zur Saga, die einen nicht mehr loslässt. Nicht zuletzt, weil Azzarello großartige Szenen entwirft. Er sammelt Protagonisten aus allen Schichten, zeigt sie in ihrer Welt, die Dialoge sind lakonisch, gehässig, schnell, schlagfertig, witzig. Risso bebildert das einfalls- und abwechslungsreich, und immer mit so viel Schmutz, Sex, Härte und schwarzem Humor, dass der TATORT daneben wie ein Testbild wirkt. Wer sich in 100 BULLETS verstrickt, braucht erst mal nichts mehr – die Serie erstreckt sich über dreizehn Sammelbände, und keiner davon schwächelt.

Es geht freilich auch altmodisch, also: die gute Art altmodisch. Bereits Jacques Tardi hat fünf von Léo Malets Romanen um den Detektiv Nestor Burma zu Comics verarbeitet, drei weitere Zeichner haben den Stil beibehalten und neun weitere Fälle adaptiert, alle spielen im Paris der (Nach-)Kriegszeit. Burma ist ein Film-noir-Detektiv: Die Polizei mag ihn nicht, seine Klienten belügen ihn, manchmal muss er sich prügeln, doch vor allem begleitet der Leser ihn auf einer stimmungsvollen Schnitzeljagd und lernt nebenher – ein Vorläufer des Regionalkrimis? – oft ein spezielles Viertel von Paris kennen. Straßenzüge, Kaschemmen, Typen und Typinnen, NESTOR BURMA ist oldschool im besten Sinne. **Abb. 1**

Mit MAGGY GARRISSON kommen Sie hingegen direkt in die Gegenwart. Maggy ist moppelig, stets in Geldnot, dabei pragmatisch und vor allem schnell im Kopf. Sie ist die Sekretärin eines versoffenen Detektivs, der auch die Suche nach vermissten Kanarienvögeln nicht ablehnt. Maggy ist einfallsreich genug, um das Honorar zu kassieren, indem sie einfach einen neuen Vogel kauft. Das ist typisch: Maggy will ihren Schnitt machen, ist auch bereit, dafür zu arbeiten, aber nicht zu viel. Und ist Vogel nicht gleich Vogel? So sammelt Maggy Informationen, zieht Schlüsse, verteilt manches davon weiter, hält ein wenig die Hand auf und sorgt für ihre ganz unkonventionelle Gerechtigkeit. **Abb. 2** Manches davon könnte bekannt vorkommen: Tatsächlich tickt Maggy ein wenig wie Herbert und manche anderen Helden von Lewis Trondheim, einem der zwei Köpfe hinter DONJON (S. 300), sie ist misstrauisch, nicht auf den Mund gefallen. Stéphane Oirys Zeichnungen unterstreichen das durch Zurückhaltung: Die strenge Panelordnung schubst den Dialog in den Vordergrund, sie lässt der Geschichte Zeit – und ebenso auch dem Leser. Gemütlich, aber ganz gewiss nicht behäbig. Kann man sagen: ein Wohlfühlkrimi?

Kann man.

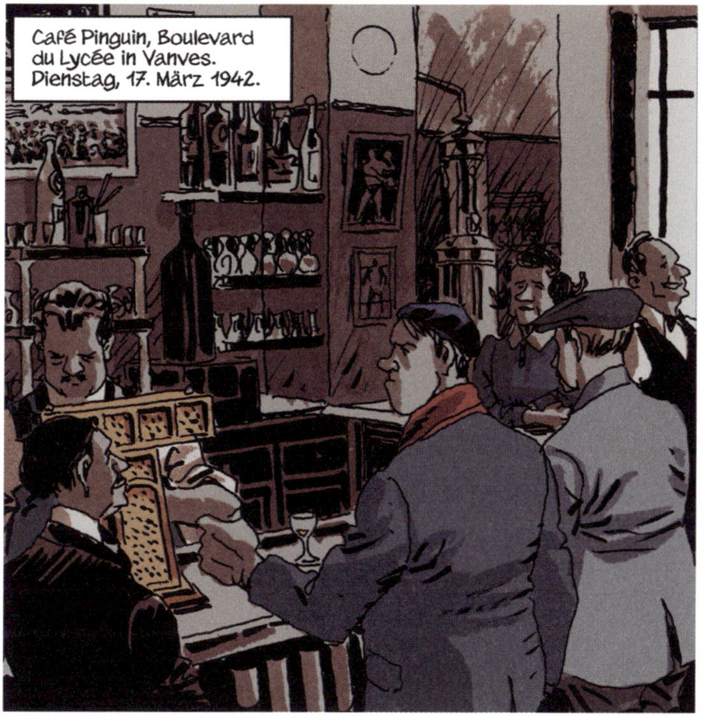

1

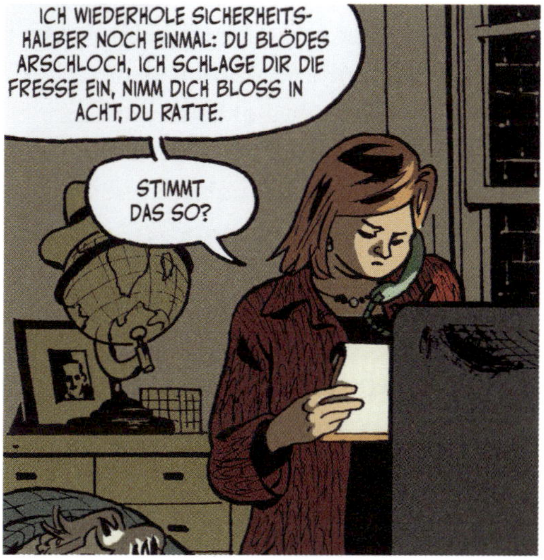

2

1 Mehr Paris geht nicht: Detektiv NESTOR BURMA ermittelt in einer Straßenbar. Den Stil prägte Erst-Zeichner Tardi – heute setzen ihn Kollegen wie Moynot und Barral originalgetreu um.

2 Staubtrocken, auch beim Notieren von Beleidigungen: Gelegenheitsdetektivin MAGGY GARRISSON.

Beim nächsten aber nicht so, obwohl Die STADT DER DREI HEILIGEN in Italien spielt, dem Lieblingsurlaubsland der Deutschen. Auch diese Geschichte packt ziemlich vom Start weg, wegen der Giraffe. Tonio und Rodolfo, heißt es, haben sie einem Wanderzirkus geklaut, um Lösegeld zu erpressen. Geht's blöder? Erstens weiß jeder, wer die Giraffe geklaut hat. Zweitens: Was gibt's bei einem Wanderzirkus zu holen? Aber wir sind in einer süditalienischen Kleinstadt, und am Schnellimbiss von Marciano wundert man sich nur: Früher hätte man für solche Aktionen vorher den örtlichen Mafioso um Erlaubnis bitten müssen, aber heute ... Das erinnert alles sehr schaurig-schön an die Serie GOMORRHA. Es geht nie um große Verbrechen, um Mord, immer nur um Kleingeld, Kleinkram, Kleinscheiß. Um Schutzgeld, das Marciano für seinen Imbiss zahlen soll. Um ein Tütchen Stoff, das Ex-Boxer Michele seinem Kleindealer mopst, dem Schüler Nicandro. Und um den Ärger, den Nicandro hat, weil die Brüder seiner Freundin Titti ihn für schlechten Umgang halten. Sie müssen's wissen, sie veranstalten illegale Hundekämpfe und haben gerade eine Giraffe gekidnappt. Die Geschichte stammt von Stefano Nardella, von dem man gerne mehr lesen würde, es findet sich aber nichts. Mindestens genauso wichtig sind die Zeichnungen von Vincenzo Bizzarri, die ein wunderbar zwiespältiges Italien zeigen, so hässlich und so gemütlich wie eine Pizzeria am Ortsrand. **Abb. 3**

Baru, der eigentlich Hervé Baruela heißt, hat etwas Ähnliches in Frankreich angesiedelt: HAU DIE BÄSSE REIN, BRUNO! Ein junger talentierter Fußballer wird aus Afrika nach Frankreich geschmuggelt – aber nicht weiter betreut. Auf Umwegen landet der Junge bei drei pensionierten Altgangstern, die wiederum in Scherereien mit brutal dummen und brutal brutalen Vorstadtverbrechern geraten. Baru macht keinen Klamauk draus, hat aber trotzdem den Witz von alten französischen Krimis mit Jean Gabin oder Lino Ventura, zynisch-sarkastisch-coole Dialoge inklusive. Und dabei lässt er einen nie vergessen, dass all das auch richtig, richtig übel enden könnte, wenn man zum Beispiel nicht mal Fußball spielen kann. Alles sieht natürlich großartig nach Vorort, nach Kleinstadt aus, nur an die zerknautschten Menschen muss man sich – wie bei Baru üblich – ein bisschen gewöhnen.

Glamour hat das natürlich nicht so. Dafür muss man zu Bastien Vivès, der in zwei Bänden mit Florent Ruppert und Jérôme Mulot das Bankraubgenre reaktiviert, und zwar mit viel Spaß und null Hemmungen. Schon die Cover sind grandios an der Handlung vorbei erfunden: Nie wird eine schöne Nackte aus einem gigantischen U-Boot hochtauchen müssen, und aus einem Helikopter wird sie auch nicht fallen. Aber es könnte passieren, weil das Team groß denkt. Drei Frauen sind die Stars, Carole mit dem Köpfchen und der Oberweite, die Draufgängerin Alex und Sam, die alles fahren kann, was einen Motor hat. Zwei Dinge machen aus OLYMPIA und DIE GROSSE ODALISKE mehr als nur Krawall: die stillen und weniger stillen Momente, in denen Vivès/Ruppert/Mulot drei Frauen porträtieren, die eigenwillig sind, verletzlich, aggressiv, sexy und – Freundinnen. Und die aberwitzigen Actionsequenzen, für die Charlies Engel dankbar gewesen wären. Verfolgungsjagden mit dem Motorrad im Louvre, **Abb. 4** der gigantische Crash durch dessen Glasdach, blutige Schießereien auf Milliardärsjachten: Vivès lässt alles Wirklichkeit werden, wozu Hollywood ein dreistelliges Millionenbudget bräuchte. Aber das Ungewöhnlichste ist, dass in all dem Radau auch noch eine angemessene Menge Romantik und Rührseliges Platz findet. Ein dritter Teil könnte eigentlich nicht schaden.

Weil wir gerade bei knapp bekleideten Frauen und Radau sind: In puncto

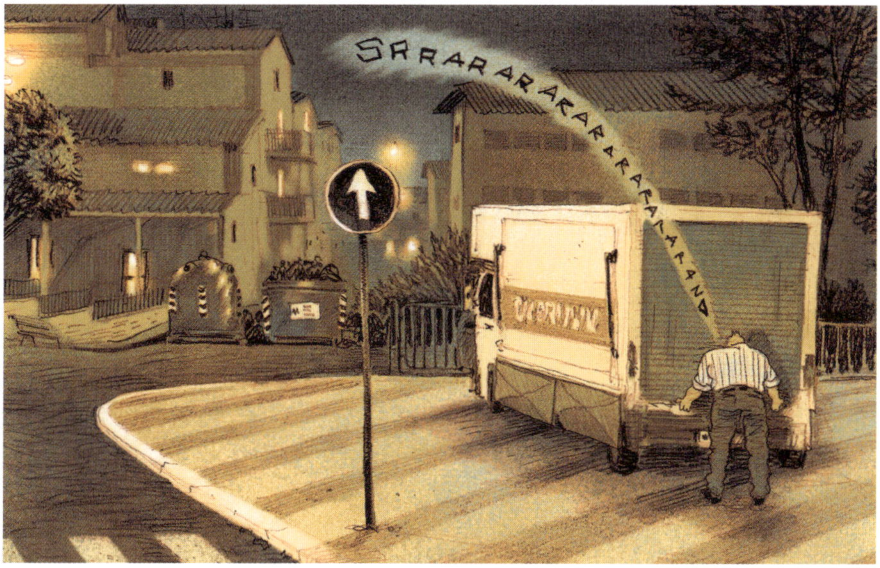

3

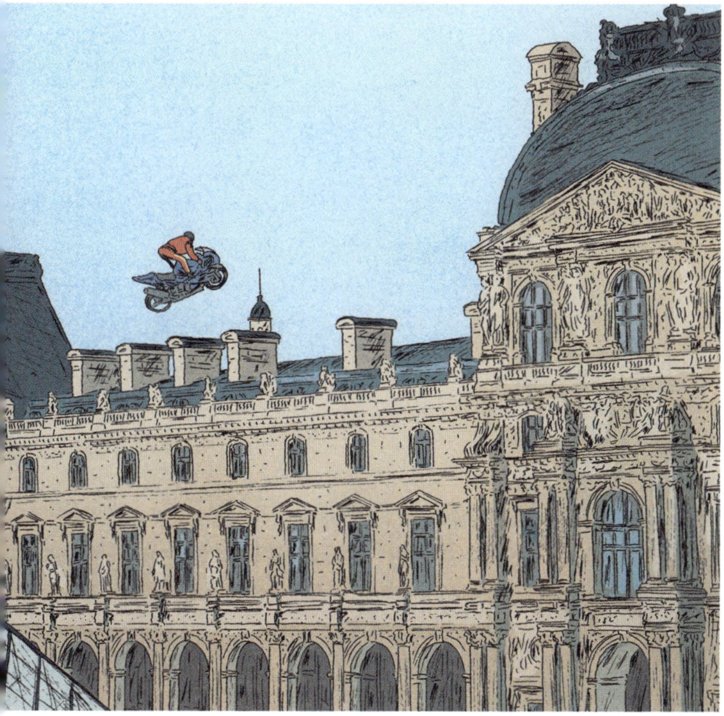

4

3 Krimi ohne Touristen-Idylle: Die STADT DER DREI HEILIGEN zeigt das Italien von »Gomorrha«. An diesem Stand gibt's tagsüber auch keine Pizza, sondern Torcinelli-Brötchen mit Lamm-innereien und -hoden.

4 Einfach mutig loszeichnen: Comics können auch Mega-Stunts inszenieren – hier den Einbruch in den Louvre mit dem Motorrad. Geht ganz simpel: Erst die schräge Glaspyramide hoch und dann im freien Flug. Nachzulesen in DIE GROSSE ODALISKE.

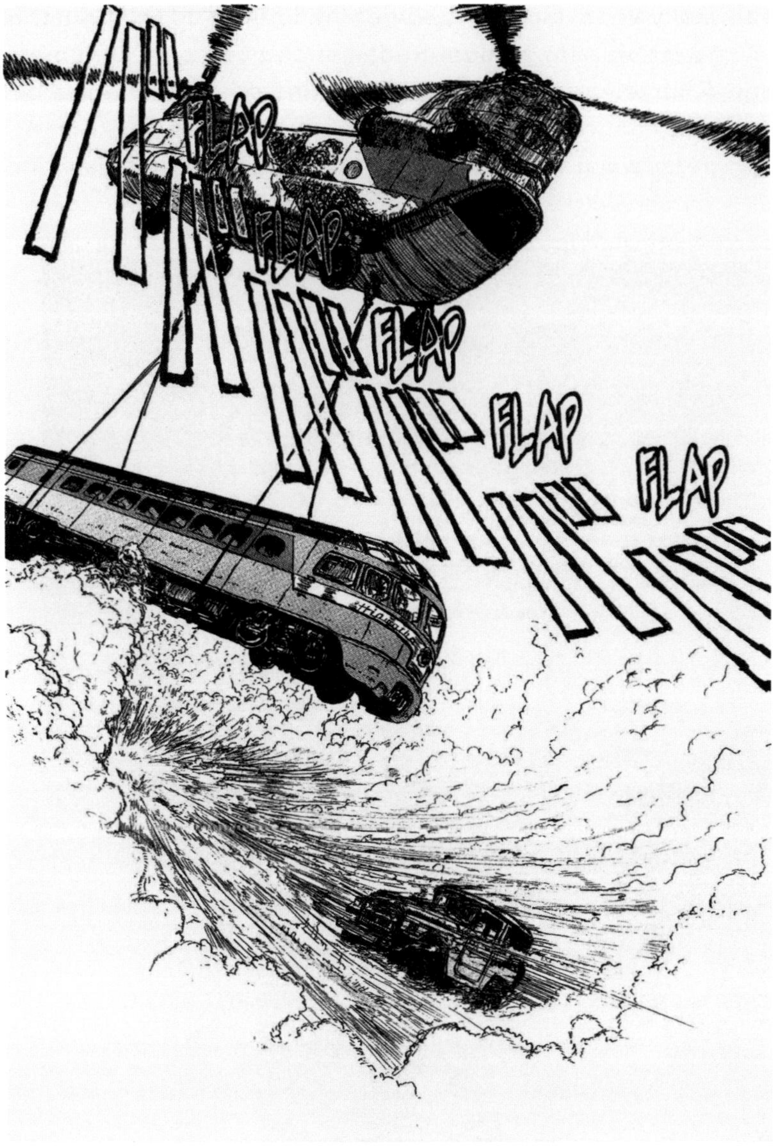

5

Action können Sie mit dem Manga RYUKO noch zulegen. Eldo Yoshimizu ist eigentlich weniger Comic-Künstler als Maler und Bildhauer. Vielleicht langt er deswegen auch so heftig hin. Beim Lesen muss man aufpassen, dass man auf der Seite bleibt, so schnell und hart schneidet er seine Panels zurecht. Bildausschnitte aus extremen Winkeln, Hubschrauber, die Zugwaggons **Abb. 5** entführen, Feuergefechte so explosiv, dass man das Bild kaum noch unter den Patronenhülsen erkennt, RYUKO zu lesen ist phasenweise, als säße man in einer Waschmaschine beim Schleudergang. Doppelter Vorteil: Das macht nicht nur Spaß, man braucht hinterher auch keinen Schnaps mehr.

Ruhiger, aber auch deutlich beunruhigender ist Manu Larcenets Mysterythriller BLAST mit einer der abstoßendsten Hauptfiguren der Comicgeschichte. Über vier Bände hinweg verhören zwei Polizisten den fetten, schwitzenden Polza, der von Alkohol und Schokoriegeln lebt. **Abb. 6** Polza steht unter Verdacht, eine Frau schwer verletzt zu haben. Und Polza erzählt. Leise, freundlich, defensiv. Vom Sterben seines Vaters, von seiner Angst, von seinem Aussteigertrip in die Obdachlosigkeit und von seinem ersten BLAST, der sein Leben verändert hat. Polza schildert ihn wie eine Art Schlaganfall, eine Mischung aus Nahtoderfahrung und dem Gefühl schwebender Leichtigkeit, die ihn an den Fuß eines der riesigen Steinköpfe auf den Osterinseln teleportiert. BLAST begleitet Polzas verstörende Reise durch Wälder, Pennerdörfer und Drogenverstecke, eine Mischung aus Selbsterfahrung, Selbsthass und esoterisch angehauchter Selbstaufgabe. Wenn Polza sich bei seinen Übernachtungseinbrüchen in Frauenwäsche wälzt und kleidet, wenn er seinen Körper mit dem Messer kreuz und quer aufschlitzt, dann ist das nicht weniger als eine optische, körperliche, grafisch-geruchlich abstoßend faszinierende Zumutung. Nicht schön. Aber gut!

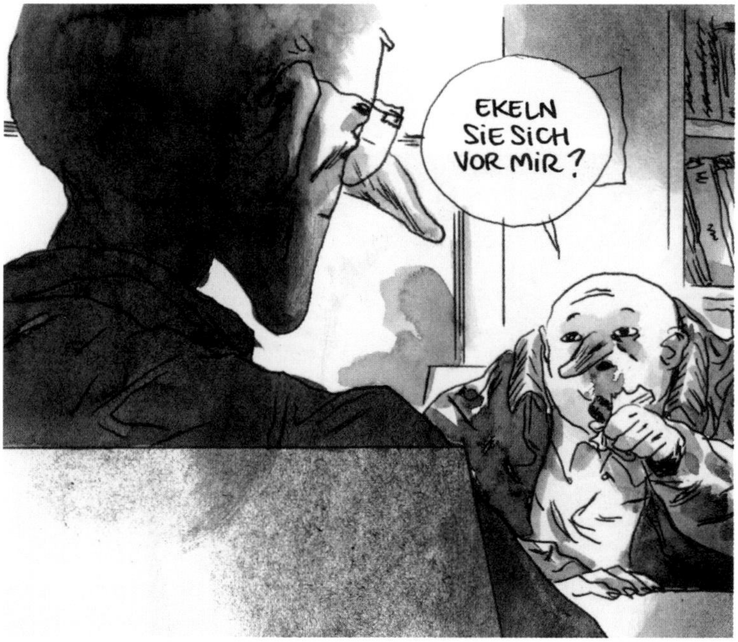

6

5 Mega-Stunts, die zweite: In RYUKO schnappt man sich per Helikopter gleich einen ganzen Zug.

6 Gewagte Protagonistenwahl: Polza, der dicke Verdächtige, ist optisch schwer erträglich – und doch macht Manu Larcenet in BLAST aus ihm einen fantastischen Hauptdarsteller. Vier Bände lang.

Im Gegensatz dazu ist Frank Millers SIN CITY ein sehr zugängliches Gesamtkunstwerk: Die sündige Stadt ist natürlich ein einziges Klischee, wo harte Männer dunklen Geschäften nachgehen, alles korrupt und verrucht ist, und dazwischen tummeln sich vollbusige Frauen. Und natürlich können Sie sofort den ganzen Spaß mit einer einzigen Frage kaputtmachen, nämlich: »Wo sind denn da die normalen Menschen?« Geschenkt, wir sind in jener Halbrealität, in der auch CASABLANCA spielt und in der ein Schlagetot wie Marv **Abb. 7** in der Bar ein Busenwunder abschleppt, schlafend von der Liebe träumt, während sie neben ihm ermordet wird. Miller hat dafür einen beeindruckenden Schwarz-Weiß-Stil entwickelt, der stellenweise auf Linien komplett verzichten kann. Für die Farbe sorgt die Handlung. Kannibalismus und Betrug und Folter und Kindesmissbrauch und durchgeknallte Bischöfe und Samuraischwerter schwingende Killerinnen und verlogene Frauen und hinterhältige Männer und harte Sprüche und mörderische Maschinenpistolen: Miller packt alles drauf und rein, was cool und schwarz und hart gekocht ist. Die unterschiedlichen Geschichten überschneiden sich, manchmal begegnen sich Charaktere im Hintergrund, manchmal füllt Miller auch einfach nur ein paar Seiten mit einem Oben-ohne-Tanz mit Cowboyhut und Lasso. Nein, mit Ironie darf man hier nicht kommen, eine Parodie ist's nicht, eher eine Hommage, aber erfreulicherweise ist die Schlagzahl derart hoch, dass man überhaupt nicht zum Nachdenken kommt. Und wenn man fertig ist, kann man sich ja wieder im richtigen Leben orientieren wie ein normaler Mensch.

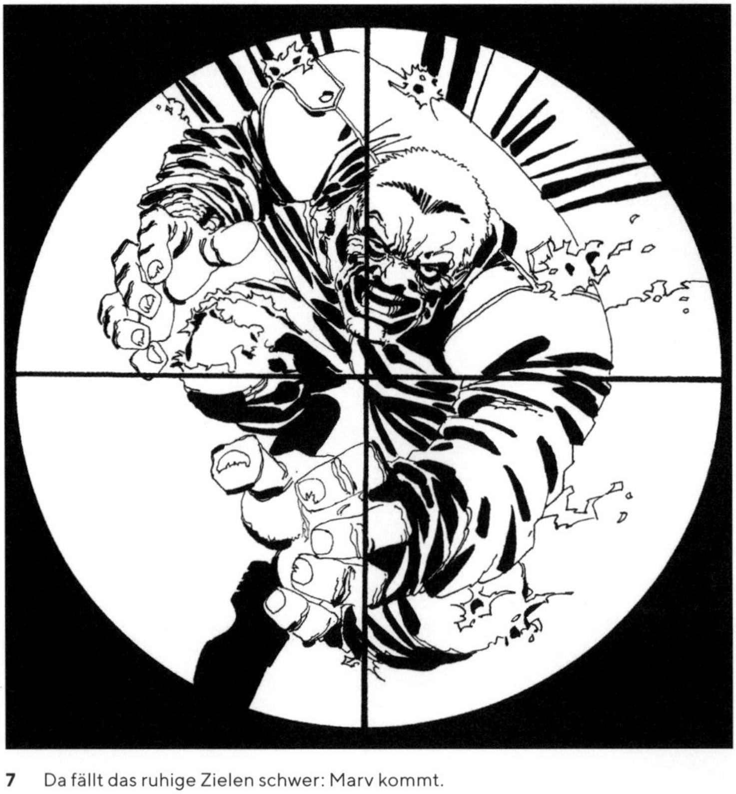

7

7 Da fällt das ruhige Zielen schwer: Marv kommt.

~~Outtakes~~

Pierre Christin (Text)/Enki Bilal (Zeichnungen), TREIBJAGD, Carlsen
Ein richtiger Politthriller, wie man sie in den 1980ern noch gemacht hat. Ein Haufen Altkommunisten redet über früher und darüber, wie man die neue Zeit bewältigt. Nämlich mit einem Komplott. Bilals bestes Stück, leider ziemlich rar.

Alexis »Matz« Nolent (Text)/Luc Jacamon (Zeichnungen), DER KILLER, Schreiber & Leser.
Lakonische Reise in den sehr, sehr einsamen Kopf eines Berufsmörders. Ungewöhnlich.

Warren Ellis (Text)/Jason Masters (Zeichnungen), JAMES BOND 007, Splitter Verlag
Interessantes Projekt, das geschickt das Bond-Universum ausweitet. Ist einen Versuch wert.

Fabien Nury (Text)/Brüno (Zeichnungen), TYLER CROSS, Carlsen
Spielt in einer Sin City-ähnlichen Welt aus Schmutz, Schnaps und Schießereien. Hübsch stilisiert, ein bisschen Art déco, etwas Film noir und mittendrin ein harter Hund: Tyler Cross. Ist so gut, wie es aussieht.

Nicolas Petrimaux, SHOOTING RAMIREZ, Schreiber & Leser
Liebevolle Thrillerparodie mit jeder Menge Qualitätsradau. Die 1980er-Jahre: Jack Ramirez ist stumm, aber der beste Staubsaugerreparateur bei Robotop. Möglicherweise ist er aber auch der härteste Killer Mexikos. Petrimaux balanciert geschickt zwischen Härte und Harmlosigkeit, mischt sexy Frauen dazu – und jede Menge falsche Reklame aus den 1980ern. Eine sehr unterhaltsame Zeitreise; für die Älteren: spannende Nostalgie.

Die Titel aus diesem Kapitel

→ Brian Azzarello (Text)/Eduardo Risso (Zeichnungen), 100 BULLETS, Bd.1–13, Panini
→ Leo Malet (Text)/Jacques Tardi (Zeichnungen), NESTOR BURMA, Edition Moderne
→ Leo Malet (Text)/Nicholas Barral, Emmanuel Moynot, François Ravard (Zeichnungen), NESTOR BURMA, Schreiber & Leser
→ Lewis Trondheim (Text)/Stéphane Oiry (Zeichnungen), MAGGY GARRISSON, Schreiber & Leser
→ Stefano Nardella (Text)/Vincenzo Bizzarri (Zeichnungen), DIE STADT DER DREI HEILIGEN, Schreiber & Leser
→ Baru, HAU DIE BÄSSE REIN, BRUNO!, Edition 52
→ Jérôme Mulot, Florent Ruppert (Text)/Bastien Vivès (Zeichnungen), DIE GROSSE ODALISKE, OLYMPIA, beide bei Reprodukt
→ Eldo Yoshimizu, RYOKO, Carlsen
→ Manu Larcenet, BLAST, Reprodukt
→ Frank Miller, SIN CITY, Cross Cult

06

Kaum etwas fürchten die Deutschen so sehr wie schlechte Bücher – und das bis in die jüngste Gegenwart. Die Folgen: Schwellenangst vor Comicshops und anhaltende Blasenschwäche.

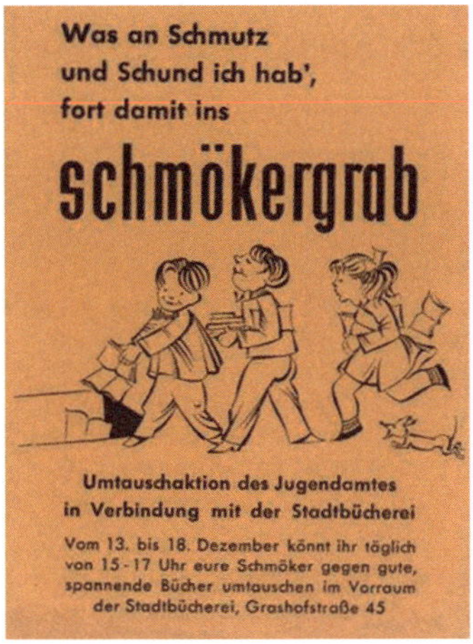

GEFAHREN-QUELLE SCHMUTZ UND SCHUND

Eigentlich kann einem nichts passieren, wenn man einen Comic liest. Er beißt nicht, er schreit nicht. Wenn man ihn nicht aufklappt, sieht man sogar gar nichts außer das Cover, und selbst das kann man einfach umdrehen. Und WENN man ihn aufklappt, na ja, dann ist er schlimmstenfalls langweilig oder hässlich, aber in diesem Fall könnte man ihn ganz schnell wieder zuklappen. Man hätte ein bisschen Zeit verplempert und vielleicht sogar Geld, aber höchstens 30 Euro, und bei Ebay oder auf dem Flohmarkt könnte man einen Teil dieses Geldes wieder zurückholen – was ich sagen will: Die Gefahr ist wirklich sehr, sehr gering, nicht wahr?

Nicht größer als bei einer DVD.

Und trotzdem stoßen Comics oft auf größere Skepsis. Auf mehr Misstrauen, und das gerade in Deutschland. Zwar gibt es Leute, die sagen, Comics stünden derzeit so gut da wie selten. Tatsache ist aber, dass Comics in Deutschland eine vergleichsweise winzige Rolle spielen. In den USA stammten 2019 von 100 im Buchmarkt umgesetzten Dollar 4 von Comics, in Frankreich sogar mehr als 11. In Deutschland sind es gerade mal 2. Zu Deutsch: Die Amerikaner lesen doppelt so viele Comics wie wir, die Franzosen mehr als fünfmal so viele. Untersuchungen zum Alter von Comiclesern sind nicht leicht zu finden – aber ich behaupte mal, dass sich die deutschen Kinder durchaus genauso oft mit anderen Kindern über Comics unterhalten wie französische oder amerikanische.

Von den deutschen Erwachsenen würde ich das nicht sagen.

Meine These ist: Das hängt mit dem »guten Buch« zusammen.

Das gibt es ja. »Das gute Buch«. Kennt der Engländer beispielsweise gar nicht. Klar, der kennt »ein gutes Buch« oder »gute Bücher«, aber nicht »DAS gute Buch«, das bei uns eine eigene Sorte ist, so wie »das Nashorn«. Und so wie das Nashorn immer und unbestreitbar ein Nashorn ist und bleibt, so ist und bleibt das gute Buch immer und unbestreitbar gut. Bei »a good book« können zwei Engländer gerne über die Qualität streiten oder auch darüber, was daran gut ist, vielleicht ist es ja auch nur unterhaltsam. Die haben ja auch die Kategorie »a good read«, und unter einem »guten Leseerlebnis« kann man ja sonst was verstehen. »Das gute Buch« hingegen ist durch und durch gut, und wenn eine/r das Gegenteil behauptet, dann wissen alle sofort, dass ER oder SIE falsch liegt.

Das ist ja das Schöne am guten Buch: Mit dem macht man nie was verkehrt. Nie.

Diese Sicherheit brauchen wir offenbar nicht nur beim Buch. Auf diese Suche nach dem Guten, Schönen, Wahren begeben wir uns öfter. Wir suchen nach »Qualitätsfernsehen«. Selbst unsere Kinofilme brauchen ein »Prädikat wertvoll«, damit wir – ja, warum eigentlich?

Ich behaupte: Es ist in Deutschland schlimmer als in anderen Ländern, wenn man die falschen Filme, die falschen Bücher, die falschen Fernsehsendungen wählt. Und diese Furcht scheint inzwischen längst weniger bei »denen da oben« zu liegen als vielmehr bei den Verbrauchern selbst: Das »Prädikat wertvoll« als Beruhigung, weil die Gefahr besteht, dass man sonst irgendwas Wertloses liest oder sieht. Nein, das stimmt nicht ganz: Es handelt sich vermutlich nicht nur um etwas Wertloses, sondern um etwas noch Schlimmeres.

Tatsächlich lässt diese außergewöhnliche Sorge und Sorgfalt bei der Auswahl darauf schließen, dass durch »schlechte Bücher«, »schlechte Comics« etwas Gefährlicheres droht als verschmerzbare Zeitverschwendung. Es droht offenbar mehr so etwas wie bleibende Schäden. Und der Verdacht drängt sich auf, dass dahinter immer wieder und immer noch eine alte Angst lauert: die Angst vor einer Schädigung durch »Schmutz und Schund«. Sicher, man könnte sagen: Was haben wir heute noch mit »Schmutz und Schund« am Hut? Das war doch eher was für unsere Großeltern. Aber stimmt das?

Mal sehen: In Deutschland gab es explizit ein Gesetz gegen Schmutz und Schund, von 1926 bis 1935. An der Zeitspanne erkennt man: Die Nazis haben sich's ausnahmsweise mal nicht ausgedacht, jedenfalls nicht allein. Aber sie konnten drauf aufbauen und das deutsche Verständnis von Anstand noch einmal zehn weitere Jahre lang gründlich durchpervertieren, bis dann 1945 endlich Schluss war.

Überhaupt: »Schmutz und Schund«. Das klingt spießig und verstaubt, aber man könnte schon mal fragen, ob das jetzt so verkehrt war. Und ob das denn einen Unterschied macht. Ist der Kampf gegen Schmutz und Schund nicht nur eine altertümliche Form von Jugendschutz? Aber das ist es eben nicht, und das ist das Perfide daran: Denn Jugendschutz schützt ja meist nur vor Sachen, die nicht altersgemäß sind, obwohl sie für Erwachsene durchaus sinnvoll, erlaubt und oft auch schön sind. Schmutz und Schund ist hingegen für niemanden gut. Schmutz und Schund sind auch schlimmer als Tabak und Alkohol, die ja wenigstens noch »Genussmittel« sind. Bei Schmutz und Schund ist offenbar nicht einmal mehr der Genuss lobens- oder erwähnenswert. Wer Schmutz und Schund liest oder verbreitet, ist daher schon ziemlich nah an dem, was die Nazis »Volksschädling« nannten.

Aber 1945 war das ja vorbei. Gott sei Dank. Für immer.

Und »immer« bedeutet in diesem Fall: für vier Jahre.

Dann grub Rheinland-Pfalz den nicht totzukriegenden Unsinn wieder aus, ungelogen: 1949 gab's erneut ein »Landesgesetz zum Schutze der Jugend vor Schmutz und Schund«. Vier Jahre lang, dann wurde es vom Bundesgesetz über die Verbreitung jugendgefährdender Schriften abgelöst. Dann war endlich Ruhe mit dem Schund.

Für weitere vier Jahre.

Denn im Jahr 1957 gab es wieder mal eine Bücherverbrennung.

Ist wahr. In Itzehoe, wie die NORDDEUTSCHE RUNDSCHAU in ihren Archiven entdeckt hat*. Die Jugendlichen wurden aufgefordert, Groschenhefte und Comics selbst zu sammeln und gegen »gute Bücher« einzutauschen. Die abgegebenen Comics hätte man dann auch einfach wegschmeißen oder zum Altpapier geben können, aber dazu waren sie offenkundig zu gefährlich. Also mussten sie

* Siehe auch »Jugendschutz in den 50er Jahren ,Feldzug gegen Schmutz- und Schundliteratur«, Artikel von Björn Marnau, NORDDEUTSCHE RUNDSCHAU, 24. April 2017 www.shz.de/lokales/norddeutsche-rundschau/feldzug-gegen-schmutz-und-schundliteratur-id16659471.html

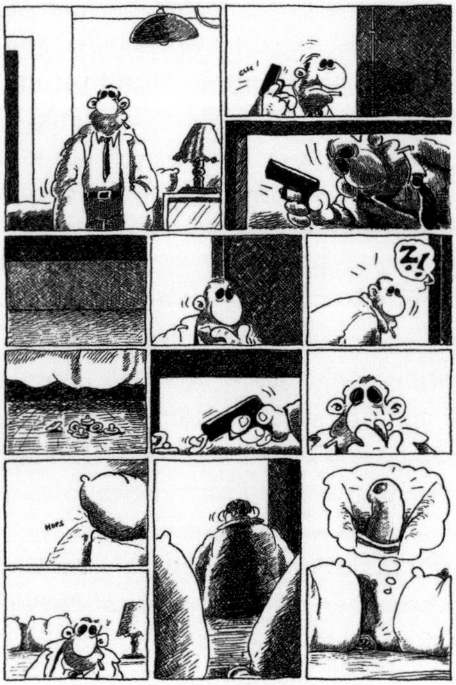

1

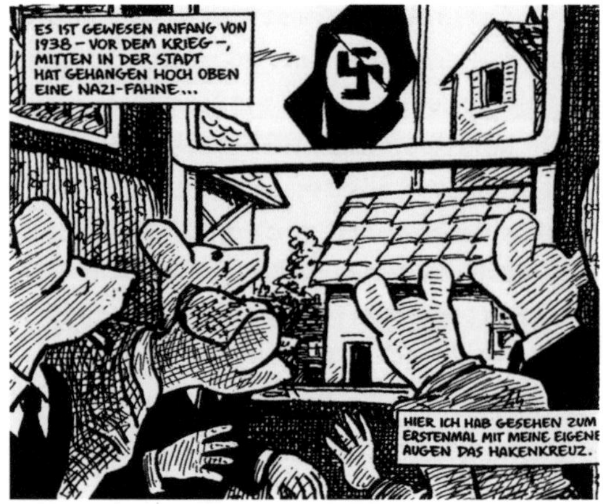

2

1 Verdachtsfall KONDOM DES GRAUENS: Die freche Parodie bestellt heute jeder Buchhändler.

2 Auch MAUS von Art Spiegelman stand unter Verdacht: Weil der erschütternde Holocaust-Comic nicht nur die Täter zeigt, sondern auch ihre Hakenkreuze.

auf einem Itzehoer Platz, dem Holzkamp, verbrannt werden. Und wer sich denkt: »Ach, Itzehoe, das ist ja Provinz«, dem bescheinigen die Archivare, dass ein halbes Jahr später das Gleiche in Frankfurt passierte. In der Buchmessestadt. Auf dem Domplatz. Und acht Jahre später passierte Ähnliches noch mal, im schwäbischen Bietigheim. Angesichts derartiger Gefahren wundert es nicht mehr, dass meine Eltern, die mir oft und gerne Büchergutscheine für die Buchhandlung unseres Vertrauens schenkten, stets handschriftlich auf ihnen vermerkten: »Keine Comics!« Da sind wir dann schon in den 1970ern und frühen 1980ern. Waren meine Eltern die Einzigen? Sicher nicht.

Aber seither müsste es dann eigentlich doch allmählich besser geworden sein, nicht wahr?

Es lohnt sich, dazu mal den Verleger Achim Schnurrer zu befragen, der in den 1980er- und 1990er-Jahren mit seinen Magazinen U-COMIX und SCHWERMETALL hochwertige Comics für Erwachsene unters Volk brachte, vieles davon überhaupt zum ersten Mal auf Deutsch. Und, vorsichtshalber: »Für Erwachsene« bedeutet in diesem Fall nicht Porno, sondern »solche Comics wie hier, in diesem Buch«.

Schnurrers Verlag ging 2001 unter, und das Ende wurde durch Untersuchungen der Staatsanwaltschaft Meiningen mindestens beschleunigt, wenn nicht sogar erheblich mitverursacht: Denn 1995 wurden auf deren Veranlassung seine Comics beschlagnahmt. Nein, nicht nur hier und da ein paar. Sondern bundesweit. Wir reden von über hundert Einzeltiteln, nach denen in über tausend Buchhandlungen gesucht wurde, also flächendeckend. Wir reden von bundesweiten Razzien. Dabei war keiner der Titel vorher jemals auch nur ansatzweise beanstandet worden. Und Schnurrer, Mitbegründer des weltweit angesehenen Erlanger Comicsalons, stand vor der Öffentlichkeit und seinen Kunden im Buchhandel da wie der anrüchigste Schmuddeldealer. Die Aktion und ein sechs Jahre dauernder Prozess zeitigten alle Folgen eines klassischen Rufmordes.

Der Anlass war lächerlich: Es ging um einige gezeichnete Erektionen in Ralf Königs Gruselparodie KONDOM DES GRAUENS **Abb.1** – die bestellt heute jede Buchhandlung. Es ging aber auch um die gefeierte Holocaustnovel MAUS (S. 82), die – themenbedingt –natürlich Hakenkreuze **Abb.2** zeigt. Schnurrer hatte mit MAUS nichts zu tun, er hatte nur für den Comicsalon ein Poster dazu produziert. Von den Vorwürfen blieb so gut wie nichts – außer einer Mini-Geldstrafe zur Gesichtswahrung für die Staatsanwaltschaft. Was noch blieb, war: ein Konkurs mit einem Schuldenberg für den in seinem Rechtsstaatsglauben nachhaltig erschütterten Verleger.

Seither ist wirklich Schluss mit dem engstirnigen Blödsinn.

Möchte man meinen. Bis Denis Scheck 2021 seinen »Antikanon« vorstellte. Auch ihm genügt Nichtlesen missliebiger Bücher nicht – mit einem Blitz übergab er der Flamme die Werke von Christa Wolf, Sebastian Fitzek, Svende Merian und anderen. Und das machte er nicht auf seiner kleinen privaten Homepage, sondern unterstützt und gefördert und verbreitet vom Südwestrundfunk (SWR), wo offenbar ebenfalls eine Menge entscheidender Leute der Ansicht ist, dass man schlechte Bücher besser vernichtet als ignoriert, weil sie sonst wohl eine schädliche Wirkung haben könnten.

Sicher, derlei passierte nicht nur in Deutschland. In den USA gab es in den 1940er- und 1950er-Jahren eine ähnliche Debatte. Aber dort wie auch in den großen Comicnationen Italien, Belgien, Frankreich, Holland, Spanien, in Japan oder Lateinamerika begegnen Comics bis heute nicht der Skepsis, die uns Deutsche umtreibt. Comics sind dort weitgehend gleichberechtigt, gerade in den USA ist es mittlerweile Standard und ein Milliardengeschäft, Comics zu verfilmen. Unter den dreißig erfolgreichsten Filmen aller Zeiten haben über ein Drittel ihre Wurzeln im Comic. Unter den erfolgreichsten deutschen Filmen aller Zeiten – kein einziger. Und das ist nicht nur eine Frage des Geldes: Das US-amerikanische Time Magazine etwa setzte WATCHMEN gleichberechtigt mit DER GROSSE GATSBY oder FRÜCHTE DES ZORNS auf die Liste der hundert besten englischsprachigen Romane. Zu Recht.

Seither aber ist das alles Geschichte. Ob Comic oder Buch, das interessiert heute keinen Menschen mehr. Oder?

Wie viele Menschen aus Ihrem Bekanntenkreis haben Ihnen in den letzten vier Wochen eine TV-Serie empfohlen? Wie viele ein Buch? Wie viele einen Film?

Und wie viele einen Comic?

Naja. Immerhin zittert keiner mehr vor »Schmutz und Schund«. Wenigstens das ist Geschichte ... Gucken Sie mal in die Bayerische Verfassung. Artikel 110. Absatz 2. In Kraft seit: 1.1.2020.

07

Interviews, Berichte, Hintergründe:
Immer mehr Comics nutzen die Mittel des Journalismus. Und die besten von ihnen beeindrucken mit Bildern, die keine Kamera der Welt liefern könnte.

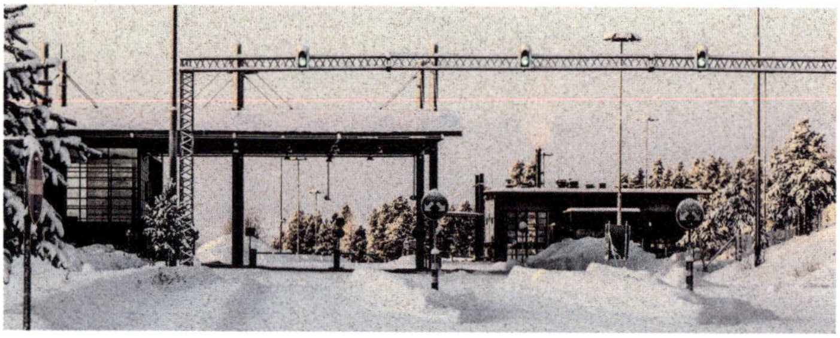

DIE ECHTEN REPORTER OHNE GRENZEN

Manche Comics von einst lassen sich nur schwer ersetzen, aber dafür ist einiges neu hinzugekommen. Beziehungsweise man fand es als Kind vermutlich nicht sonderlich interessant, aber das hat sich inzwischen geändert. Wir reden von –

Bitte? Sex?

Knapp daneben, der kommt erst später. Nein, es geht um: Nachrichten. Es geht um Comicjournalismus.

Comicjournalismus klingt auf Anhieb ein wenig unseriös. Ist er aber nicht. Tatsächlich wird er in Teilen sogar schon lange praktiziert, und Sie haben das ziemlich sicher schon selbst gesehen, auch als Nichtcomicfan. So sind etwa in Deutschland während einer Gerichtsverhandlung Fotografen oder Kameraleute nicht zugelassen *, Gerichtszeichner aber schon. Sie fertigen Skizzen und Porträts der Akteure vor Gericht an, Zeitungen, Onlinemedien oder Fernsehen zeigen diese Bilder. »Graphic Journalism«, kann man da sagen.

Zeichnen statt Fotografieren: Diese Möglichkeit bietet sich nicht nur im Gerichtssaal, sondern überall da, wo man nicht fotografieren kann oder darf. Dem ausgezeichneten Band WIR WAREN CHARLIE kann man sogar die Möglichkeit des unauffälligen Zeichnens in der Hosentasche entnehmen **. Und in der Vergangenheit war Fotografieren sowieso oft unmöglich. Damals waren Zeichnungen in Zeitungen üblich – LITTLE NEMO-Schöpfer Winsor McCay etwa arbeitete ebenfalls als Zeitungszeichner ***.

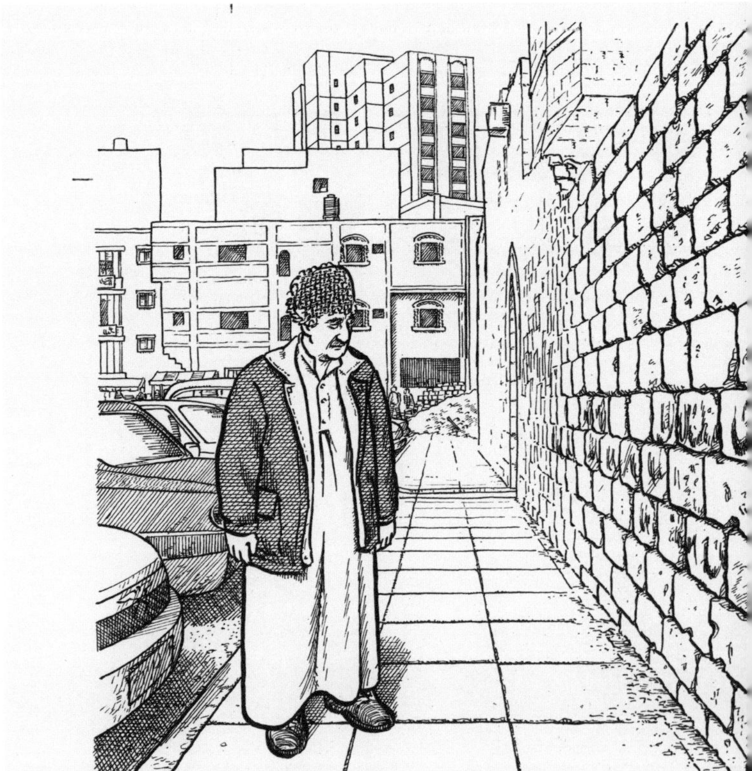

1

* Bis kurz vor Verhandlungsbeginn schon, während der Verhandlung aber nicht.

** Luz, WIR WAREN CHARLIE, Reprodukt, S. 229

*** Alexander Braun, WINSOR MCCAYS LITTLE NEMO – GESAMTAUSGABE, Begleitband S. 12

Heute hat das Foto die Zeichnung weitestgehend verdrängt – aber nicht immer zu Recht. Denn die Kamera ist limitiert: Sie kann nur ablichten, was sie vorfindet. Spezielle Situationen wie Gewalt oder Streit finden oft sogar extra nicht statt, solange eine Kamera in der Nähe ist. Der Fotograf kann also praktisch nie zeigen, wie ein Mann zu Hause seine Frau schlägt. Der Comicjournalist hingegen kann alles zeichnen, was seine Recherchen ergeben. Und er kann dabei Blickwinkel einnehmen, die einer Kamera verwehrt sind, entweder aus technischen Gründen, weil es zu dunkel ist, oder weil eine Wand im Weg ist. Oder auch weil zu einem bestimmten Zeitpunkt eben niemand ein Foto gemacht hat. Der Comicjournalist kann durch die Wand sehen. Er kann durch die Zeit reisen, denn er kann Ereignisse im Nachhinein recherchieren und dann zeichnen. Ist das dann so authentisch wie ein Foto? Kommt auf den Comicjournalisten an. Auftritt: Joe Sacco.

Sacco hat seinen Stil in verschiedenen Reportagen für Comic- oder Musikmagazine entwickelt, er hat Bands auf Tour begleitet, aber dabei auch schnell gemerkt, dass er diese Möglichkeiten für weitaus ernsthaftere Themen nutzen kann. Seither besucht Sacco mit Vorliebe Brennpunkte. Nicht immer dann, wenn's brennt, oft auch danach. Zum Beispiel in GAZA. **Abb.1** Sacco recherchiert zu den Wurzeln des palästinensisch-israelischen Konflikts, zu einem speziellen blutigen Vorfall aus dem Jahr 1956, bei dem hundertelf Palästinenser erschossen wurden. Er benennt Zeugen, er lässt alle Seiten zu Wort kommen, er zeigt, wie ihm die Zeugen

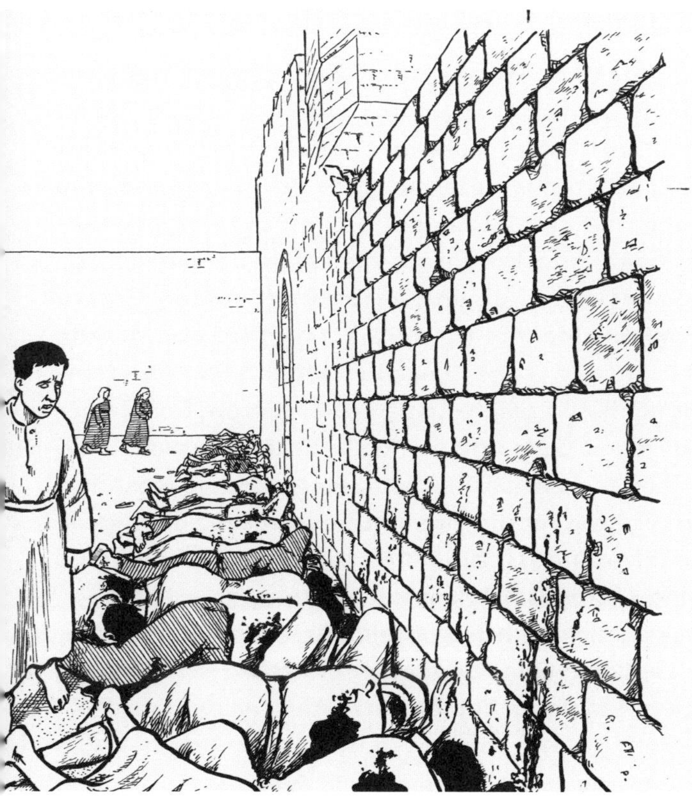

1 So wird's gemacht: Joe Sacco zeichnet eine Zeitreise in Palästina nach Augenzeugenberichten, samt dem Augenzeugen. Seine Recherchen sind präzise – wenn die Häuserfassaden hinten im rechten Bild fehlen, kann man sich drauf verlassen, dass sie damals nicht da waren.

die Verhältnisse vor Ort aufzeichnen. Er zweifelt Aussagen an, überprüft andere, zeigt Widersprüche, zu Deutsch: Er recherchiert. Dann komponiert er seine Reportage. Seine Zeichnungen zeigen Gesichter, die Lage vor Ort, Mauern, Gebäude, Fahrzeuge. Die richtigen Uniformen, die richtigen Waffen und immer wieder die Gegenwart. Die Trostlosigkeit des Gazastreifens, die Trostlosigkeit des palästinensischen Alltags und die Gründe dafür. Und auch das ist Sacco: Nicht alles ist einfach die Schuld der Israelis.

Ähnlich geht Sacco in all seinen Büchern vor. Wenn Sie der dicke GAZA-Wälzer schreckt, versuchen Sie's mit REPORTAGEN. Sacco ist in diesem Band in Tschetschenien, beim Internationalen Gerichtshof in Den Haag, im Irak oder in Indien. Jedes Mal weiß man hinterher mehr als vorher, inhaltlich, aber auch optisch, weil Sacco irrsinnig detailliert zeichnet. Sacco weiß, wie eine Kalaschnikow aussieht und wie ein israelischer Militärkarabiner. Er zeigt Pflanzen, Tiere, Straßenbau, wer fährt was, wer trägt was, und in welchem Zustand sind die Klamotten, Sacco sieht, bemerkt, zeigt.

Das kann (sehr selten) ins Langatmige gehen, sein jüngster Band WIR GEHÖREN DEM LAND ist etwas ausufernd geraten. Aber dennoch: Wenn man von Comicjournalismus redet, ist Sacco die Messlatte, die gerne mal gerissen wird – und in letzter Zeit besonders oft.

Denn es springen einige auf den Zug auf. Am erfolgreichsten in jüngster Zeit die US-Amerikanerin Sarah Glidden mit IM SCHATTEN DES KRIEGES und der Franzose Mathieu Sapin mit COMÉDIE FRANÇAISE. Was beide abliefern, ist allerdings weniger Comicjournalismus, sondern geht eher in die Richtung von »Ich bin irgendwo und male mich dabei selbst«. Auch Sacco hatte diese Tendenz, als er jünger war. Er zeigte sich beim Arbeiten und ulkte darüber. Aber ziemlich rasch reduzierte er sein Auftauchen in seinen Comics, und wenn er sich heute zeigt, dann einfach als Teil der Szene. Diesen Schritt haben Glidden und Sapin (und nicht zuletzt auch eine Menge Selfmadejournalisten im Internet) meiner Ansicht nach nie vollzogen, beide sind offenbar noch immer völlig besoffen von der eigenen Bedeutung. Sapin etwa, der an sich ganz gute Kindercomics zeichnet, gefällt sich im Namedropping und Promizeiging. Dass er einen ganzen Band neben Gérard Depardieu verbringt, dass ihn Emmanuel Macron wiedererkennt. Wozu er Macron und Depardieu trifft, wird nicht klar, kritischer Journalismus, scheint Sapin zu denken, bestünde darin, sich selbst möglichst hässlich-lustig zu karikieren. Das Resultat ist ein unansehnliches Dauerselfie mit Gott und der Welt, Erkenntniswert null.

Auch Sarah Glidden versteht unter Journalismus vor allem, dass sie irgendwo ist und irgendwas denkt. Als Kompensation für die eigene Dauerpräsenz dichtet sie sich etwas an, was sie für Authentizität oder Bescheidenheit hält, sich aber innerhalb kürzester Zeit als Orientierungs- und Ahnungslosigkeit herausstellt.

Man darf lesen, wie Reporter an sich selbst zweifeln: »Ich versuche rauszufinden, was für eine Journalistin ich wirklich bin.« Oder an ihrer Arbeit: »Was will ich eigentlich hier mit diesem komischen Projekt im kompliziertesten Teil der Welt?« *

* Sarah Glidden, Im Schatten des Krieges, Reprodukt

Interessante Frage. Und ein interessanter Zeitpunkt: Das hätte man sich vielleicht vorher fragen sollen. Denn eigentlich sollte Journalismus auch für Comicjournalisten keine Hexerei sein. Und eine präzise Fragestellung würde schon mal vieles vom Kopf auf die Füße stellen. Wie in LIEBE AUF IRANISCH. Das unter Pseudonym arbeitende Journalistenduo Jane Deuxard und Zac Deloupy wollte einfach verschiedene Beispiele sammeln, wie junge Menschen sich im Iran unter dem streng religiösen Regime verlieben, wie sie sich treffen, Sex haben. Zeichner Deloupy kombiniert die verschiedenen Interviews immer wieder mit symbolischen Bildern, über die er die Originalzitate laufen lässt – um dann stets rechtzeitig zu seinen Protagonisten zurückzukehren, bevor alles überdramatisch wirkt. Das ist, genau betrachtet, keine Zauberei, und trotzdem hat man hundertvierzig Seiten, die einen unmöglich kalt lassen. Die anhand eines vertrauten Bedürfnisses ganz normaler junger Menschen einen Einblick in ein bizarres, völlig fremdes Land ermöglichen und zeigen, wie totalitäre Herrschaftssysteme die Menschen verbiegen.

Ähnlich effektiv ist DER RISS, auch deshalb, weil der Band ebenfalls einer präzisen Frage nachgeht: den Zusammenhängen und Hintergründen der Migrationsproblematik. Texter Guillermo Abril arbeitet hier übrigens mit einem Fotografen zusammen: Carlos Spottorno. Beide machen sich auf den Weg, dokumentieren die EU-Enklaven in Nordafrika, besuchen die kontinentale EU-Außengrenze zur Türkei, die Flüchtlingslager und die Balkanroute, bis sie irgendwann an der finnischen Außengrenze **Abb. 2** zu Russland ankommen. Dort stapeln sich bereits die Schrottwagen der Flüchtlinge, die auf den südlichen Routen gescheitert sind. Abril und Spottorno verurteilen nicht, sie zeigen einfach und schonungslos die Mechanismen auf, die sich aus der Attraktivität des EU-Reichtums ergeben, der Perspektivlosigkeit krisengebeutelter Regionen weltweit – und aus der Aussichtslosigkeit des Unterfangens, Europa jemals wirksam komplett abzuschotten. Die Folgerungen daraus überlassen sie dem Leser, machen aber aus ihrer Befürchtung kein Geheimnis, die Europäer würden trotzdem lieber vor der Realität in den Nationalismus flüchten.

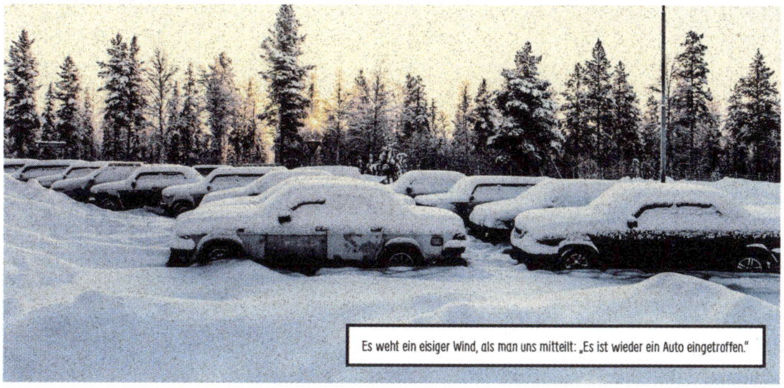

2

2 Verlassene Fluchtwagen in Finnland: DER RISS zeigt, dass das Abdichten Europas nicht funktionieren kann.

Zugegeben, das klingt nicht so richtig spaßig. Weil es aber im Journalismus auch mal weichere Themen gibt, gibt es sie im Comicjournalismus ebenfalls. Der Kanadier Guy Delisle hat sich damit zu Recht einen Namen gemacht. Aktuell macht er mittelwitzige Cartoons über sein Leben als Vater und leidliche über seine Ferienjobs, aber das soll seine ausgezeichneten Vorgängerbände PJÖNGJANG, **Abb. 3** AUFZEICHNUNGEN AUS JERUSALEM, AUFZEICHNUNGEN AUS BIRMA und SHENZEN nicht schmälern. Delisle war teils beruflich als Trickfilmkoordinator, aber auch privat als Ehemann einer Mitarbeiterin von »Ärzte ohne Grenzen« für längere Zeit an diesen Orten. Delisle recherchiert keiner bestimmten Geschichte hinterher, aber schildert seinen Alltag und die Eigenheiten des Landes, in dem er sich aufhält. Seine Zeichnungen sind spartanisch, pointenfreundlich, Delisle hat ein scharfes Auge für Gags und Situationen. Trotzdem erhält man mehr als eine gehobene Witzparade: Der lange Aufenthalt und die knapp zweihundert Buchseiten führen dazu, dass man sich mit Delisle an das Land gewöhnt und dabei das touristische Kopfschütteln allmählich einstellt. Hinterher ist es fast, als wäre man selbst für einige Zeit dort gewesen.

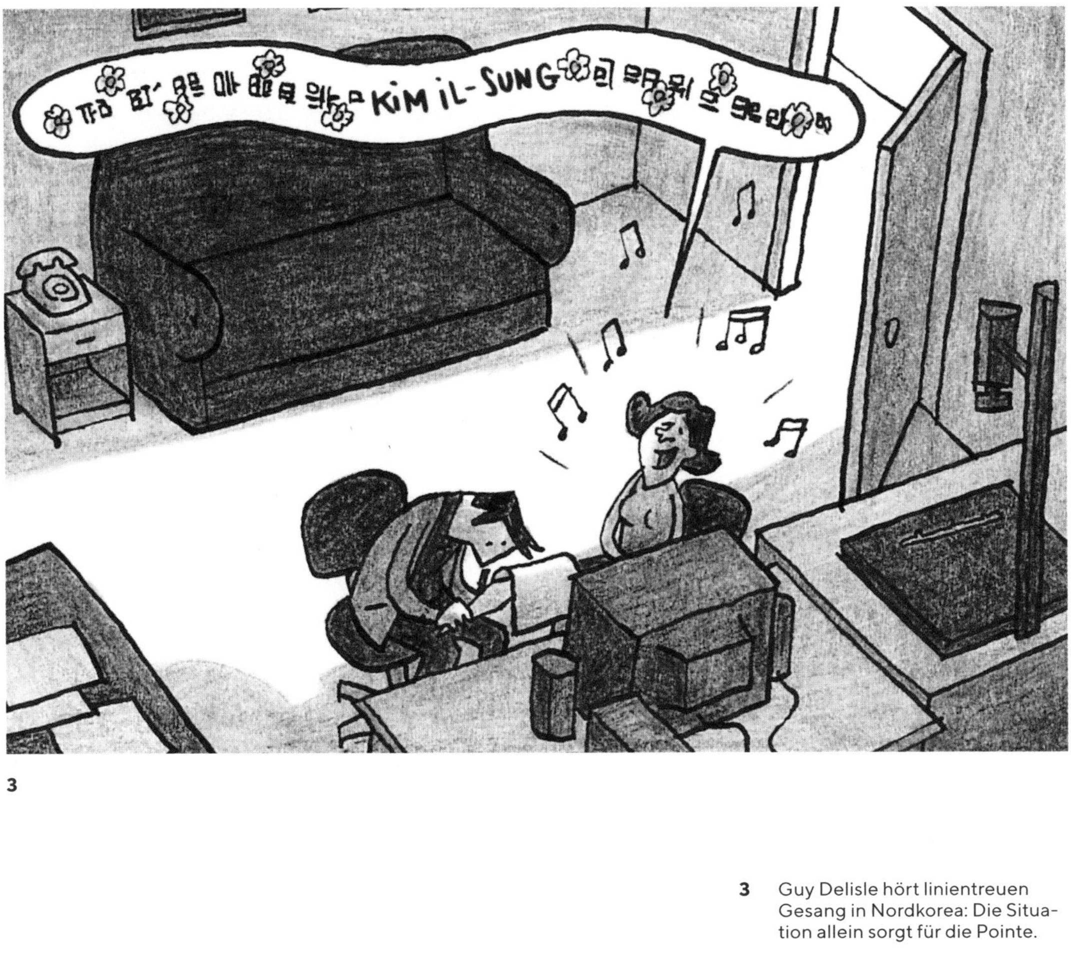

3

3 Guy Delisle hört linientreuen Gesang in Nordkorea: Die Situation allein sorgt für die Pointe.

~~Outtakes~~

Emmanuel Lepage, EIN FRÜHLING IN TSCHERNOBYL, Splitter
Optisch umwerfend. Lepage zeichnet die Gegend um Tschernobyl so bizarr, düster, drohend-geheimnisvoll, dass man vergisst, dass er leider kaum Inhalte liefert. Vor zehn Jahren hat er eine REISE ZUM KERGUELEN-ARCHIPEL unternommen, vor dreien eine in die Bretagne. Sehenswert.

Olivier Kugler, DEM KRIEG ENTRONNEN, Edition Moderne
Gespräche mit geflohenen Syrern, solide erklärt, aber zeichnerisch ermüdend. Es ist kaum zu vermeiden, dass der Leser die ähnlich aufbereiteten Schicksale irgendwann nur noch abarbeitet.

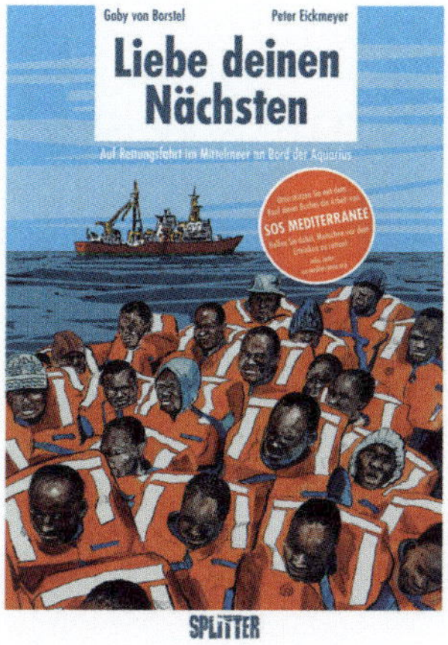

Gaby von Borstel (Text)/Peter Eickmeyer (Zeichnungen), LIEBE DEINEN NÄCHSTEN, Splitter
Noch mal das Thema Flüchtlinge, stellenweise recht informativ, erst in der zweiten Hälfte auch sehenswert.

Sarah Glidden, IM SCHATTEN DES KRIEGES, Reprodukt
Gliddens zweites Erfolgsbuch. Je nach Geschmack »erfrischend naiv« oder »nervtötend naiv«.

Mathieu Sapin, GÉRARD, COMÉDIE FRANÇAISE, Reprodukt
Sapin neben berühmten Leuten. Sieht entfernt aus wie Journalismus, entpuppt sich dann als gezeichnetes Dauerselfie.

Die Titel aus diesem Kapitel
- → Joe Sacco, GAZA, Edition Moderne
- → Joe Sacco, REPORTAGEN, Edition Moderne
- → Joe Sacco, WIR GEHÖREN DEM LAND, Edition Moderne
- → Jane Deuxard (Text)/Zac Deloupy (Zeichnungen), LIEBE AUF IRANISCH, Splitter
- → Guillermo Abril (Text)/Carlos Spottorno (Fotos), DER RISS, avant-verlag
- → Guy Delisle, PYÖNGYANG, AUFZEICHNUNGEN AUS JERUSALEM, AUFZEICHNUNGEN AUS BIRMA, SHENZEN, alle Reprodukt

08

Comics lesen ist leicht – über Comics reden erfordert manchmal ein bisschen Fachchinesisch. Was Sie davon wirklich wissen müssen – und was Sie gleich wieder vergessen können.

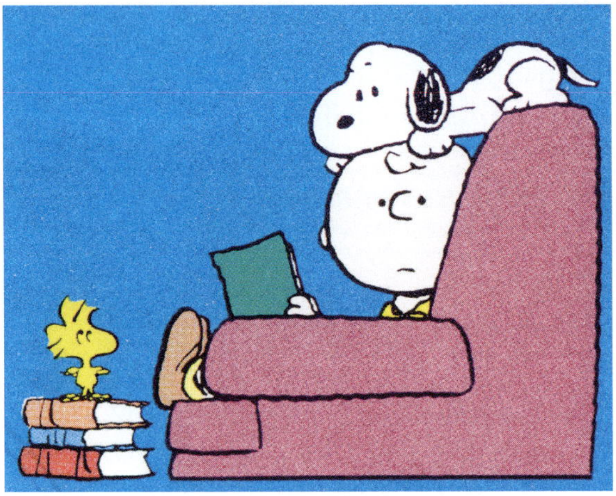

PANEL, SPLASH & GUTTER: BEGRIFFE FÜR BLASEN-DRESCHER

Eins vorweg: Das hier ist das unwichtigste Kapitel des ganzen Buchs. Es geht um ein paar Fachausdrücke, und wenn Sie die nicht kennen, dann passiert exakt – nichts.

Einen Comic können Sie schließlich auch so lesen. Sie können sogar einen zeichnen, ohne zu wissen, wie man das nennt, was Sie da gerade zeichnen. Es kann allenfalls passieren, dass sich vielleicht einige Leute nach einem Gespräch mit Ihnen denken: »Oh, sie kennt die Fachbegriffe nicht.« Oder: »Er hat nicht Splash gesagt.« Es gibt Schlimmeres.

Aber gut, lang wird's nicht dauern. Die Hauptsache ist ohnehin das mit dem Panel. **Das Panel** (ist Englisch, also bitte als »Pännl« aussprechen) ist das Einzelbild. Zum Beispiel so was:

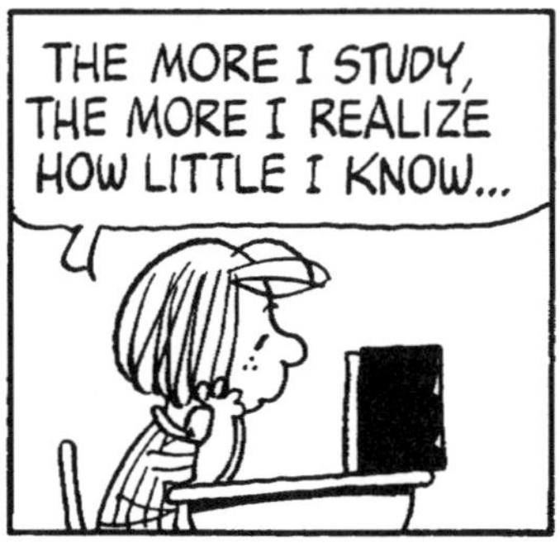

Das gilt übrigens auch, wenn kein Rahmen drum herum ist. Aber meistens gibt's einen. Ein **Comicstrip** besteht meistens aus einer Reihe von Panels. Richtige Betonung: aus EINER Reihe. Wie hier:

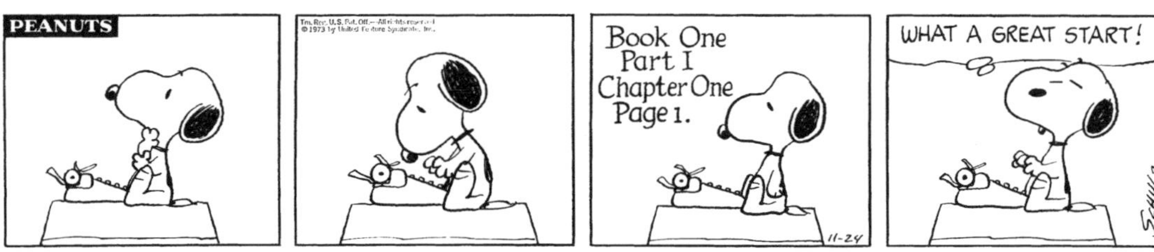

Oder wie hier:

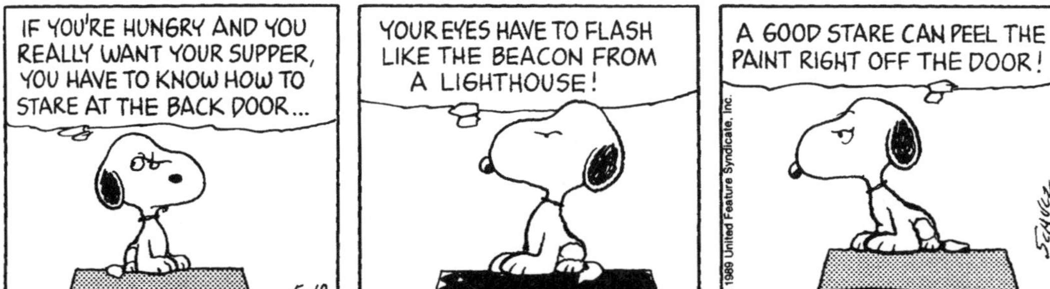

Das liegt an der Geschichte der Comics: Sie entwickelten sich zuerst als einzeilige Geschichten, von denen jeden Tag eine neue Folge gedruckt wurde. Deshalb haben sie auch dieses einheitliche Format. So mussten die Zeitungen nicht wissen, welche Geschichte mit wie vielen Bildern ihnen der Zeichner am nächsten Tag liefern würde, ob darin ein Tausendfüßler oder eine Giraffe vorkommen würde – der Platzbedarf war jeden Tag der gleiche, und wie der Zeichner seine Geschichte darin unterbrachte, war seine Angelegenheit. Das bedeutet natürlich, dass der Zeichner auch den ganzen Strip mit nur einem Panel füllen kann:

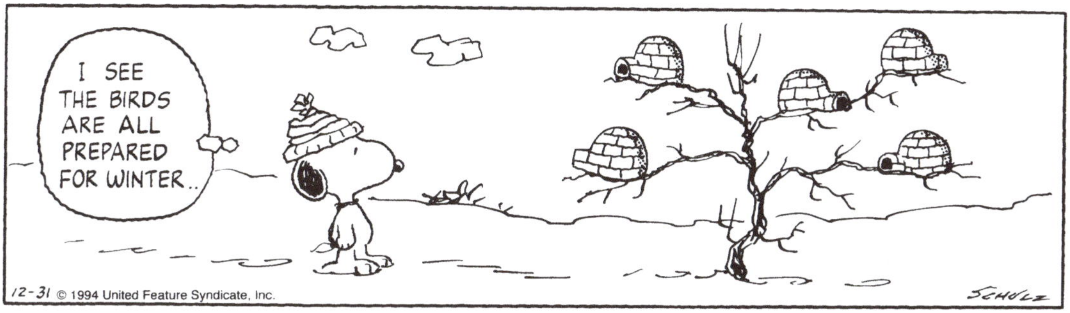

Dann ist's immer noch ein Comicstrip. Aber: Nicht immer ergeben drei, vier Panels einen Comicstrip. Das hier etwa ist keiner:

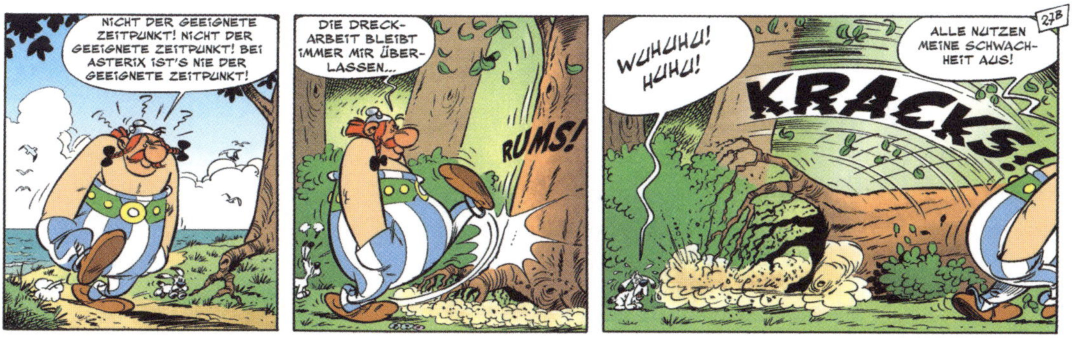

Obwohl es als solcher funktionieren könnte. Trotzdem sind das nur drei Panels aus ASTERIX. Und ASTERIX ist kein Comicstrip, sondern eine Comicserie, die aus einzelnen Comicalben besteht. Deswegen finden Sie ASTERIX normalerweise auch nicht in Ihrer Wochenendzeitung, so wie vielleicht CALVIN UND HOBBES oder HÄGAR DER SCHRECKLICHE, die – gar nicht zufällig – genau dasselbe Format haben wie die PEANUTS.

An dieser Stelle gibt's einen korrekten Einwand: Manchmal sehen die PEANUTS irgendwie anders aus. Sie haben mehr Panels, die Geschichte ist länger, oft sogar farbig. Das sind dann üblicherweise Sonntagsfolgen: um dem Leser etwas Besonderes am Feiertag zu bieten. Auch die Sonntagsfolgen sind genormt, ziemlich raffiniert sogar. Die Panels der Sonntagsfolgen lassen sich in drei Reihen anordnen oder auch in zweien, wenn man die ersten beiden Panels weglässt.

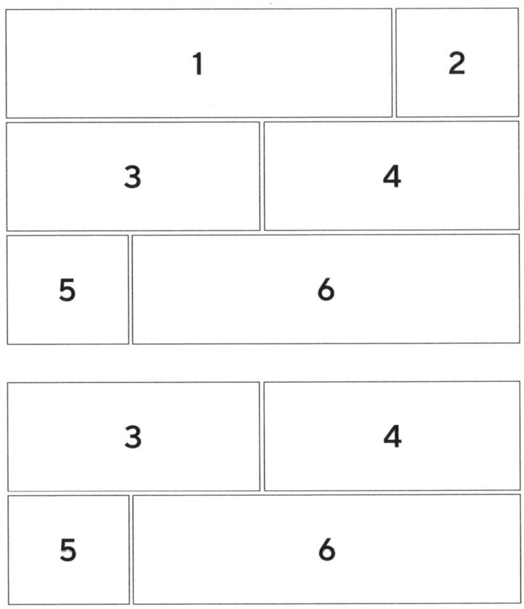

Dazu muss man wissen, dass US-Zeitungen sonntags ihrer Leserschaft gerne möglichst viele verschiedene Comicserien anbieten woll(t)en, nicht nur zwei oder drei wie bei uns. Und je nach Größe der Zeitungsseite kriegen Sie dann einen oder zwei zusätzliche Serien unter – wenn Sie die erste Zeile weglassen. Berechtigte Frage: Kann man die denn einfach so weglassen?

Und siehe da: Die Sonntagsstrips beginnen meist mit einem Panel, das den Schriftzug beinhaltet, und im zweiten Panel wird ein kleinerer Gag gemacht. Das liest sich oft wie eine Art Minigag als Vorprogramm. Das sind exakt jene Panels, die man auf Wunsch auch weglassen kann. Bei Panel drei fangen dann alle Leser gleichermaßen von vorne an. Wie hier bei CALVIN UND HOBBES: Der Strip funktioniert auch, wenn man die obersten beiden Panels weglässt. Deswegen hat Calvins Mutter auch einen (eigentlich unlogischen) zweiten Auftritt, **Abb.1** sie war ja in Panel zwei offenbar schon aus dem Zimmer *.

* Was man daran sieht, dass Hobbes in Panel 2 ein echter Tiger ist.

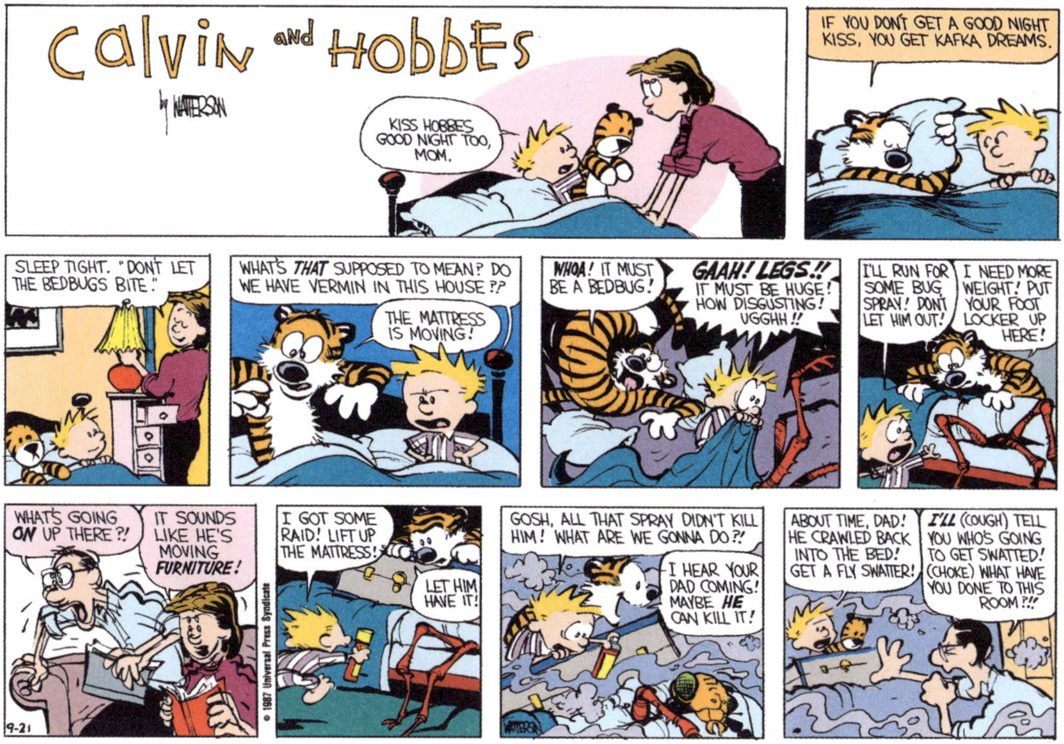

1

Aber da gibt es doch auch diese Serien, die es nur als ganze Seiten gibt: PRINZ EISENHERZ beispielsweise. Oder KRAZY KAT. Oder LITTLE NEMO. Sind das dann auch immer noch Comicstrips?

Eher nicht, man kann aber drüber streiten. Merken sollten Sie sich nur, dass es Panels gibt, und das gilt auch für ASTERIX, LUCKY LUKE, für jede Graphic Novel, alles Panels, Panels, Panels.

Manche Panels sind aber größer als andere, sie füllen eine halbe Seite oder auch eine ganze oder gar eine Doppelseite: Das sind zwar immer noch Panels, aber Sie können sie auch **Splash** nennen. Klingt wie »Spläsch«, bedeutet »platsch«, und da kommt der Name auch her. Weil diese großen Panels wie ein Schwung aus dem Farbeimer über die ganze Seite spritzen. Oder weil sie einem aufgrund ihrer Größe ins Gesicht klatschen wie ein Schwall Wasser. Ähnlich dem Schwall Wasser wirkt das Splash besonders gut, wenn es überraschend kommt. Weshalb man es als Zeichner bevorzugt …

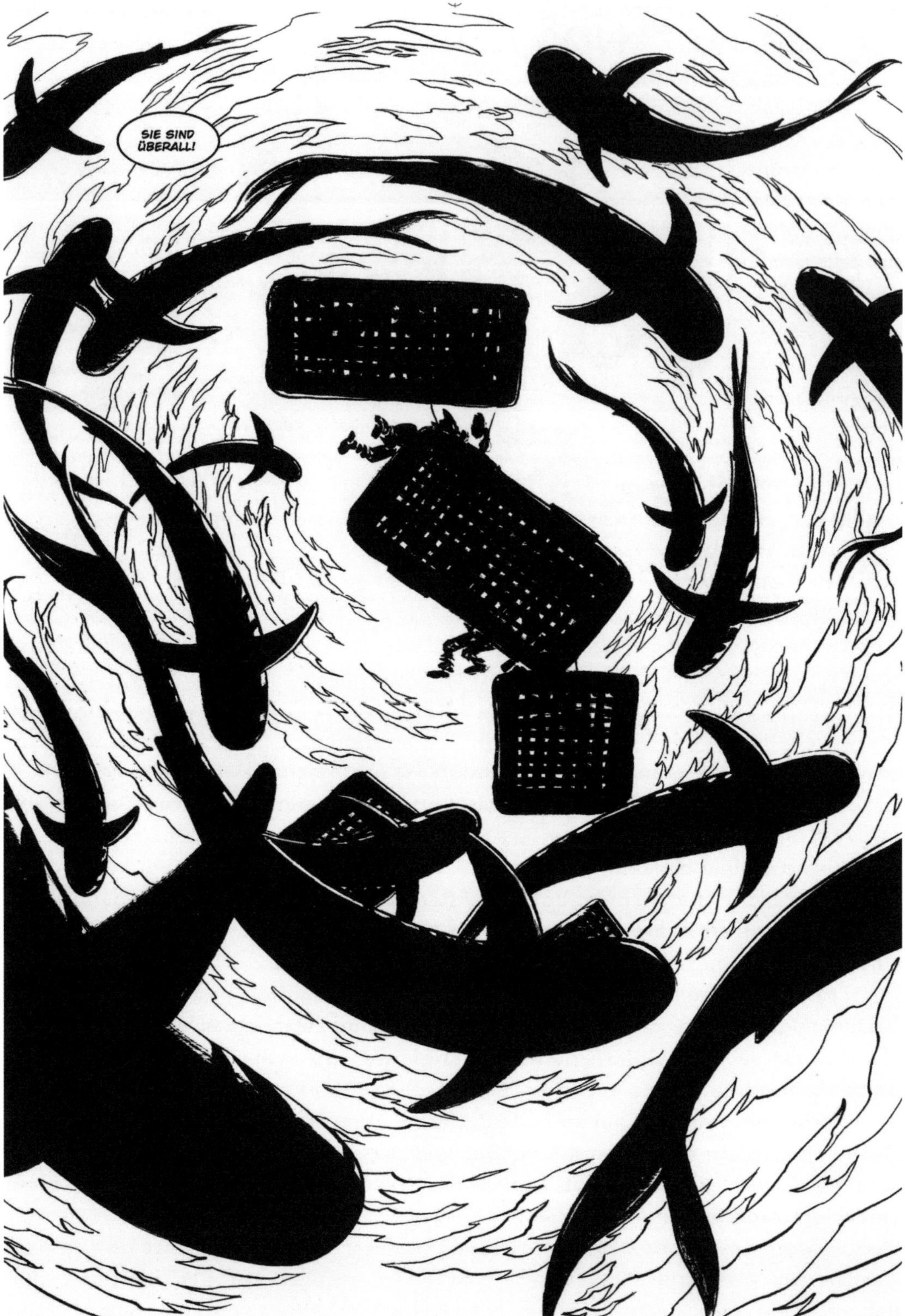
SIE SIND
ÜBERALL!

... auf die linke Seite legt. So sieht der Leser nämlich bis zum letzten Moment des Umblätterns nicht, dass ihm gleich 16 Haie über dem Kopf herumschwimmen.

So, das sind schon die wichtigsten Fachbegriffe: Panel und Splash.

Alles andere ist nur die Kirsche auf der Torte. Der leere Platz zwischen den Panels etwa heißt **Gutter** (»Gatter« gesprochen, engl. für »Ausguss«). Braucht man praktisch nie. Dass **Speedlines** (»Spiedleins«, engl. für »Geschwindigkeitslinien«) den Effekt imitieren, dass etwas fürs menschliche Auge verschwimmt, wenn es sich schnell bewegt. Die **Sprechblase** für gesprochenen Text ist längst sprichwörtlich, die wolkige **Denkblase** auch, spätestens seit Leute begonnen haben, drin zu leben. Oder dass manchmal Geräusche als Wort durchs Bild platzen. »Peng!« oder »Zack« oder »Krawumms«. Das sind **Klangworte** oder **Soundwords**, Sie können es auch Onomatopoetik nennen oder Lautmalerei.

Richtig hilfreich sind die Begriffe, wenn man loben oder tadeln oder empfehlen will. Weil man über sie auch erfährt, wer wofür zuständig ist. Hinter einem Comic kann eine Person stehen, die alles macht – oder auch mehrere: ein **Szenarist**, der sich die Geschichte ausdenkt und sie so ausarbeitet, dass sie wie ein Drehbuch umgesetzt werden kann (S. 184). Ein **Penciller**, der sie (mit einem »pencil«, dem englischen Bleistift) vorzeichnet, einem **Inker**, der dann mit Tusche (engl.: »ink«) aus den Bleistiftskizzen diejenigen Linien auswählt, die letzten Endes auch gedruckt werden, und dann der **Kolorist**, der für die Farbgebung verantwortlich ist. Alle können sehr eigenständig arbeiten oder auch so eng, dass sie hinterher heiraten: Frank Miller beispielsweise heiratete seine Koloristin Lynn Varley (ging neun Jahre gut), Lewis Trondheim seine Koloristin Brigitte Findakly (läuft noch), David Mazzucchelli die Koloristin und Malerin Richmond Lewis (malt jetzt nur noch). Da immer die richtige Kombination zu finden, ist nicht ganz leicht – es gibt Comics, bei denen manche tratschen, die Zeichnungen des Pencillers XY seien ungenießbar, erst der Inker YZ mache was Brauchbares draus, und mit einem anderen Inker könne man den Zeichner komplett vergessen. Manchmal werden Defizite auch unfreiwillig sichtbar – etwa beim Batman-Abenteuer ODYSSEY, als der unbestrittene Starzeichner Neal Adams beschloss, selbst eine Geschichte zu schreiben. Das Resultat ist grandios aussehender Unfug.

Oft übersehen: der **Letterer**. Das ist die Person, die den Text in die Sprechblasen und Textkästen schreibt. Dass man dazu mehr braucht als eine saubere Handschrift, merkt man schon daran, dass es beim Eisner Award eine eigene Kategorie »Lettering« gibt.

Wie nun die Panels angeordnet sind, wird vom Zeichner vorher angelegt. Dieser Schritt ist die **Bildkomposition**, und komponiert wird nicht seitenweise, sondern doppelseitenweise, damit man die Gesamtwirkung berücksichtigen kann. Und weil Comiczeichner keine Beamten sind, sondern oft crazy Künstler, kann das dazu führen, dass einer zeigen will, wie vier Kinder in einen Keller steigen, in dem was Großes unter einer Plane ist, das Große soll als Splash in die Bildmitte, parallel dazu die Mädchen auf der Treppe und eines staunt »Whoa«, und über die Köpfe der Girls hinweg sieht man das Etwas. Das sieht dann so aus:

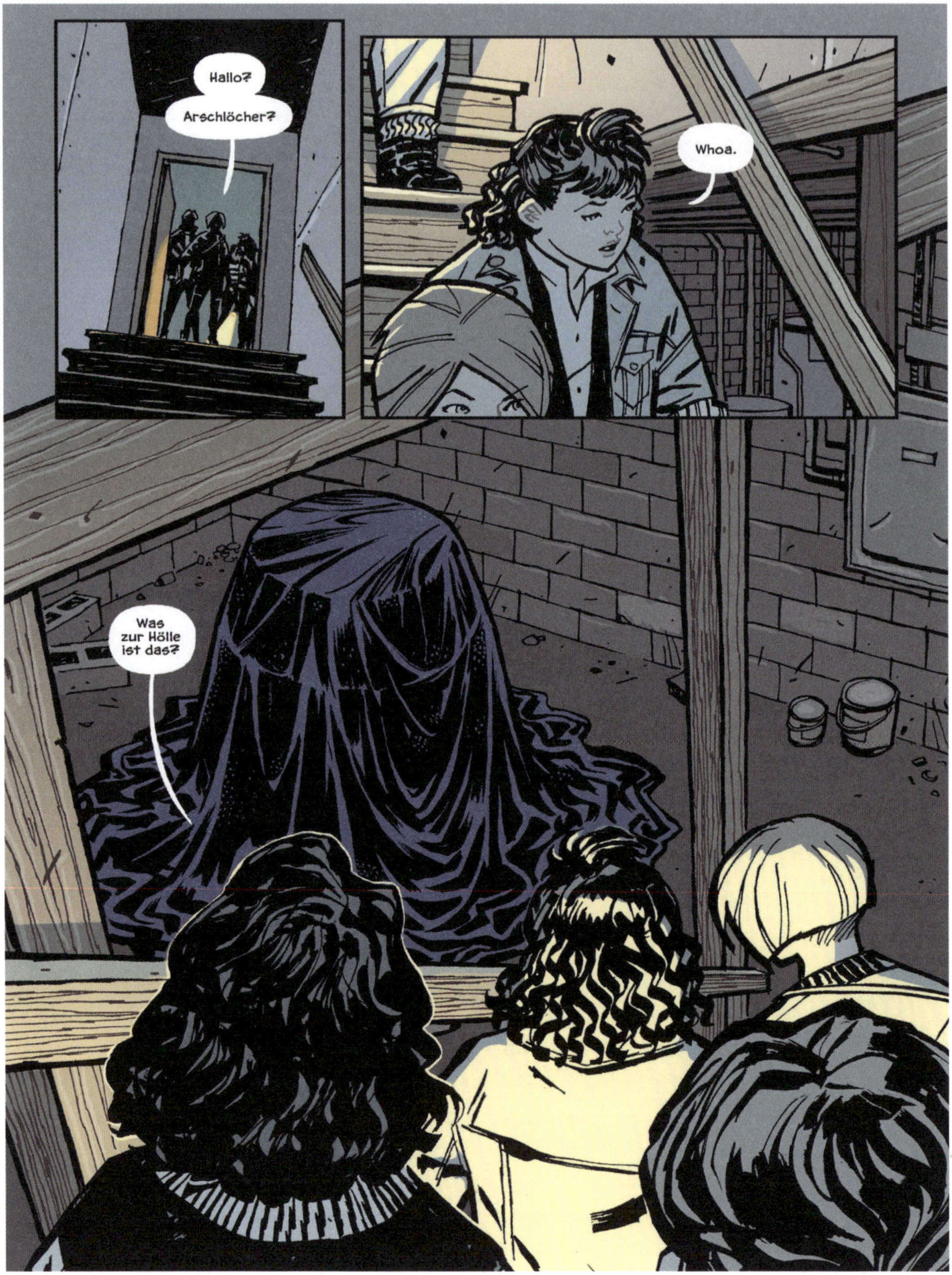
Hallo?
Arschlöcher?
Whoa.
Was zur Hölle ist das?

Dann fehlen Ihnen eigentlich nur noch die Zeitalter der Comicgeschichte. Ja, die gibt's, und wenn Sie sich streiten wollen, dann verschieben Sie einfach ein paar Jahreszahlen und zweifeln irgendwas an. Gezählt wird von hinten nach vorn, am Anfang war also das **Goldene Zeitalter** (1938–1956, Start mit Supermans erstem Abenteuer), dann das **Silberne Zeitalter** (1956–1970, Start mit dem Comeback der Superhelden), das **Bronzene Zeitalter** (1970–1984, ungenauerer Start mit düstereren Superhelden) und die **Moderne** (seit 1985, Start mit erwachsenen Superheldencomics wie WATCHMEN und DIE RÜCKKEHR DES DUNKLEN RITTERS). Es gibt Leute, die basteln vorne auch noch ein Platinzeitalter dran, das mit den Zeitungsstrips beginnt, und davor ein Viktorianisches Zeitalter, das praktisch alles vorher erfassen soll und bei dem man sich nur wundert, warum sie's nicht gleich »Steinzeit« getauft haben.

Und noch was: Comics sind die **Neunte Kunst**. Versuchen Sie nicht rauszufinden, was die anderen acht Künste sind, es gibt jede Menge verschiedener Auflistungen. Es sagt auch keiner, dass die neunte Kunst die letzte sei, insgesamt kann man sicher zwei Dutzend Sparten aufzählen, die sich alle als eigenständige Kunst betrachten. Man weiß noch nicht mal genau, wer das eigentlich war, der Comics zur »neunten Kunst« ernannt hat. Aber jetzt sind sie's nun mal.

Und damit reicht's.

09

Satirisch, ironisch, oft auch bitter:
Der mosaische Glaube war früh zentrales Element großer Comics – und ist es noch heute. Auch weil junge Juden die neunte Kunst zum Welterfolg machten.

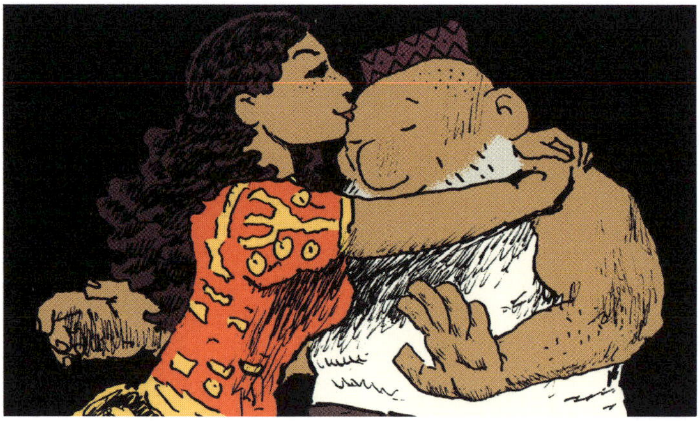

EIN KRYPTONIER MIT JÜDISCHEN WURZELN

Das Judentum spielt in Comics eine ziemlich große Rolle, und das ist alles andere als Zufall. Schließlich haben eine Menge bekannter Zeichner und Texter jüdische Wurzeln. Sicher kein Zufall ist, dass sich zwei junge jüdische Teenager Superman ausgedacht haben, einen außerirdischen Einwanderer, der den Schwachen hilft und der für Gerechtigkeit sorgt. Jerry Siegel und Joe Shuster waren beide Söhne osteuropäischer jüdischer Einwanderer*, die vermutlich auch nicht deshalb nach Amerika ausgewandert waren, weil es in Litauen oder der Ukraine so wundervoll war. Aber natürlich machten Siegel und Shuster Superman nicht zum Juden, sondern eher zu einer Art Allround-Amerikaner. In den 1960ern drehten Stan Lee** und Jack Kirby*** den Spieß bewusst um: Sie wählten gerade diejenigen, die anders waren, die Außenseiter – und machten sie zu Superhelden, die weiterhin argwöhnisch beobachtete Außenseiter blieben. Aber in Anbetracht der großen Zahl jüdischer Künstler in der Comicindustrie war es eigentlich nur eine Frage der Zeit, bis jemand das Thema selbst aufgriff – die größere Frage dabei war eher: Würde es verkäuflich sein?

Zum Durchbruch gebracht hat es sicherlich Will Eisner. Eisner, selbst Sohn jüdischer Eltern****, hatte den Ehrgeiz, auch literarisch ernstgenommen zu werden. Seit seiner Erfindung von THE SPIRIT, die von 1940 bis 1952 als Sonntagsbeilage für verschiedene Zeitungen (S. 106) erschien, wollte er für ein erwachsenes Publikum zeichnen und schreiben. Seine Graphic Novel **Abb.1** EIN VERTRAG MIT GOTT greift nicht nur jüdische Themen auf, der Hauptdarsteller der ersten Episode ist Rabbiner. Das Experiment gelang, der VERTRAG wurde gut angenommen und gut verkauft. Eisner machte weiter mit seinen Graphic Novels, erzählte aus New York, Biografisches aus seiner Comic-Karriere, und dreizehn Jahre nach EIN VERTRAG MIT GOTT schildert er in ZUM HERZEN DES STURMS die Geschichte seiner Familie. Die seines nur mäßig erfolgreichen Vaters als und dessen Eltern, die seiner in armen Verhältnissen aufgewachsenen Mutter und ihrer Eltern, seine eigene Suche nach Freundschaft und Anerkennung, und immer, immer wieder taucht das Judentum hier auf – obwohl praktisch keine der gezeigten Personen sonderlich religiös ist. Manche Verwandte versuchen ihre jüdischen Wurzeln eher zu verstecken. Eisner selbst schildert, wie er Freunde verliert, als sie merken, dass er Jude ist, immer wieder stolpert er im Comic über größere und kleinere Vorurteile. Was natürlich in den USA besonders paradox wirkt: In einem Land, in das letztlich alle eingewandert sind – bis auf die, die vorher schon dort lebten. 2003, kurz vor seinem Tod, kehrte Eisner noch zweimal zum Thema zurück: Mit dem KOMPLOTT (S. 163) und mit ICH BIN FAGIN (S. 75). Hier erzählt Eisner die Geschichte des Juden, der in Charles Dickens' OLIVER TWIST die Straßenkinder zu Dieben ausbildet – aus Fagins Perspektive. Man kann natürlich darüber streiten, ob jemand in Fagins Lage tatsächlich keine andere Wahl hat, als Verbrecher zu werden – aber darum geht es auch gar nicht: Eisner nutzt die Gelegenheit vielmehr zu einem Sittengemälde, zu einer Darstellung der Situation der Juden im England des neunzehnten Jahrhunderts. Die der Situation armer und unterprivilegierter Menschen stark ähnelt, aber zusätzlich den Nachteil hat, dass Juden in der sozialen Hackordnung ganz unten stehen. Eisner fordert damit dieselben mildernden Umstände für Fagin wie der Roman OLIVER TWIST auch für die Hauptfigur. Und eigenwilligerweise entdeckt man sich (oder zumindest entdecke ich mich) beim Überprüfen der Berechtigung von Nachsicht für Fagin. Wohingegen bei Oliver Twist immer klar war, dass der Junge der Gute ist. Seltsam.

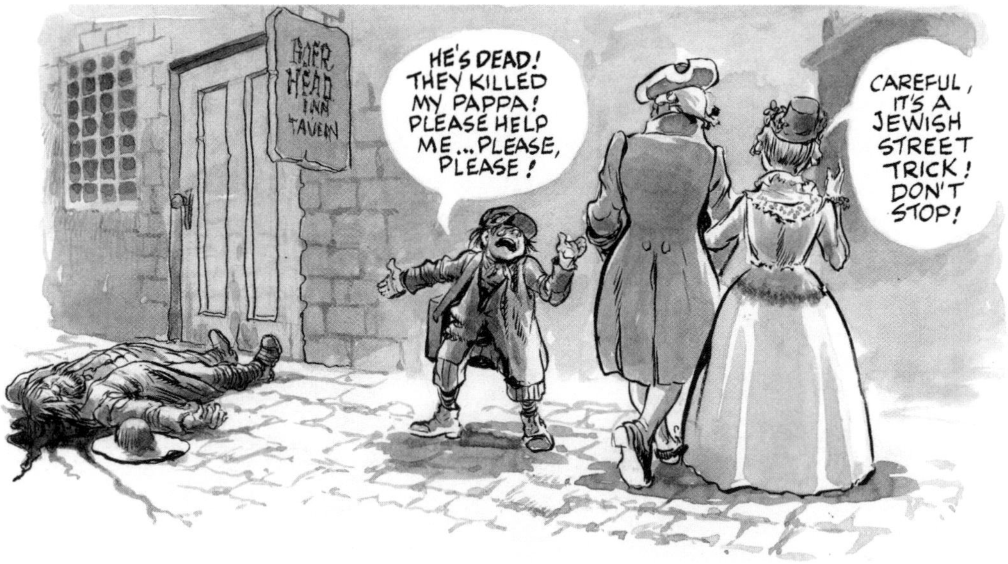

1

1 Unter Generalverdacht: Will Eisners ICH BIN FAGIN zeigt das Misstrauen der Londoner gegenüber ihren jüdischen Mitbürgern.

* Brad Ricca, Super Boys, Griffin 2014

** Stan Lee/George Mair, EXCELSIOR! THE AMAZING LIFE OF STAN LEE, Simon & Schuster 2002

*** Mehr Infos über die beiden findet man unter https://kirbymuseum.org/blogs/effect/2017/08/28/bio/

**** Will Eisner, IM HERZEN DES STURMS, S.10 ff., Feest 1992

Schön ist, dass sich gerade in den letzten Jahren auch jüdische Stoffe abseits von Schuld und Sühne durchgesetzt haben Ein Franzose hat sich darum vor allem verdient gemacht: Joann Sfar. Und als Allererstes greifen Sie am besten zur KATZE DES RABBINERS. Die graue Katze mit den Rattenohren lebt mit ihrem Rabbiner in einem maghrebinischen Land, und als sie den Papageien des Rabbiners frisst, kann sie plötzlich sprechen. Der Rabbi ist wütend und zwingt die Katze aus erzieherischen Gründen, die Thora zu lesen, woraufhin die Katze dauernd mit ihm streitet und diskutiert. Über Gott, den rechten Glauben, den Ursprung der Welt und über die schöne Tochter des Rabbiners. **Abb. 2** Wegen der die Katze Jude werden möchte, damit der Rabbiner die böse Katze wieder zur Tochter lässt. Und genau diese Frage, ob ein Kater Jude werden kann, skizziert schon mal ganz gut, worum es geht und mit welchem Humor man zu rechnen hat. Die Katze ist widerspenstig, hemmungslos egoistisch und nicht auf den Mund gefallen, es gibt boshafte Debatten über den Sinn und die Logik von Religion, Sex, Beziehungen zwischen Mann, Frau und Katze – und all das im Algier der 1920er-Jahre, was dem Projekt ein unschuldig verträumtes Nostalgieflair verleiht. Sfar bebildert all das farbenfroh, gemütlich. Die Männer karikiert er umso mehr, je ernster sie sich nehmen, bei Frauen ist er oft liebevoll und nachsichtig, und die Katze ist einerseits nicht superniedlich, aber Sfar zaubert immer wieder das Katzenhafte jeder Bewegung in den mageren Körper mit den Riesenohren. Man hält sich gerne hier auf, als Leser, in dieser Rabbinerkatzenwelt. Man sitzt in hübschen weißgelb gekalkten Häuschen am Mit-

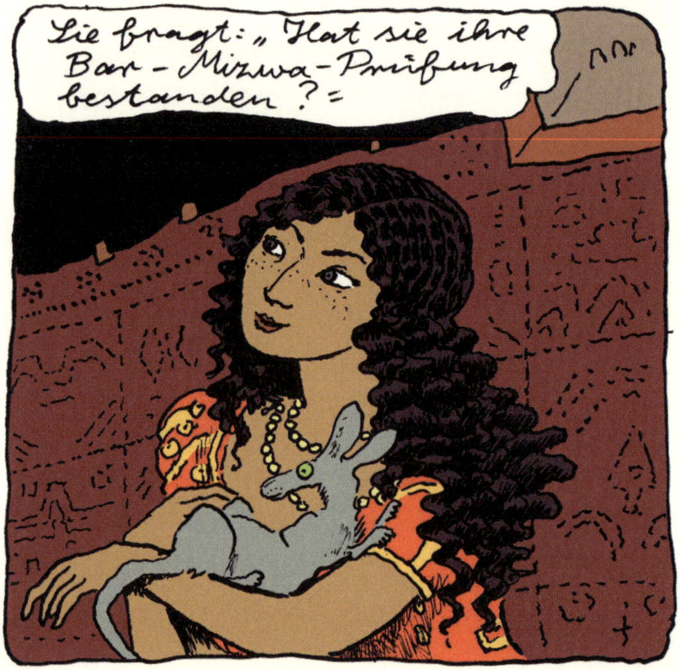

2

telmeer, der Blick geht über den Hafen in die Hügel, da geht einem das Herz auf und das nächste Reisebüro nicht mehr aus dem Kopf. Man trinkt Tee und Kaffee und schnabuliert kleine Leckereien im Schatten der Palmen auf der Dachterrasse. Nachts schläft man draußen, tagsüber flieht man vor der Hitze ins orientalisch Schattige. Sfar legt bunte Teppiche aus, fliest seine Wohnräume immer wieder neu, und die hübsche Tochter des Rabbiners, die in den neueren Bänden trotz Pluderhosen noch etwas knapper bekleidet durch die Panels huscht als sonst schon, kriegt samt ihren Freundinnen fröhlich gemusterte Kleider. Es kann sehr komisch werden, und manchmal, wenn der Rabbiner Angst hat, dass er sein Französischdiktat nicht besteht und vielleicht nicht mehr Rabbiner sein darf, dann kann Sfar auch diese Angst sehr einfühlsam spürbar machen. Oder wenn der Rabbiner zu einem Sterbenden gerufen wird, der nicht und nicht stirbt, weil er noch auf jemanden wartet – es ist immer wieder erstaunlich, dass Sfar zwischen den Themen, zwischen Ernst, Spaß, Nachdenklichkeit, mit derselben Leichtigkeit herumspringt wie die Katze über die nächtlichen Dächer.

So leicht macht es Sfar seiner Leserschaft in seiner zweiten Serie KLEZMER nicht. Seine Zeichnungen wirken hier schnell, skizzenhaft, beinahe schlampig. Manchmal so sparsam gestrichelt wie beim Cartoonisten Sempé, den Sfar bewundert, manchmal regelrecht krakelig. Das irritiert, aber Sfar probiert hier Dinge nach festen Spielregeln aus. Zum Beispiel aquarellierte Zeichnungen. Er verrät diese Regeln selbst, im Anhang, einer Art »Making of« – so kann man ihm sozusagen im Nachhinein beim Zeichnen auf die Finger sehen. KLEZMER beginnt mit zehn jüdischen Musikern, die um 1900 durch die Ukraine fahren, niedlich karikaturhaft gezeichnet, so gefällig, dass man schon gähnen will, als auf Seite zwei neun von ihnen erschossen werden. Der Überlebende folgt den Mördern, anderen Musikern, zu einer Hochzeit. Er lässt sie dort spielen, bis sie sich sicher fühlen – dann steigt er mit seiner Mundharmonika ein. Sfar verzichtet auf jeden Dialog, er mischt einfach unter das »Chilibilibilibili« **Abb. 3** der Kapelle, unter die heiteren Tanzbilder nach und nach ein immer bedrohlicheres »Bom! Bom! BOM!«, bis die erbleichenden Musiker begreifen, wer da ungefragt mitbläst. Der unerbittliche Showdown – fällt aus: Der Überlebende spielt so gut, dass der Ortsrabbiner befiehlt, die Mördermusiker müssten künftig Mundharmonika spielen – das ist die Rache des Überlebenden. Er verlässt den Ort, verfolgt von der begeisterten Sängerin Chava. Ihr enthüllt er seinen Namen: Er ist der »Baron vom Arsch«.

2 Hübsch und frevelhaft: Die KATZE DES RABBINERS kuschelt sich an seine Tochter. Typisch Sfar: Die erwähnte religiöse Prüfung war tatsächlich für die Katz – darf's sowas geben?

Auch das ist Sfar: Das Entsetzliche schmuggelt er lapidar neben das Skurrile und das Sinnliche, er mischt, was eigentlich unmischbar ist. Er vergrößert die Kapelle des Arschbarons nach und nach mit dem orthodoxen verklemmten Geigenvirtuosen Vincenzo, dem Reden schwingenden Zigeuner Tchokola, dem fünfzehnjährigen Talmudschüler Jaacov, der Dieb werden will und sich in Chava verliebt. Es wird viel gestohlen, getrickst, es wird viel philosophiert, aber nichts davon ist so ernst, dass es nicht im nächsten Moment in kompletten Blödsinn umkippen kann. Tchokola soll zwischen den Musikstücken jüdische Geschichten erzählen, kennt aber keine. Jaacov rät ihm, Märchen zu nehmen und »Prinzessin« durch »Tochter des Rabbiners« zu ersetzen. Für ein Happy End solle er den Sohn des Rabbiners zum Berater des Königs machen, der dann Pogrome verbietet. Bizarre Witze, gespeist aus einer blutigen Vergangenheit. Diese Freiheit, dieses Selbstvertrauen machen KLEZMER zu einer erfrischenden Spielwiese, in der jede Doppelseite komplett anders aussehen kann als die vorherige.

Optisch konventioneller – aber nicht weniger frech – ist Rutu Modan, die ihre Geschichten im heutigen Israel ansiedelt. Nicht ganz zufällig, sie wohnt halt da. Das jüngste Werk DER TUNNEL ist sicher zum Einstieg am besten geeignet: Nili, Tochter eines dementen Archäologen, will die Arbeit ihres Vaters wieder aufnehmen – die Suche nach der berühmten Bundeslade. Ein Hinweis verortet die Grabungsstätte auf Palästinensergebiet, weshalb Nili die wohl erste Jüdin ist, die einen Tunnel von israelischer Seite ins besetzte Gebiet buddeln will anstelle der sonst üblichen Grabungsarbeiten in umgekehrter Richtung. Nili arbeitet mit windigen Helfern zusammen, die auch schon mal byzantinische Brunnen als Jeremias' Löwengrube verkaufen. Und die vor allem fanatische Siedler sind, die ungehemmt aussprechen, was laut keiner sagt: dass man möglichst viel baut, sich überall hinsetzt und vollendete Tatsachen schafft, um das Land möglichst schnell komplett in Besitz zu nehmen.

Nein, Rutu Modan erzählt nicht von lauter guten Menschen, eigentlich gibt's bei ihr sogar überhaupt nur durchschnittliche, ganz normale Leute.

Das schließt die Kinder ein: Nilis nervtötender Sohn Doktor weiß im Grunde nur, wie viel Prozent Akkuladung Mamas Smartphone noch hat, weil er nämlich dauernd drauf herumspielt. Aber genau das macht Rutu Modans Figuren so authentisch wie ihre Szenarien. Man kriegt ganz nebenbei eine Menge mit über das moderne Israel, über das Nebeneinander von Glaube und Irrsinn oder die ökonomische und immense politische Aufladung von Archäologie – eine Logik, die letztlich jede Aufenthaltserlaubnis einer Bevölkerung an das Alter der jeweiligen Fundstücke knüpft. Und nach der nicht nur die Israelis alle Palästinenser aus Israel rausschmeißen dürften, sondern vor allem die Afrikaner alle Menschen aus der ganzen Welt. Man kriegt aber auch Praktisches mit: dass man bei der Maulwurfsarbeit unter den allgegenwärtigen Mauern die Sauerstoffzufuhr mit Taucherausrüstungen sicherstellt, beispielsweise. Bei alldem ist Modans Zeichenstil extrem zugänglich und wirkt in seiner TIM UND STRUPPI-Haftigkeit (»Ligne claire«) manchmal regelrecht brav.

Wem das gefällt, dem kann man auch Modans beide Vorgängernovels ans Herz legen. DAS ERBE schildert die Reise einer Großmutter mit ihrer Enkelin nach Warschau. Die elitäre Dame will dort ihr Erbe einklagen, mit »dem besten Anwalt Warschaus«. Der beste Anwalt ist natürlich nicht der beste, Oma traut ihm nicht über den Weg (wie allen Polen), und es stellt sich heraus, dass sie sowieso eine ganz eigene Agenda verfolgt. Beide reisen mit einer Gruppe jüdischer Schüler auf Holocausttour, deren Reiseleiter aus Erfahrung weiß: »Majdanek steckt Auschwitz in die Tasche. Ist viel grausiger.« Der Anwalt ist begeisterter Kampfsportanhänger, der nervige Kantor gräbt die Enkelin an, wieder einmal stattet Modan auch ihre Nebenfiguren boshaft und liebevoll zugleich aus. Da wird Schweres leicht verpackt und Leichtes so geschickt ausgewählt, dass es trotzdem was zu sagen hat. Man kann sich als Leser Rutu Modan anvertrauen, und deshalb ist auch Band 3 empfehlenswert: BLUTSPUREN. Ebenfalls eine Geschichte frisch aus dem Alltag Israels. Ein junger Taxifahrer wird von einer großen Soldatin angesprochen. Es geht um eines der vielen Attentate der letzten Zeit – es gibt einen nicht identifizierten Toten, bis zur Unkenntlichkeit verbrannt. Sie glaubt, der Tote sei der Vater des Taxifahrers. Der Streifzug auf Spurensuche führt in die Vergangenheit des Taxifahrers und der eigenwillig störrischen Soldatin, die natürlich mit dem Vater was am Laufen hatte, was der Sohn wiederum furchtbar findet. Auch weil Modan dieselbe Figur mal hünenhaft klobig und mal sanft verletzlich zeichnen kann, der Mensch sieht nun mal nicht immer gleich schön oder schlimm aus. Und all das spielt in und verrät beiläufig so viel über Israel, wie es in Regionalkrimis oder in sämtlichen Fernseh-Mordkommissionen von Istanbul bis Urbino immer nur dreist behauptet, doch niemals eingelöst wird.

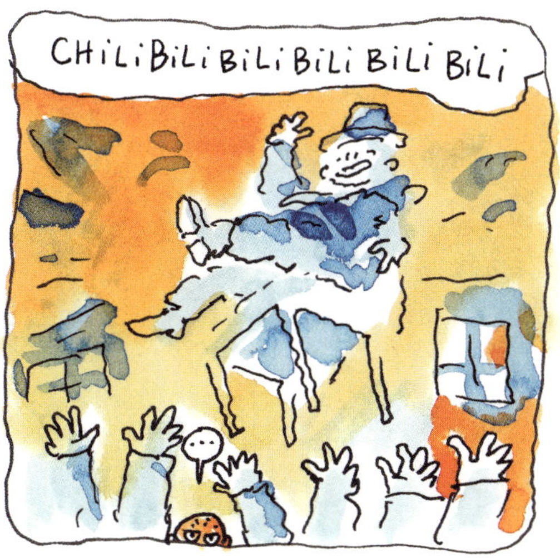

3

3 Experimentell und explosiv: Noch herrscht in KLEZMER ausgelassene Feierstimmung – die Joann Sfar gleich ins Bedrohliche umkippen lassen wird.

Die Titel aus diesem Kapitel

→ Will Eisner, ZUM HERZEN DES STURMS, Feest
→ Will Eisner, ICH BIN FAGIN, Egmont
→ Joann Sfar, DIE KATZE DES RABBINERS 1–3, avant-verlag
→ Joann Sfar, KLEZMER 1–5, avant-verlag
→ Rutu Modan, TUNNEL, Carlsen
→ Rutu Modan, DAS ERBE, Carlsen
→ Rutu Modan, BLUTSPUREN, Carlsen

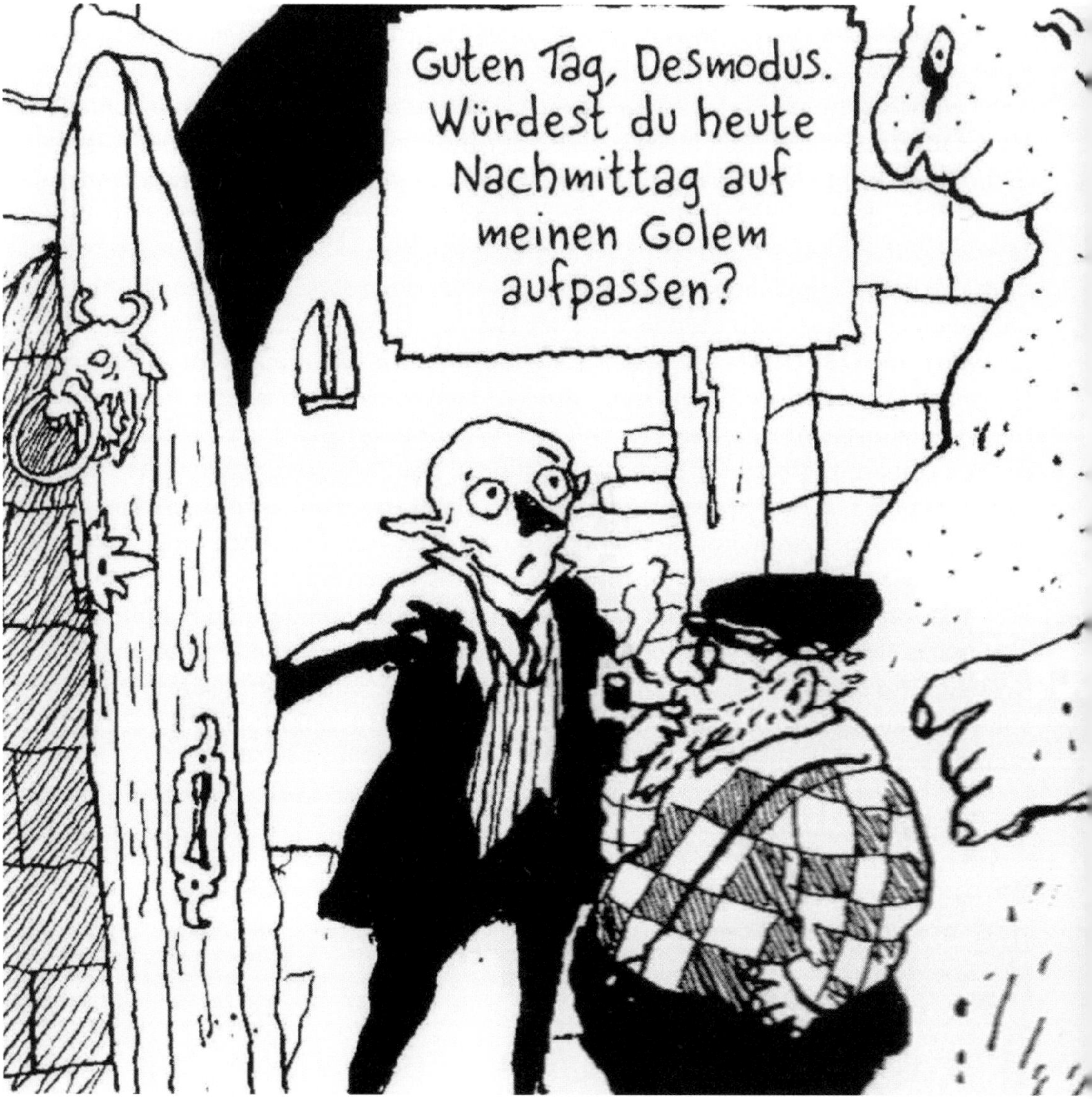

4

4 Unerwarteter Nebenjob: Vampir Desmodus springt ein als Golem-Sitter.

~~Outtakes~~

Sarah Glidden, ISRAEL VERSTEHEN IN 60 TAGEN ODER WENIGER, Reprodukt
Ich halte nicht viel von Frau Gliddens Reportertum (S. 58), weil sie sich gern mit ihrer Naivität zufriedengibt und hauptberuflich Staunen mit Journalismus verwechselt. Aber sie verkauft sich wie geschnitten Brot.

Joann Sfar, DIE KLEINE WELT DES GOLEM, avant-verlag
Noch mal Sfar, hier mit seinen ersten Fingerübungen im Fantastischen, mit zahlreichen Figuren, die einem in seinen jüdisch-fantastischen Geschichten immer wieder begegnen. **Abb. 4** Schwarz-weiß, klein, leicht, fantastisch bizarr, für zwischendurch.

Joe Kubert, YOSSEL, 19. APRIL 1943, Egmont Ehapa
Nicht lieferbar, nicht leicht zu finden, aber Kubert, einer der großen alten Comiczeichner und der Erfinder von SERGEANT ROCK, ist die Suche wert. Thema von Yossel ist der Aufstand im Warschauer Getto.

Sämtliche **GREEN LANTERN/GRÜNE LEUCHTE-COMICS** mit Hal Jordan als Alter Ego des Retters mit dem batteriebetriebenen Kraftring. 2015 hat sich herausgestellt, dass Hal Jordan eine jüdische Mutter hat*. Erkenntniswert: null. Aber ich dachte, ich sag's einfach mal.

* Siehe auch »A Jewish mother for a galactic cop«, Artikel von Mordechai Luchins, JEWISH STANDARD, 26.November 2015 https://jewishstandard.timesofisrael.com/a-jewish-mother-for-a-galactic-cop/

10

Anfang der 80er-Jahre wagt Art Spiegelman Unerhörtes – er zeichnet den Holocaust. Mit Mäusen, Katzen, Hunden. Der Lohn des Risikos: MAUS holt den Eisner Award, den Harvey Award, den Pulitzer-Preis.

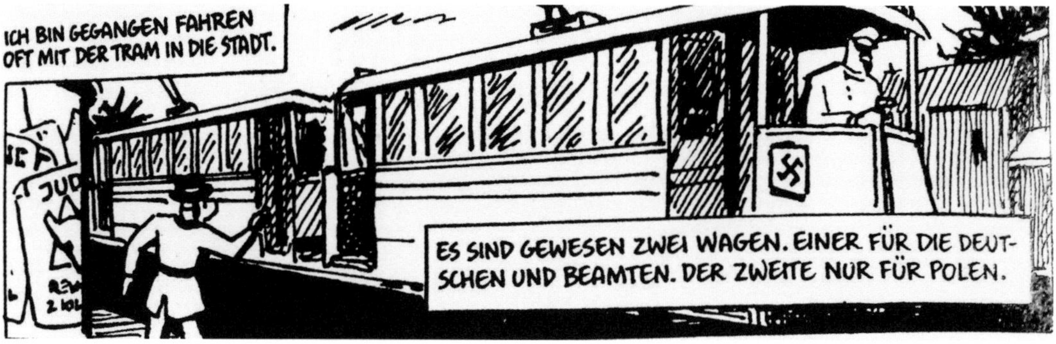

Wiedereinstiegsdrogen II

MAUS

Wie nahe kann man dem Holocaust kommen? Wie nahe den Gaskammern? Dem Surrealismus und der Realität der Konzentrationslager, ja, auch der Vernichtungslager? 1980, dreizehn Jahre vor SCHINDLERS LISTE, wagte der US-Zeichner Art Spiegelman den Versuch – mit einem Comic. Er erzählte ihn in einzelnen Episoden, die er in einem Independentmagazin veröffentlichte. Das Ergebnis ist die Graphic Novel MAUS, ausgezeichnet mit dem Eisner Award*, dem Harvey Award – und dem Pulitzer-Preis, dessen Jury so beeindruckt war, dass sie Maus prämierte, obwohl es für den Comic gar keine passende Kategorie gab. Und all diese Preise sind verdient: MAUS ist mutig, einfallsreich, ehrlich. MAUS macht Unbegreifliches plötzlich nachvollziehbar, und bei alldem ist MAUS zugleich immer auch eine unglaublich fesselnde Geschichte – die Geschichte von Spiegelmans jüdischem Vater Wladek.

Spiegelman fängt angenehm leicht an, er fällt uns nicht gleich mit Auschwitz ins Haus: Er bettet die Erzählung in eine Rahmenhandlung, nämlich die, wie er als junger Comiczeichner seinem Vater die ganze Geschichte aus der Nase zieht. Der Vater ist reichlich verschroben und geht einem schon in dem Moment auf die Nerven, als der Sohn zu Besuch kommt: Seine zweite Frau hat den Mantel des Sohns auf den falschen Kleiderbügel gehängt, einen aus Draht – dabei hätten sie doch genug gute Bügel aus Holz. Wladek ist also ein Vater, der alles besser weiß, alles besser könnte, alles anders machen würde und dem man nichts recht machen kann – kennt man das nicht irgendwoher? Genau, und schon hat Spiegelman seine Leser eingefangen.

Also erzählt Papa aus dem Polen der 1930er-Jahre, von seiner anhänglichen Geliebten, durch die er später seine Frau kennenlernt. Er arbeitet als Vertreter, dann gründet er eine Textilfabrik, sie bekommen ihr erstes Kind und sehen das erste Hakenkreuz in der Tschechoslowakei. Aber wir alle wissen doch, was dann passiert, nicht wahr? Was kann MAUS denn dann besser als andere Bücher?

Tatsächlich wissen wir gar nicht so viel über den Holocaust. Bei Licht betrachtet kennen wir meist nur die Chronologie, was ungefähr in welcher Reihenfolge geschah – aber nicht, wie so was aussieht, wenn's denn passiert. Dass manches bizarr ist, sogar unlogisch. 1939 wird Wladek eingezogen, er kämpft gegen die Deutschen, wird Kriegsgefangener, er wird als Jude in ein schlechteres Lager gesteckt. Doch er kann Briefe schreiben, es gibt Rotkreuzpakete.

* Ehre wem Ehre gebührt: Noch vor diesen Preisen durfte Spiegelman den Max-und-Moritz-Preis in Erlangen entgegennehmen.

Erstaunlich, was damals noch möglich war. Irgendwann wird Wladek sogar entlassen und kann wieder nach Polen, aber bis dahin deutet die Graphic Novel schon eine ihrer stärksten Seiten an: Was muss man tun, um zu überleben? Wladek ist reaktionsschnell, er ist extrem flexibel, er kann als Verkäufer schnell und einnehmend mit Menschen umgehen. Er ist sparsam, umsichtig, hebt Schokolade aus seinen Rotkreuzpaketen auf, um sie Menschen zu schenken, die er braucht. Es sind die Eigenschaften, die ihn später Auschwitz überleben lassen werden.

Tatsächlich ist das mit die größte Leistung von MAUS: Man begreift, wie unglaublich wendig man sein muss, um in Extremsituationen durchzukommen. Wie viel Hilfe man braucht und wie schwer diese zu finden ist. Und es sind keineswegs immer die Reichen, die durchkommen. **Abb. 2** MAUS ist aber genauso eine Geschichte der Versuchung, denn Wladeks Gegenspieler sind keineswegs nur die Judenjäger – es sind genauso oft Mitläufer und Mitmacher und Profiteure. Genauso klar wird, dass Wladek nicht überlebt hat, weil er der Gütigste unter den Gütigen ist. Wladek wird in einen Überlebenskampf gezwungen, den er nur auf Kosten anderer bestehen kann: Er wird diejenigen hinter sich lassen, die langsamer sind, begriffsstutziger – oder auch nur höflicher, zivilisierter.

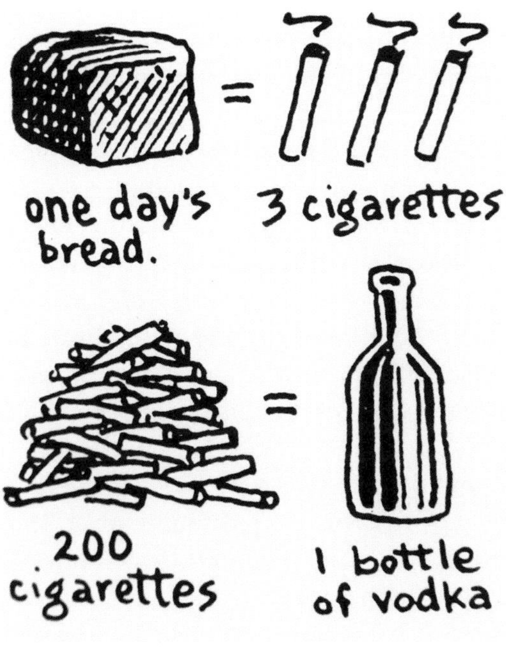

1

1 Lagerwährung: Spiegelman zeigt das Grauen in Details – etwa mit dem »Umrechnungskurs« für Zigaretten.

Auch Glück gehört dazu: Wladek erlebte einen schleichenden Prozess zunehmender Verfolgung, in dem es aber noch möglich war, sich den veränderten Bedingungen anzupassen, Kontakte zu knüpfen und Netzwerke zu organisieren. Derselbe Wladek hätte erheblich weniger Chancen gehabt, wenn er nicht aus dem polnischen Getto nach Auschwitz gekommen wäre, sondern mit den ungarischen Vernichtungstransporten. Während des unvorstellbar effizient organisierten blitzartigen Massenmords an Hunderttausenden innerhalb weniger Wochen des Jahres 1944 befindet sich Wladek bereits in einem vergleichsweise sicheren Arbeitskommando. Von hier aus organisiert er – kaum zu glauben – auch noch das Überleben seiner von ihm getrennten Frau.

All das schildert Spiegelman präzise, einfühlsam, aber auch stellenweise mit dem bitter-lakonischen Humor des Überlebenden – und mit Tieren. Denn rein nach Comic-Kategorien würde man Maus dem Genre »Funny Animals« (S. 296 ff.) zurechnen, also tatsächlich so was wie MICKY MAUS. Genregemäß sind alle Charaktere daher Tiere: Spiegelman macht aus den Juden Mäuse, aus den Deutschen Katzen, aus den Polen Schweine, ein paar Hunde sind als Wladeks US-amerikanische Nachbarn auch dabei.

Sobald die Juden sich als Polen tarnen, tragen sie Schweinemasken, **Abb. 3** in deutscher Verkleidung Katzenmasken. Darf man so was? Vielleicht muss man sogar so vorgehen. Verniedlicht wird zweifellos nichts. Spiegelmans Judenmäuse sehen nicht unsympathisch aus, aber die aufgehängten, erschossenen, verwesenden, verbrennenden Mäuse verringern das dargestellte Leid um kein Jota. Die Verfremdung wirkt eher befreiend, Spiegelman kann so das Entsetzliche mit einem Pathos versehen, das bei den Mäusen angemessen wirkt, bei Menschen jedoch fragwürdig erscheinen könnte. Zugleich überlässt er bei aller Wahrhaftigkeit seinen Lesenden die letzte Transferleistung – das Übertragen seiner Zeichnungen in die Realität.

Übrigens: Spiegelman diskutiert die Frage der »Funny Animals« (die hier ja gar nicht funny sind) im Comic selbst, wenn auch eher technisch: Er rätselt, wie er seine Frau Françoise zeichnen soll, die keine geborene Jüdin ist, sondern eine konvertierte – ist sie jetzt dann auch eine Maus oder nicht? Am Ende des Tages ist das die Frage, die auch die Nazis beschäftigte, und Spiegelman löst sie salomonisch: Er wird seine Frau als Maus zeichnen – wohl nicht zuletzt, weil sie Maus genug für die Katzen gewesen wäre.

Man darf sich bei alldem MAUS nicht als ein permanentes Eintauchen in ein depressives Inferno vorstellen: MAUS ist oft entsetzlich, aber Spiegelman orientiert sich nicht an den Mechanismen und Ritualen deutscher Vergangenheitsbewältigung, sondern an den Gesetzen angloamerikanischen Erzählens. Er weiß, dass sein Publikum auch Atempausen braucht und dass diese die Aufmerksamkeit nicht verringern, sondern frisch halten. Immer wieder flicht er Arts Streitereien mit dem Nachkriegs-Wladek ein: Nichts darf weggeworfen werden, ständig muss man etwas essen, alles ist Verschwendung – ich erkenne darin meine Eltern und deren Eltern (ich frage mich allerdings manchmal, ob die heute Zwanzigjährigen darin auch noch irgendwen erkennen können). Es ist (gerade in Deutschland) schwer vorstellbar, aber MAUS ist bei aller Zumutung immer auch ein bizarres Lesevergnügen.

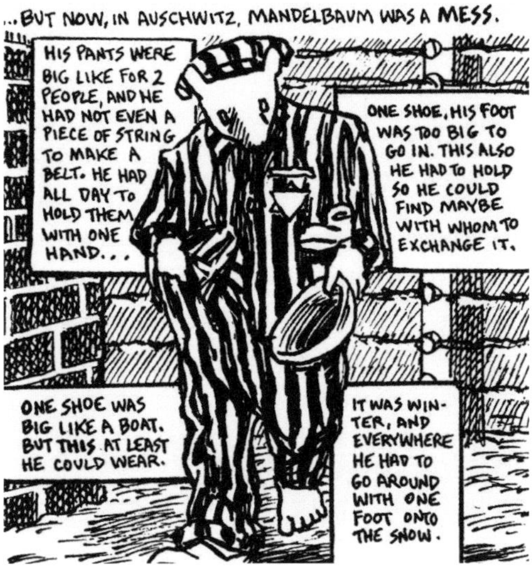

2

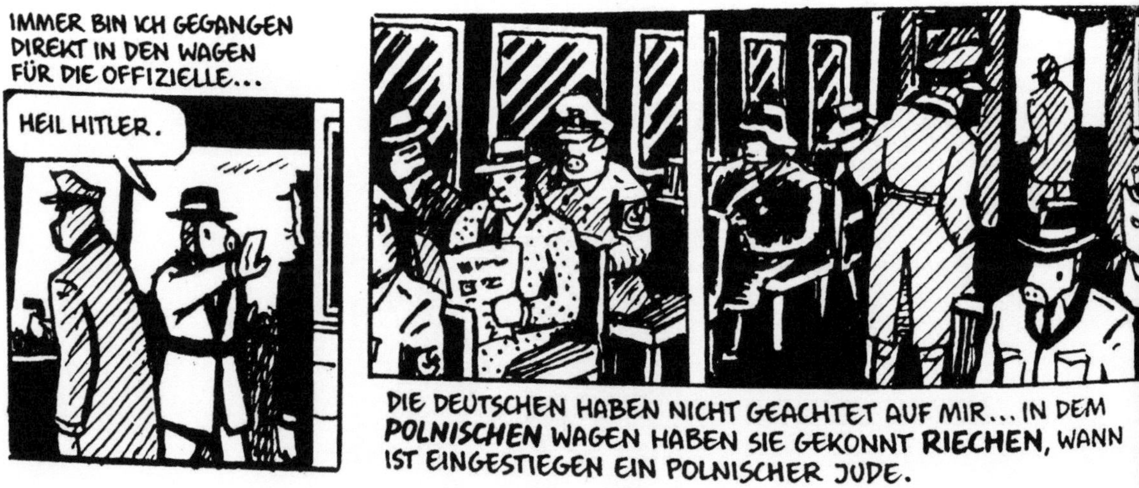

3

2 Zu großer Anzug, fehlender Schuh: Man sieht Mandelbaum an, dass er schnell sterben wird – weil er im Terrorsystem von Auschwitz nichts »organisieren« kann.

3 Todesmutig dreist: Im besetzten Polen ist der erste Tram-Wagen für Deutsche, der zweite für Polen. Art Spiegelmans Vater darf als Jude in keinen – und steigt in den der Nazis.

Der Titel aus diesem Kapitel
→ Art Spiegelman, MAUS, Fischer

11

Holen Sie schon mal Ihr altes Nachtlicht raus: Diese Comics finden neue Wege für das alte Grauen. Sie sind unheimlich romantisch. Unheimlich verstörend. Und manche sogar unheimlich niedlich.

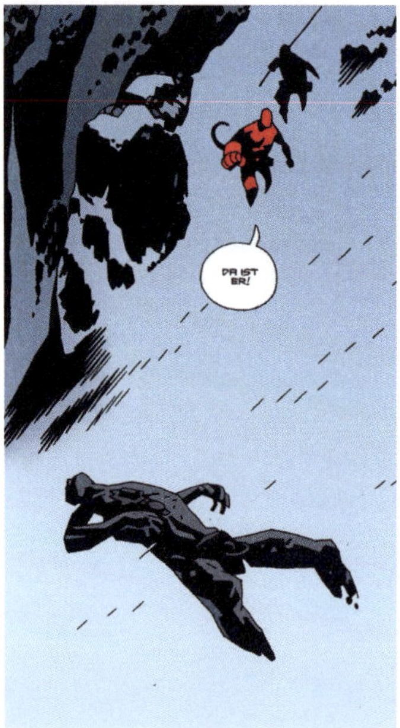

COMEBACK DER ANGST

Sie haben nichts mehr zu fürchten?

Wirklich?

Das ist aber schade. Denn Gruselgeschichten waren ja immer mit die furcht- und wunderbarsten Möglichkeiten, Nachmittage zu verlesen. Die schlecht gezeichneten der GESPENSTER GESCHICHTEN, aber auch die grandiosen Batman-Abenteuer, die ins Übersinnliche spielten. So was heute zu finden, ist gar nicht so einfach – und das, obwohl die Horror- und vor allem die Zombieschiene in Kino, Glotze und Comic Umsatzrekorde feiert. Aber das darf man nicht verwechseln: Zombies und Monster haben mit Grusel nichts zu tun, die sind meist erklärbar (Viren, Verstrahlung, Höhlenfund), lauern im Wesentlichen hinter einer Tür oder der eigenen Schulter und sind weniger gruselig als eklig (Beine sind schuppig, haarig oder faulig). Das ist kein Grusel, das ist Igittigitt und gibt's auch heute noch im Dutzend billiger. Nein, gesucht ist Ersatz für die Geschichte von dem Mann, der erfährt, dass er am Fuß des Empire State Buildings sterben wird. Und dann geht er dort einfach nicht hin. Und stirbt in einem New Yorker Tourismusgeschäft. Vor einem Miniaturmodell des – Empire State Buildings. Seltsam? Aber so steht es geschrieben.

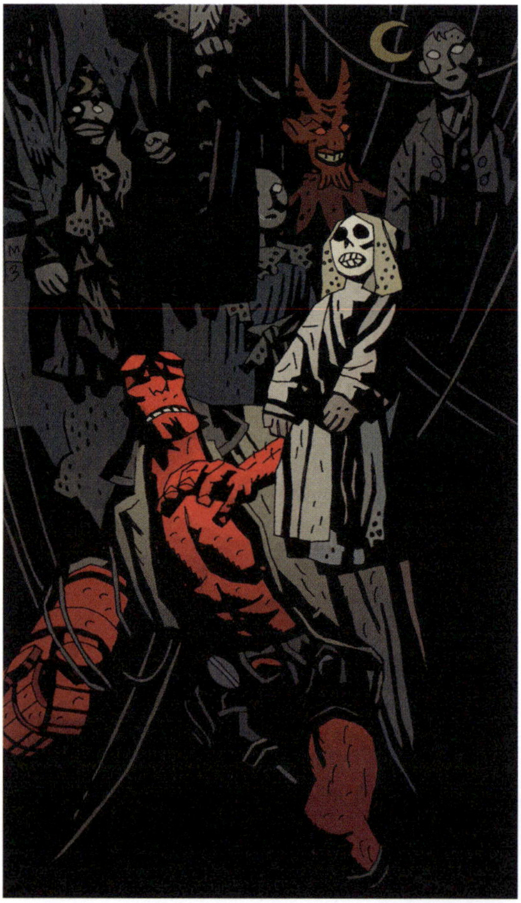

1

1 Sensibler Rüpel: Die Scheiben auf HELLBOYs Kopf sind abgeschliffene Hörner – dem Teufelssohn sind sie so peinlich wie Kindern ihre Zahnspangen

Oder Batmans Kampf gegen den Werwolf Anthony Lupus, der so beunruhigend war, weil die üblichen Schurkenerklärungen nicht griffen: Lupus war weder verrückter Wissenschaftler noch gewissenlos, er hatte nur unerträgliche Kopfschmerzen und geriet an den falschen Arzt. Oje, so schnell kann's gehen!

Wer diesen Schauder heute wieder erleben will, hat mehrere Optionen. Die konservativste ist der Griff zu Bernie Wrightson, den der Splitter-Verlag dankenswerterweise aus der Vergangenheit geholt hat. Wrightsons Gruselgeschichten aus den Magazinen EERIE und CREEPY stammen gleichfalls aus den 1970ern, aber sie sind weniger holzschnittartig erzählt, Wrightson hatte beispielsweise kein Problem damit, einfach mal eine Kurzgeschichte von Edgar Allan Poe umzusetzen. Das Sahnehäubchen: Die Zeichnungen sind um Klassen besser als die GESPENSTERGESCHICHTEN von einst, sehr naturalistisch mit wundervoll eisnerhaftem Licht und Schatten (den Eisner Award hat Wrightson denn auch 1986 bekommen).

Wrightson verdankt die Comicwelt noch eine Besonderheit: das SWAMP THING, eine spannende Die SCHÖNE UND DAS BIEST-Variante. In den Sümpfen des US-amerikanischen Südens arbeitet der Wissenschaftler Alec Holland. Gangster sprengen sein Labor, der Wissenschaftler verschmilzt dank der Chemikalien mit dem Sumpf und wird zu einer Art Wurzel-Hulk. Die Serie lief eine Zeit lang recht gut, verschwand dann, bis Wunderschreiber Alan Moore sie Mitte der 1980er-Jahre revitalisierte. Swamp Thing wurde zu einem rein pflanzlichen Monster, verbunden mit dem Sumpf, der ganzen Natur, eine ideale, extrem morbide Spielwiese für Moore: Denn Swamp Thing entsteht aus dem Kreislauf des Lebens, zu dem der glibberige, verwesende Teil des Sumpfs genauso gehört wie Fruchtbarkeit und Blütenpracht. Die Gefahren kommen aus dem Unterbewusstsein, es sind eigene Dämonen, Schuld, Rache, Hass. Swamp Thing ist manchmal nur Zeuge, manchmal selbst Opfer, manchmal kitschfrei romantisch, manchmal selbst entsetzlich verloren. Es kann hamletartig mit dem Schädel seiner eigenen Leiche über die Essenz der eigenen Menschlichkeit diskutieren, es kann der Frau seines Herzens in die Abgründe des Todes folgen. Die Zeichner Stephen Bissette und John Totleben toben sich aus, komponieren mitreißende Zweikampfstrudel, ausufernde Albträume – und manchmal auch erstaunliche Erotik. SWAMP THING ist ein exzellentes sechsbändiges Überraschungsei.

Apropos: Ziemlich überrascht war ich auch von HELLBOY. Kennen Sie, oder? Schon dreimal verfilmt, die Geschichte eines Sohnes der Hölle, knallrot, Lemmy-Bart, zwei bis auf die Stümpfe abgefeilte Hörner auf der Stirn **Abb.1** und so eine komische Steinfaust als rechte Hand. Ach ja, eins noch: nicht totzukriegen, und da hört's bei mir normalerweise auf. Superman, Deadpool, all diese Nichttotzukriegenden haben doch einen Konstruktionsfehler: Um wen soll man denn da Angst haben? Und deswegen war ich auch bei HELLBOY so skeptisch. Aber das war ein Denkfehler: Das Faszinierende sind hier eher die düsteren Welten, die man mit Hellboy besucht.

Es sind freudlose Spukgestalten, Tote, gefangene Geister, die Jahrhunderte und Jahrtausende im Dunklen dämmern und deren perfide Pläne vor allem Träume und Hoffnungen auf bessere Zeiten sind. Was wiederum jedem von Hellboys mühsam errungenen Siegen auch eine bittere Note verleiht: Die Besiegten werden weiter zu Tod und noch mehr Düsternis und ewiger Aussichtslosigkeit verurteilt, zu einem Schicksal, das man kaum seinem ärgsten Feind wünschen würde. All das zeichnet HELLBOY-Schöpfer Mike Mignola mit derart viel Schwarz, dass man schon beim Zuklappen schwört, der Comic sei schwarz-weiß. Mit sehr wenig Weiß. Er ist aber vollfarbig. Zwei dicke Wälzer hat Mignola alleine gefüllt (später hat er das Zeichnen anderen überlassen) – diese Wälzer kann ich uneingeschränkt empfehlen, wenn man einen gewissen Sinn fürs Übersinnliche hat.

Schluss mit Geistern, es geht auch anders. Richtig entsetzlich.

Drei Kinder, Hektor, Aurora und Plim, beim Kaffeekränzchen. Plötzlich tropft roter Schmodder von der Decke, der Raum versinkt im Schmodder – und als sich Aurora im gepunkteten Kleid durch den Brei nach außen kämpft, steht sie plötzlich neben der gigantischen Leiche eines Mädchens, aus der sich immer mehr niedliche Kinder den Weg nach draußen kämpfen. Die Minikinder, die offenbar im Körper des Mädchens gelebt haben, organisieren nun spielerisch ihr Überleben neben der verwesenden Leiche, und genau das ist JENSEITS von Fabien Vehlmann und dem Zeichnerduo Kerascoët: ein aberwitziges Nebeneinander von Niedlichkeit und Entsetzen, schwarzem Humor und Abgründen. **Abb. 2** Denn auch die Minikinder sind keine Gutmenschen. Manche sind vernünftig, freundlich, andere eitel, gehässig, grausam, feige, hinterhältig, ungerecht, gierig, dumm. Dabei sehen die meisten nett und harmlos aus, etwa wie Schlumpfinchen. Manche reißen Marienkäfern die Beine aus. Manche essen in ihrer Not Maden. Manche staunen auch über die Ameisen, bis sie plötzlich von einem Dutzend Ameisen in deren Bau verschleppt werden. Auf Nimmerwiedersehen. Und man weiß gar nicht, was Verstörender ist: was diesen armen, bösen, guten, normalen Kindern alles zustößt oder dass sich jemand so was ausdenkt. Heute Nacht bleibt jedenfalls das Licht an.

Aber das war ja der Sinn der Sache, oder etwa nicht? Machen wir gleich weiter. Doch diesmal, in PANTER von Brecht Evens, wird weniger gestorben, ehrlich! Nur einmal am Anfang. Als Christin von der Schule kommt, muss ihr Vater ihr leider erklären, dass die Katze tot ist. Sie war alt, krank, kann man nichts machen. Christin ist untröstlich, und dann, mitten in der Nacht, geht von selbst ihre Kommode auf – und heraus kommt Panter. Weil er gehört hat, wie Christin weint. Ein eloquenter Panter im Jackett, der Kronprinz von Panterland, der mit Christin tanzt und tobt, bis Christin einschläft. Nur, wenn Papa ins Zimmer kommt, muss sich Panter schnell verstecken und …

Jaja, das hab ich auch gedacht. Aber um Missbrauch geht es nicht. Der Vater ist völlig in Ordnung. Und mit Panter wird zwar geschmust und gerauft, aber mehr auch nicht. Dafür räumt Panter die Konkurrenz weg. **Abb. 3** Christins Stoffhund Bonzo verschwindet. Und als er wiederauftaucht, ist er seltsam verändert. Tatsächlich zieht sich durch die gesamte Geschichte etwas nicht Greifbares, Bedrohliches. Panter kann zaubern, Panter ist Magie, er öffnet Christin eine ganz neue Farbwelt im Wortsinn: Für Papa und Christin hat Brecht Evens die Farben Rot und

Blau reserviert, sobald Panter ins Spiel kommt, bringt er Gelb mit und öffnet damit das ganze Farbspektrum. Panter wechselt sein Aussehen, seine Farbe, er ist witzig, erzählt Geschichten aus Panterland, manchmal verteidigt er Christin sogar – es ist ungewiss, woher Panter kommt und was er will. Und diese Ungewissheit ist verstörender als jeder Zombie.

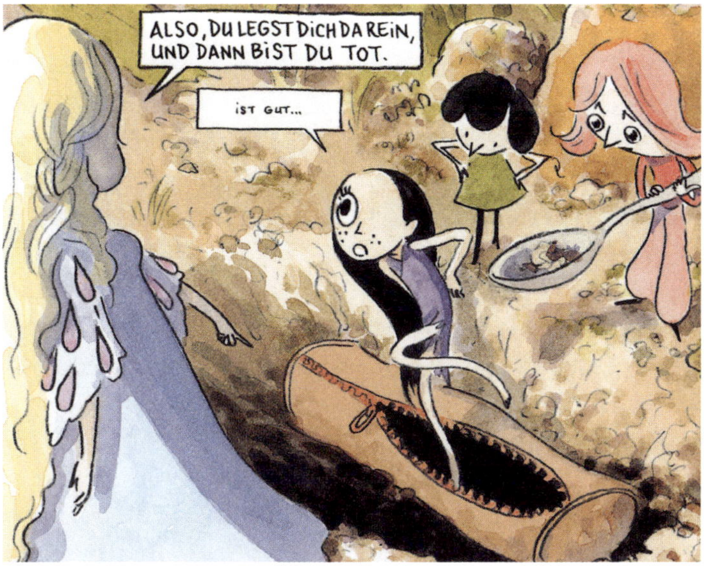

2

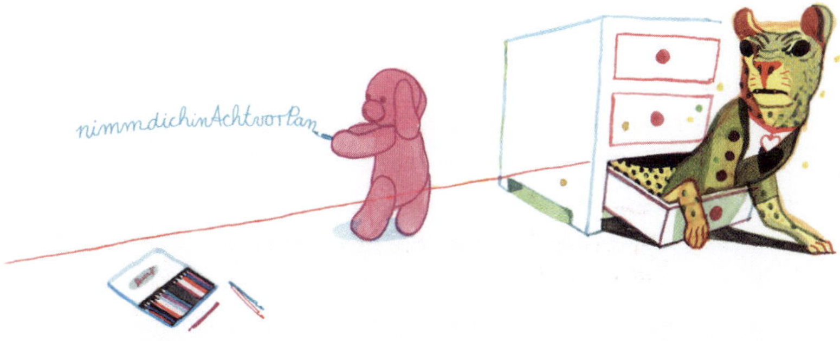

3

2 Im Federmäppchen unter die Erde: Kinder können grausam sein – und JENSEITS spielt das Thema unerbittlich aus.

3 Intrigante Spieltiere: PANTER übernimmt die Macht im Kinderzimmer.

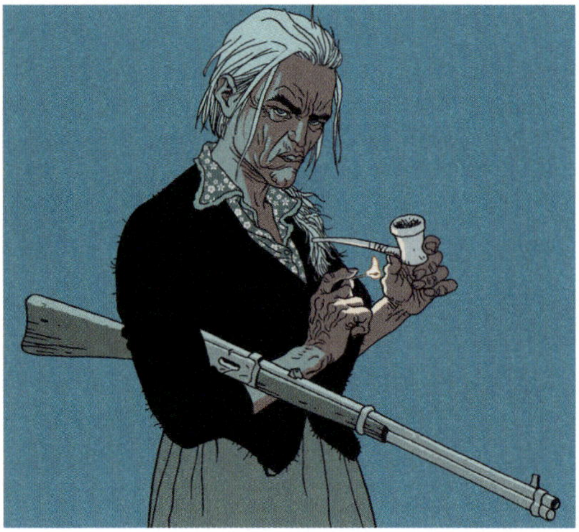

4

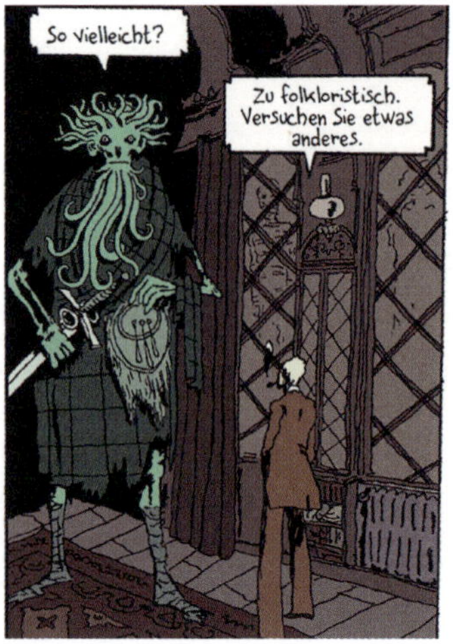

5

Verglichen damit ist MOONSHINE **Abb. 4** fast schon normal. Halt mit Werwölfen. Das 100 BULLETS-Duo Risso/Azzarello (S. 40) entwickelt eine Gruselsaga aus der Prohibitionszeit: Lou Pirlo, ein New Yorker Gangster, soll für seinen Boss einen Mann aus dem Süden finden, der außergewöhnlichen Schnaps brennt. In den Sümpfen töten sich allerdings nicht nur Hinterwäldler, sie sind auch das Biotop einer so seltenen wie pelzigen Vollmondspezies. Es wird geschossen, getötet, verraten, zerfleischt, hintergangen, alles im schwülen Südstaatenklima klebrig inszeniert, und die Dialoge fliegen wie Kugeln. Das sieht gut und gruselig aus, da wird ganz schön was weggestorben, aber, ich schwöre!, all das ist nicht so verstörend wie PANTER. Dafür länger: In Deutschland erscheint gerade Band 4, in Amerika sind sie schon einen Band weiter.

Sollen wir wieder ein bisschen milder …? Es gibt da eine stille, eigenwillige Serie von einem dieser großen neuen Franzosen, Joann Sfar. Sfar (S. 76 und S. 200) hat sich den Geisterermittler Professor Bell ausgedacht, eine Art Sherlock Holmes. Er lebt mit dem Geist Eliphas zusammen, **Abb. 5** trifft wunderliche Spukgestalten, Zombies, Menschen mit zwei Köpfen. Ein Markenzeichen Sfars ist es, dass jede Szene jederzeit kippen kann, vom Komischen ins Gruselige ins Tragische und umgekehrt. Wenn etwa der befreundete Inspektor von einem kopflosen Untoten erschossen wird, dem aber andere Untote den Kopf halten müssen, damit er was sieht. Und als der tödlich verwundete Inspektor in letzter Sekunde ein Heilmittel findet, allerdings in einem Schrank voller unleserlicher hebräischer Schriftzeichen, weshalb die Heilung auch zu Nebenwirkungen führt, und dann … Kongenial sind dabei die Seiten gezeichnet, es finden sich Schlösser, Säle, dunkle Gassen, aber auch jede Menge absurder Figuren, ein zwergenkleiner Anwalt mit rosa Strümpfen, der einen Tisch auf den Rücken geschnallt hat, schöne, leichenblasse Frauen, geckenhafte Zombies in düsteren Farben, nie zu gruselig, nie zu komisch, alles fein ausbalanciert. Vielleicht für einige Leser zu unschaurig, deshalb jetzt noch zweimal Kurzes, Direktes, Knackiges. Aus Deutschland.

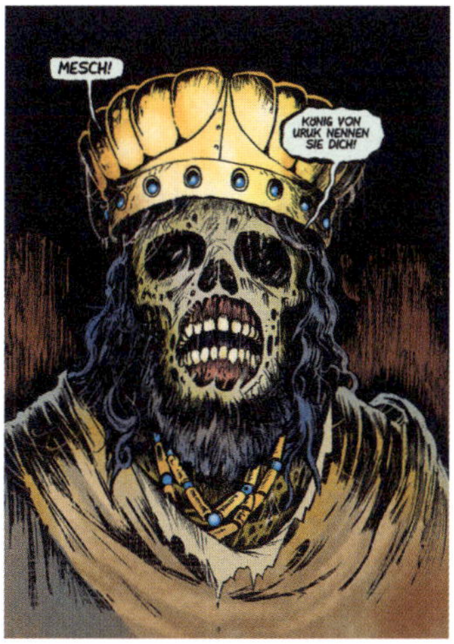

6

4 Zwischen Schnaps und Werwölfen: Ma Holt hält in MOONSHINE mit Flinte und Pfeife die Familie zusammen.

5 Fashiontipps: PROFESSOR BELL berät Hausgeist Eliphas in der Wahl des richtigen Outfits.

6 Verwestes aus deutscher Produktion: HORRORSCHOCKER bietet heftige Häppchen für zwischendurch.

Nummer eins: Der kleine Verlag Weissblech Comics macht »HORRORSCHOCKER«. Eines von mehreren extrem liebevollen Projekten des Beinahe-Einmannbetriebs von Levin Kurio. Hier sieht alles nach Trash aus, mit dem auf schaurig getrimmten Schriftzug, mit den reißerischen Titeln, der Groschenroman-Optik (auch von der Größe her), aber die Geschichten sind kurz und schnell. **Abb. 6** Seit über fünfundzwanzig Jahren produziert Kurio inzwischen wie am Fließband, und diese Professionalität merkt man den Heften auch an. Viele Geschichten scheinen die Parodieelemente nur noch aus Gewohnheit zu haben, tatsächlich funktionieren sie längst schon als kühle Schauderhappen zwischendurch nach dem Running-Sushi-Prinzip.

Nummer zwei: DIE TOTEN aus dem Zwerchfell Verlag. Für diese Zombies mache ich gerne eine Ausnahme von meiner Untotenablehnung. Im Grunde sind die Geschichten nicht viel anders als sonst, aber sie haben eine gemeinsame Regel: Sie müssen in Deutschland spielen. Manche Zeichner beschränken sich aufs schlichte Verpflanzen, das ist dann natürlich nicht so spannend. Aber manche Geschichten sind – ungewöhnlich. Eine Schülerin geht allein weiter in ihre verwüstete Schule, als wäre nichts geschehen. Ihre infizierten Lehrer und einige Mitschüler hat sie mit Drähten in den Klassenzimmern und Schulfluren fixiert – weil sie diesen Ort so konservieren möchte: Sie ist verliebt in den Lehrer, den sie …

Nein, das wird nicht verraten. Es taucht auch ein Typ auf, der bereits jede Menge Vorräte hortet für die Zeit »danach«, wenn erst ein Gegenmittel entdeckt worden ist. Ein Gegenmittel! Schön, dass endlich mal einer auf die Idee kommt, dass das auch eine Option sein könnte – statt des ewigen Axt-in-den-Schädel-Gemetzels.

Für Kurios Kuriositäten und DIE TOTEN gilt: Manche Geschichten sind besser, manche weniger gut, aber der nächste Versuch kommt sofort. Greifen Sie zu: Ein Happen geht noch!

~~Outtakes~~

Gou Tanabe (Zeichnungen), GESCHICHTEN VON H. P. LOVECRAFT, Carlsen.
Lovecraft kann anstrengend sein, hier ist er vor allem schaurig: Tanabe setzt die Gruselgeschichten des Altmeisters zurückhaltend um, er verlässt sich auf starke Bilder in schlichtem Schwarz-Weiß, lässt den Leser vor allem gucken und wenig lesen. Exzellente Idee: Denn am wirkungsvollsten sind die bildstarken Mangas sowieso immer, wenn sie nicht schwafeln.

Isabelle Kreitz (Hg.), DIE UNHEIMLICHEN, Carlsen
Handliche kleine Häppchen, mindestens gut, einige sehr gut. Meine Favoriten sind »Der Schatten« von Aike Arndt (wunderbar sommerlich) und Ralf Königs Version von »Frankenstein« (der ganze Band ist ganz im Ernst). Durchprobieren!

Ralf König, KONDOM DES GRAUENS, alpha comics/Rororo
Natürlich vor allem eine schwule Parodie des Genres, aber König gelingen trotz seiner absurden Handlung immer wieder kleinere Schockmomente. Wer Humor im Horror mag, Filme wie GREMLINS oder ZOMBIEWORLD, der ist hier richtig.

Robert Kirkman, THE WALKING DEAD, Cross Cult
Soll man nicht vergessen: Der ganze Zombiewahnsinn hat nicht im Fernsehen begonnen, sondern als Comic. Mir nicht ganz verständlich, Kirkman schwafelt gern und viel; wo anderen ein Satz reicht, macht er fünf, und seine schnarchlangsamen Zombies sind so bedrohlich wie Horrorschnecken, als Fluchtfahrzeug genügt ein Rollator. Aber bitte: Kirkman geht weg wie warme Semmeln, ihm wachsen neue Serien wie anderen Leuten Haare, und was ich für Geschwafel halte, nennen andere vielleicht »Das ist schön, dass die einfach mal reden«.

Alan Moore (Text)/Jacen Burrows (Zeichnungen), NEONOMICON, Panini
Nicht leicht zu finden, lohnt aber. Moore schickt abgebrühte Ermittler in bizarre, unbeherrschbare Situationen. Ein geheimnisvoller Club, ein bizarrer Typ mit einem Schleier, ein seltsamer Sexshop. Und er ist meines Wissens der Erste, der die grausige Unsicherheit eines Kurzsichtigen ohne Brille nutzt. Großartig herkömmlich, großartig neu.

David B. (Text)/Christophe Blain (Zeichnungen), DER HOP-FROG-AUFSTAND, Speed Comics
Nur gebraucht erhältlich, passt aber auch irgendwie zum Thema: Nach Jahrhunderten der Missachtung begehren die Gegenstände unter der Führung einer Vase und einer kleinen Blechkaffeekanne **Abb. 7** gegen die Menschen auf. Sehr schön ungereimt, mit witzigen und berührenden Momenten. Ziemlich einzigartig.

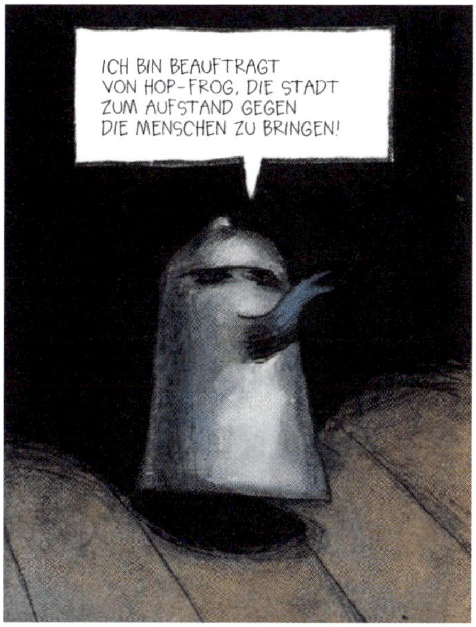

7

7 Absurd, unheimlich, berührend: DER HOP-FROG AUFSTAND inszeniert eine Revolte der Gegenstände.

Joann Sfar (Text)/Emmanuel Guibert (Zeichnungen), DIE TOCHTER DES PROFESSORS, Bocola
Die Tochter eines französischen Professors verliebt sich in die Mumie des Pharaos Imhotep. Sfars erstes Experiment mit dem »Professor Bell«-Rezept ist genauso gelungen. Guiberts Bilder interpretieren die Geschichte etwas weniger extravagant, dafür umso einfühlsamer.

Pierre Dubois (Text)/Joann Sfar (Zeichnungen), PETRUS GRUMBART, Splitter
Eine skurril-liebevolle Gruselsatire rund um den dicken Lebemann und Parawissenschaftler Grumbart, der Geisterwesen mal rettet und mal mit dem Säbel spaltet. Sehr Sfar-typisch, aber ganz am Anfang seiner Karriere entstanden – als hätte ihn Altmeister Dubois überhaupt erst auf den Geschmack gebracht.

Kai Meyer (Text)/Jurek Malottke (Zeichnungen), PHANTASMEN, Splitter
Malottke setzt Meyers Roman aus dem Jahr 2014 um – aber wie! Offenbar rein digital, wie mit dem dicken Finger auf einem Simpelprogramm wie »Paint« gezeichnet. Und trotzdem: Details, Atmosphäre, alles da. Skeptiker können allenfalls an der Story kritteln, aber nicht an den Bildern.

Die Titel aus diesem Kapitel
→ Bernie Wrightson, CREEPY, Splitter
→ Alan Moore (Text)/Stephen Bissette, John Totleben (Zeichnungen), SWAMP THING, Panini
→ Mike Mignola, HELLBOY KOMPENDIUM, Cross Cult
→ Fabien Vehlmann (Text)/Kerascoët (Zeichnungen), JENSEITS, Reprodukt
→ Brecht Evens, PANTER, Reprodukt
→ Brian Azzarello (Text)/Eduardo Risso (Zeichnungen), MOONSHINE, Cross Cult
→ Joann Sfar (Text/Zeichnungen)/Hervé Tanquerelle (Zeichnungen), PROFESSOR BELL, avant-verlag
→ Levin Kurio, HORRORSCHOCKER, Weissblech Comics
→ Stefan Dinter, Christopher Tauber (Hg.), DIE TOTEN, Zwerchfell

12

Comics für Erwachsene wagen mehr. Extreme Farben, reduzierte Striche – oder sie mixen harmlose Optik mit brisantem Inhalt. So viel Auswahl war nie, doch manches schmeckt nicht gleich beim ersten Mal.

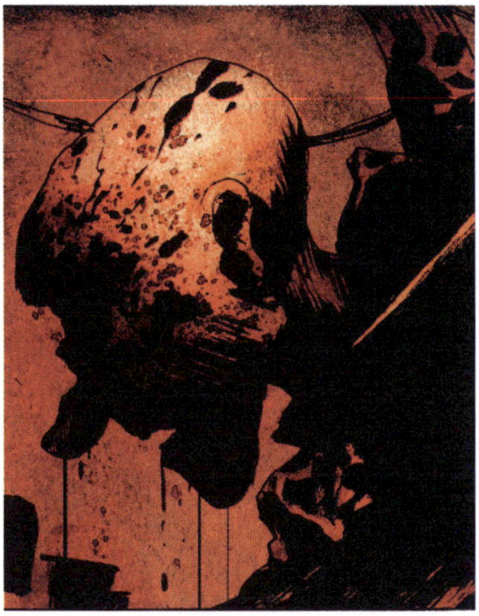

ENTDECKEN SIE DIE MÖGLICH-KEITEN!

Früher war für mich alles klar: Es gab drei Looks. Den »Funny Animal«-Look, das sind MICKY MAUS, DONALD DUCK, FIX UND FOXI. Tiere, die was erleben. Dann gab es so eine Art Karikaturlook, dazu gehört die ASTERIX-Welt mit ihren Knollennasen, aber auch die PEANUTS. TIM UND STRUPPI auch noch, aber die lappten schon ein wenig in den dritten Look: Naturalismus. Der war für Superhelden, Western, Detektive, die Leute, die man ernst nehmen musste. Diese Leute wurden auch ernst gezeichnet, da gab es keine Witze, allenfalls Witzfiguren, den jeweiligen Tollpatsch der Serie.

Schon als Kind konnte man da eindeutig ein Ranking aufstellen: Der Naturalismus von BUFFALO BILL war ein wenig hölzern – im Heft, wohlgemerkt, denn auf dem Cover war die Qualität von BUFFALO BILL oder SILBERPFEIL um sieben bis zehn Klassen besser als auf den Innenseiten. Das Prinzip galt auch für die Superhelden, aber der Unterschied war wesentlich geringer. Dann gab es so Spezialcomics wie BUCK DANNY oder MICHEL VAILLANT, die hatten sensationelle Zeichnungen von Flugzeugen und Rennwagen – ich hatte damals noch nicht so richtig mitgekriegt, dass diese Comics überhaupt nur wegen der Faszination für Rennwagen und Flugzeugen gezeichnet wurden. Und so ungefähr sortierte man die Optik ein: Bei den naturalistischen war alles umso besser, was realistischer aussah. Bei den anderen akzeptierte man die Optik irgendwann, selbst wenn Onkel Dagobert noch so verheerend gezeichnet war wie von Luciano Gatto *, bei dem auf jedem Panel die Schweißtropfen durchs Bild flogen wie Konfetti an Karneval. Sogar im Sitzen!! Das Ganze erinnert mich ein wenig an die optische Attraktivität von Spielzeugläden (jedenfalls, als es noch Spielzeugläden gab): Die konnten ins Schaufenster stellen, was sie wollten, man musste hinrennen, weil, verdammt noch mal, es war ein SPIELZEUGLADEN! Na ja, und bei Donald Duck akzeptierte man eben viel, weil, verdammt noch mal, es war DIE ENTE!

Das ist im Prinzip heute noch so. Wenn man von Comics für Jüngere ausgeht. Kinder sind konservativ, als Leserschaft und als Kundschaft. Je mehr sich Comics allerdings an Ältere wenden, desto größer wird die stilistische Bandbreite. Und ich möchte Sie gerne ermutigen, diese Bandbreite zu nutzen.

Neiiiiin, Sie müssen nicht. Zwingen Sie sich zu nichts. Das Beibehalten alter Muster gehört zu den liebstgewordenen Traditionen des Comicgeschäfts und seiner Leser. Hal Foster ist inzwischen seit knapp vierzig Jahren tot, und sein Prinz Eisenherz reitet immer noch – und zwar möglichst originalgetreu. Mittlerweile imitiert mit Thomas Yeates der dritte Zeichner Fosters Stil. Die Fortsetzung von Comicserien durch andere Zeichner ist Tradition, gerade bei Zeitungsstrips, und mancher Strip wurde überhaupt erst mit dem neuen Zeichner besser (und mit dem darauf wieder schlechter): TARZAN hatte innerhalb von 73 Jahren Laufzeit ein

* Hier verweise ich nochmals gern auf den Donald-Duck-Stammbaum auf ralf-h.de. Wenn Sie die guten von den besseren und den furchtbareren Donalds trennen wollen, hat sich hier jemand eine verdienstvolle Fleißarbeit gemacht. Ich habe die Angaben nicht alle geprüft, aber meine Stichproben ergaben auf jeden Fall eine erfreuliche Zuverlässigkeit.

Dutzend verschiedener Zeichner, und mit dem Strip ging es dadurch überhaupt nicht kontinuierlich aufwärts – was man schon an der Verweildauer sieht. Manche Zeichner blieben nur zwei Jahre, andere zwölf oder achtzehn.

Und ich kann beruhigen: Wer an Vertrautem festhält, ist kein Sonderling und kein Einzelfall. Nicht nur, weil ich selber doch Angst hatte vor Miller-losen Comics, sondern weil es sehr vielen Lesern genauso geht. Der Carlsen-Verlag hat jüngst eine neue Serie auf den Markt gebracht: DER HAFEN DER GEHEIMNISSE. Sie imitiert optisch Tardi und Hergés TIM UND STRUPPI, sie spielt sogar in derselben Zeit, und warum? Weil wir eben oft so gestrickt sind, dass wir eher wie Kinder »Noch mal!« sagen anstatt: »Jetzt mal was ganz anderes, von dem man überhaupt nicht weiß, auf was man sich einlässt.«

Wenn es Ihnen auch so geht: super, alles okay, alles gut. Greifen Sie zu, und ich werde auch ein ganzes Kapitel anhängen, in dem Sie die Comics von früher wiederfinden, von denen mittlerweile immer mehr gesammelt und sorgfältig aufbereitet neu herausgegeben werden. Ich möchte nur darauf hinweisen, dass es noch eine riesige Menge von Comics gibt, die einen anderen Weg gehen, und dass es sich lohnt, da mal reinzuschnuppern. Ach was: hineinzuspringen und wie ein Maulwurf darin herumzuwühlen!

Nach welchen Kriterien Zeichner ihren Stil wählen, ist schwer zu sagen. Zumal man davon ausgehen kann, dass sie tatsächlich mehr als nur einen Stil haben – und keine Probleme damit, den Stil anderer Zeichner nachzuahmen. So zeichnet Hervé Tanquerelle sehr schöne Grönlandgeschichten (S. 214), aber auch die absurd magische Serie PROFESSOR BELL (S. 94). Der Professor sieht komplett anders aus, weil Tanquerelle die Serie von Joann Sfar (S. 76) übernommen hat und dessen Stil fortführt. Manu Larcenet zeichnet drollige Monster in der Serie DONJON (S. 300), fantastisch realistische Tiere in der Serie BLAST (S. 45) und die düstere Welt aus BRODECKS BERICHT (S.218).

Angesichts dieser Vielfalt an Optionen sind eine Menge Zeichner der Ansicht, sie kämen dem, was sie ausdrücken möchten, näher, indem sie sich von der akribischen Abbildung der Realität entfernen. Im Prinzip sind das die Gedanken hinter Impressionismus und Expressionismus. Oder zumindest würden sie der Ansicht zustimmen, dass der Naturalismus in bestimmten Situationen überfordert ist: Man kann akkurat zeichnen, wie Person A Person B anschreit, aber wenn man die Wut von Person A zeigen will, ist man möglicherweise näher an der Wahrheit, wenn man keinen Menschen zeichnet, sondern einen Vulkan. Und wenn man einen Orgasmus darstellen will – na ja, dann kann man ihn fotografieren wie im Pornoheft – oder aber zeichnen wie der Belgier Brecht Evens **Abb.1** Trotzdem bleibt für den Zeichner ein Risiko: Er geht nicht den Weg des kleinsten gemeinsamen Nenners und zeichnet für alle gleich erträglich, sondern er riskiert, dass ihm Leser abspringen. Warum? Nun, es gibt einen garantierten Vorteil: Evens' Wahl hebelt mindestens unsere Sehroutinen aus. Ob uns seine Zeichnung gefällt oder nicht – wir müssen in jedem Fall länger und anders über sie nachdenken. Evens hat nicht einfach unsere Vorstellungen von Sex abgerufen, er zwingt uns, die Zeichnung mit

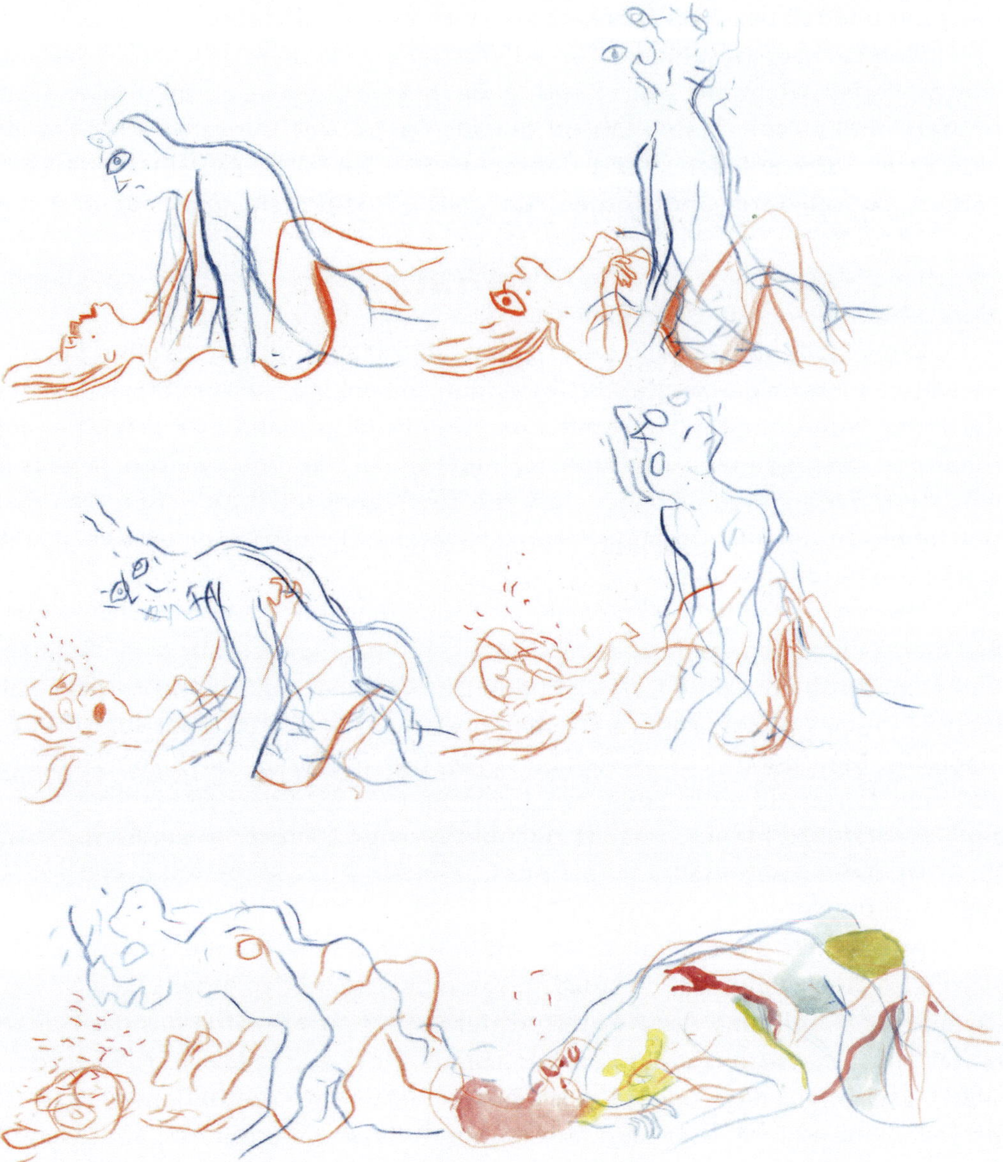

1

1 Konkret oder Krakelei? Brecht Evens zeichnet Sex, bei dem nicht mehr klar ist, was zu sehen wäre – aber umso klarer wird, was die beiden fühlen.

unseren Erfahrungen abzugleichen, und pflanzt so einen einzigartigen, weil neuen Vorgang in unser Hirn.

Das kann gut gehen, aber auch schief. Mit SABRINA von Nick Drnaso landete kürzlich der erste Comic der Geschichte in der Auswahlliste zum Man-Booker-Preis. Wie ich finde: ein extrem fader Comic mit einer extrem langweiligen Bildaufteilung und einem Stil, in dem die immer gleichen dicklichen Figuren sich so sehr ähneln wie ein Kloß Pizzateig dem nächsten. Ja, ich sehe den Willen zur Kunst, wahrscheinlich hatte auch Drnaso seinen Spaß dabei, alles schön und recht, aber ich habe davon nichts. Dennoch: Ihnen gefällt's vielleicht. Kann auch passieren.

Es gibt Dutzende von Mischformen. Der Amerikaner Charles Burns imitiert akribisch den TIM UND STRUPPI-Stil, Hergés berühmte Ligne claire. Die verströmt eine gewisse ordentliche Aufgeräumtheit und kommt immer wieder erstaunlich harmlos daher, aber weil Burns' Geschichten meist bizarr verstörend sind, wirkt die Kombination fast schon hinterlistig. Der Alt- und Großmeister Matthias Schultheiss mogelt mit Lichtreflexen wunderbare oder auch bedrohliche Stimmungen herbei, die in der Wirklichkeit so nicht stattfinden würden. Hervé Baruela, Künstlername Baru, zeichnet eine sehr naturalistische Welt mit sensationell fotorealistischen Autos – aber seine Charaktere sind stets zwischen kunstvoll verkrakelt und liebevoll zerknittert. Warum? Keine Ahnung. Vielleicht denkt er ja, dass das Leben den Menschen viel mehr verbeult als ein Auto, und für die Menschen aus seinen Geschichten stimmt das sogar ganz sicher – in jedem Fall nimmt er sich einfach die Freiheit und tut's. Genauso wie Gianni Pacinotti, der unter dem Künstlernamen Gipi häufig Geschichten über Jungs irgendwo zwischen vierzehn und zwanzig erzählt – und sie dabei mit simplen Strichgesichtern so unattraktiv zeichnet, wie sie sich selbst meist fühlen.

Der Grad der Stilisierung, der Abstraktion lässt sich praktisch stufenlos hochregeln. Schon beim DUNKLEN RITTER wandelt sich die Optik im Laufe der Erzählung, Batman, der anfangs zwar noch massig, aber recht konventionell durchs Bild segelte, wurde zum Ende hin immer kantiger und verzerrter. Frank Miller selbst, danach gefragt, sagte, es sei ihm nie aufgefallen. Bill Sienkiewicz bebilderte ELEKTRA ASSASSIN in einem herausfordernd verwirrenden Collagestil, der durchaus von der eigentlichen Geschichte ablenken kann, wenn man's gern normaler hat. Aber generell erstaunt es immer wieder, wie leicht man sich in unterschiedliche Stile eingewöhnen kann. Und wie gut sie funktionieren.

Wie Mike Mignolas HELLBOY (S. 91). Der ist extrem stilisiert, extrem reduziert, definitiv nicht mehr naturalistisch. Und es ist das absolute Gegenteil des expliziten Splatterhorrors, der mit Blut und Eingeweiden arbeitet. Oder mit der immer und immer wieder gleichen Vorführung von Zombies, die halt immer noch vor sich hin faulen und dann eben mal wieder eine Axt in die Rübe kriegen – manche Leute kriegen nicht genug davon, ich sage: tripleschnarch. Mignola entfernt sich weit, weit weg von billigen Ekeldetails – und dennoch ist's gruselig. Weil das Gehirn die Freiräume, die Mignola lässt, selbst auffüllen kann (und überraschend bereitwillig und gut auffüllt). Nach ähnlichen Prinzipien arbeitet Brecht Evens (der

Typ mit dem Orgasmus): Evens benutzt eine Aquarelltechnik, ohne gezeichnete Konturen, nur mit großartigen Flächen. Er löst Wände auf, schafft Gleichzeitigkeiten, schildert Personen als langweilig grau oder popstarbunt, beschreibt seine Charaktere mit Farben, Statur, Bewegung – aber eben nicht mit präzisen Gesichtern. Und dennoch bekommt man das Gefühl, sie genau zu kennen – obwohl man als Zeuge vor Gericht nicht einmal ihre Nase beschreiben könnte.

Weniger muss nicht immer weniger bedeuten: Manchmal bedeutet es auch einfach nur weniger konventionell. Eine Menge Comiczeichnerinnen wählt derzeit für ihre Publikationen einen manchmal geradezu trotzigen Krakelstil, der für skeptische Augen mitunter aussehen mag, als könnten sie keinen Stift gerade halten. Warum? Vielleicht eine Art Verschwesterung, um die Leserinnen nicht durch zu große Perfektion abzuschrecken? Oder eine Art Verweigerungshaltung, ein bewusstes Nicht-gefallen-Wollen? Ich kann die Frage nicht beantworten, ich weiß nur: Die können's genauso gut wie die männlichen Kollegen. Marjane Satrapis Panels im Kindheitsepos PERSEPOLIS (S. 111) mögen kindlich schlicht gezeichnet sein, **Abb. 2** ihre Gemälde sehen ganz anders aus. Und wenn ich Manager oder Verleger wäre, würde ich Comicautorinnen mitunter genau zu diesem Schlichtstil raten, falls sie zu gefällig zeichnen – weil ihre Comics dann nämlich schon beim schnellen Reinblättern in der Buchhandlung genauso aussehen wie diese ganzen selbstbewussten oder auch nur selbstbewusst wirken sollenden Frauencomics, die gerade sehr ordentlich den Markt aufmischen. Was absolut legitim wäre – denn ein Wiedererkennungswert ist wichtig, und die gängige Mangaoptik (S. 168) kann man schließlich nicht zuletzt auch als eine vertrauensbildende Maßnahme gegenüber der Stammkundschaft ansehen.

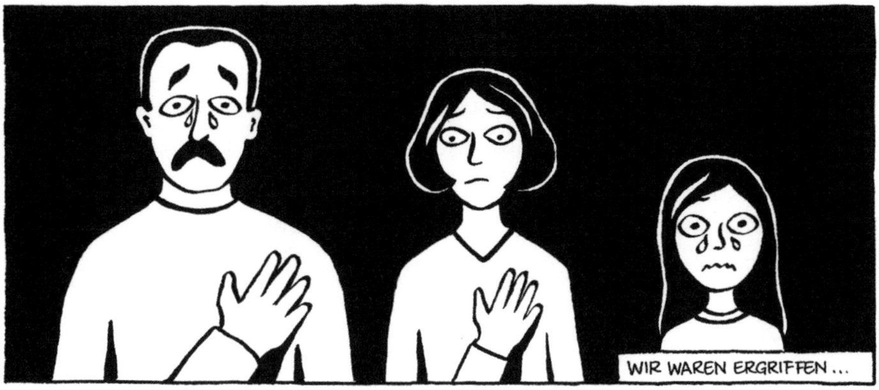

2

2 Unerwartetes Wiederhören: Marjane Satrapis Familie lauscht der Nationalhymne – der alten. Das Mullah-Regime verzichtet im Krieg gegen den Irak plötzlich auf seine islamistische Hymne.

Allerdings ist Kundenbindung nicht immer alles für Comicautoren und -Zeichner. Will Eisner etwa war stets überzeugt davon, dass man dem Publikum mehr zumuten könne – und dass das Publikum diese Zumutungen schätzen würde. Jahrelang wollten die Auftraggeber seiner Serie THE SPIRIT einen gleichbleibenden Schriftzug haben, eine Art Logo, wie es Batman oder Superman hatten, ein Signet, mit dem man werben konnte oder sogar Merchandising betreiben. Eisner – so erzählt es jüngst erst wieder der Comicexperte Alexander Braun, beharrte darauf, den Schriftzug für jedes Abenteuer neu zu erfinden und damit zu spielen. THE SPIRIT spiegelte sich im Wasser, wurde aus Gebäuden aufgebaut, aus alten Zeitungen, aus allem, was ihm unter die Augen kam (S. 120). Und wenn man sich die Resultate ansieht, fällt es schwer, nicht zuzustimmen, dass es manchmal aufregend sein kann, nicht auf den eigenen Gewohnheiten zu bestehen, sondern dem Künstler zu **Abb. 3, 4** folgen.

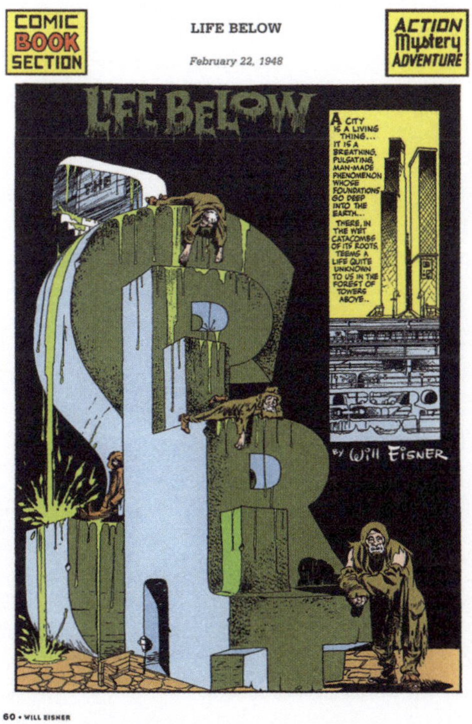

3

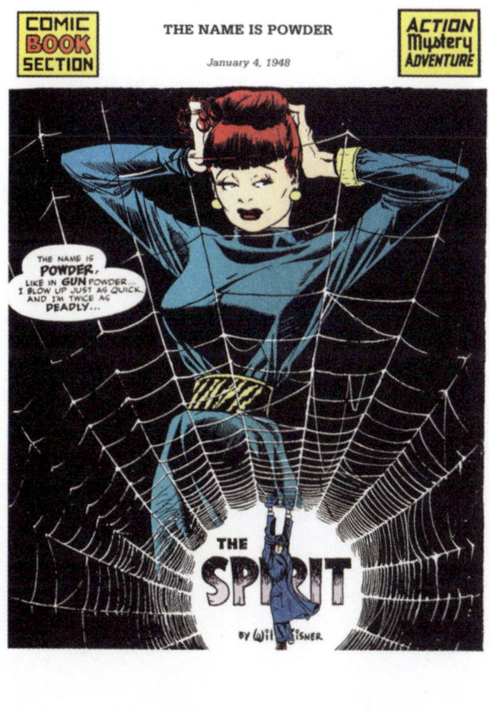

4

3, 4 Zeichnerische Wundertüte: Will Eisners Serie THE SPIRIT bekam in jeder Folge einen ganz neuen Schriftzug, mal aus Stein gehauen (links) oder als Netz gewebt (rechts).

Ob er richtigliegt, bleibt dabei Geschmackssache. Im Erwachsenensektor wird die Bildaufteilung oft anspruchsvoller umgesetzt als weiland im lustigen Taschenbuch. Gerade im Mangabereich werden extreme Schnitte bevorzugt, Panels ziehen sich wie große Keile quer durch Seiten und Doppelseiten, oft so schmal, dass man sich ohne Bilder wenig vorstellen kann, was auf diesen Streifen noch sinnvoll darstellbar wäre. Trotzdem funktioniert es. Und auch die Farbgebung kann für Irritationen sorgen – was man aber nur in den seltensten Fällen mitbekommt.

Ich hab Ihnen hier mal ein Beispiel aus dem Comic HARD BOILED eingefügt – der ist nämlich vor Kurzem erst neu von Dave Stewart koloriert worden. Es gibt Leser, die schwören auf die alte Version, andere (wie ich) schätzen die neue – aber ohne die neuen Farben wäre mir nie aufgefallen, wie eigenwillig Claude Legris' Ursprungsauswahl **Abb.6** doch gewesen ist. Sehen Sie sich's an und entscheiden Sie. Es gibt nur einen Fachmann, der Ihnen sagen kann, wie Ihre Lieblingscomics aussehen: Sie selbst.

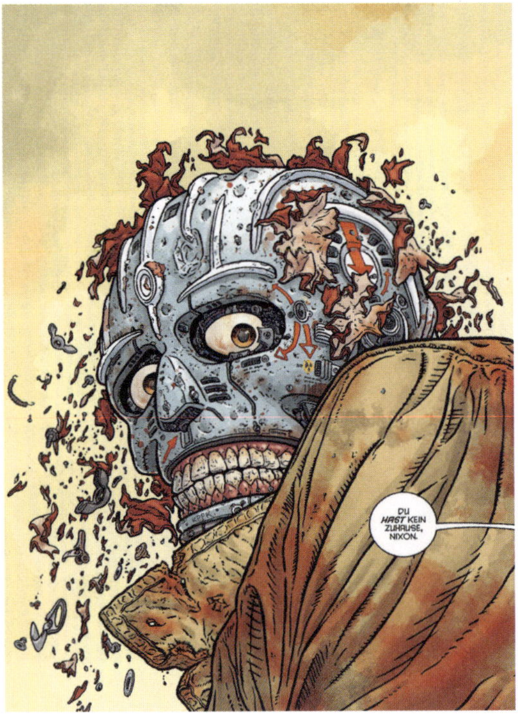

5

5, 6 Geschmacksfrage: HARD BOILED erschien kürzlich völlig neu koloriert. Nur Sie können sagen, ob Ihnen etwa der stahlgraue oder der blutrote Schädel besser gefällt.

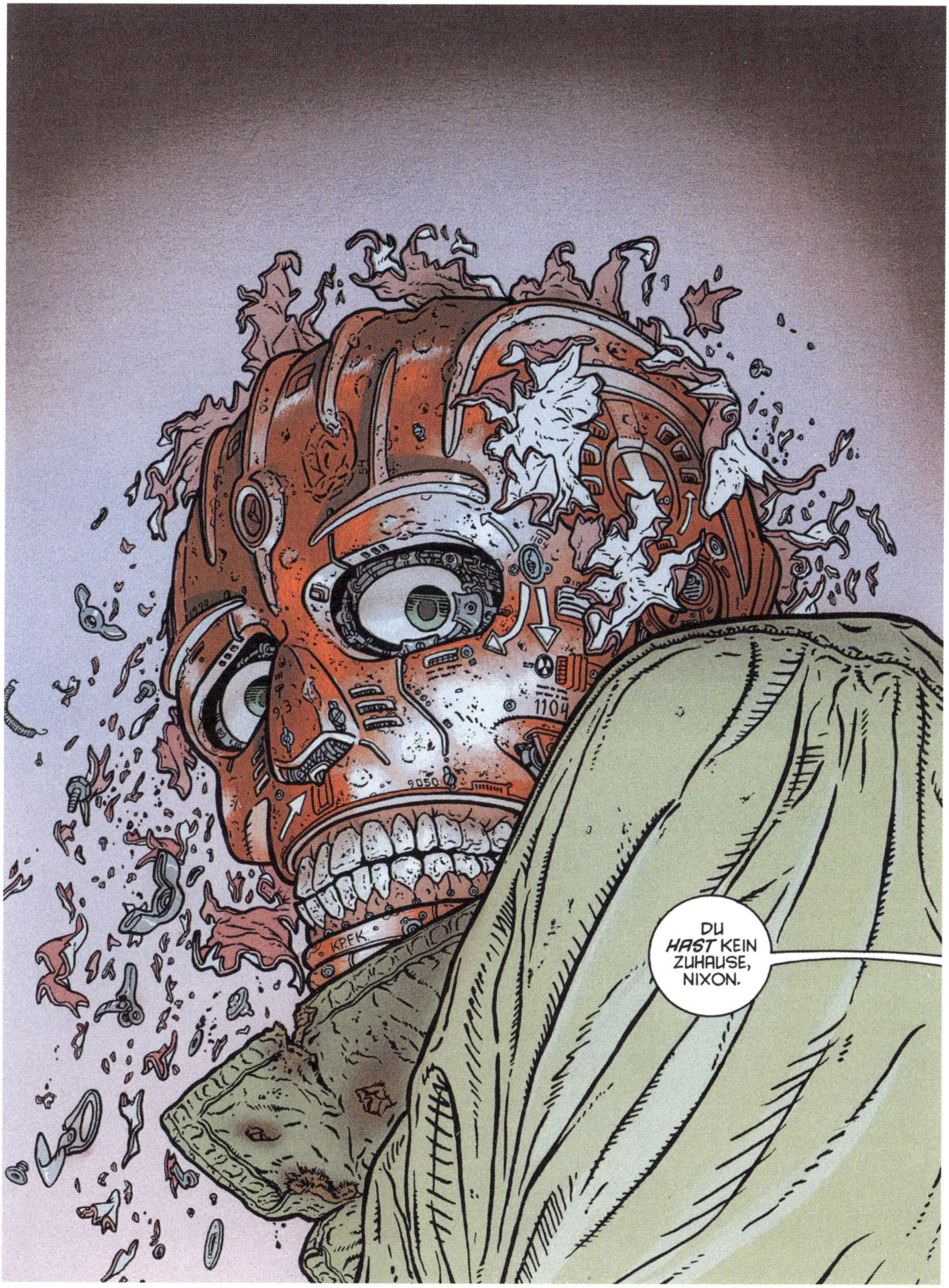
DU *HAST* KEIN ZUHAUSE, NIXON.

13

Tick, Trick und Track sind nervige Besserwisser? Diese Comics eröffnen Erwachsenen eine neue Kinderperspektive auf Gegenwart und Vergangenheit. Aber: Die neue Sicht ist alles andere als harmlos.

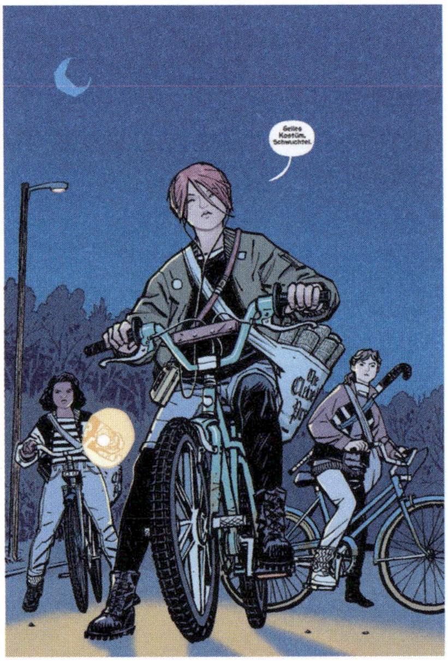

DER KLEINE NICK SURFT JETZT BEI YOUPORN

Kindercomics für Erwachsene erfordern die größte Umstellung der Lesegewohnheiten, denn nirgends hat sich die Rolle der Protagonisten so stark verändert. Der große Reiz war ja früher, dass Kinder die Stars waren und mehr oder weniger das taten, was sonst nur Erwachsene tun. Sie hatten, wie bei den PEANUTS, einfach nur die Hauptrolle, oder sie erlebten wie Fix und Foxi oder Tick, Trick und Track Abenteuer, die sonst nur erwachsenen Abenteurern vorbehalten waren. Der Reiz ist logischerweise inzwischen dahin: Die Kinder von früher sind jetzt selbst erwachsen, dürfen Steuern zahlen und den größten Quatsch machen, ohne ihre Eltern zu fragen. Konsequenterweise müsste es auf dem Erwachsenen-Comicmarkt deutlich weniger Kinder als Hauptfiguren geben. Doch die mit erfolgreichsten Titel der letzten Jahre sind Comics mit Kindern. Und ich finde: zu Recht.

Eines der Erfolgsrezepte dabei ist: mit Kindern in die Vergangenheit reisen. Zum Beispiel in die eigene Jugend. Mawil (Markus Witzel), 1976 in Ostberlin geboren, springt in KINDERLAND in die DDR des Jahres 1989. Sein Alter Ego Mirco Watzke ist **Abb.1** irgendwo zwischen zwölf und dreizehn, bei den jungen Pionieren und denkt, wenn er nicht schläft, an Tischtennis. Das Schöne an KINDERLAND ist, wie realistisch Mawil all dem Kleinkram die Bedeutung der Kindheit zurückgibt. Wer war wann an was schuld, was ist unfair, wer darf zuerst, und wie lange arbeitet man über Wochen hinweg am perfekten, nicht retournierbaren Pingpongaufschlag, an der »Angabe des Todes«? Und, ganz nebenbei, finden einen eigentlich

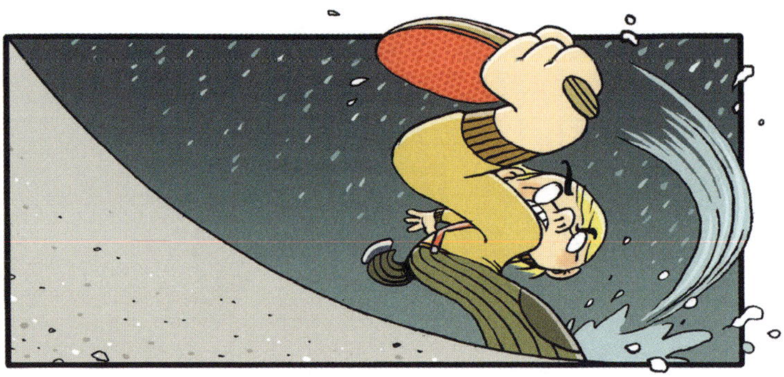

1

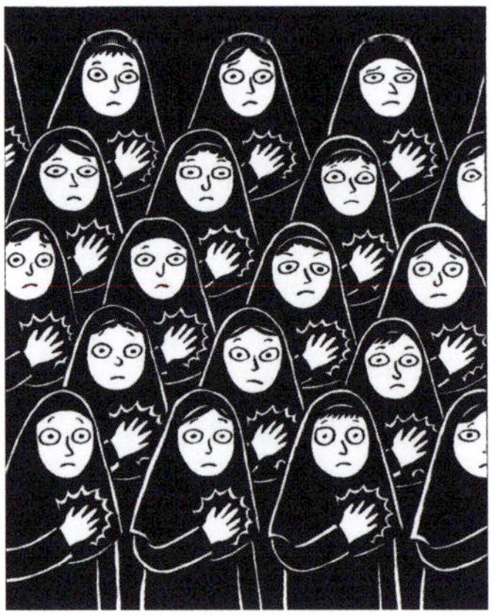

2

1 Blitzschnelle Rückhand: in KINDERLAND illustriert Mawil mit der Pingpong-Leidenschaft seines kleinen Helden den DDR-Alltag.

2 Standardformen des Fanatismus: In PERSEPOLIS betrauern einförmig verhüllte Mädchen befehlsgemäß Märtyrer. Unter den Schleiern träumen sie vom Punkrock der 1980er.

auch schon Mädchen interessant? Wenn ja, sind es die richtigen? Wobei – mitkriegen dürfen es die anderen nicht: »Cheri Cheri Lady«, wird da ein Modern-Talking-Klassiker umgereimt, »Ramona kriegt ein Baby. Mach doch kein Theater – Mirco ist der Vater.« Überhaupt quillt KINDERLAND über von witzig peinlichen Details. »Piepel 'a Piepel 'sso weischudibii«, wird da mitgesungen, was gar nicht weit entfernt ist von dem, was ich im Westen selber hinter »People Are People« von Depeche Mode vermutet habe. Und wer Mawil noch immer unter Krakelverdacht stellt, muss sich mal sein großartiges Tischtennismatch ansehen. Das nur in einem Punkt verbesserbar ist: wenn man die Chance hat, Mawil bei einer Comiclesung zu hören, wie er das Ganze zu den Bildern vorträgt.

Marjane Satrapi hat es mit den Erinnerungen an ihre Jugend sogar zum Weltstar gebracht. PERSEPOLIS heißt der später auch von ihr verfilmte Bestseller, er schildert ihre Kindheit im Iran, die praktischerweise in einer besonders spannenden Zeit stattfand: Ende der 1970er, Anfang der 1980er, in einer bürgerlichen Familie. Satrapi hat dabei der Versuchung des Im-Nachhinein-besser-Wissens widerstanden, sie schildert ihre Kinderwelt, die ersten Demonstrationen gegen den Schah (und die entsprechenden Spiele in der Schule), die Hoffnungen der Eltern und wie sich die Islamisten an die Macht drängelten. Immer wieder staunt man angesichts der eigenen Iranvorurteile über die ziemlich breite westlich-fortschrittlich orientierte Bevölkerungsschicht. Und wie diese Menschen durch die unheilvolle Mischung aus Opportunisten und Fanatikern um die Demokratie betrogen werden. Die Folge: Wer einen halbwegs gesunden Menschenverstand besitzt, zieht sich zurück. Man feiert privat, und für Marjane werden Iron Maiden, Kim Wilde und Michael Jackson Symbole des heimlichen Widerstands. Denn in der Schule muss sie verschleiert die Märtyrer loben, Parolen brüllen **Abb. 2** und ihre Turnschuhe verstecken. Wer nicht mitmacht, ist in ernster Gefahr: Freunde und Verwandte der Familie kommen, wenn ihnen nicht die Flucht gelingt, ins Gefängnis oder werden, wie ihr Lieblingsonkel, hingerichtet. Die Transformation des Entsetzlichen in Marjanes Kindervorstellungen wirkt dabei zugleich entschärfend und verschärfend.

Dass sich Kinder ziemlich gut zum Näherbringen von Kontroversen eignen, hat auch Riad Sattouf erkannt. Die Serie DER ARABER VON MORGEN behandelt seine eigene Jugend als Sohn eines Syrers und einer Französin. Seinem Vater kommt dabei die heimliche Hauptrolle zu: Der kann sympathisch träge vor dem Fernseher lümmeln und pubertär, prahlerisch, primitiv paschahaft davon träumen, als Wissenschaftler sein Land in die Moderne zu führen. Parallel dazu weiß er, dass auf Friedhöfen krebserregende Gase wabern und dass – wenn man schon an etwas glauben will – die Sunniten recht haben. Wegen seiner Dozentenstelle zieht die Familie dann in seine syrische Heimat, Klein-Riad geht auf die marode Dorfschule, wo man Stockschläge auf die Finger bekommt und lernt, Koransuren aufzusagen und die Nationalhymne zu singen. Die alteingesessenen Familienmitglieder bekämpfen sich inzwischen untereinander, einer ruiniert dem anderen die Ernte, Korruption, Autoritätshörigkeit, Hass und Gewalt sind allgegenwärtig.

Ist das rassistisch? Kolonialistisch überheblich? Es sind Sattoufs Erinnerungen, darüber kann man kaum streiten. Nicht aus der Luft gegriffen ist jedoch die Diskrepanz zwischen Wunsch und Wirklichkeit: Arabische Träume scheinen oft westlich zu sein, Sattoufs Vater etwa will unbedingt einen Mercedes. **Abb. 3** Mercedesse werden aber nicht in Ländern entwickelt, in denen die Schule aus Nachbeten und Stockhieben besteht. Oder in denen man Frauen wie Riads Tante, die plötzlich unverheiratet schwanger wird, mit dem Einverständnis aller umbringt.

Jetzt mal Schluss mit Politik – und noch ein bisschen weiter zurück in die Vergangenheit: In die 1950er-Jahre. Dort, in einem lothringischen Industriestädtchen, siedelt Baru die SPUTNIK-JAHRE an, eine Art anrührend witziges FLIEGENDES KLASSENZIMMER. Der Grundschüler Igor lebt in dem kleinen Städtchen »oben«, was ihn automatisch zum Stammesangehörigen aller anderen Kinder macht, die ebenfalls »oben« wohnen – und zum erbitterten Gegner aller Kinder, die »unten« wohnen. So einfach ist das, und im Wesentlichen geht es darum, den Schultag einigermaßen schadlos hinter sich zu kriegen, damit man sich später prügeln kann oder Anführer werden oder entscheidende Fußballspiele auskämpfen, deren Gültigkeit man im Falle einer Niederlage bestreiten und Revanche fordern kann. Das ist tatsächlich ziemlich nahe an KINDERLAND, aber auf der Skala der Kinderdarstellung noch weiter weg von niedlich: Barus Buben sind allesamt sehr staksbeinig und ungelenk.

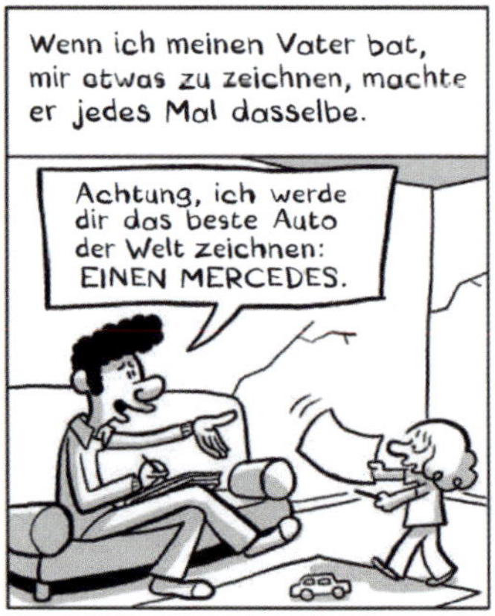

3

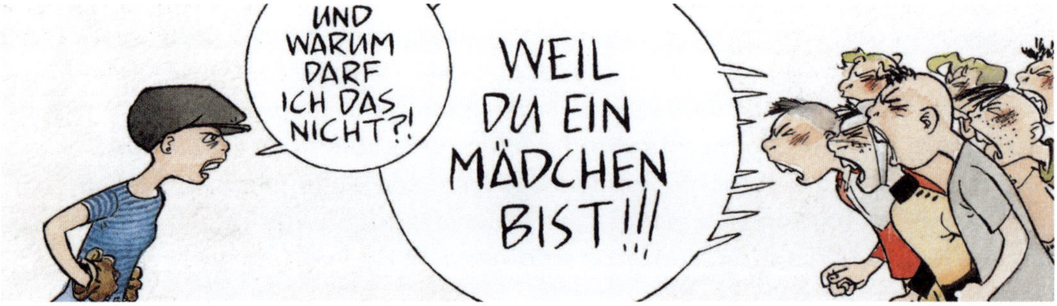

4

3 Zerrissene Welt: Der muslimische Vater des kleinen Riad träumt von einer traditionellen Karriere, aber seine Wünsche sind westlich.

4 Klare Rollenverteilung: Baru entführt mit seinen storchbeinigen Protagonisten in einen französischen Industrieort der 1950er.

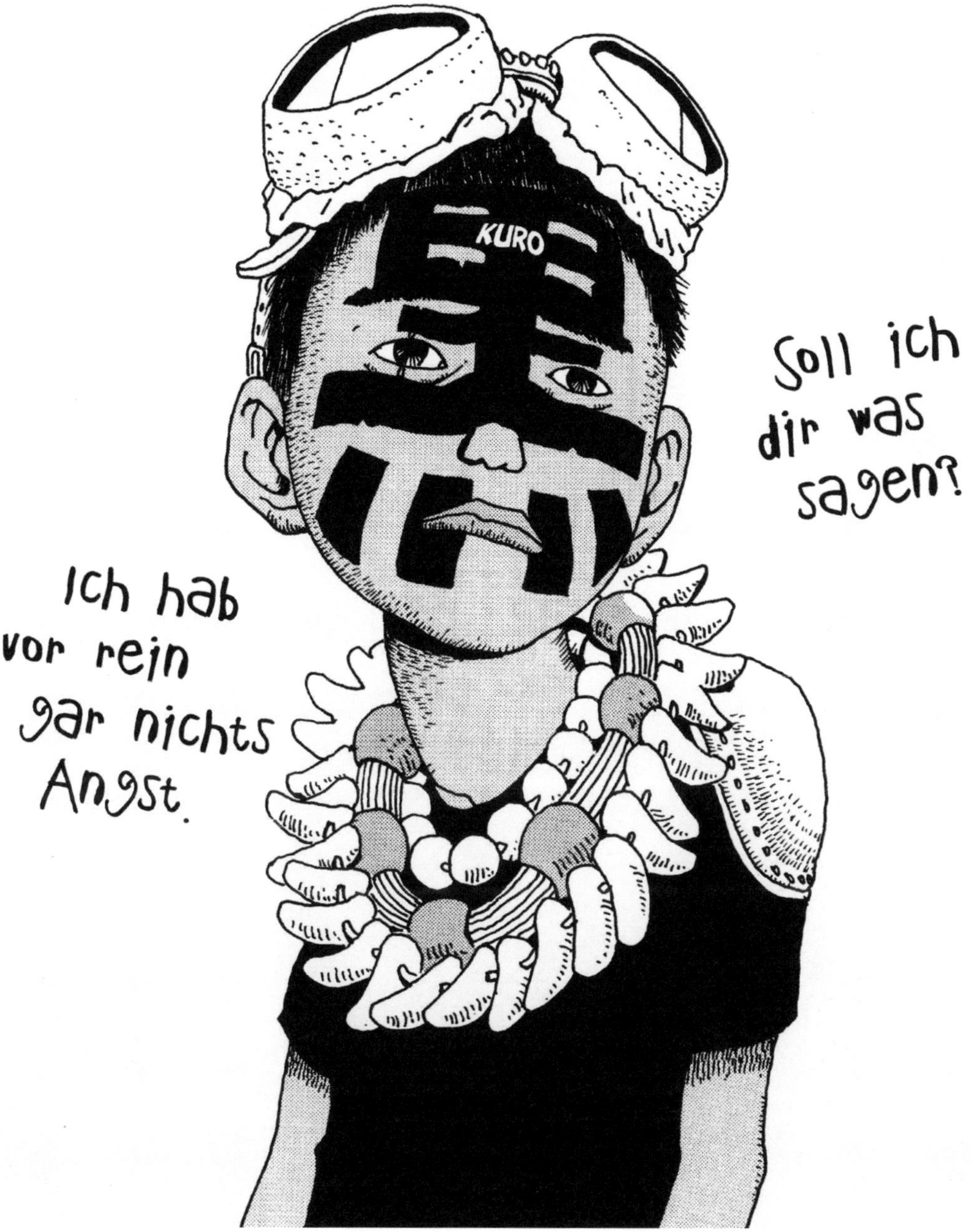

5

5 Trotziger geht nicht: Kuro mit der Pilotenbrille ist durchsetzungsfähig, schwer erziehbar, kurz: eine ziemlich brutale Variante von Pippi Langstrumpf.

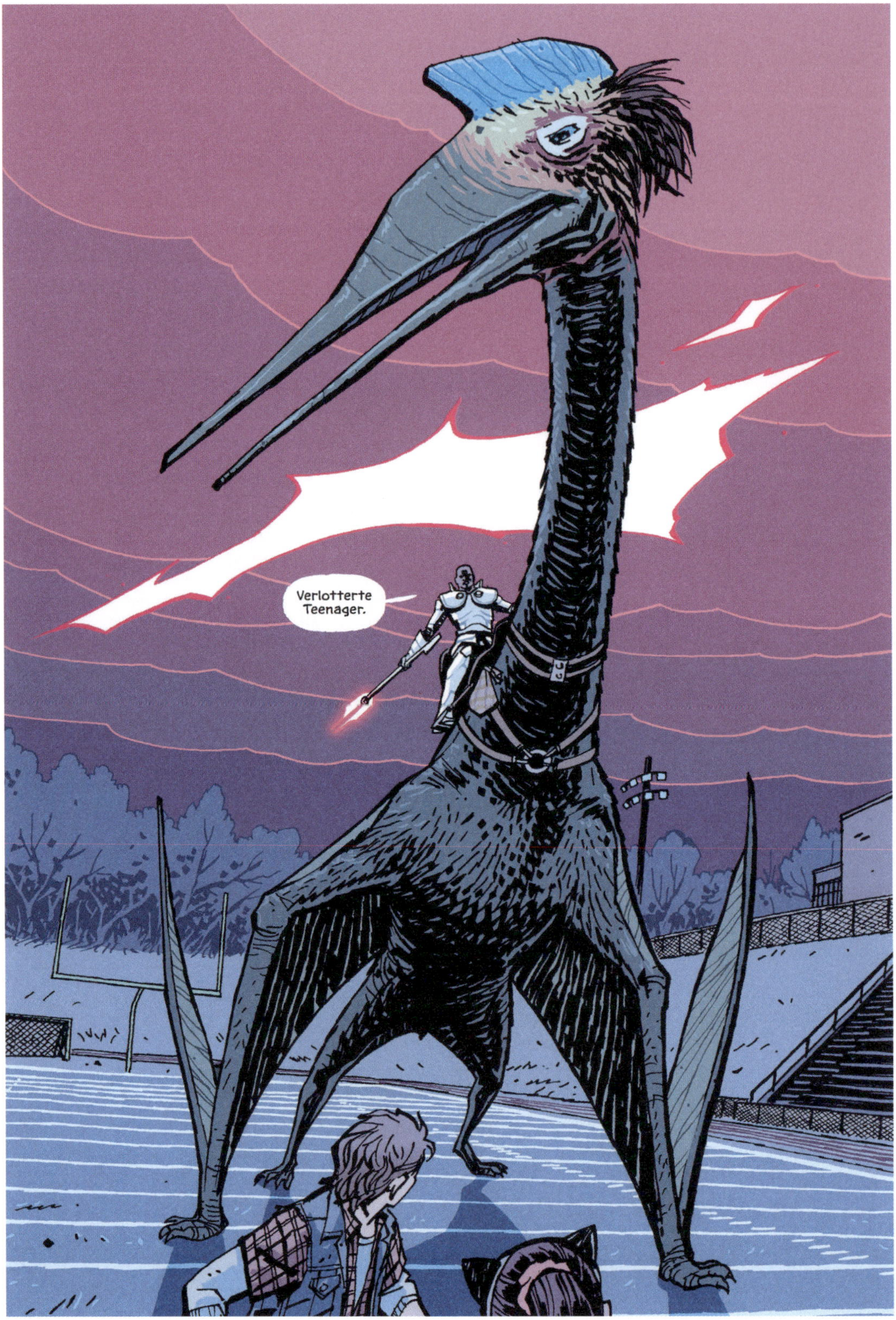

6

6 Ein aberwitziger Mix: PAPER GIRLS startet mit vier befreundeten Zeitungsausträgerinnen in den 1980er-Jahren – und stürzt dann in ein rasantes Zeitreiseabenteuer in die Zukunft und Gegenwart – Flugsaurier inklusive.

Es ist im Ort extrem wichtig, dass Mädchen keine Jungssachen machen, **Abb.4** aber man lebt ja auch in einer Stadt, in der die Leute ungehemmt über Makkaronis und Polacken schimpfen und sich die örtlichen Kommunisten noch Sorgen machen, wenn die gebastelte Rakete der jungen Pioniere zu sehr an die von TIM UND STRUPPI erinnert. Denn Tim ist ja ein reaktionärer Kapitalistenknecht. Natürlich kann man nörgeln, dass hier die gute alte Zeit ein wenig sehr gut wegkommt, aber wahrscheinlich kommt sie nicht besser weg als jede Jugend, die man im Nachhinein betrachtet.

Es geht aber auch härter. TEKKON KINKREET von Taiyo Matsumoto ist ein Manga, der eine Gangstergroßstadtballade erzählt, aber eben mit Kindern. Shiro und Kuro bilden die Zweiergang der Katzen, Straßenkinder, die in einem alten Honda hausen. Shiro ist etwas dümmer, schreit Unschönes wie »Pimmelkackamöpse«, und beim Essen mag man ihm nicht zusehen. Kuro mit seiner Pilotenbrille **Abb.5** kümmert sich um ihn, und gemeinsam verprügeln sie jeden, der ihnen querkommt oder eine Armbanduhr trägt.

Spannend ist, wie Matsumoto einem die zwei kleinen Arschlöcher näherbringt: Wenn sie gerade niemandem den Kopf einschlagen, achten sie geradezu fürsorglich aufeinander. Und sie lieben ihre Stadt, weshalb sie ziemlich schnell auch ausgewachsene Gangster krankenhausreif schlagen. Es kommt, wie's kommen muss: Drei stumme Profikiller werden in die Stadt geholt und auf die beiden angesetzt. TEKKON KINKREET entführt in eine düstere Welt voller guter bis böser Polizisten, geisteskranker bis prinzipienfester Gangster – und mit einer angesichts der Härte erstaunlichen Warmherzigkeit. Ich gebe zu, so richtig vorbildlich kann ich's nicht finden. Aber neulich habe ich auf einem Plakat gelesen: »Starke Eltern – starke Kinder«. Und wenn starke Kinder wünschenswert sind – diese beiden sind es.

Die nächsten vier sind es auch: die PAPER GIRLS von Brian Vaughan und Cliff Chiang. Wir sind schon wieder in den 1980ern, aber diesmal in den USA. Vier Mädchen um die elf, zwölf, die alle Zeitungen austragen, bilden eine wehrhafte Clique gegen blöde Jungs und lassen sich von niemandem für dumm verkaufen – als sie einer merkwürdigen Gruppe Fremder begegnen.

Sie folgen ihnen in den Keller eines Hauses und finden eine eigenwillige Kapsel. Ich will nicht zu viel verraten, weil Vaughan hier in die Vollen geht und die Mysterygeschichte für jede Menge Aberwitziges inklusive Zeitsprüngen nutzt. **Abb.6** Aber die Art, wie er hier neben dem ganzen Sci-Fi-Zeug die Bereiche Frauwerden und Freundschaft behandelt, ist die eigentliche Antriebskraft hinter der Geschichte. Auch wenn ich nicht jede Wendung der Story hundertprozentig begriffen habe – um nichts in der Welt hätte ich die Geschichte der vier Mädels weglegen mögen.

Die nächste Geschichte habe ich aber wirklich komplett verstanden. Die ist ja auch noch sehr nahe am Kindersektor, doch sie ist für alle Altersgruppen geeignet. Ich würde sogar sagen: ein Eltern-Kind-Comic. Luke Pearson hat die Abenteuer seiner Heldin Hilda geschrieben und gezeichnet, ein Mädchen, das bei sei-

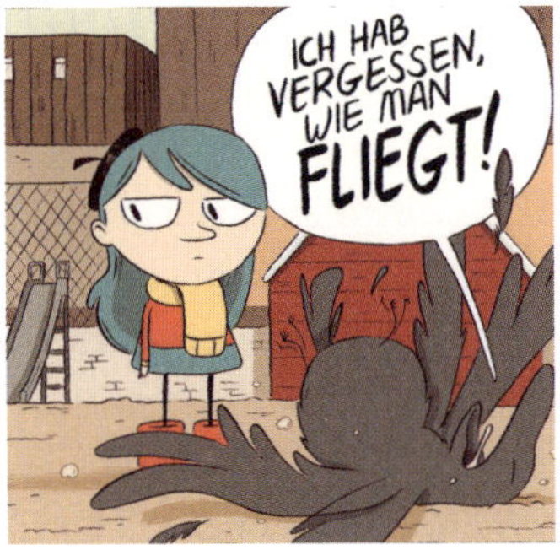

7

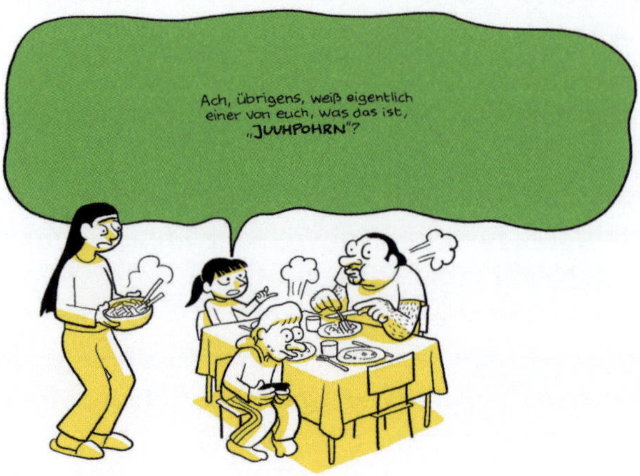

8

ner alleinerziehenden Mutter lebt und ein hundeartiges Tier namens Hörnchen hat. Hilda erlebt meist übernatürliche Abenteuer, sie trifft Mitternachtsriesen und sprechende Vögel. **Abb.7** Luke Pearson jubelt den Erzählungen aber immer einen recht erwachsenen Humor unter. Und auch wenn die aufgeweckte, unternehmungslustige Hilda natürlich der kleine Star ist, bekommt ihre ziemlich coole Mama immer wieder starke eigene Auftritte. HILDA besteht so eben nicht nur aus Kindern, die was erleben, sondern auch aus Eltern, die sich Sorgen machen und ihnen helfen.

Dass sich das trotzdem nicht liest wie eine Pädagogikbroschüre, liegt an Pearsons frechem, cartoonartigem Stil. Daran, dass Hilda und ihre Mutter nicht immer dufte Freundinnen sind, sondern auch richtig Zoff haben. Und daran, dass er auch seitenweise Action in die Geschichten packt. Von HILDA kann man jeden Band blind empfehlen, die chronologische Reihenfolge ist allerdings manchmal hilfreich.

Angeblich gibt es einen neuen KLEINEN NICK: Den möchte ich einerseits empfehlen, andererseits nicht unter diesem Etikett. Der Nick heißt Esther, und Riad Sattouf (der mit dem ARABER) zeichnet ESTHERS TAGEBÜCHER. Esther, so Sattouf, existiert wirklich, sie telefonieren einmal pro Woche, und er macht dann jeweils eine ganze Seite draus: Esther erzählt inzwischen als Zehnjährige, Elf-, Zwölf-, Dreizehn-, Vierzehn-, Fünfzehnjährige. Aber es ist nicht wie beim KLEINEN NICK, der ja das ewige Lausbubentum feiert, sondern Esther erzählt, wie es heute ist, Kind zu sein. Vom Markenfetischismus auf dem Pausenhof, davon, wie sie schön und berühmt werden möchte, wie ihre Vorbilder aussehen, von den Terroranschlägen in Paris, und was man so an Bezahlspielen auf dem Smartphone hat oder was man bei YouPorn findet. **Abb.8** Esther ist pfiffig, man muss sich um sie hoffentlich keine Sorgen machen – aber die Einblicke, die sie in die Schulhöfe gewährt, sind ernüchternd. Und durchaus auch beunruhigend. Doch eines sind sie garantiert nicht: langweilig.

~~Outtakes~~

Shigeru Mizuki, TANTE NON NON, Reprodukt
Ein Mangaklassiker aus der Frühzeit. Der Stil ist altersbedingt gewöhnungsbedürftig, die Geschichten sind sehr nette autobiografische Abenteuer mit Bubenbanden und Gespenstern.

Gipi, AUFZEICHNUNGEN FÜR EINE KRIEGSGESCHICHTE, avant-verlag
Eigentlich ein richtig guter Tipp, aber leider nicht mehr leicht erhältlich. Nach »dem Krieg« sind die drei verlorenen Jungen Christian, Kleinkaliber und Giuliano auf der Suche nach einem Zuhause. Was sie finden, sind Jobs als Nachwuchskriminelle und die Anerkennung der Verbrecher, zu Deutsch: Man nutzt sie aus und klopft ihnen auf die Schulter. Ähnlich wie in WELT DER SÖHNE (S. 266) lässt Gipi überforderte Buben auf das Leben los – oder das Leben auf die Jungs. **Abb. 9**

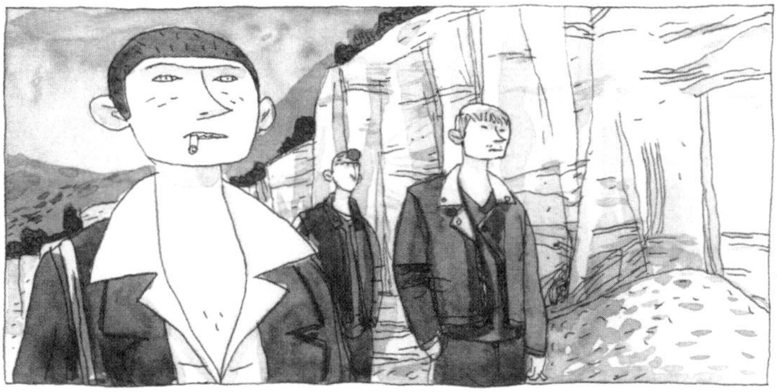

9

7 Cool, verletztlich, einfallsreich: Luke Pearsons HILDA erlebt fantastische Abenteuer mit Trollen, sprechenden Vögeln – und ihrer Mama.

8 Sex ist noch eins der harmlosen Themen: ESTHERS TAGEBÜCHER starten mit einer Zehnjährigen, die inzwischen 16 ist. Sozusagen das Live-Blog zum Aufwachsen.

9 Jungs, um Lässigkeit bemüht: Keiner zeigt die Verletzlichkeit, die Rücksichtslosigkeit, die Suche nach Anerkennung Heranwachsender derzeit präziser als Gipi.

Die Titel aus diesem Kapitel
→ Mawil, KINDERLAND, Reprodukt
→ Marjane Satrapi, PERSEPOLIS, Edition Moderne
→ Riad Sattouf, DER ARABER VON MORGEN, Penguin
→ Baru, DIE SPUTNIK-JAHRE, Reprodukt
→ Taiyo Matsumoto, TEKKON KINKREET, Cross Cult
→ Brian Vaughan (Text)/Cliff Chiang (Zeichnungen), PAPER GIRLS, Cross Cult
→ Luke Pearson, HILDA, Reprodukt
→ Riad Sattouf, ESTHERS TAGEBÜCHER, Reprodukt

14

Comics für gehobene Ansprüche gab es schon immer, aber erst 1978 setzte Will Eisner den passenden Namen dafür durch: Seine bittersüße Episodenerzählung wurde zur Mutter der Graphic Novels.

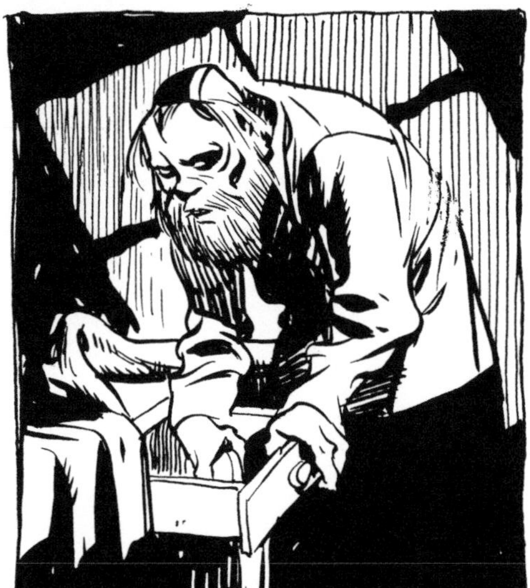

Wiedereinstiegsdrogen III

EIN VERTRAG MIT GOTT

Also, das ist er. Oder sie. Der Comic, mit dem die »Graphic Novel«-Sache anfing. EIN VERTRAG MIT GOTT von Will Eisner. Entstanden 1978. Einerseits ein grandioser Comic. Und doch habe ich meine Schwierigkeiten damit. Wie ich überhaupt meine Schwierigkeiten mit Will Eisner habe, obwohl das eigentlich gar nicht geht, denn Eisner (ja, der, nach dem der Eisner Award benannt ist) ist sensationell.

Und auch wieder nicht.

Der Comicexperte Alexander Braun hat gerade ein ausgezeichnetes Buch zu Eisner herausgegeben. Eisner, so schildert er darin, war einer von denen, die Ende der 1930er-Jahre den Comicmarkt mit entdeckten, belieferten, eroberten. Eisner hatte die Idee, das herzustellen, was man heute »fertigen Content« nennt. Comics für Verleger, die Comics drucken wollten, aber keine Ahnung hatten, wie man sie macht. Was Eisner nach einiger Zeit den Durchbruch brachte: Für die sonntägliche Comicbeilage mehrerer Tageszeitungen erschuf er 1940 den Superhelden-Detektiv THE SPIRIT, eine unglaubliche, aberwitzige Wundertüte. Denn im SPIRIT konnte alles passieren: Eisner erzählte traurig, komisch, rührend, poetisch. Die nur acht Seiten umfassenden Storys konnten sich um einen Kriminalfall drehen, aber auch um Nebenfiguren, sie konnten Magie enthalten, Lovestorys, ungeahnte Schicksale enthüllen, sie boten aber auch Slapstick und ungewöhnliche Parabeln. Wohlgemerkt, das alles geschah bereits im Jahr 1940, als die Superheldenwelle gerade auf einem Höhepunkt war und ein Standardsuperheld völlig ausgereicht hätte. Aber Eisner wollte mehr.

Von Beginn an wollte er zeigen, was in dem Medium steckt. Er wollte für ein erwachsenes Publikum zeichnen und erzählen. Sein SPIRIT war vom Start weg nicht nur Superheldencomic, sondern auch Superheldenparodie. Er machte als Erzähler Witze über die Geschichten, über die Gesetze des Comics, er ließ den Superschurken grandios sterben und fragte noch auf derselben Seite, ob das denn sein könne, ob er denn wirklich tot sein könnte. Und er machte, was seine Verleger verfluchten: Statt eines gut verkäuflichen Logos, wie es Supermans »S« auf der Brust bietet, oder Batmans schwarz-gelbe Fledermaus, zeichnete Eisner den SPIRIT-Schriftzug jedes Mal anders. Als Zeitungsfetzen im Gully, als gigantisches steinernes Gebäude, aus Schrottteilen, auf Plakaten, Farbeimern – weil er es konnte. Denn Eisners Szenen sind schlichtweg atemberaubend.

Der begeisterte New Yorker zeichnet eine gigantische Großstadt mit einer verfallenden Unterwelt, düsteren Gassen, Hochhausschluchten, eine Welt mit mehr Schatten als Licht – und was für Schatten: gespenstisch, bedrohlich und bedeutungsschwanger und vielfältig, weil Eisner gefühlt keine Perspektive zweimal verwendet. Gerade im SPIRIT springt die Kamera von Details zu Totalen, zu extremen Weitwinkelaufnahmen von unten oder von oben. **Abb.1** Eisner spielt mit den Panelgrößen, der Lesereihenfolge, er zitiert Klassiker, und überhaupt staunt man, wann all das, was er aus sich herausholt, jemals in ihn hineingekommen ist. Denn Eisner konnte, wie Biograf Braun betont, noch nicht auf Sammlereditionen von Comic-Klassikern zurückgreifen. Comics waren Wegwerfartikel der Zeitungen, sie wurden nicht archiviert, die Druckvorlagen häufig weggeschmissen. Zu-

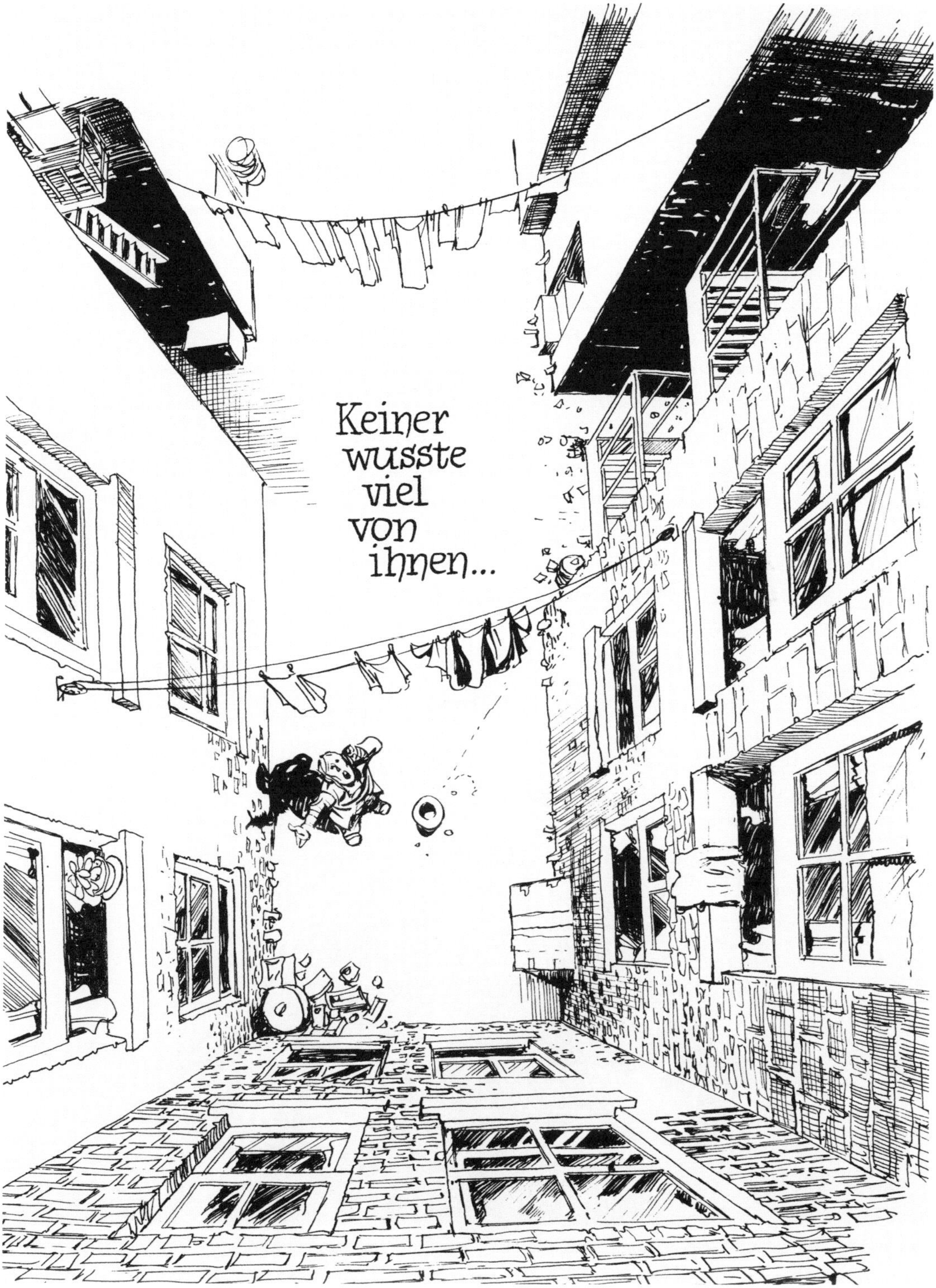

1

1 Ungewöhnliche Perspektiven: Will Eisners Zeichnungen sind zugleich auch immer eine quengelige Liebeserklärung an New York und seine Mietskasernen.

dem hat Eisner seit seinem siebzehnten Lebensjahr gearbeitet wie ein Wahnsinniger. Man muss den Hut ziehen, mehr noch, man muss sich weitere Hüte zum Ziehen besorgen, weil einer nicht reicht – wo ist jetzt der Haken?

Vielleicht gibt's keinen. Vielleicht bin ich nur empfindlich. Aber ich komme mit seinen Menschen nicht klar, denn Haltung und Mimik seiner Figuren sind sehr oft überzeichnet. Eisner zeichnet mitreißende Faustkämpfe, aber der Gesichtsausdruck dabei ist etwa so feinsinnig wie der des seligen James Finlayson. Da wird gestaunt, geschielt, das Gesicht verzogen wie bei den Vätern der Klamotte. Und das eben nicht nur in den komischen Szenen, sondern in romantischen Abschnitten oder sogar in tragischen. Das bringt uns zum VERTRAG MIT GOTT.

Es stimmt schon, Eisner hält sich hier erkennbar zurück, er erzählt ja auch eine deutlich bitterere Geschichte, die des Rabbiners Frimme Hersh. Der glaubt, er habe einen Vertrag mit Gott, der ihn vor Übel schützt, solange er seinen Teil der Abmachung einhält. Doch dann stirbt trotz größter Frömmigkeit seine kleine Tochter Rachel. Enttäuscht wird der Rabbi ein gewissenloser Geschäftsmann, der ein enormes Vermögen anhäuft. Auch ohne mehr zu verraten, ist zu erkennen: Das hier ist keine Superheldenparodie und überhaupt keine Komödie. **Abb. 2** Und trotzdem klimpert beispielsweise Hershs junge Frau mit den Augen wie weiland Ingrid Steeger in KLIMBIM. Warum, zum Teufel?

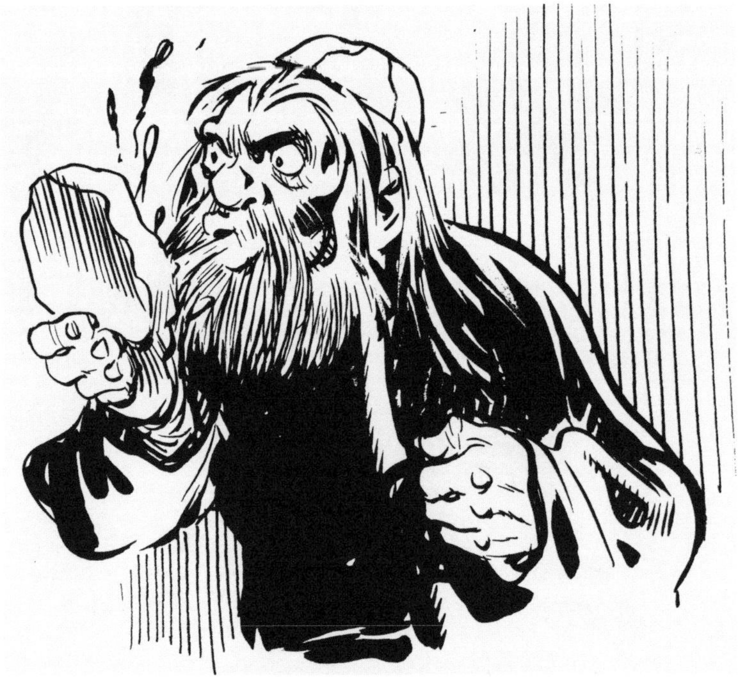

2

2 Wut, Hass, Enttäuschung: Rabbi Hersh kündigt seinen VERTRAG MIT GOTT.

Natürlich hat der VERTRAG MIT GOTT nicht nur Tod und Trauer zu bieten: Das Mietshaus, das Hersh kauft, rückt nun in den Mittelpunkt der Erzählung, und ähnlich wie im SPIRIT ist das Haus für Eisner ein einziger Fundus an Haupt- und Nebencharakteren, an Reichen, Armen, Klugen, Dummen, durch die Epochen. Eisner zaubert wunderbare Seitenkompositionen hervor, er erzählt immer neue Facetten menschlichen Hoffens und menschlichen Versagens, und immer wieder guckt zwischendrin einer oder eine wie der letzte Schwachkopf, oft auch noch x-beinig dastehend. Eisner hat diese Eigenheit nie abgelegt, nicht mal, als er in NEW YORK – THE BIG CITY zwei Heimarbeiterinnen, von ihrem Ausbeuter in ihrer Wohnung eingesperrt, einem Hausbrand ausliefert. Eine der beiden springt mit ihrem Baby aus dem Fenster in den Tod, der anderen bleiben entgleiste Gesichtszüge ähnlich denen, wie sie in MAD der Zeichner Dave Berg seinen Sketchfiguren verpasste und damit die Pointe zuverlässig immer zwei Spuren zu dick unterstrich. Zufall ist das vermutlich nicht – Dave Berg hat früher selbst in Eisners Studio gearbeitet. Erklärbar ist das eigentlich nur so, dass entweder ich überempfindlich bin oder Eisner diese Wirkung nie so gesehen hat. In jedem Fall: Nur weil ich mich mit dem Stil schwertue, heißt das nicht, dass andere nicht damit klarkommen können oder ihn sogar genau so mögen. Zeichnerisch ist Eisner über jeden Zweifel erhaben, seine historischen Verdienste sind sogar noch bedeutender. Es war Eisner, der einer ganzen Branche vorführte, dass man als Comiczeichner auch die Rechte an seiner erfundenen Figur behalten konnte* – den Erfindern von Superman und Batman war das nicht geglückt. Eisner perfektionierte die Arbeitsteilung, mit der er und sein Talentschuppen voller junger, kommender Comicgrößen damals im Rekordtempo die Auftraggeber belieferten. Und Eisner war derjenige, der das Selbstbewusstsein hatte, den Respekt einzufordern, der ihm gebührte.

DER VERTRAG MIT GOTT war eine exzellente Gelegenheit, die Anerkennung des Comics einzufordern und durchzusetzen. Und zwar als gleichberechtigte Erzählform, als Roman, der eben ein zusätzliches Mittel einsetzte, die Zeichnung. Als Graphic Novel. Was im Umkehrschluss zugleich andeutet, dass sich hinter dem allseits geschätzten Roman letztlich auch nichts anderes verbirgt als ein »Written Comic«: ein Comic, aber ohne Bilder.

Vielleicht muss man Eisner auch einfach eher als Regisseur betrachten, der grandiose Szenen und Bilder lieferte, dafür aber sehr eigenwillige Vorstellungen besaß, wie man eine Rolle zu sprechen und zu spielen hätte.

Und trotz meiner Vorbehalte gegen seine Figuren: Eisners VERTRAG und das KOMPLOTT bleiben vorbehaltlos empfehlenswert.

Der Titel aus diesem Kapitel
→ Will Eisner, VERTRAG MIT GOTT, Carlsen

* Alexander Braun, WILL EISNER, Berlin 2021, S. 21

15

Spanien ist langweilig, und in Ägypten waren Sie schon? Mit einem einfachen Trick erwecken Comics den Reiz der fernen Welten neu – und dazu brauchen Sie nicht mal ein Raumschiff.

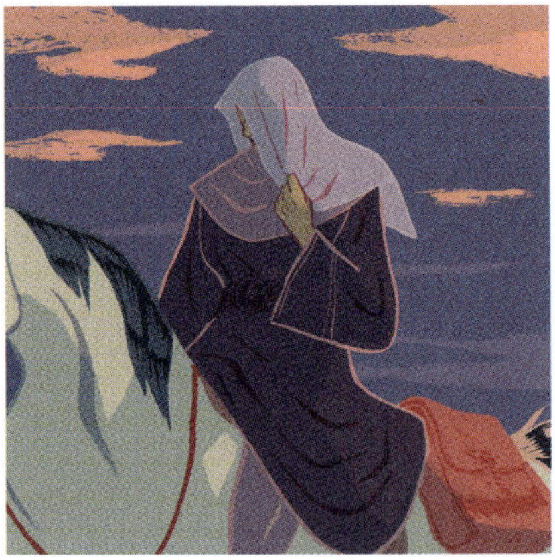

EXOTIK MIT GEWISSEN EXTRAS

Reisen ist in Comics immer ganz wichtig gewesen. Die wenigsten Comicfiguren haben den Großteil ihrer Zeit zu Hause verbracht: Asterix war bei den Goten, den Spaniern, den Briten, Normannen, Schweizern, erledigte eine Tour de France. Gefühlt in jeder zweiten Duck-Story zieht die Familie im Schlepptau von Dagobert zu irgendwelchen vergrabenen Schätzen oder Zweigstellen seiner Firmen. Tim ist samt Struppi in Russland, Amerika, Tibet oder im Weltraum. Heute hat sich der Reiz des Ganzen etwas verlagert, aus mehreren Gründen.

Erstens ist die Exotik inzwischen alltäglicher geworden: Fast jeder war heute schon bei den Spaniern, Normannen oder Belgiern. Die Comics von einst entstanden ja auch in der Zeit des erwachenden Massentourismus, in der zwei kleine Italiener aus Napoli kamen und Jean-Paul Belmondo aberwitzige ABENTEUER IN RIO erlebte. Obendrein ist es nicht mehr so einfach, irgendwen in irgendein Land zu schicken, ohne sich dem Vorwurf auszusetzen, man reduziere die dortige Bevölkerung auf Klischees und Stereotype. Über Kästners KONFERENZ DER TIERE habe ich gelesen, dass das Buch nicht mehr okay sei, weil dort Frauen ihren Männern nur die Koffer packen dürfen, und dass der Zahnarzt von Oskar, dem afrikanischen Elefanten, mit dem N-Wort beschrieben wird. Auch das bremst die Reise als Comicthema aus: Welchen Sinn hat es, irgendeine Comicfigur irgendwohin zu schicken, wenn sie dort nicht sehen darf, was passiert – sondern sehen sollte, wie die Welt zu sein hat? Und könnte man heute noch Comics veröffentlichen, die Schweizern unterstellen, sie seien alle krankhaft sauber, krankhaft pünktlich und dächten nur an Geld, Käse und Berge? Es bleiben: Gebäude, Ortsmarken, Sightseeing. Außerdem: Was ist schon groß dabei, dass Comicfiguren in irgendwelche exotischen Ecken fahren, wenn die Leser grade vierzehn Tage in der DomRep waren und letztes Jahr für eine Safari in Südafrika?

Die fernen Welten haben sich also geändert. Fern ist nicht mehr Südamerika oder Australien oder der Nahe Osten (da fahren jetzt die Comicjournalisten hin, S. 55). Fern ist jetzt eine andere Zeit, sei es die Vergangenheit oder die Zukunft. Oder eine ganz andere Welt, die der Fantasy und Science-Fiction: Hier kann man noch gefahrlos Klingonen unterstellen, dass sie so und so seien — und Romulaner wiederum noch ganz anders. Von daher hat ein Klassiker eigentlich schon vieles richtig gemacht: REISENDE IM WIND. Die Serie spielt in der Vergangenheit, an der Wende vom achtzehnten zum neunzehnten Jahrhundert.

Eine junge Adlige verschlägt es auf der Suche nach Rache an Bord eines Kriegsschiffs und von dort an die afrikanische Westküste, ins Herz des Sklavenhandels. Nicht alles an der Serie ist gut gealtert: Die Dialoge sind teilweise entsetzlich langatmig. Und die Protagonistin hat – ganz Kind der 1970er – verblüffend oft Sex mit irgendwem oder rennt einfach mal nackt durchs Bild. Aber die Zeitreise gelingt ausgezeichnet: Derart authentisch habe ich das Leben an Bord eines Kriegsschiffs noch nicht in Comicform gesehen. Die hin- und herrennenden Pulverjungen, das Bändigen der Geschütze (und die Lebensgefahr durch unkontrolliert herumrollende Kanonen), die immensen Höhen in den Masten, die medizinische Versorgung unter Deck. Zudem gelingen Zeichner und Autor François Bourgeon immer wieder beeindruckende Landschaften. Weshalb die REISENDEN noch immer auch absolut Mitreißende sind, sobald sie die Klappe halten.

Auch Christophe Blain hat in DAS GETRIEBE eine maritime Welt erschaffen, eine Unterwelt sogar, tief im Bauch des riesigen Schlachtschiffs Leviathan, das von einem mysteriösen U-Boot verfolgt wird. Ein neuer Rudergänger kommt an Bord, aber er ist dauernd seekrank. Ein Matrose verspricht ihm, dass Schiff würde auf den unteren Decks weniger schaukeln, also machen sie sich auf den Weg. Von Blains Komik ist hier nicht mehr viel übrig, er verlässt sich ganz auf die endlosen Gänge in der lichtlosen Tiefe, den nicht enden wollenden Lärm, **Abb.1** die drohenden Gefahren durch austretenden Dampf und das gigantische Getriebe – eine fahrende, abgrundtiefe Schlucht auf den endlosen Weiten des Meeres. Das ist so unheimlich, dass man's fast in die Gruselabteilung (S. 88) aufnehmen sollte – sind aber alles nur Maschinen.

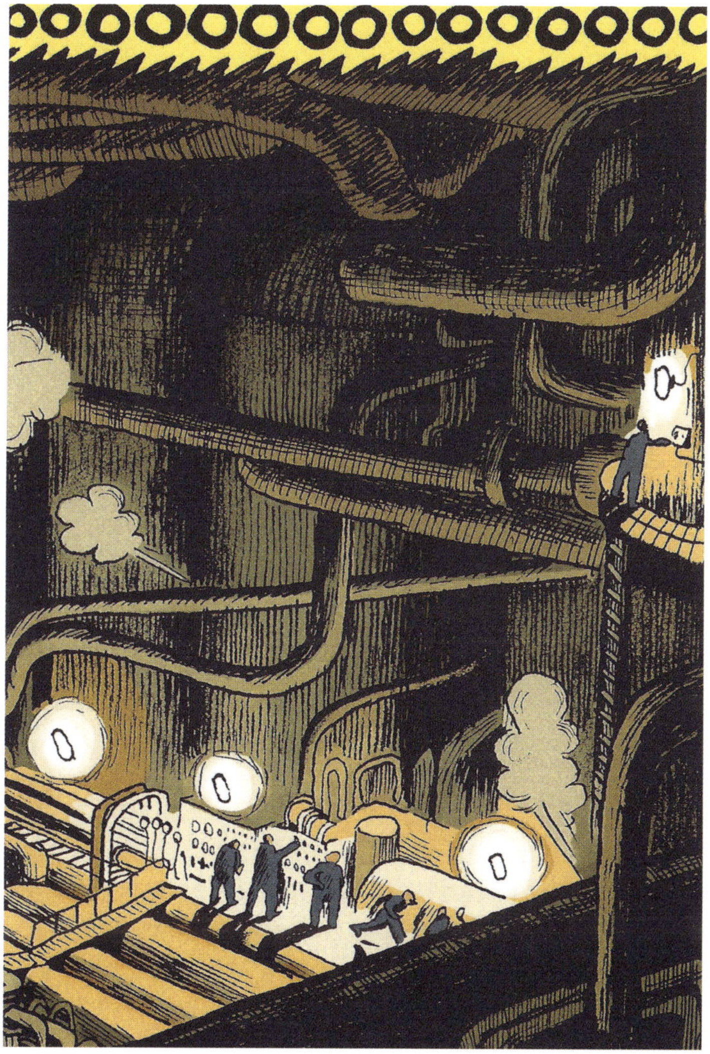

1

1 Ein Labyrinth aus Dampf und Stahl: Christoph Blains DAS GETRIEBE schickt einen jungen Matrosen auf eine bizarre Reise in den Bauch eines schier endlosen Schlachtschiffs.

2 Anspielungsreiche Augenweide: DAS GOLDENE ZEITALTER erzählt eine Intrige à la GAME OF THRONES – mit epischen Bildern, die süchtig machen.

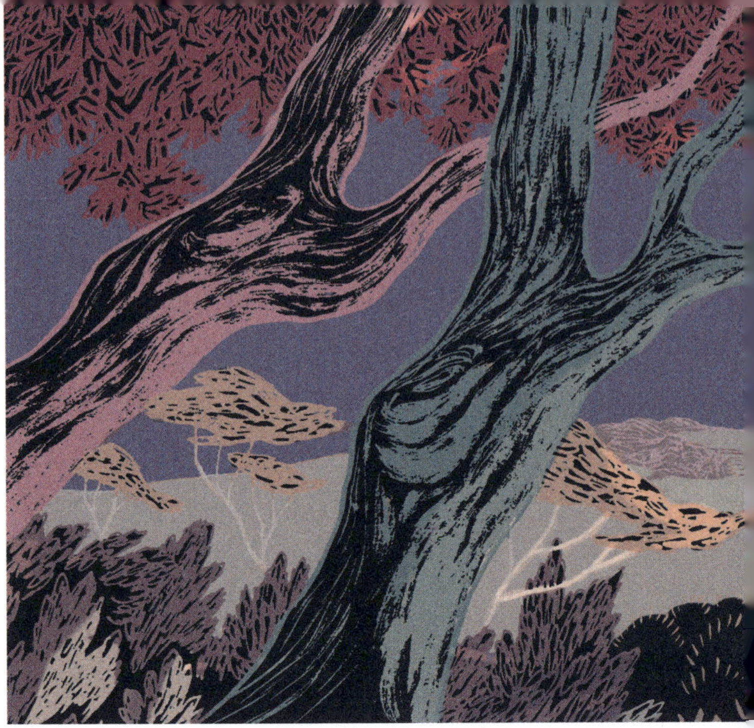

2

DER GROSSE INDIENSCHWINDEL kommt leichter daher. Juanjo Guarnido hat dem Szenario von Alain Ayroles eine leicht karikaturistisch einschmeichelnde, fast gefällige Optik verliehen, die geschickt versteckt, was für eine großartige Geschichte einen erwartet: Wir sind im frühen siebzehnten Jahrhundert, der charmante Taugenichts Pablos betrügt auf einem Schiff beim Spiel und fliegt über Bord. Pablos strandet an einer Küste bei einer Gruppe ebenfalls gestrandeter Sklaven, welche ihn aufnehmen, weil sie hoffen, der Weiße sei gebildet. Der hat allerdings keine Ahnung, wie man Landkarten hält, Sextanten bedient oder auch nur Musketen lädt. Das könnte Klamauk werden. Wird's aber nicht.

Guarnido zeichnet überwältigende Landschaften, schöne Segelschiffe, wechselt einfallsreich Größe und Perspektive, schneidet geschickt. Zusätzlich erzählt Ayroles die Geschichte doppelt: in einer geschönten, pathosgeschwängerten Variante von Pablos selbst im Voiceover und parallel dazu in entlarvenden Bildern. Das kann lustig wirken – oder mörderisch: Pablos begleitet etwa einen Trupp Landarbeiter, der ein neues Tal für den Zuckerrohrbau herrichten soll. Leider kann man die dort lebenden Indios zu nichts gebrauchen. Was der Text mit keiner Silbe erwähnt, zeigen die Bilder: Wie die Bauern/Söldner samt ihren Bluthunden die nackten Indios abschlachten.

Der Kniff ist nicht neu, aber immer wieder gut. Tatsächlich haben Ayroles/ Guarnido die Anregung vom Schelmenroman. Doch ihr Schelm erzählt seine Geschichte nicht freiwillig: Immer wieder sehen wir ihn in der Gegenwart – er ist alt, verwahrlost und wird gerade auf einer Streckbank verhört. Zwei Edelleute wollen von Pablos wissen, wo Eldorado ist, das sagenhafte Goldland.

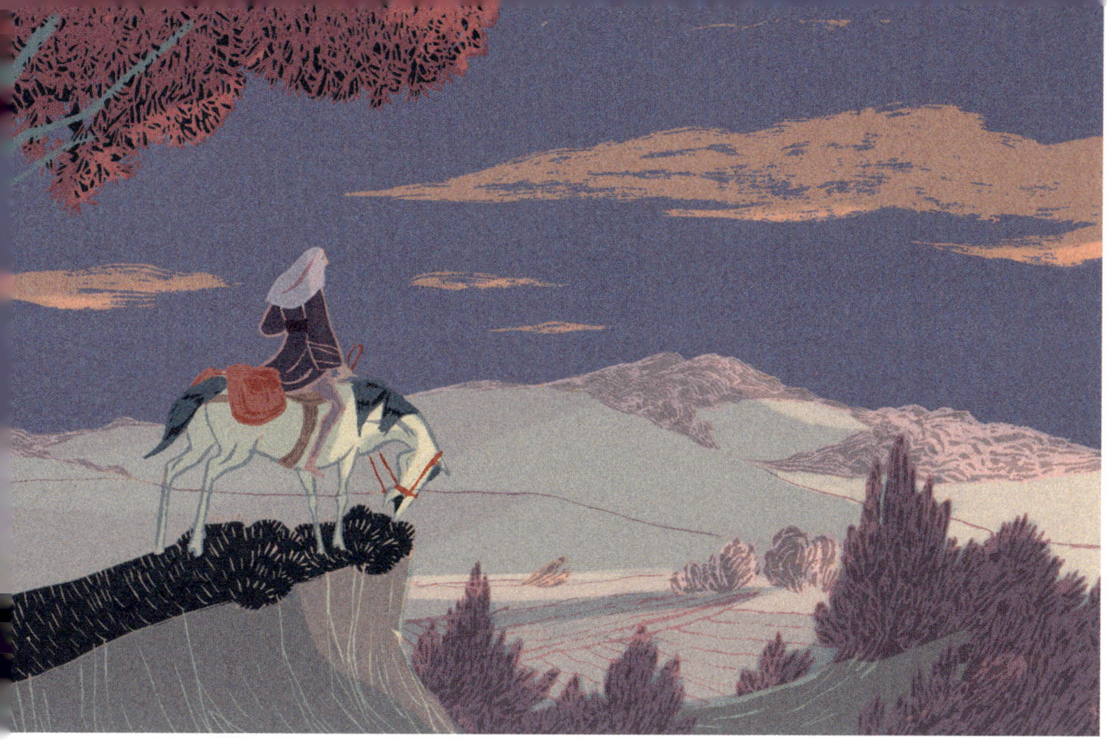

Ab hier ziehen Ayroles/Guarnido ein schönes Verwirrspiel auf, DIE ÜBLICHEN VERDÄCHTIGEN fallen einem ein, klassische Bankräuberkrimis, mehr sag ich jetzt nicht. Aber es gibt genug, von dem man schwärmen kann. Die Wahl des Antihelden, der – als privilegierter Weißer im kolonialen Südamerika – lieber betteln würde, als zu arbeiten. Es gibt eine schöne Auswahl dummer oder arroganter Adliger, denen er begegnet. Prediger, die – beseelt von der Liebe zu Gott – den Indios die heiligsten Stätten niederbrennen, und immer wieder Leute, die für ein Leben, das ein bisschen besser ist, jederzeit jeden berauben, betrügen oder umbringen, der ein bisschen schwächer ist.

Das Schönste aber: Ayroles und Guarnido haben den Mut, die Klappe zu halten. Natürlich gehört zur Suche nach Eldorado auch eine zünftige Expedition in den Regenwald samt reißenden Flüssen, Wasserfällen, Indioattacken, wilden Tieren. Diese endlose mörderische Wanderung breitet Guarnido wunderschön abwechslungsreich aus, auf zwölf (!) Seiten, gekrönt von einem Splash samt Actionspektakel im Gewittersturm, betextet mit insgesamt vier (!!) Buchstaben. Lesen!

Es gibt Hoffnung im Fantasy-Einerlei: DAS GOLDENE ZEITALTER, dessen abschließender (nicht ganz so überzeugender) zweiter Teil vor Kurzem erschienen ist. Cyril Pedrosa und seine Szenaristin Roxanne Moreil haben eine ziemlich umwerfende Mischung aus Mittelalterabenteuer und epischem Thriller fabriziert, die den Lesern zudem heimlich etwas Kulturgeschichte unterjubelt. **Abb. 2** Prinzessin Tilda soll demnächst den Thron erben, und dann wird alles gut werden für die hungernde Bevölkerung. Aber: Durch eine Hofintrige kriegt Tildas Bruder den Thron, Tilda wird verbannt. Zwei hilfreiche Helden, Tankred und Bertil, befreien die Prinzessin, die sich daraufhin auf der Flucht befindet.

So albern Konstruktionen sind, in denen es gute und böse Fürsten gibt, die womöglich noch Krieg gegeneinander führen, damit der gute Fürst dafür sorgen darf, dass alles gerecht wird – so unwiderstehlich charmant ist Moreils Erzählung und vor allem auch Pedrosas Bilderwelt. Eigenwillige Ornamente an Böden und Flächen, die Wälder sind geradezu Strudel voller Formen und stets gezielt komponierter Farben, und immer wieder bewegen sich die Figuren mehrfach durchs unbewegte Bild, so wie auf mittelalterlichen Wandteppichen und Heiligenlegenden. Ein bisschen ist das auch wie PRINZ EISENHERZ auf LSD. Aber mit wesentlich besseren Dialogen, zu denen auch drei Bauern beitragen, mit deren Zwischenspielen Moreil und Pedrosa immer wieder den Pathosüberschuss abschöpfen. Der einzige Nachteil ist, dass einem hinterher die eigene Wohnung ein wenig unterdekoriert vorkommt.

Und noch eine eigene Welt, aus Fernost. Aber so wie bei Saverio Tenutas LEGENDE DER SCHARLACHROTEN WOLKEN habe ich Japan noch nie gesehen. Ein abgerissener, herrenloser Samurai mit nur einem Arm kommt in eine Dorfkneipe, sieht dort bei einem Puppenspiel zu und wird, klar, in einen Kampf verwickelt. Schon das ist stark stilisiert, jedes Panel launig mit japanischen Formen durchkomponiert. Dann beenden Soldaten die Vorstellung und wollen die Puppenspielerin verhaften. Sie flieht nach draußen, und dieses Draußen ist eine tief vereiste, seit Jahren durchgefrorene Welt – das Dorf ist lähmend verschneit wie jenes in Kafkas DAS SCHLOSS, mühsam wehrt es sich gegen die erdrückenden Schneemassen und gegen riesige Zauberwölfe. Die sind sehr clever erfunden, mit strahlend weißem Flokatifell zerlegen sie Menschen ratzfatz in ihre Einzelteile.

Der Einarmige hilft natürlich der Puppenspielerin, ein paar Klischees müssen sein, aber dafür gibt es eine Menge ungewöhnlicher Ideen. Wie viele Bösewichte gibt es etwa, die dem Guten einen Arm abhacken, ein Auge ausreißen und sich beides anschließend selbst implantieren? Um mit drei Armen und drei Augen noch unbesiegbarer zu sein? Und das alles natürlich immer und ständig im ewigen Schnee: Tenuta liefert epische Zweikämpfe in klirrendem Weiß und eiskaltem Hellblau und blutigem Rot. Ganzseitige Splashes mit mythischen Landschaften, aufbrausende rote Pinselmalereien, eindrucksvoll wehende Gewänder, dynamische Kampfszenen in Wirbeln aus buntem Laub. Erbitterte Intrigen, zart-grausame Prinzessinnen auf Leichenbergen, abgetrennte Köpfe oder Hände segeln durchs Bild, aber stets sehr ästhetisch. Tenuta, Italiener, hat später noch die Folgeserie DIE MASKE DES FUDO gezeichnet, die eher mau war. Kann vorkommen. Die WOLKEN bleiben.

Den Abschluss macht eine eigenwillige Reise in die afrikanische Vergangenheit: Marguerite Abouet hat in AYA ihre Jugend in den 1970er-Jahren an der Elfenbeinküste verarbeitet. Eine Zeit relativen Wohlstands, in der Teenies sich benehmen wie Teenies, etwas sehr wahllos herumvögeln und sich häufig genauso dämlich anstellen wie ihre Eltern. Bis auf Aya gibt es eigentlich überhaupt kaum einen vernünftigen Menschen.

Die Kinder schlafen zu neunt in einem Zimmer mit Glühbirne, es wird viel mit dem Hintern gewackelt und nicht weniger gegrapscht. Männer stellen Frauen nach, Mädchen wollen gut verheiratet werden und sind noch mit Autos zu beeindrucken. Jeder soll treu sein, und keiner ist es. Nachts gehen die Jugendlichen auf den Marktplatz und fummeln auf den leeren Verkaufstischen, oft ist im Stockfinsteren nicht mal klar, auf wessen Stamm-Tisch man da grade liegt …

Gut, das war vor Aids, aber kann man das so darstellen? Ein Dorf als eine Ansammlung von Schafsköpfen? Aber letztlich erinnert alles an einen sehr vergnüglichen Schwank des Ohnsorg-Theaters oder einer bayerischen Bauernbühne, nur mit eindeutig afrikanischem Einschlag, den Clément Oubrerie wunderbar farbenfroh illustriert. **Abb. 3** Und man kriegt mehr von der Elfenbeinküste mit, als man bei HEISSMANN & RASSAU über Franken lernt, das ist schon mal sicher.

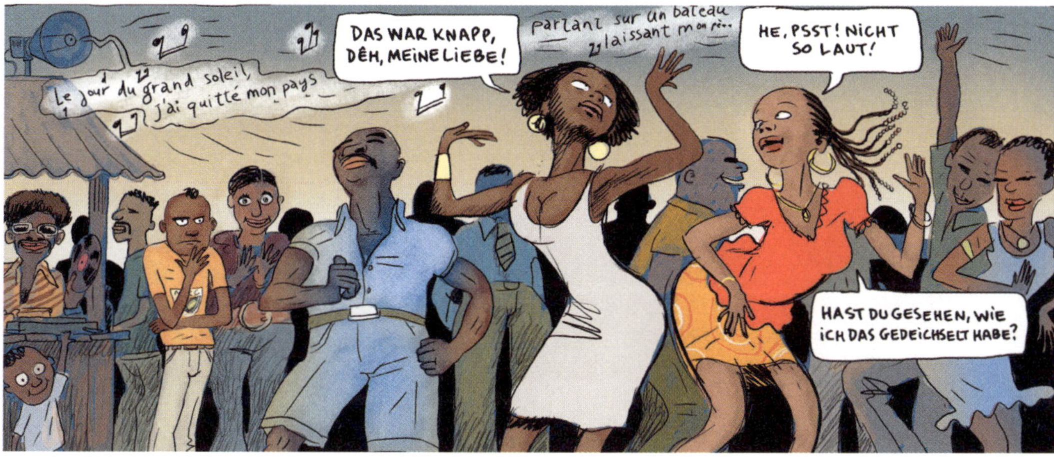

3

3 So sieht man Afrika selten: Jung, selbstbewusst, aufstrebend, eigenwillig – AYA spielt in den 1970er-Jahren, als die Elfenbeinküste in einer stabilen Phase florierte.

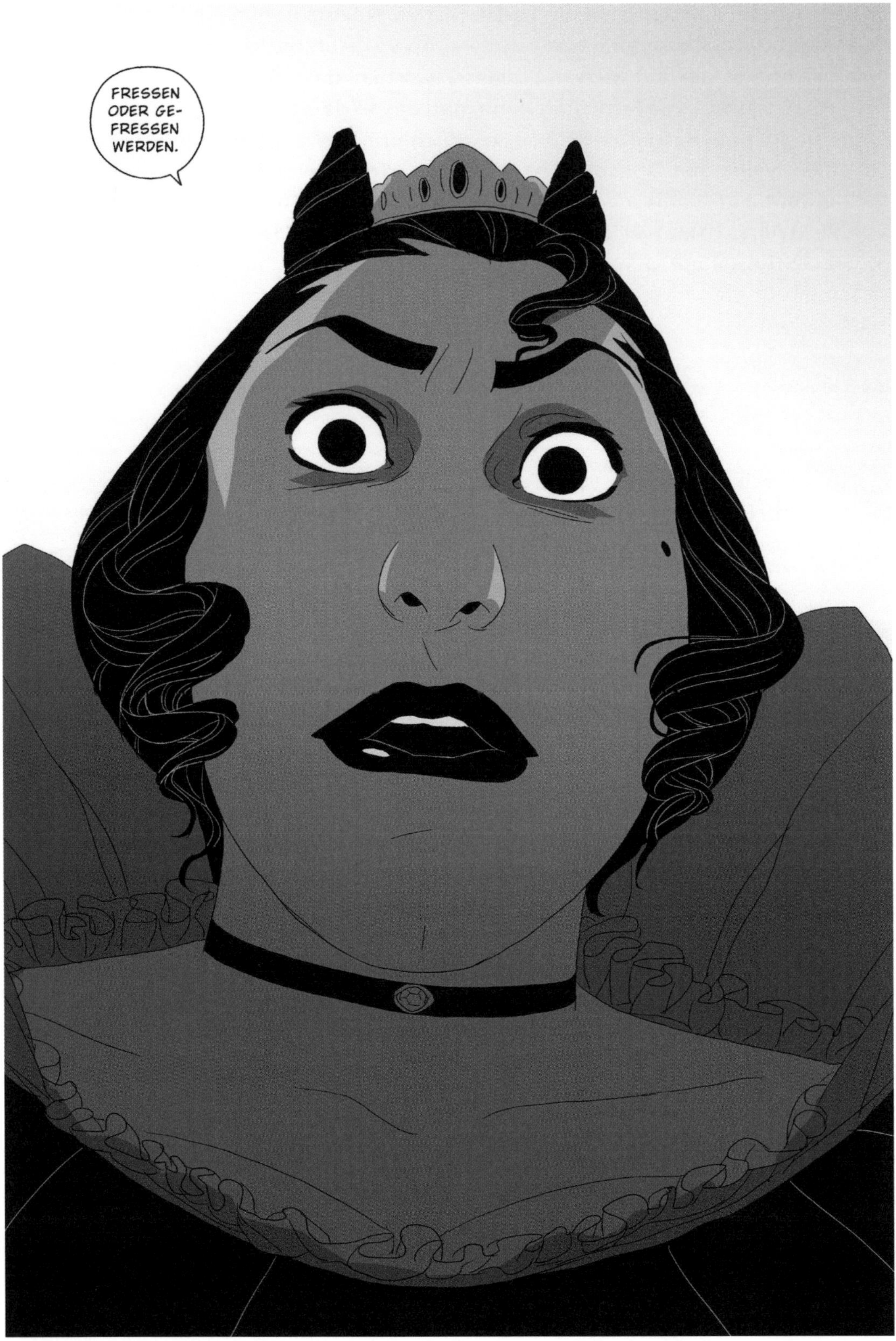

4

4 Kleiner Effekt, große Wirkung: PETIT spielt in einer Welt der Riesen – bleibt aber konsequent in der Menschenperspektive.

~~Outtakes~~

Hubert (Text)/Bertrand Gatignol (Zeichnungen), PETIT, Reprodukt
Eine Geschichte aus der Welt der – im monsterinternen Vergleich eher selten genutzten – Riesen, die einen Teil der Menschen beherrschen und einen anderen abends aufessen. Mit Ausnahme von Petit, dem Sohn des Königs, der unbegreiflicherweise nur Menschengröße hat. Eine finstere Familienabrechnung, reichlich blutig (aber schwarz-weiß), die den Helden und den Leser immer wieder geschickt in eine extreme Zwergenperspektive zwingt. Ein merkwürdiges Leseerlebnis. **Abb. 4**

Bastien Vivès/Merwan, FÜR DAS IMPERIUM, Reprodukt
Vivès und Merwan schicken einen Elitetrupp römischer Legionäre in eine Reise ohne Ziel. Weil dem Reich die Kriege und Gegner ausgegangen sind, soll Glorim Cortis mit seinen Männern das Unerforschte erkunden. Aber jenseits der Grenzen lauern viel Nichts und rätselhafte Gefahren. Das Ergebnis ist dunkel, bedrohlich und ein bisschen wie eine antike Variante von APOCALYPSE NOW.

Christophe Blain, ISAAK DER PIRAT, Reprodukt
Blains Satire-Hommage-Mix (S. 20) funktioniert auch auf hoher See: Im achtzehnten Jahrhundert träumt der Maler Isaak von der Seefahrt und gerät an Bord eines Piratenschiffs. Er gewinnt die Zuneigung der Seeräuber, weil er so gut zeichnen kann, und begleitet sie beim Anbandeln und Ausplündern. Ein Abenteuer in Burt-Lancaster-Qualität, nur mit dem Pinsel statt dem Entermesser.

Chugong (Text)/DUBU (Zeichnungen), SOLO LEVELING, Altraverse
Ein Webtoon-Abenteuer aus einer Gamewelt voller Dungeons. Extrem routinierter und niedrigschwelliger Bestseller. Man kann auch sagen: schlicht gewirkt.

Fuse (Text)/Taiki Kawakami (Zeichnungen), MEINE WIEDERGEBURT ALS SCHLEIM IN EINER ANDEREN WELT, Altraverse
Nomen est omen. Mann stirbt, kehrt als Schleim wieder zurück. Charmante Idee, aber extrem hölzern umgesetzt – weil der Schleim zu viel redet und auch noch alle Fähigkeiten levelartig erlernt, wie in einem Videospiel. Herrgott noch mal, das mit den Fähigkeiten ist doch im Videospiel nur eine Notlösung – und jetzt halten sie's in den Comics schon für Realität!

Die Titel aus diesem Kapitel
→ Erich Kästner (Text)/Walter Trier (Zeichnungen), DIE KONFERENZ DER TIERE, Atrium
→ François Bourgeon, REISENDE IM WIND, Splitter
→ Christophe Blain, DAS GETRIEBE, Reprodukt
→ Alain Ayroles (Text)/Juanjo Guarnido (Zeichnungen), DER GROSSE INDIENSCHWINDEL, Splitter
→ Roxanne Moreil (Text)/Cyril Pedrosa (Zeichnungen), DAS GOLDENE ZEITALTER, Reprodukt
→ Saverio Tenuta, DIE LEGENDE DER SCHARLACHROTEN WOLKEN, Splitter
→ Marguerite Abouet (Text)/Clément Oubrerie (Zeichnungen), AYA, Reprodukt

16

Der Hype um die Graphic Novel ist enorm – aber sind diese Storys tatsächlich anders? Sind sie womöglich besser? Sind sie überhaupt noch Comics? Was Sie über den Megatrend wirklich wissen müssen.

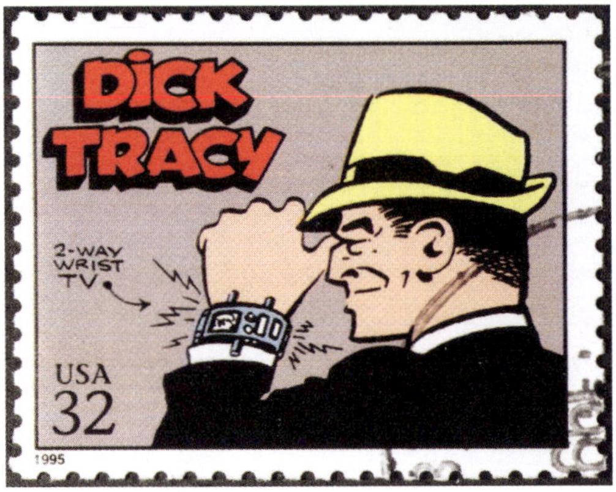

WAS STECKT HINTER DER NEUEN COMIC HOFFNUNG?

Hängen wir die ganze Sache mal eine Etage tiefer: Eine Graphic Novel ist nicht mehr und nicht weniger als ein langer Comic. Man kann den Begriff mit »Bilderroman« oder »gezeichneter Roman« übersetzen, aber in der Praxis ist es vor allem ein dicker Comicband mit einer Geschichte, die länger ist als in einem Heft oder auch einem Album. Das gibt's auch anderswo: Sie erwarten von einem Kinofilm etwas anderes als von fünfundzwanzig Minuten TWO AND A HALF MAN, vom SPIEGEL was anderes als von der Tageszeitung. Der Hype um die Graphic Novel kommt vor allem daher, dass die Sache mit der langen Erzählung für Comics noch immer nicht der Normalfall ist.

Comics haben ja – wenn man mal die altägyptischen Wandinschriften und den Teppich von Bayeux weglässt – eher kurz angefangen. Als kurze Bildergeschichten, als eine Fortentwicklung des illustrierten Bildwitzes: Statt einer lustigen Momentaufnahme ließ sich so der Ablauf einer ganzen Szene erzählen. Man kann verschiedene Vorläufer finden, die Bänkelsänger etwa, die Moritaten schauriger Vorkommnisse zu einer gezeichneten Bildertafel vortrugen. Meistens wird allerdings Wilhelm Busch mit Klassikern wie MAX UND MORITZ oder HANS HUCKEBEIN als Urahn des Comics bezeichnet. Zum Massenphänomen wurden die Comics jedoch in den USA.

Dort entstanden die Comicstrips, also streifenförmige Abfolgen von drei, meist vier Bildern. Dieses Format, das heute von den Tagesfolgen der PEANUTS oder von CALVIN UND HOBBES her vertraut ist, ist kein Zufall. In Amerika waren Comics gegen Ende des neunzehnten, Anfang des zwanzigsten Jahrhunderts zum absoluten Renner geworden. Die Leser waren begeistert, die Zeitungen druckten immer mehr Comics ab, gerade am Wochenende gab es eigene Beilagen, die nur mit Comics gefüllt waren – die sprichwörtlichen »funny pages«. Diese regelmäßigen Abdrucke führten zu Normen: Die Zeitungen begannen im ganzen Land, Comicserien fest zu bestellen, und damit sie nicht jeden Tag neu ausknobeln mussten, wie sie die ganzen Comics auf die Seiten packen könnten, legte man Standardformate fest. Eben jene werktäglichen Strips etwa, die vertraute Leiste von drei oder vier Panels. Aber auch die halbseitigen Sonntagsausgaben.

Zeitungen warben sich damals gegenseitig die beliebtesten Zeichner ab, und die Publikumslieblinge bekamen mehr Platz, sie durften alleine eine ganze Seite füllen. LITTLE NEMO **Abb. 2** und PRINZ EISENHERZ gehörten dazu, und deren Zeichner nutzten rasch die neuen Möglichkeiten. Denn auf einer ganzen Seite kann man auch mit dem Format der Bilder spielen: Die Panels können unterschiedlich groß werden, insbesondere Winsor McCay nutzte diese Spielwiese mit aberwitzigen Bildformaten. Erzählerisch mussten jedoch all diese Comics ihren Gesetzen folgen: Geeignet waren kurze Gags, kurze Dialoge. Lange Fortsetzungsgeschichten wie TARZAN oder die Saga von PRINZ EISENHERZ waren zwar ebenfalls möglich, aber sie mussten auch als Einzelfolge funktionieren: Neu hinzugekommene Leser sollten leicht hineingezogen werden, aber keinesfalls verschreckt.

1938 entstand dann das Comicheft – notgedrungen. Die beiden Comicfans Jerry Siegel und Joe Shuster hatten SUPERMAN erfunden, sie brachten ihn aber nicht auf dem inzwischen hochprofessionellen Markt für Zeitungscomics unter. Dort belieferten Agenturen wie King Features mittlerweile Hunderte Zeitungen Tag für Tag mit Hunderten verschiedener Comicstrips, von BLONDIE bis TARZAN– gezeichnet von den Besten der Besten. Es gab mitunter Platz für schwerer Verkäufliches wie den absurden Aberwitz von George Herrimans KRAZY KAT **Abb.1** – aber nur wenn der Verleger reich und ein Fan war. Ansonsten bot der hoch spezialisierte und zugleich breit auf den Publikumsgeschmack zugeschnittene Comicmarkt keine echte Chance für den recht laienhaft gezeichneten Superman. Sicher, es gab jede Menge Helden in Comics, es gab schon DICK TRACY, aber ein muskelbepackter Supertyp, der im hautengen blauen Turnanzug große Sprünge machte, das wirkte dann doch wie eine reichlich platte Jungenfantasie.

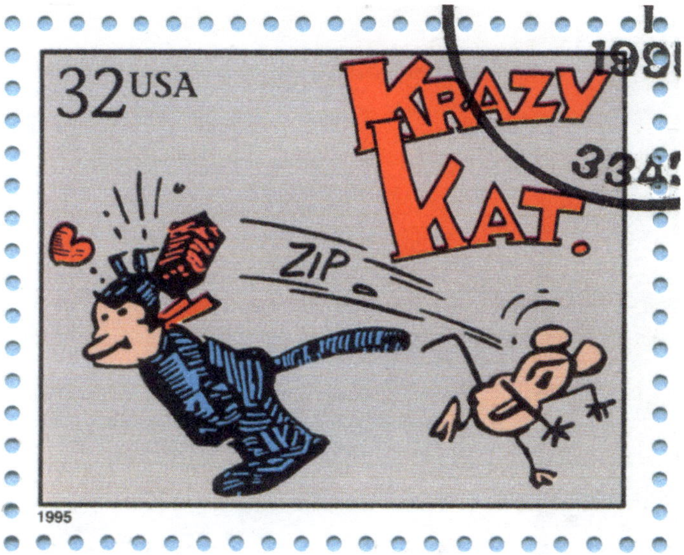

1

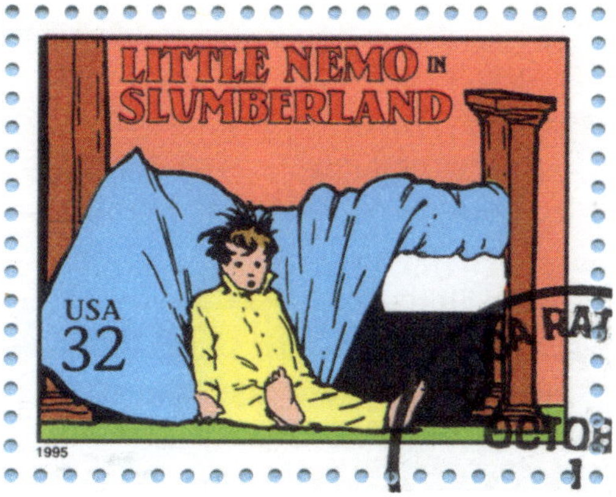

2

1 Absurder als KRAZY KAT war nie ein Comic: Die Katze liebt die Maus, die Maus will nur eines – der Katze einen Ziegelstein an den Kopf schmeißen.

2 Kleiner Mann mit großem Platz: LITTLE NEMOs Abenteuer im Schlaf bekamen eine ganze Zeitungsseite – am Ende erwacht er jedes Mal auf dem Boden neben dem Bett.

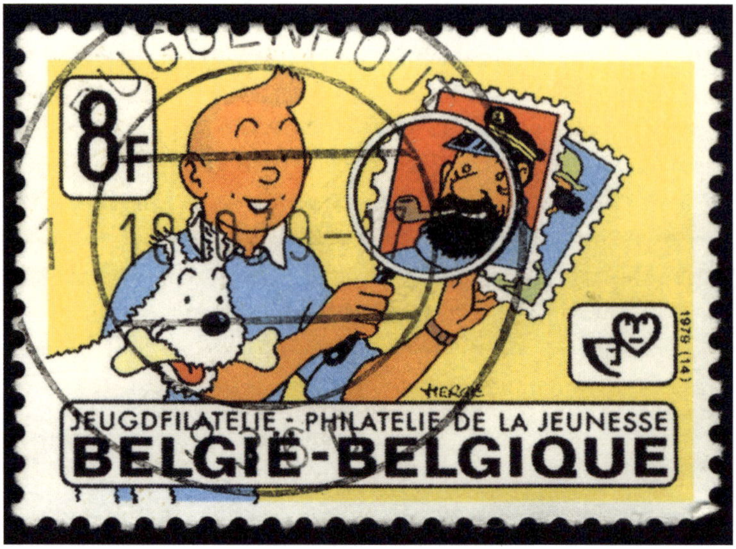

3

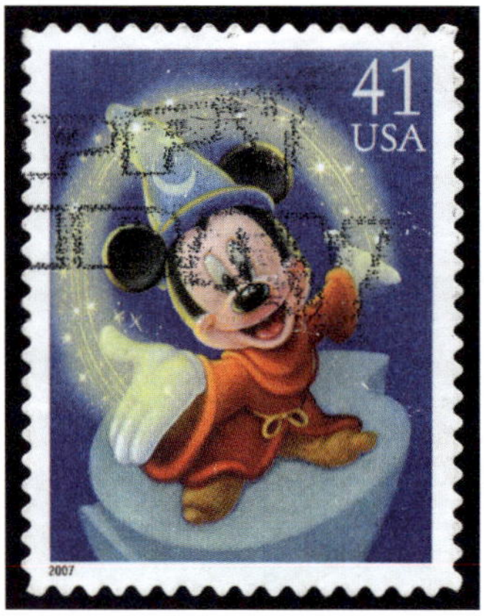

4

3 Er war einer der ersten mit langen Geschichten im Albumformat: TIM UND STRUPPI (links, mit Knochen).

4 Auf Supermans Spuren: Nach dem Erfolg des Superhelden bekam auch die berühmte Maus ihr eigenes Comicheft.

Doch Siegel und Shuster waren zäh. Sie überzeugten den Verleger von ACTION COMICS, Superman im ersten Heft dieser neuen Serie ein Dutzend Seiten zu spendieren. Was keiner erwartetet hatte: Superman schlug ein wie eine Bombe. Weitere Hefte wurden produziert, und das brachte dem Comicheft den Durchbruch auf dem Massenmarkt.

Waren Comichefte bis dahin eher eine Möglichkeit, alte Zeitungsstrips gesammelt ein zweites Mal zu verwerten, wurden sie nun zum eigenständigen Medium mit extra für sie gezeichneten Geschichten. Und Superman war die Zugnummer. Binnen weniger Jahre überrollte eine Comicwelle das Land. Superhelden, Horrorcomics, aber auch Micky Maus **Abb.4** und Donald Duck bekamen jetzt ihre eigenen Hefte – und alle, alle erforderten wiederum neue, längere Geschichten von zehn und mehr Seiten.

Etwa zur gleichen Zeit entstanden auch in Europa längere Comicformate, Hergés Klassiker TIM UND STRUPPI **Abb.3** erlebten bereits über hundert Seiten lange Abenteuer, als sich parallel das Albumformat etablierte: achtundvierzig Seiten, manchmal auch vierundsechzig. Wer mag, kann hier durchaus behaupten, dass ein ganzes Abenteuer von Tim schon eine Graphic Novel sein könnte. Eine Folge COLUMBO, eine Folge TATORT – das sind ja auch Spielfilmformate – mit dem kleinen Unterschied, dass sie halt nicht im Kino gelaufen sind. Und ein Roman ist ja auch nicht erst und nur dann ein Roman, wenn er buddenbrooksartig daherkommt, da gibt es Abenteuerromane, Liebesromane … Aber damals dachte niemand drüber nach.

1978 war's dann offiziell: Will Eisner, der schon immer ein bisschen schneller schaltete als die Konkurrenz, veröffentlichte den Comic EIN VERTRAG MIT GOTT (S. 118) und nannte ihn explizit eine »Graphic Novel«. Passenderweise, denn hier war erstmals klar, dass dieser Comic nicht mehr richtig in die herkömmlichen Kategorien passte. Das Werk ist dick, das Thema ist ordentlich bedeutsam, und handwerklich war Eisner ohnehin über jeden Zweifel erhaben. Seither ist das Format eine wirtschaftliche Größe – auch wenn häufig ein (verzeihlicher) Etikettenschwindel dahintersteckt. Denn sooo viele Graphic Novels werden eigentlich gar nicht verfasst.

Tatsächlich sind sehr viele, womöglich die meisten Graphic Novels heute eher Sammelbände. Ihre Einzelepisoden erscheinen vorab in Heftform über vier, acht, zwölf und mehr Ausgaben. Das ändert aber nichts daran, dass die Autoren schon vorher eine Geschichte konzipiert haben, die sich über mehr als ein Heft erstreckt, Charaktere weiterentwickelt, Spannungsbögen konstruiert, die sowohl im einzelnen Heft als auch über die ganze Reihe hinweg tragfähig sind. Auch hier kann man jetzt streiten, ob das nicht eher dem Format einer TV- oder Streamingserie entspricht. Die Graphic Novel wäre dann letzten Endes nicht so was Ähnliches wie ein Roman, sondern viel eher so was wie eine gesammelte Serienstaffel auf DVD. Denkbar. Umgekehrt kann man auch bei vielen Romanen sagen, dass man ihre einzelnen Kapitel ebenso gut einzeln als Serienheft verkaufen könnte, wenn es das Format gäbe.

Unterm Strich kann's Ihnen egal sein: Machen Sie's wie beim Buch, wie beim Fernsehen. Wenn es Sie langweilt, schalten Sie ab, klappen Sie zu, legen Sie weg. Und einen Comic sollte man nicht lesen, weil »Graphic Novel« draufsteht.

Sondern weil er gut ist.

17

Der Tod kommt nicht immer als Mord, und nur wenige Menschen altern so lässig wie Miraculix. Comics greifen diese Themen auf, und je besser sie sind, desto mehr nutzen sie statt der Tränendrüse Härte und Witz.

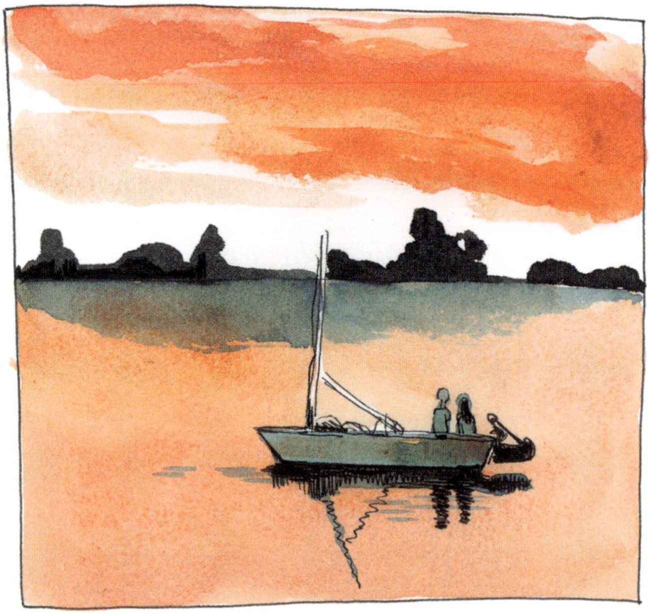

PRÄDIKAT HART-BITTER

Trauer war früher kein Thema. Also, im richtigen Leben schon, aber nicht im Comic. Da hat Idefix um Bäume geheult, und Obelix war traurig, als er sich in Spanien von Pepe verabschieden musste. Und Miraculix? Immer da, immer weise und belastbar wie die Voltaren-Oma. Das wirkte normal, als Kind ist der Tod ohnehin eher eine Sache der anderen. Aber mit den Jahren sieht man das differenzierter.

Manche versuchen sich den Kinderblick zu bewahren, aber durchhalten lässt sich das nur, wenn einen selbst zeitig der Schlag trifft. Ansonsten bekommen wir mit, wie Menschen erkranken, die uns nahestehen, wie sie altern, wie sie sterben. Das Leben hat eine Menge Unannehmlichkeiten zu bieten. Comics gehen heute unterschiedlich damit um. Die guten sind unerwartet unterhaltsam, die besten sind sogar eine echte Hilfe.

Fangen wir mal unterhaltsam an, mit den ALTEN KNACKERN von Wilfrid Lupano und Paul Cauuet. Der Titel klingt respektlos, und ich hab's zuerst selbst für Mist gehalten – ich schau halt auch zuerst auf den Umschlag. Dort sehe ich ältere Herren, eindeutig karikiert, der eine fährt schon auf Seite vier auf der falschen Straßenseite, das fängt eigentlich nicht gut an.

Aber die Serie ist kein Mist. Die alten Herren, die da ständig streiten, fahren zu einer Trauerfeier, weil die Frau eines Freundes gestorben ist. Sie trinken, sie erzählen, und in Rückblenden sehen wir die Knacker in den 1970ern, wie sie demonstrieren, wie sie kämpfen, sich verlieben. Wir können regelrecht dabei zusehen, wie aus einer Gruppe von Witzfiguren wieder Menschen werden, die »nicht von Natur aus alt« (Loriot) sind, sondern gelebt haben. **Abb.1** Aus dieser Vergangenheit sind allerdings noch einige Rechnungen offen, weshalb die Greise mit der schwangeren Enkelin losfahren müssen, um … na, um etwas zu tun, was Sie besser selbst herausfinden. Okay, ein bisschen Schummelei ist dabei: Die Gebrechen der Senioren sind erträglich, sie trinken und essen wie in ihren besten Tagen. Aber dennoch wird kein Kindergeburtstag draus: Vergangenheit und Vergänglichkeit sind unerwartet präsent, und mit viel Witz segeln Lupano und Cauuet geschickt an der gefährlichen Rührseligkeit vorbei. Gut gemacht!

Auch der zweite Vorschlag lässt einem noch etwas Abstand: LA CASA von Paco Roca befasst sich mit dem Vorgang des Erbens. Drei erwachsene Kinder treffen sich nach dem Tod ihres Vaters in seinem Ferienhäuschen, um zu entscheiden, was mit dem Häuschen geschehen soll. Behalten? Verkaufen? Renovieren?

Roca zeichnet das Treffen und das Häuschen in warmen Sommerfarben, in die man wohlig eintauchen kann wie in die eigenen Erinnerungen an Nachmittage im Freibad. Aber so mild Roca sein kann, **Abb.2** so scharf zeichnet er die aufbrechenden Konflikte: Denn Verklärung löst nicht das Problem, wie man das Gestern im Heute verwaltet. Wer Geschwister hat, kennt die Situation – oder wird sie vermutlich noch kennenlernen, denn dazu braucht's kein Häuschen, auch keine Villa, das geht auch mit dem einen großen Esszimmertisch oder einer kaputten Armbanduhr. Es geht um die neue Rollenverteilung in der Familie, es geht um alte Verletzungen – und den Umgang mit der Vergangenheit. Soll man mit ihr abschließen? Sie fortführen? Roca wird ein verträgliches Ende finden, in der Realität gelingt das nicht immer.

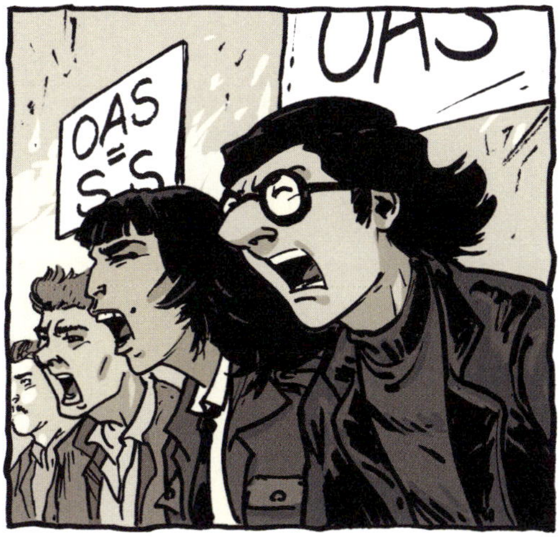

1

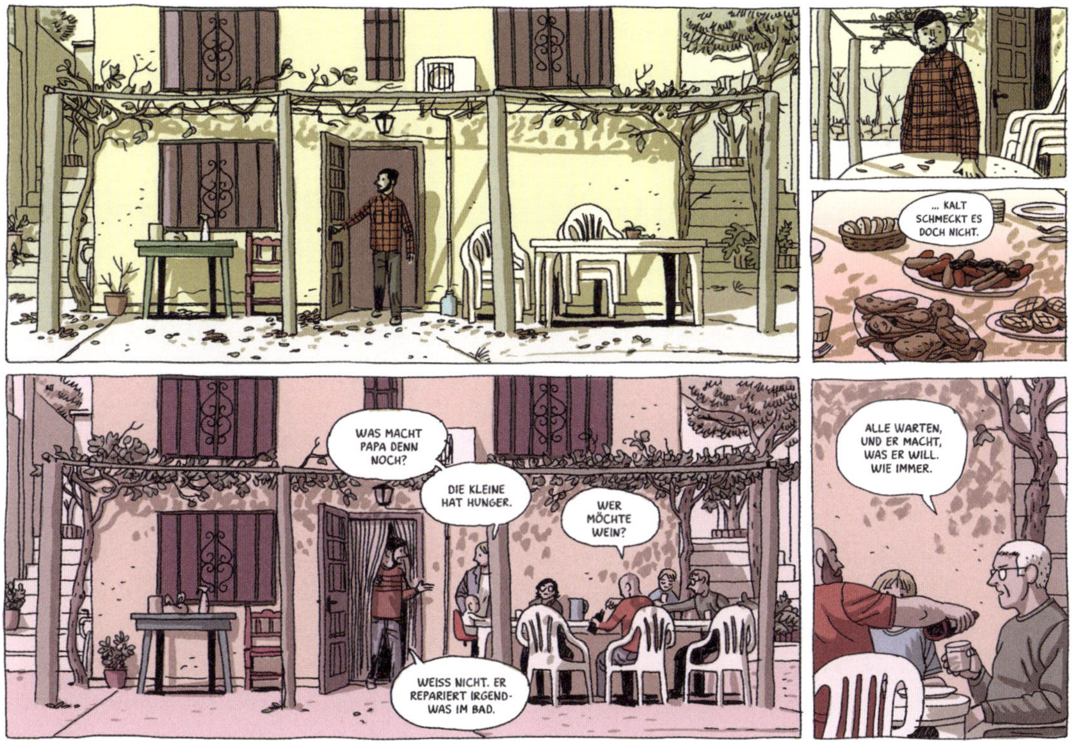

2

1 Opa war nicht im Krieg, sondern ein 68er: Die Comedy der ALTEN KNACKER nimmt die Jugend ihrer Protagonisten angenehm ernst.

2 Zwischen Last und Sehnsucht: Drei Kinder erben Papas verfallendes Ferienhaus – und die Erinnerung an eine heile Vergangenheit.

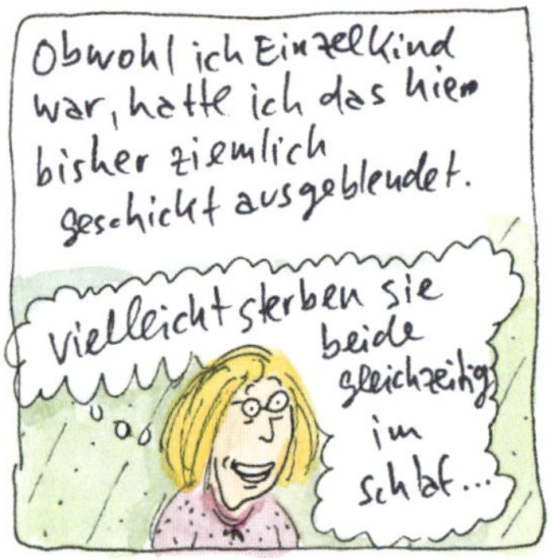

3

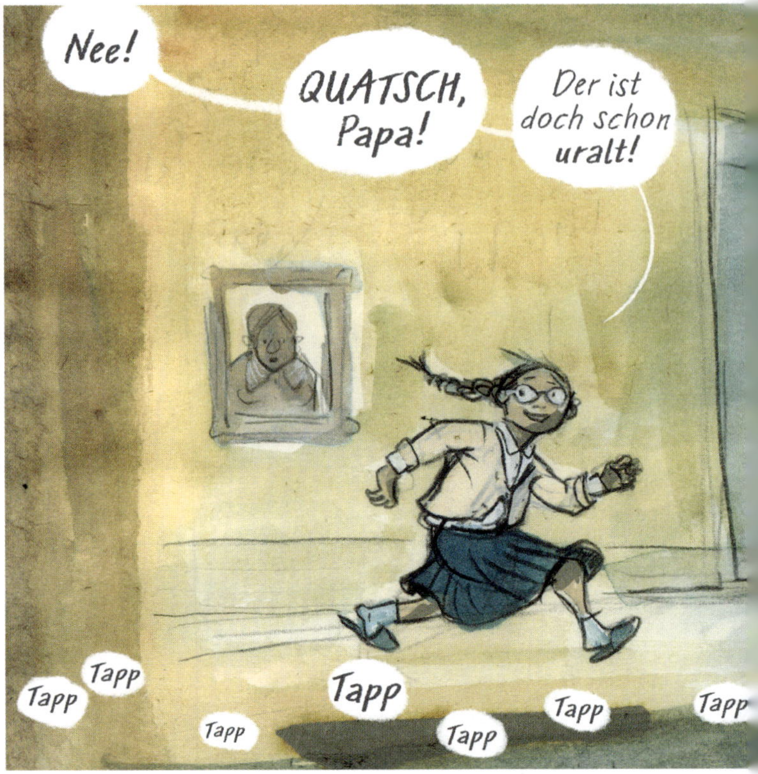

4

Dieses Ende kann es in KÖNNEN WIR NICHT ÜBER WAS ANDERES REDEN? von Roz Chast nicht geben. Das Buch der US-Amerikanerin ist sehr lustig und sehr bitter und extrem beunruhigend. Genau deshalb ist es auch so wertvoll: In messerscharf beobachteten Szenen begleitet man die Cartoonistin, wie sie den Alterungsprozess ihrer Eltern erlebt und verdrängt. Nicht zuletzt, weil auch die Eltern selbst ihn verdrängen und lieber »über was Anderes« reden möchten. **Abb. 3** Was letztlich der Grund ist, weshalb an sich vorhersehbare Krisen regelmäßig zu überraschenden Katastrophen anschwellen. Chast schildert ihre eigene Überforderung, ihre eigene Hoffnung, es würde alles irgendwie besser, und damit schlüpft sie in den Kopf ihrer Leser. Denn denkt man nicht ähnlich? Und erst die Fotos: Chast hat sie gemacht, als sie die Wohnung ihrer Eltern ausräumte. Brillenberge, Zeitschriftenstapel, Stifte, jedes Bild ein einziger Aufschrei: Wer immer hier ausgezogen ist, hätte viel früher Hilfe gebraucht. Und dennoch: Chasts Buch ist kein Vorwurf. Es ist brillant witzig, still berührend, einfühlsam und unerbittlich zugleich. Wenn Sie noch Eltern haben: kaufen! Wenn nicht mehr, auch. Und den eigenen Kindern geben.

Roz Chasts Comic ist auch deshalb so aufwühlend, weil er uns an die eigene Verantwortung für andere Menschen erinnert, vor der wir nicht davonlaufen können. Deshalb ist DER SOMMER IHRES LEBENS erheblich leichter auszuhalten, obwohl der Band weit weniger pointiert ist. Thomas von Steinaecker und Barbara

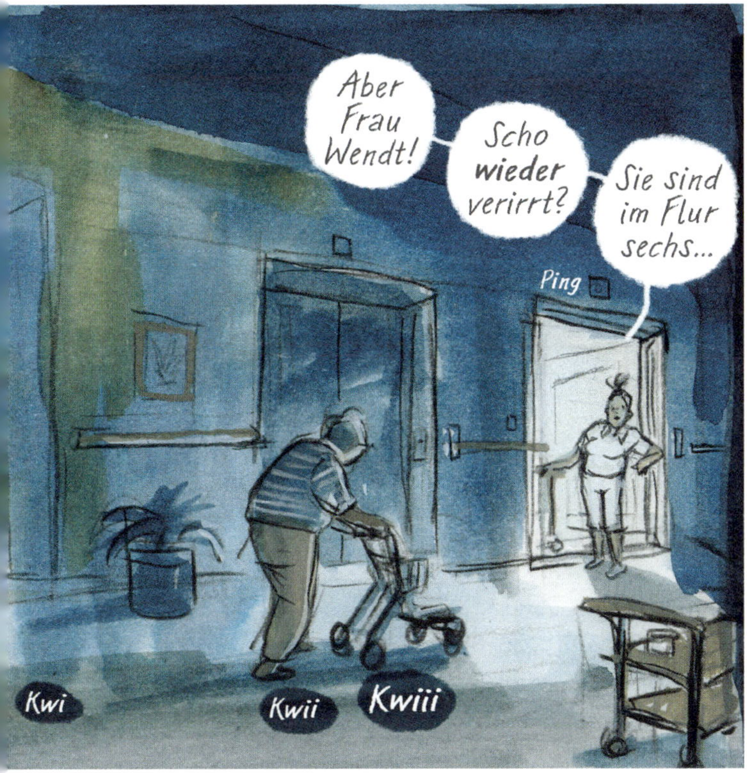

3 Hoffnung auf die bequeme Lösung: Roz Chast erzählt von den unschönen Seiten des Alterns ihrer Eltern – extrem komisch und extrem unerbittlich.

4 Bitterschön: DER SOMMER IHRES LEBENS schildert ein ganz normales Leben – mit seinem ganz normalen Finale.

Yelin erzählen die Geschichte von Gerda Wendt, die ins Altersheim zieht. Nein, es geht hier nicht um Pflegenotstand oder Schlamperei, das Heim ist ein gutes Heim, Gerda ist auch weder wütend noch verbittert, sie kämpft vor allem mit den Entscheidungen ihrer Vergangenheit. Steinaecker und Yelin geht es hier ebenfalls nicht um Problemlösungen, sie schildern einfach nur die letzte Runde eines ziemlich normalen Lebens.

Wie Lupano/Cauuet in den KNACKERN gelingt es ihnen, die alte Frau mit einem authentischen Leben real werden zu lassen. Mit einer Karriere als Astrophysikerin, ihrer Tochter, ihrer gescheiterten Ehe. Korrigieren lässt sich nichts mehr, und wie unaufhaltsam die übrige Zeit verrinnt, merkt man daran, dass Gerda bei der täglichen Gymnastik die Arme immer weniger anheben kann. Yelin schafft es, in ihren Bildern den eigenwilligen Zeitbegriff des Altersheims aufzugreifen, diese sonderbarer werdende Welt, in der Vergangenheit und Gegenwart immer unvermittelter nebeneinanderher existieren. Gerade noch Kind und jetzt schon am Rollator **Abb.4** – da kommt man schon ins Schlucken, denn diese Gerda, die war doch mal wie wir.

Puh.

Mal Luft holen. Mit Ralf König vielleicht? Den kennen Sie möglicherweise noch von DER BEWEGTE MANN. In HERBST IN DER HOSE besucht König sein schwules Dauerprotagonistenpaar Paul und Konrad und schaut ihnen beim Altern zu.

Erneut erweist sich der Blick in die schwule Szene auch und gerade für Heteros als ziemlich geschickt angebotene Perspektive: Paul, der im Band von Ende vierzig zu Mitte fünfzig altert, bangt nicht nur zunehmend um die Zuverlässigkeit seines Dauerständers, sondern auch um einen für ihn alles entscheidenden Teil seiner Persönlichkeit. Nicht jeder definiert sich so über Sex wie Paul, der ja in einer 200-Prozent-Testosteron-Szene lebt, aber die Ängste, über die er stolpert, **Abb. 5** sind die von jedem anderen Mann und Menschen. König erzählt immer wieder in witzigen Dialogen, aber er streift sensibel alle Bereiche des Alterns. Vom Abschied von den Eltern, vom Nachlassen der eigenen Attraktivität, den unzuverlässigen und erkrankten Körpern im Freundeskreis bis hin zu der simplen Erkenntnis, dass fünfundfünfzig Jahre Lebensalter tatsächlich bedeuten, dass man in fünfzehn Jahren nicht immer noch irgendwie um die fünfzig sein wird, sondern – überraschenderweise – siebzig. Wie gesagt, wem das alles zu dunkel scheint: Das gilt natürlich nur für die erbarmungslose Welt der Schwulen, bei Nichtschwulen ist das ja Gott sei Dank alles weniger dramatisch.

Oder?

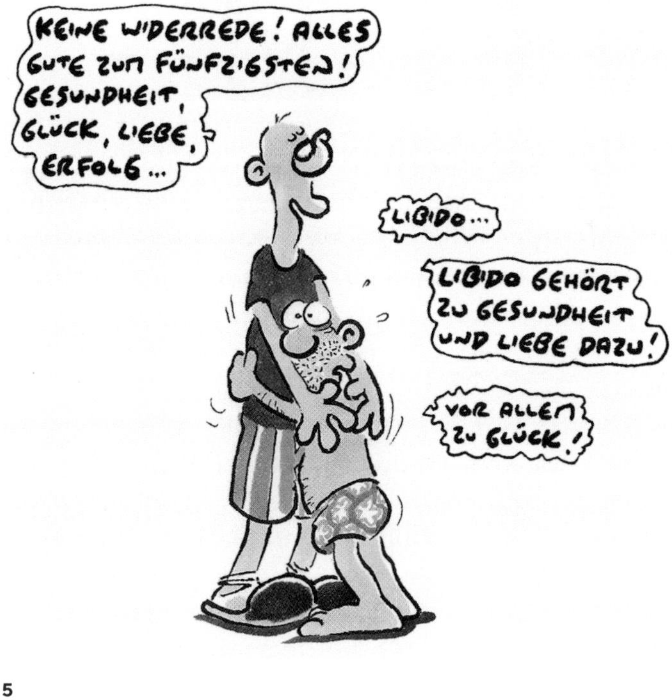

5

5 Teilweise tröstlich: Ralf König lässt seine Stammkräfte Konrad und Paul altern – und scheut dabei nicht vor den schmerzhaften Aspekten zurück.

6 Schlicht erstaunlich: Mikael Ross' UMFALL hat einen geistig behinderten Hauptdarsteller, spielt in einem Wohnheim – und ist so authentisch, witzig, bewegend, dass sich der Leser rasch integriert fühlt.

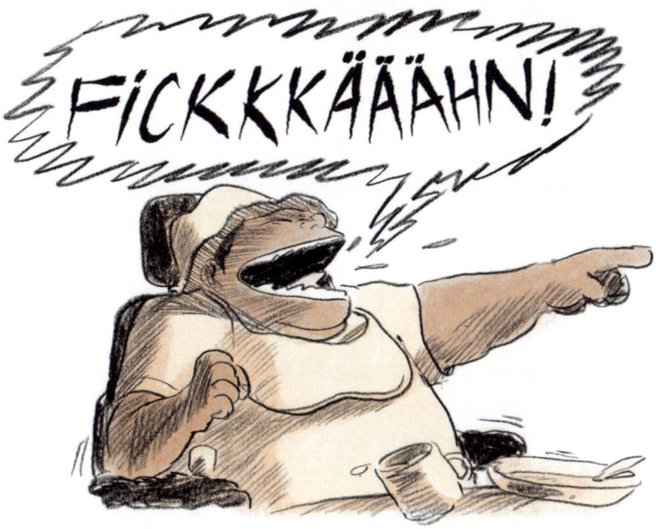

6

Man kann manche unbequemen Dinge auch erstaunlich agil und zupackend erzählen, wie Mikael Ross zeigt. Dabei hatte Ross die ungünstigsten Zutaten, die man sich nur denken kann: Sein Comic ist eine Auftragsarbeit für eine evangelische Stiftung, und dann soll er ein Thema behandeln, das sich sogar der eigene Verlag nicht auf den Klappentext zu schreiben traut: geistige Behinderung. Gähn, schnarch, würg, igitt! Und trotzdem: Sehen Sie zu, dass Sie DER UMFALL in die Finger kriegen. Das ist kein Sozialpädagogen-Gutmenschen-Laber-Schmodder, das ist bretthart, doch sehr entwaffnend komisch und integriert besser als ein Dutzend karitative Wochenendseminare.

Schon wie Ross uns seinen Helden ans Herz legt, ist großes Erzählhandwerk: Noel Stock ist klein, dicklich und eindeutig geistig behindert. Und während man überlegt, ob man das jetzt wirklich lesen soll, trifft seine Mutter der Schlag, und Noel muss den Notarzt rufen. Wie telefoniert man? Wie ist die Adresse? Die Hausnummer? Wie Noel all diese Hürden überwindet, ist brüllkomisch und herzergreifend in einem, und danach, das steht fest, wird der Leser Noel überall hin folgen, auch ins Wohnheim in Erkerode. **Abb. 6** Wo noch mehr geistig Behinderte sind, mit noch mehr Eigenheiten. Sie sind laut, direkt, aggressiv, superherzlich, Ross zeigt alles ungeschönt, und überall da, wo man vorsichtshalber gerne mal wegsehen würde, hält er richtig drauf. Und genau deshalb gewöhnt man sich an diese merkwürdige Welt, bis sie einem so normal vorkommt wie alles, was einen anfangs noch irritiert: Kranke, Alte, Dicke, Dünne, Fremde, Muslime, Vegetarier, Katholiken, Männer, Frauen, Hundkatzemaus. Das alles kann ein einziger Comic.

Eine ähnlich ungewöhnliche Herangehensweise bietet ELEKTRA LEBT. »Die Elektra?«, fragen Comicfans. Ja: DIE Elektra. Ein Superheldencomic aus dem Kopf von Frank Miller, Fans wissen: Elektra ist die Killerin, in die sich Daredevil verliebt hat und die vom anderen Killer Bullseye getötet wurde. Wissen müssen Sie das nicht, denn die Geschichte steigt nach den Ereignissen ein, und wir erleben auf knapp achtzig Seiten die Trauerverarbeitung eines Superhelden. Das Angenehme ist, dass alles einerseits zwar ziemlich weit weg vom Leben des Normalmenschen ist, Daredevils Kummer und seine Unfähigkeit loszulassen aber immer wieder so nachvollziehbar sind, dass Sie selbst entscheiden können, wie nahe Sie die Story an sich heranlassen.

Diese Möglichkeit haben Sie bei Judith Vanistendael nicht. In ALS DAVID SEINE STIMME VERLOR geht es ums Abschiednehmen. Paula lebt mit ihrer Tochter Tamar und dem älteren David zusammen, als der seine Krebsdiagnose erhält. Und ab hier lässt Vanistendael nichts aus, schon gar nicht all diese Dinge, die Angst machen. Wie geht man miteinander um? Wie redet man? Wie schweigt man? Was ist mit den Kindern? Und ist mit der Krankheit noch Leben möglich – oder ist man dann nur noch auf Abruf dabei? **Abb. 7**

Das klingt erdrückend schwer und ist es doch nicht: Vanistendael zeigt den Abschied nicht als Projekt, das man abwickeln muss, sondern als Prozess, der sich entwickelt. Es gibt leichte Momente wie den Segelurlaub von Tamar mit David, der nämlich trotz Krankheit nicht plötzlich nur noch aus Glas ist. Davids erwachsene Tochter Miriam bekommt ein Kind: Selbst während das Leben Abschied nimmt, geht es weiter. Es gibt keine Prüfungen zu bestehen, kein Richtig oder Falsch, und auch wenn das Sterben nicht erfreulich ist, scheint bei Vanistendael das Schlimmste nicht der Tod zu sein, sondern die Angst davor. Richtig beruhigend ist das letztlich nicht, aber ehrlich gesagt: Es gibt ja keine Alternative, oder?

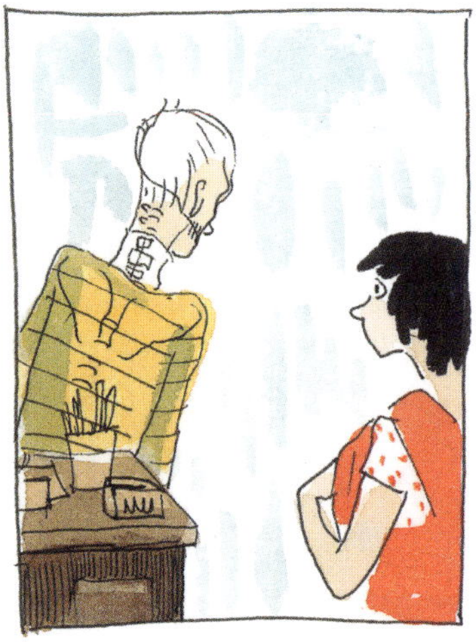

7

7 Die Diagnose drängt sich in den Alltag: Paula sieht ihren Partner bereits als teiltot – Zeichnerin Vanistendael zeigt es nüchtern und doch einfühlsam.

Die Titel aus diesem Kapitel

- → Wilfrid Lupano (Text)/Paul Cauuet (Zeichnungen), DIE ALTEN KNACKER, Splitter
- → Paco Roca, LA CASA, Reprodukt
- → Roz Chast, KÖNNEN WIR NICHT ÜBER WAS ANDERES REDEN?, Rowohlt
- → Thomas von Steinaecker (Text)/Barbara Yelin (Zeichnungen), DER SOMMER IHRES LEBENS, Reprodukt
- → Ralf König, HERBST IN DER HOSE, Rowohlt
- → Mikael Ross, DER UMFALL, avant-verlag
- → Frank Miller, ELEKTRA LEBT, Feest
- → Judith Vanistendael, ALS DAVID SEINE STIMME VERLOR, Reprodukt

~~Outtakes~~

Zidrou (Text)/Aimée de Jongh (Zeichnungen), DAS UNABWENDBARE ALTERN DER GEFÜHLE, Splitter
Liebe und Sex im Alter, ein bisschen so, dass man selber dran glauben möchte. Aber vermutlich etwas arg vereinfacht.

Benjamin Schreuder (Text)/Felix Mertikat (Zeichnungen), JAKOB, Cross Cult
Der kleine Jakob macht sich auf die Suche nach seiner toten Mutter. Die Totengräber haben ihm gesagt, wen er fragen muss: »Die Raben kennen den Weg.« Superdüsteres Märchen, leider kaum noch erhältlich.

Vero Cazot (Text)/Julie Rocheleau (Zeichnungen), BETTY BOOB, Splitter
Mal was Launiges zu einem weniger launigen Thema: Brustkrebs. Eine junge Frau wird nach der Brustentfernung zum Revue-Starlet – ohne Prothese. Mut machend, klar, aber für meinen Geschmack zu sehr mit der Brechstange.

Tina Brenneisen, DAS LICHT, DAS SCHATTEN LEERT, Edition Moderne
Melanie Garanin, NILS, Carlsen.
Zwei Graphic Novels über das Sterben von Kindern. Starkes Thema, aber, ohne respektlos sein zu wollen, beide Male ist die therapeutische Qualität für Autorin und direkt Betroffene größer als die grafisch-erzählerische für den Durchschnittsleser. Vielleicht bin ich aber auch nur ein herzloser Klotz. Selber austesten!

Yoru Sumino (Text)/Izumi Kirihara (Zeichnungen), Sakura – I WANT TO EAT YOUR PANCREAS, Carlsen
Manga über eine Schülerin, die Bauchspeicheldrüsenkrebs hat. Ziemlich zurückhaltend und vergleichsweise einfühlsam, für einen Manga jedenfalls. Prädikat »ungewöhnlich«.

Daniela Schreiter, SCHATTENSPRINGER, Panini
Auf niedlich getrimmter, halb angewitzter Betroffenencomic in Wohlfühlsauce über Asperger. Find ich furchtbar, aber ich kann ja schlecht Aspergerpatienten sagen, wie sie ihre Comics zu zeichnen haben. Und: Die Kundschaft mag's.

Paco Roca, RÜCKKEHR NACH EDEN, Reprodukt
Erneut reist Roca in die Vergangenheit: Eine Frau hängt an einem Foto ihrer Familie – und Roca dröselt die Verbindungen auf. Wer sind die Menschen auf dem Foto, was bedeutete der Moment der Aufnahme, was sagt das über die Frau, über ihr Leben? Und was über unseres?

18

Schuld ist auch die Graphic Novel: Viele vergleichen Comics mit Büchern – und sind dann enttäuscht. Dabei ist eine andere Erzählform der »neunten Kunst« viel ähnlicher: die Traumfabrik des Films.

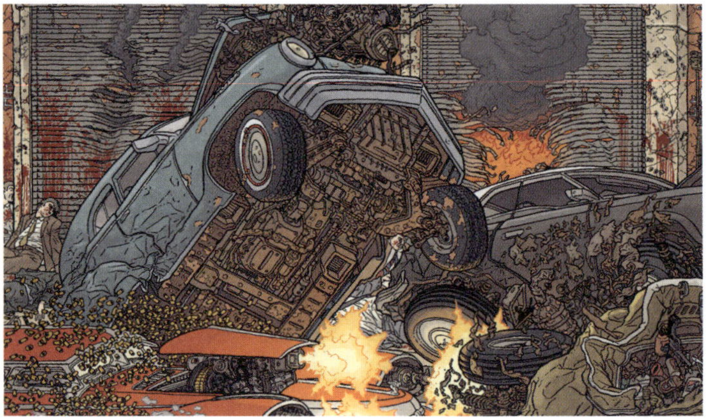

GANZ GROSSES KINO

Nehmen wir mal an, Sie hätten einen Freund, der nicht gern liest. Dafür hat er eine riesige Sammlung von CDs. Jede Menge Musikrichtungen. Und Sie bringen ihm die Hörversion Ihres Lieblingsbuchs mit und sagen: »Das muss was für dich sein. Du magst doch CDs!«

Würden Sie natürlich nicht machen. Das weckt ja ganz falsche Erwartungen. Aber genau das wird häufig mit Comics gemacht. Die Qualitätsreferenz ist noch immer oft das Buch. Ist ja auch auf Papier, ist gebunden, hat Buchform. Und das schicke Etikett der »Graphic Novel« trägt nicht gerade wenig dazu bei, diesen Eindruck zu verstärken. Sein Erfinder, Will Eisner, zielte ja auch bewusst auf diesen literarischen Qualitätsbegriff ab, als er die Bezeichnung erfand. Aber als eine Nebenwirkung geht dadurch häufig unter, dass eine andere Kunstform dem Comic wesentlich nähersteht als das Buch: der Film.

Erstaunlicherweise kommt das immer wieder für eine Menge Leute unerwartet, obwohl ja gerade die Kino- und Streamingindustrie derzeit Comics verfilmt, bis der Arzt kommt. Das könnte natürlich auch Zufall sein, aber die Verwandtschaft ist nicht von der Hand zu weisen: Film und Comic entstanden in einem vergleichbaren Zeitraum Ende des vorletzten, Anfang des letzten Jahrhunderts, und Filmtechniken werden in Comics wesentlich häufiger eingesetzt als Schreibtechniken.

Jedes Panel ist im Prinzip eine Kameraeinstellung, es gibt Close-ups, Großaufnahmen, es gibt immer wieder die Silhouetten im Gegenlicht, Dialoge werden gegeneinander geschnitten, ja: Im Prinzip ist jeder Wechsel von Panel zu Panel eine Gelegenheit zum Filmschnitt – und auch eine Aufforderung zur Änderung der Kameraeinstellung, weil zweimal hintereinander dasselbe sehr ähnliche Bild unattraktiv wirkt. Es war allerdings nur eine Frage der Zeit, bis die Zeichner feststellten,

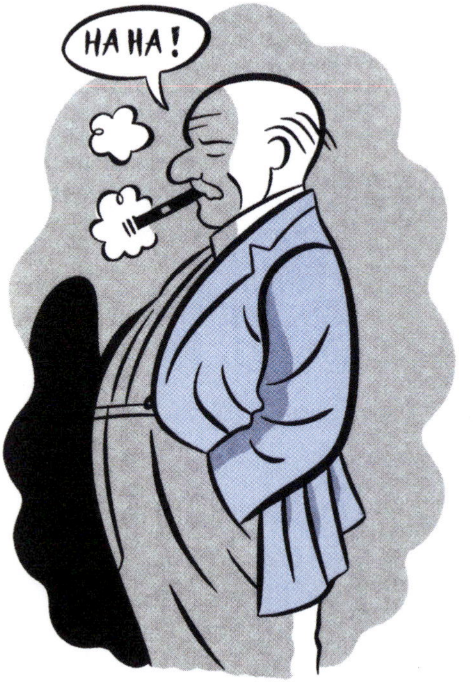

1 Wie zeichnet man Zeit? In CLYDE FANS erinnert sich ein einsamer alter Mann in einem einsamen alten Haus. Der Alte soll seine Geschichte nicht runterhaspeln: also schaltet Seth ein Panel dazwischen, damit der Leser beim Ansehen Zeit braucht.

dass sie mit ihrer imaginären Kamera weit beweglicher waren als die echten Filmkameras, dass sie Perspektiven, Winkel, Lichtverhältnisse jederzeit mühe- und kostenlos ihren Vorstellungen anpassen konnten.

Etwas anderes ist schon schwerer zu imitieren: lange Einstellungen. Ein gleichbleibendes Bild ist im Comic ein Problem. Wie soll man dem Leser vermitteln, dass er länger draufschauen soll? Man kann ihn dazu zwingen, indem man Details darin unterbringt, indem man das Bild überhaupt möglichst attraktiv macht, aber das funktioniert nicht zuverlässig. Und sicher, man könnte sagen: Dann lasse ich die langsamen Einstellungen eben weg. Kinder schlafen sowieso ein, wenn sie die sehen, oder sie blättern gähnend weiter. Aber je mehr man für Erwachsene erzählen möchte, desto mehr braucht man die Möglichkeiten, Zeit vergehen zu lassen, ohne dass etwas gesagt oder getan wird. Und der Film hat das den Comics auch vorgemacht: die Möglichkeit, längere Geschichten zu erzählen, den »abendfüllenden Spielfilm«. Die Chance zu spannender Unterhaltung, ohne dass ein kleiner Strolch auf einer Bananenschale ausrutscht.

Comics zogen erst allmählich mit Vergleichbarem nach, seit sie längere Geschichten erzählen und sich darin an ein erwachseneres Publikum richten: Im Unterschied zu Kindercomics gibt es beispielsweise mehr Panels ohne Sprechblasen. Hier etwa lässt Zeichner Seth Zeit vergehen: **Abb.1** Der alte Mann im Heizungskeller lacht. Und danach soll nicht nur er eine Pause machen, sondern der Leser soll es auch. Also schneidet Seth eine Aufnahme der alten Glühbirne dazwischen. Wir können nicht einfach vorbei, wir müssen sie ansehen und schauen, ob was Wichtiges drauf ist. Wir müssen die Pause machen, die der Zeichner von uns verlangt.

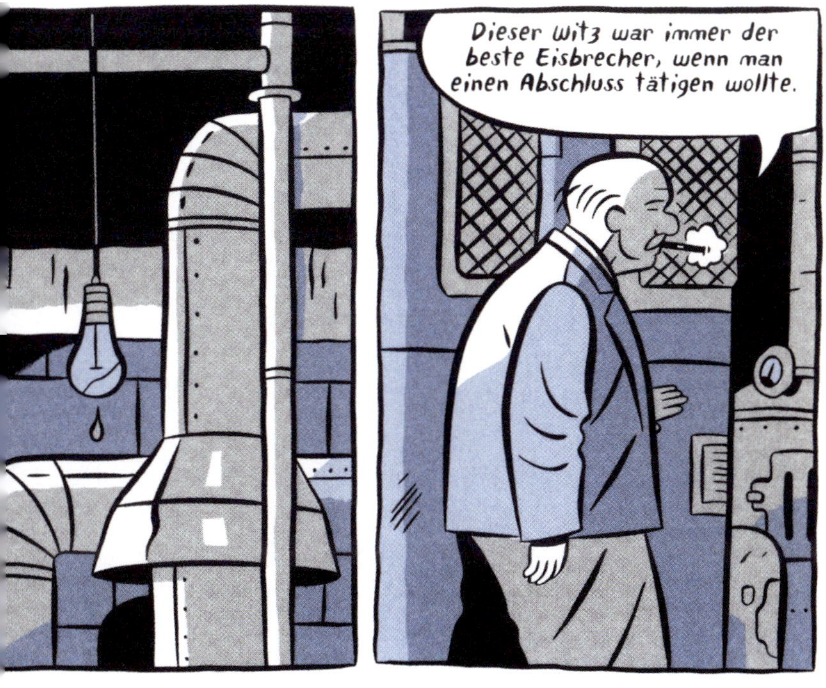

1

In großen Splashes können Zeichner das Auge dann auf eine Rundreise schicken, vom Vordergrund in den Mittelgrund in die Tiefe und wieder zurück (z. B. Albert Mitringer, REQUIEM, S. 164). Das klappt auch mit Text, eines der bekanntesten Beispiele ist das gallische Dorf: **Abb. 2** Es gibt eine Vielzahl von Details, die wir abarbeiten müssen. Verleihnix, die Schlange vor seinem Geschäft, wir müssen Asterix und Obelix wiedererkennen, an Idefix denken, Majestix entdecken, feststellen, dass er sich ärgert, schauen, warum er sich ärgert, Methusalix finden, Automatix finden …

Uderzo und Goscinny wollen hier nicht nur irgendwie anfangen, sie wollen, dass wir Zeit in diesem Bild verbringen und uns in die Asterix-Stimmung, in das Dorf einfühlen. Und genau so hört das Abenteuer auch auf: **Abb. 3** Wir haben die Schlusspointe mit dem singenden Obelix, aber Uderzo und Goscinny möchten uns

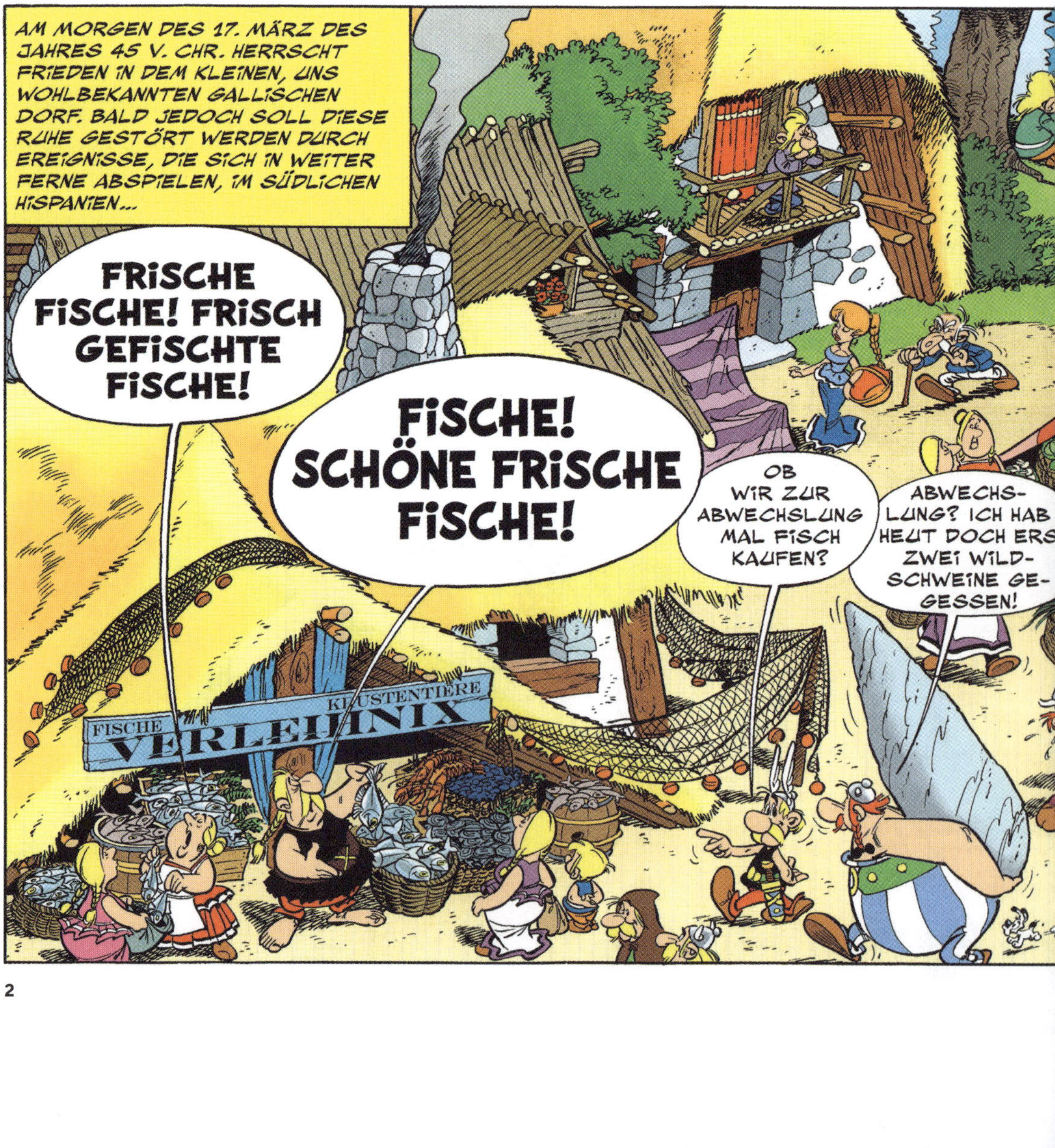

2

ganz langsam aus der Geschichte entlassen, wie mit einer langsamen Kamerafahrt nach hinten. Also gibt's wieder ein Splash, wieder viele Details, die unterschiedlichen Reaktionen von Miraculix und Majestix, wir klappern Verleihnix und Automatix ab, schauen noch mal nach Idefix, dann nach dem Wein, den Wildschweinen, die lecker aussehen, wir schauen noch mal nach den Wildschweinen, es sind ja auch genug davon da, Troubadix lacht, noch mal zu den Wildschweinen und in das gemütliche Feuer, da zapft einer Wein, das sieht auch lecker aus, dort zu sitzen, wäre jetzt schön, grillen müsste man mal wieder …

Andere imitieren die Zeitlupe, indem das Panel mit kleinen Veränderungen wiederholt wird, zum Beispiel Frank Miller in DARK KNIGHT. Bruce Wayne erinnert sich an die Ermordung seiner Eltern. Das soll ein bisschen dauern, Miller zeigt uns nicht die erschossenen Eltern und das Kind, wie es »Neiiiiiin!« schreit. Er zeigt den

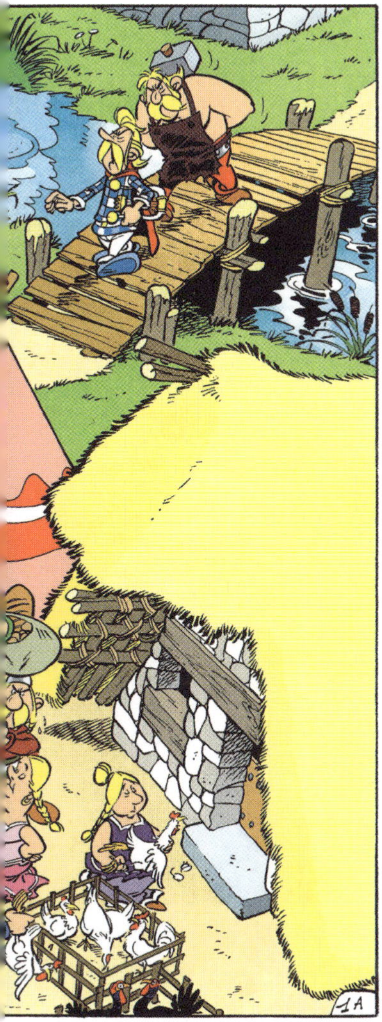

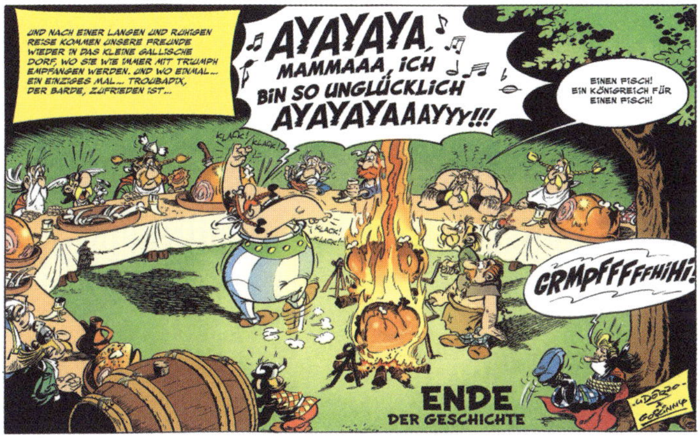

3

2, 3 »Bilder zum Draufbleiben: Das Splash (links) ersetzt die Kamerafahrt – und der Leser darf entscheiden, wo er anfängt – beim Fisch, den Hühnern, bei Methusalix … Am Ende kennt er das Dorf. Beim Fest (oben) funktioniert's umgekehrt: Wir kriegen Zeit, um uns vom Dorf zu verabschieden – bis zum nächsten Mal.

kleinen Bruce, mit dem Blick auf die Hand seines Vaters, der sich dem Räuber entgegenstellt. Der Räuber zieht, er braucht vier Panels, bis er abdrückt, die Patronenhülse wird in drei Panels ausgeworfen. Dann wird es ganz deutlich: Die gezeigte Hand nach der Patrone könnte noch vieles bedeuten, das Panel danach zeigt, dass Papa Wayne zurücktaumelt, die Hand klammert sich an Bruce, verschwindet dann aus dem Bild ... Kein Leser kann das überblättern und sagen: »Ach, da schießt halt wer, das dauert mir jetzt zu lang.« Man muss die Panels abarbeiten, vergleichen. Und man muss damit die Bedeutung nachspielen, nachvollziehen, die Miller diesem Augenblick beimessen möchte.

Zudem wird immer öfter auch das Bild vom Text getrennt. Brian Azzarello und Eduardo Risso haben das in 100 BULLETS (S. 40) bis zur Perfektion entwickelt.

Der Dialog in den Kästen findet ganz woanders statt. Und es ist auch fraglich, ob er gleichzeitig stattfindet – sie hängen nur zusammen. Die Geschichte muss auch nicht mehr linear chronologisch erzählt werden, sie lässt sich mit Rück- und Vorblenden munter durcheinanderschachteln, wie man's eben in Büchern seltener findet –in Quentin Tarantinos PULP FICTION oder KILL BILL aber wunderschön und extrem erfolgreich vorgeführt bekommen hat.

Weil Film und Comic einander gerade für Filmproduzenten leicht erkennbar ähneln, wechseln auch die Autoren von Comicbestsellern öfter zum Film in den Regiesessel – vor allem wenn sie aus der zeichnerischen Ecke kommen. Das gilt keineswegs nur für Trickfilme: Joann Sfar hat nicht nur seine KATZE DES RABBINERS ins Kino gebracht, sondern auch zwei Realfilme gedreht. Marjane Satrapi hat nicht nur ihren Bestseller PERSEPOLIS vertrickfilmt, sondern drei weitere Realfilme gemacht und sich inzwischen weitgehend vom Comic verabschiedet. Frank Miller hat mit SIN CITY und THE SPIRIT in der Hollywoodoberliga gedreht. Gerade bei Miller treten dabei erstaunliche Schwächen auf: Was als gezeichnete Momentaufnahme cool wirkt, kann im Film leiden. Seinem schweigsamen Haudrauf Marv etwa lässt Miller im Comic allerhand durch den Kopf gehen, im Film lässt er Marv das alles lauthals aus dem Off erzählen und macht damit aus dem wortkargen Schläger einen endlos schwafelnden Labersack.

Man muss ja auch nicht gleich als Regisseur antreten: Der Film greift auch deshalb gern auf Comics zurück, weil man angesichts der Vorlage keine Fantasie braucht, um sich die Bilder und Szenen auszumalen. Weshalb die Filmbranche auch gerne auf Comic-Künstler zurückgreift, um drehreife Bilder und Settings zu entwerfen.

Nicht nur Thomas von Kummant (S. 184) bekommt solche Angebote.

Eine der erfolgreichsten Kooperationen ist die mit Geof Darrow bei der MATRIX-Filmreihe, was man an einem Detail besonders gut erkennt: Die Idee, in MATRIX statt Schüssen und Einschlägen Sturzbäche ausgeworfener Patronenhülsen zu zeigen, stammt aus HARD BOILED. **Abb. 4**

Die Qualität der Vorlage ist dennoch oft gar nicht so einfach zu erreichen, obwohl man meinen sollte, dass doch zumindest simples Abfilmen genügen könnte. Bei der KICK-ASS-Reihe hat das auch gut geklappt, aber schon die Filmversion

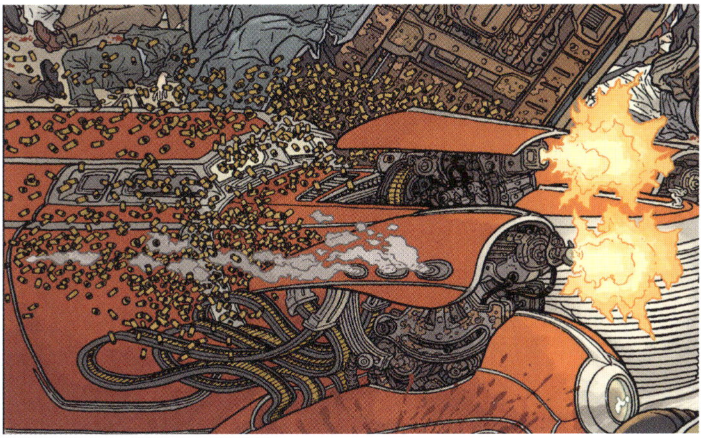

4

4 Geof Darrow hat's erfunden, die MATRIX-Filme haben's ihm abgekauft: Wolken leerer Patronenhülsen. Die Filme zeigen sie in Zeitlupe, im Comic versucht das Auge sie alle zu erfassen.

von WATCHMEN blieb damit weit hinter der Vorlage zurück. Besonders enttäuschend, weil Zack Snyder, der Regisseur, vorher eine der geglücktesten Comicumsetzungen abgeliefert hatte: In 300 hatte Zack Snyder das Pathos der nur rund achtzig Seiten starken Vorlage (S. 248) geschickt in Zeitlupen und genüssliche Kamerafahrten übersetzt – und damit eine adäquate Alternative zum Genießen einzelner Panels angeboten. Man darf ja nicht vergessen, dass bei Comics der Leser alleiniger Herrscher über die ganz persönliche Lesegeschwindigkeit ist. Und wenn ihm ein Panel besonders gut gefällt, kann er jederzeit die Pausetaste drücken und sich in diesem Bild so lange umsehen, wie es ihm Spaß macht. Da kann kein Buch mithalten, denn was soll man da an einer schönen Stelle schon Vergleichbares machen? Den Satz noch mal zu lesen ist definitiv nicht dasselbe – selbst, wenn er von Stephen King oder Thomas Mann stammt. 1:0 für den Comic.

Und nicht der einzige Vorteil für den Blasenbetrieb: Bis heute gelingt es nicht, Batmans Erscheinung angemessen umzusetzen. Nach wie vor leidet der dunkle Ritter im Film häufig unter Sicht- und Nackenproblemen, weil die hautenge Maske nie hauteng ist und auch nicht sein kann. Sie muss ja das Problem lösen, dass der Comic-Batman vor allem deshalb so gut aussieht, weil die Zeichner jedes Mal, wenn Bruce Wayne die Maske aufsetzt, seine Ohren anatomiefremd weglügen dürfen. Ein erstaunlicher Trick, bei dem auch die Comicleser mithelfen: Wir wissen, dass Batman oder Spiderman Ohren haben. Aber wir möchten die Illusion eben auch nicht zerstören, also spielen wir mit. Im Film erinnern uns jedoch Batmans steifer Hals und Spidermans wegcomputerte Ohren umso mehr an die Illusion, je mehr die Filmmacher versuchen, sie zu perfektionieren. Noch immer hängen Umhänge wie Vorhänge oder werden mit Ach und Krach gerade mal würdevoll herumgeschleppt – eine wirkliche Bereicherung sind sie praktisch nie. Gerade Batman kann bis heute froh sein, wenn das Ding ihm nicht im Weg ist.

2:0 für den Comic.

Lange Rede, kurzer Sinn: Wenn Sie jemandem Comics näherbringen wollen, verweisen Sie nicht auf seine Lieblingsbücher. Verweisen Sie auf seine Lieblingsfilme.

19

Das Leben schreibt die besten Geschichten, und die spannendsten davon liegen oft schon in der Vergangenheit. Comics bedienen sich an diesem Fundus gern – aber nicht alle können die Chance auch nutzen.

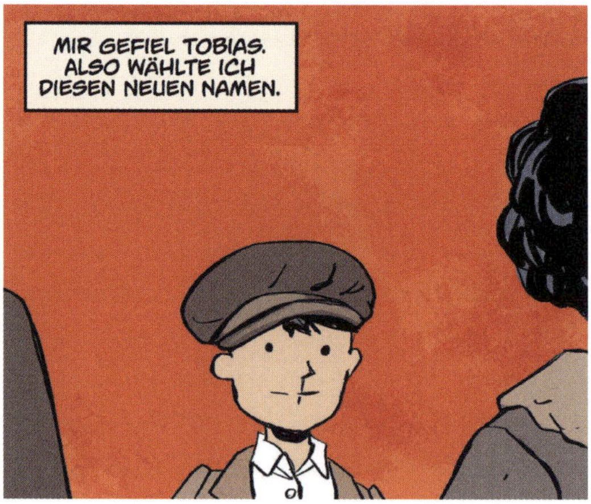

NACH EINER WAHREN BEGEBEN-HEIT…

Es ist naheliegend, Geschichte zu Geschichten zu verarbeiten. Man muss sie sich nicht ausdenken, sie ist ja schon so geschehen. Außerdem hat sie sofort jenen Echtheitsbonus, den man auch aus dem Kino kennt: »Nach einer wahren Begebenheit« ... Einfach ist es trotzdem nicht, einen guten Comic draus zu machen, und häufig liegt das Problem im Text. Es muss zu viel erklärt werden, was entweder zu vielen Textkästen führt oder zu grausigen Dialogen, bei denen sich zwei Leute zwanghaft etwas erklären, was sie ohnehin schon wissen – weil die Erklärung für den Leser gedacht ist. Es kommt daher gar nicht so oft vor, dass einer es schafft, die historischen Informationen in die Comichandlung einzuweben, ohne dass es wirkt wie drangeklebt oder reingewürgt. Richtig gut gelungen ist das zuletzt zum Beispiel bei DIE BOMBE.

Zu zweit haben Alcante (Didier Swysen) und Laurent-Frédéric Bollée am Szenario der Atombombenstory gearbeitet, um den Stoff in den Griff zu bekommen. Sie nehmen sich fast fünfhundert Seiten Platz und Zeit, was gut ist: Das reicht für viele verschiedene Personen, die man braucht, damit sich auch Leute unterhalten, die sich was zu sagen haben. Das reicht für unbekanntere Facetten, die einen neugierig und wach halten – die US-Experimente mit Strahlenopfern kannte ich in ihren rücksichtslosen Details zum Beispiel nicht, oder die Operation Freshman, die das deutsche Atomwaffenprogramm bremsen sollte. Denis Rodiers Zeichnungen sind zudem vielseitig und angenehm abwechslungsreich.

Zu umfangreich? Comicjournalist Joe Sacco geht den exakt gegenteiligen Weg, und er überlässt es dem Leser, wie viel Zeit er mit DER ERSTE WELTKRIEG verbringen möchte. Der Band ist auf Deutsch vergriffen, aber das ist hier egal, denn Sacco verzichtet **Abb.1** komplett auf Text*. Stattdessen zeichnet er sieben Meter Bild, am Stück, im Zickzack gefaltet und durchblätterbar, »Leporello« ist der Fachbegriff. Sacco zeichnet den ersten Tag der Schlacht an der Somme, er fängt links hinter den britischen Linien an, beim Generalstab, an dem die Pferdefuhrwerke mit den Vorräten nach Osten vorbeiziehen, Truppennachschub, Kanonen, die Bahnlinien, die bis in Frontnähe reichen, Lastwagen, erste Kettenfahrzeuge, Pferdetränke, Essensausgabe ...

Sacco hat die komplette Front und die Mechanismen ihrer Versorgung recherchiert, und der Leser schreitet sie gewissermaßen ab, übersichtsfreundlich auf etwa drei Metern Guckhöhe. Wer hat welche Waffe, wie kommt das Essen dann in den Schützengraben, den wer wie eigentlich aushebt – alles, alles, alles ist drin, bis zum Angriff im Hagel von Granaten und Schrapnellen – wer den Unterschied nicht kennt, kennt ihn danach: Sacco-Leser wissen mehr. Und auf der anderen Seite geht's wieder weg von der Front, die Verwundeten, die Toten, die Lazarette, die

* Der Vorteil: Weil das ganze Faltbild keinerlei Text aufweist, können Sie den auf Deutsch vergriffenen Band so ziemlich in jeder anderen Sprache genauso gut kaufen.

1 Ohne Worte, ohne Schnitt: Auf sieben Metern von links nach rechts zeigt Joe Sacco den Alltag an der Westfront 1916.

Gräber. All das ist nicht nur Spielerei: Es zeigt die Gleichzeitigkeit des industriell organisierten Massenkriegs, die perfekt geölte Maschinerie militärischer Menschenverwurstung, offengelegt ohne ein einziges Wort. Grandios.

Weil wir grade beim Ersten Weltkrieg sind: Den kann man sich natürlich auch von Jacques Tardi erzählen lassen. Tardi ist ein Comicstar mit einem Faible für Geschichte, die er gerne aus der ernüchterten Perspektive des Frontsoldaten schildert, zu denen im Ersten Weltkrieg sein Großvater (ELENDER KRIEG) und im Zweiten Weltkrieg sein Vater (ICH, RENÉ TARDI, KRIEGSGEFANGENER IM STALAG II B) zählten. Was übrigens auch dazu führt, dass die doppelt bittere Situation der französischen Soldaten im Zweiten Weltkrieg geradezu spürbar ist: Im Krieg gegen Hitlerdeutschland unterlegen und von der eigenen Vatergeneration zusätzlich verachtet, denn die hatten ja 1918 zumindest irgendwie halbwegs gesiegt.

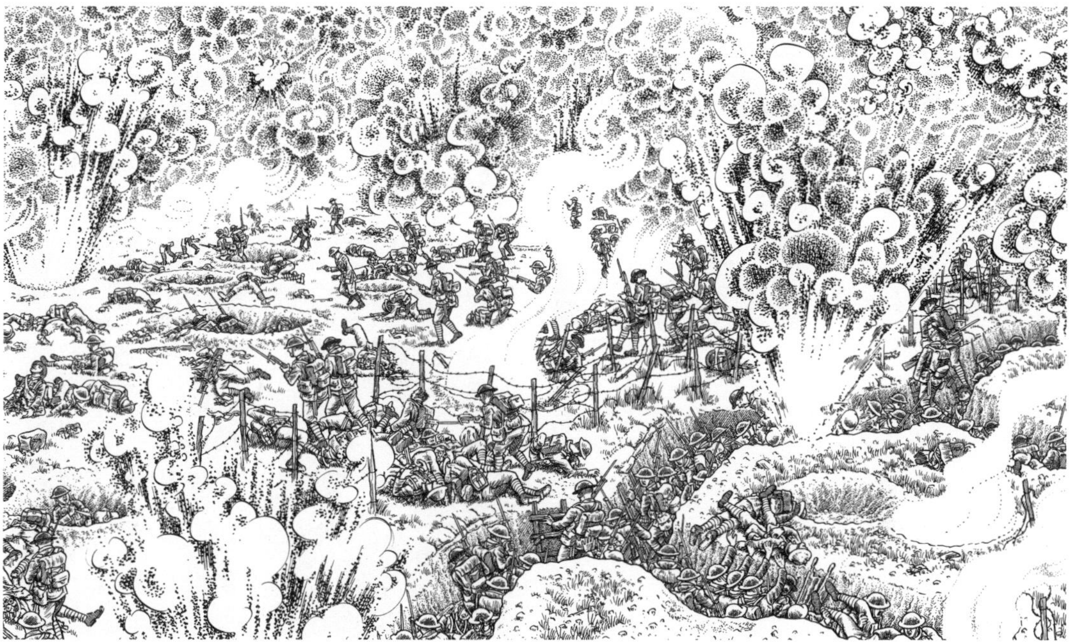

1

Tardis Stil ist erstaunlich entspannt, immer zugleich sehr skizzenhaft und doch unerwartet präzise. Zudem vermitteln die stets gleich großen Panels zusammen mit den Erzählungen aus dem Off* eine Sachlichkeit, die man auch als schützengrabenbedingte Abgestumpftheit interpretieren kann. Seine Zeichnungen ergänzt Tardi vorzugsweise mit Einblicken in die Soldatendenke, das erlaubt ihm auch Widersprüchliches, Empörung, Ungerechtigkeit. Ganz nebenbei entdeckt man auch, wie schwer es ist, die Vergangenheit aus den eigenen Eltern und Großeltern herauszukitzeln. Nicht nur wegen unangenehmer Themen, sondern auch rein technisch: Tardi arbeitet mit Tagebüchern, deren Angaben in manchen Momenten nicht stimmen können. Den toten Vater kann er aber nicht mehr fragen. Wenn Sie also was von Ihren Eltern wissen wollen: rechtzeitig fragen! Und hartnäckig bleiben!

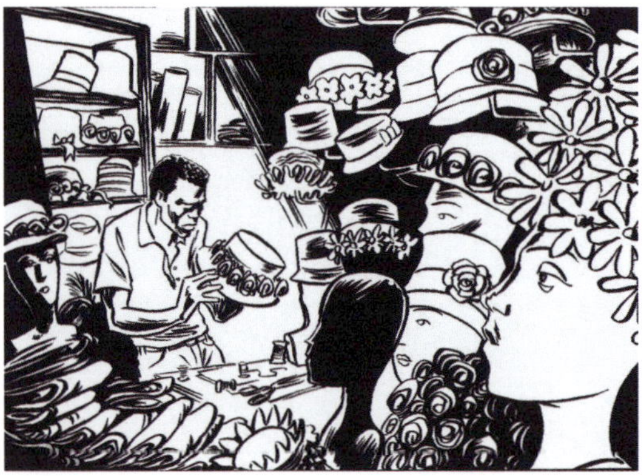

2

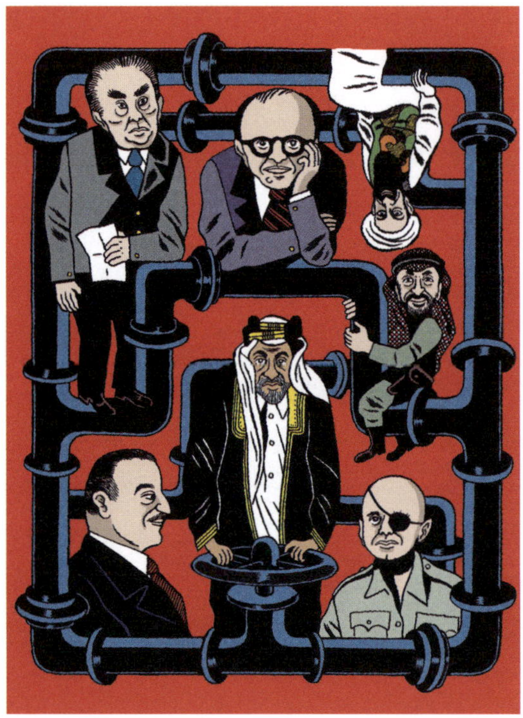

3

2 Hut auf! Biographie-Spezialist Reinhard Kleist inszeniert das Leben des schwulen Boxweltmeisters Emile Griffith.

3 Einfallsreiche Illus: In immer neuen provokativen Cartoons erzählt DIE BESTEN FEINDE von der problematischen Beziehung der USA zum Nahen Osten.

* Wieder so eine Filmsache, Comic und Film sind halt verwandt – »aus dem Off« heißt: Eine Person erzählt, die nicht im Bild zu sehen ist.

Und noch einen Vorteil hat Tardi: Wenn Sie mit seinen Geschichtsgeschichten fertig sind, gibt es noch so viel mehr von ihm zu entdecken …

Geschichte muss natürlich nicht immer Krieg sein. Reinhard Kleist etwa konzentriert sich auf Musik und Sport. Aber während man von seinen Musikerbiografien mehr hat, wenn man auch die entsprechende Musik kennt und mag, kann man seine Sportbiografien problemlos ohne Vorkenntnisse lesen. KNOCK OUT! beispielsweise, die Story des schwulen Boxers Emile Griffith, der in den 1960er-Jahren **Abb.2** Weltmeister wurde und nebenher Hüte entwarf. Oder DER BOXER, das Leben des jüdischen Faustkämpfers Hertzko Haft, der vor seiner Profilaufbahn in Auschwitz zum Amüsement der SS antreten musste. Kleist zeichnet in Schwarz-Weiß, hat seinen Will Eisner gut studiert, lässt aber bei seinen Figuren dessen Faxen (S. 120) einfach weg. Lokalkolorit bekommt man bei ihm nicht so viel, bei Kleist stehen die Menschen im Mittelpunkt. Aber da sitzt jede Bewegung, und im Ring lässt sich Kleist von niemandem die Butter vom Brot zeichnen. Noch unmittelbarer wirkt sein TRAUM VON OLYMPIA, vielleicht weil die Geschichte näher an unserer Gegenwart ist: Kleist erzählt von der jungen somalischen Olympialäuferin Samia Yusuf Omar, die nach Tausenden Fluchtkilometern eben nicht 2012 zur Goldmedaille in London lief, sondern wie Tausende andere bei der Schlauchbootflucht übers Mittelmeer ertrank. Wobei man kaum noch entscheiden kann, was bitterer ist: die Geschichte selbst oder die Tatsache, wie gewöhnlich derlei inzwischen geworden ist.

Politisch einer der interessantesten Comiczeichner ist Pierre-François Beauchard, der unter dem Namen David B. arbeitet. In drei lesenswerten Bänden der Serie DIE BESTEN FEINDE hat er beispielsweise mit dem Texter Jean-Pierre Filiu die Geschichte der außenpolitischen Beziehungen der USA mit dem Nahen Osten aufgearbeitet. Das Resultat ist ein schöner Überblick über den Wechsel zwischen Desinteresse, Pragmatismus und Hemdsärmeligkeit, mit dem die Vereinigten Staaten seit rund zweihundertfünfzig Jahren die Lage munter vor sich hin verschlimmbessern. Das ist gewiss nicht objektiv, aber provokativ, und macht – ganz ohne die nichtamerikanischen Mitpfuscher reinzuwaschen – Lust aufs Weiterreinlesen. Entscheidend verstärkt wird das durch B.s Stil: Er illustriert die Geschichte mit eigenwilligen schwarz-weißen Panels, die an eine Mischung aus Karikatur und Klaus Staecks aggressiver Plakatkunst erinnern. **Abb.3** Einerseits wird der eher sachliche Text dadurch optisch aufgelockert und unterhaltsam kommentiert, B. erinnert so aber auch fortwährend daran, dass er seine Weltsicht zuspitzt. Wer sich umfassend informieren will, wird also noch mehr lesen müssen.

Gerade das Nicht-mehr-Lesen ist das Ziel von Altmeister Will Eisner, nämlich das der »Protokolle der Weisen von Zion«. Auf erschreckend aktuellen (und gerade neu aufgelegten) hundertzwanzig Seiten klärt er eine tatsächliche Verschwörung auf, obwohl das längst unnötig sein sollte: DAS KOMPLOTT erzählt die Geschichte der »Protokolle«, die schon seit hundert Jahren (!) als Fälschung entlarvt (!!) sind – und dennoch unentwegt bis heute aus dem Mülleimer hervorgezerrt werden (!!!). Eisner beginnt 1864, als der Vorgängertext entstand – ein fiktiver Dialog, in dem

Napoleon III. und Machiavelli erörtern, wie man sich an die Macht bringt. Um russische Pogrome zu rechtfertigen, schreibt 1898 ein skrupelloser (und auch etwas fauler) Auftragsfälscher in Russland den Dialog so um, dass er nicht mehr Napoleon III. in Misskredit bringt, sondern die Juden. Es folgt: die erste Veröffentlichung 1905, die rasche Entlarvung 1921, für die der simple Vergleich beider Texte genügt. Die sinnfreie Wiederbelebung durch interessierte Nazis ab 1923, die Nutzung in Hitlers MEIN KAMPF, die erneute Entlarvung vor Gericht in der Schweiz 1935, die Widerlegung im US-Senat 1964 – und dennoch wird der Quatsch bis heute gedruckt und verbreitet, Medienberichten zufolge etwa vom singenden Irrlicht Xavier Naidoo *. Wie Dieter Hildebrandt sagte: Man möchte sich an den Arsch fassen, der Kopf ist mir zu schade dazu. Wenn wir schon bei Schwierigem sind: Holocaust. Beziehungsweise die Geschichte so zu vermitteln, dass die Menschen zuhören. Weil ein gewisser Abnutzungseffekt leider nicht zu leugnen ist.

Spiegelmans Maus (S. 82) ist eine Möglichkeit, eine weitere ist mir gerade erst kürzlich untergekommen: BALD SIND WIR WIEDER ZU HAUSE. **Abb.4** Der Band von Jessica Bab Bonde und Peter Bergting schildert sechs Schicksale jüdischer Kinder, und ihre gleich doppelte Wehrlosigkeit kann auch dort für Empörung sorgen, wo nach Jahrzehnten ziemlich eintöniger Vergangenheitsbewältigung eine Art emotionale Hornhaut entstanden ist. Als Geschichtslehrer würde ich's in den Unterricht aufnehmen.

Zum Schluss noch was, was so komisch ist, dass es genau dadurch auch extrem traurig ist. Obwohl im ganzen Comic nichts Trauriges passiert. Der französische Cartoonist Renald »Luz« Luzier hat den ermordeten Kollegen der Satirezeitschrift CHARLIE HEBDO ein grandioses Denkmal gesetzt, indem er einfach den Alltag vor dem Attentat schildert. Die Suche nach dem boshaftesten Titelbild, der unerbittlich harte, oft obszöne Witz, der gezielt die Rechte und Freiheiten einfordert, die eine liberale Demokratie ausmachen. Um eben genau so mit jeder Ausgabe klarzumachen, dass Frankreich eine solche ist. Es gibt hübsche kleine Vignetten wie das gemeinsame Arbeiten am Zeichentisch, bei dem immer einer derart radiert, dass allen anderen die Zeichnungen verrutschen. **Abb.5** Und das Attentat … Das lässt Luz geschickt weg, denn darüber kann man genug anderswo lesen.

4 Neuer Blickwinkel: In BALD SIND WIR WIEDER ZU HAUSE eröffnet die ungewohnte Kinderperspektive einen frischen Zugang zum Holocaust.

5 Wenn einer radiert, sind alle genervt: WIR WAREN CHARLIE erinnert an den Alltag des Satiremagazins CHARLIE HEBDO – vor dem mörderischen Anschlag 2015.

* Siehe auch »Xavier Naidoo darf in Berlin singen«, Artikel von Sebastian Leber, Der Tagesspiegel, 16.06.2021
www.tagesspiegel.de/themen/reportage/trotz-verbreiten-von-holocaust-leugnung-xavier-naidoo-darf-in-berlin-singen/27289944.html
»Darf ein Antisemit in der Stadthalle Rostock auftreten?«, Artikel von Anna Hansen, Katapult MV, 16. Juni 2021
https://katapult-mv.de/artikel/naidoo

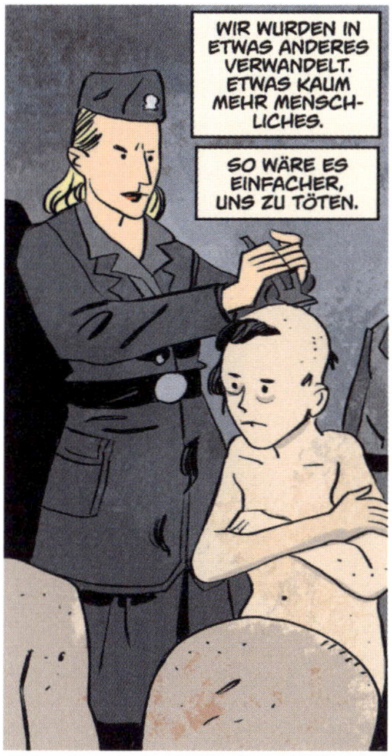
WIR WURDEN IN ETWAS ANDERES VERWANDELT. ETWAS KAUM MEHR MENSCH-LICHES.
SO WÄRE ES EINFACHER, UNS ZU TÖTEN.

4

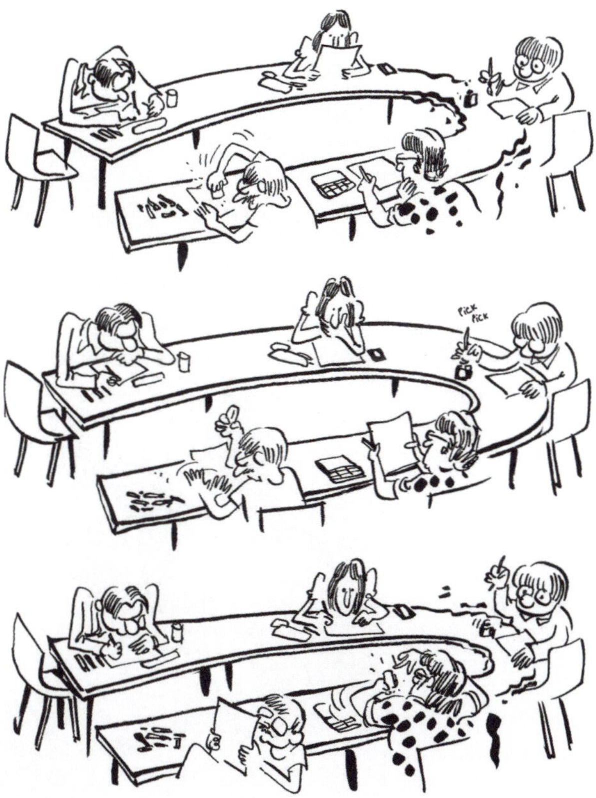
PICK
PICK

5

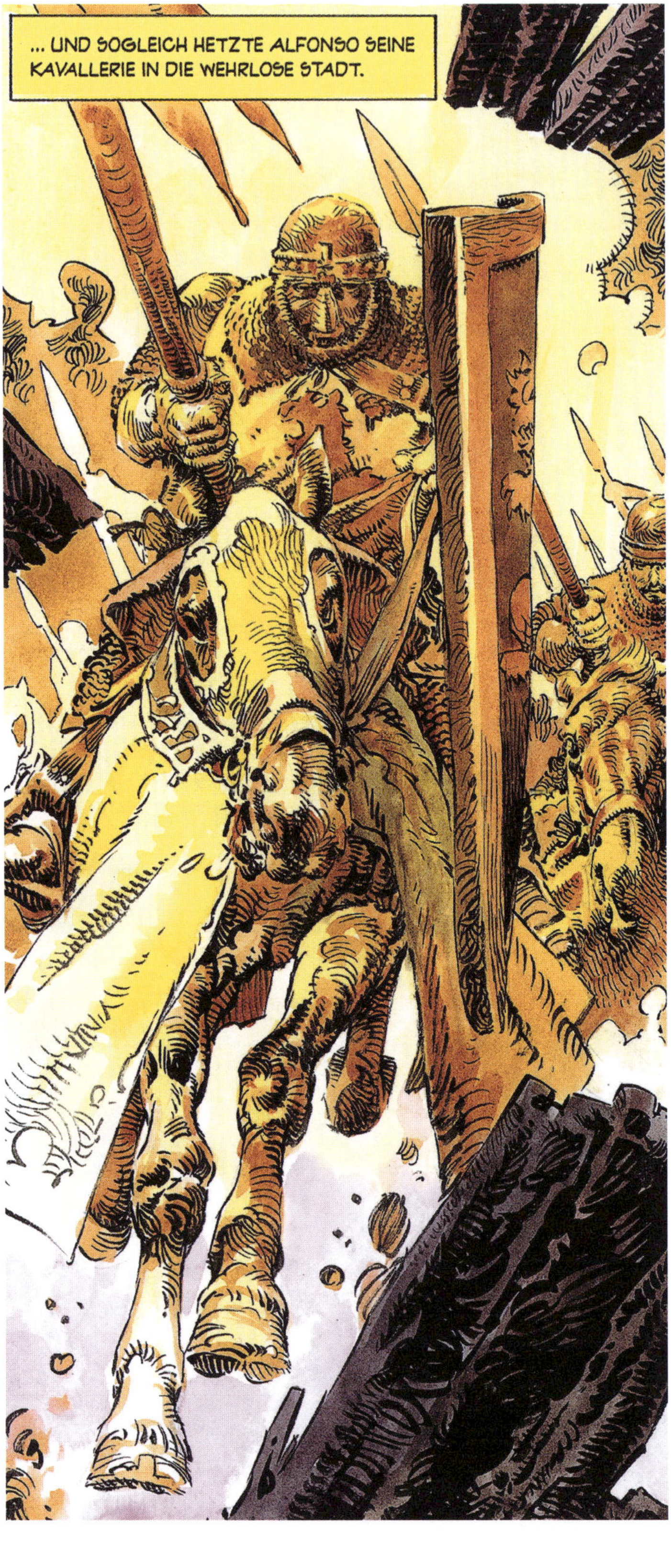
... UND SOGLEICH HETZTE ALFONSO SEINE KAVALLERIE IN DIE WEHRLOSE STADT.

~~Outtakes~~

Antonio Hernández Palacios, EL CID, avant-verlag
Actiongeladen, knallbunt, gut recherchiert: Die spanische Reconquista in einzigartigen Bildern aus den 1970ern, vom Yellow-Kid-Preisträger Palacios. Kaufen, wenn Sie's kriegen. Leider vergriffen. Die Komplettversion von Avant ist auch gebraucht kaum zu finden, aber alte Carlsen/Splitter-Alben gibt es öfter. **Abb. 6**

Paolo Eleuteri Serpieri, SERPIERI COLLECTION, Schreiber & Leser
Erzählen kann er nicht gut, zeichnen aber umso besser. Serpieri greift immer wieder historische Figuren auf wie Sitting Bull, Crazy Horse oder General Custer. Sehenswert.

Emmanuel Guibert, ALANS KRIEG, Edition Moderne
Echte Erinnerungen des US-Soldaten Alan Cope in erstaunlich authentischen Bildern. Weil's so schön war, hat Guibert noch mehr Bände mit Copes Erinnerungen drangehängt.

Chester Brown, LOUIS RIEL, Bahoe Books
Biografie des kanadischen Freiheitskämpfers – die meistverkaufte Graphic Novel Kanadas. Ausführlich und recht sachlich.

Barbara Yelin (u. a.), ABER ICH LEBE, C. H. Beck
Drei Comiczeichner schildern, wie vier jüdische Kinder den Holocaust überleben. Sehr gut gemacht, dennoch nicht so kompakt und präzise wie Bonde/Bergting (s. u.).

Die Titel aus diesem Kapitel

→ Alcante/Frédéric Bollée (Text)/Denis Rodier (Zeichnungen), DIE BOMBE, Carlsen
→ Joe Sacco, DER ERSTE WELTKRIEG – DIE SCHLACHT AN DER SOMME, Edition Moderne
→ Jacques Tardi, ELENDER KRIEG, Edition Moderne
→ Jacques Tardi, ICH, RENÉ TARDI, Kriegsgefangener im Stalag II B, Edition Moderne
→ Reinhard Kleist, KNOCK OUT!, Carlsen
→ Reinhard Kleist, DER BOXER, Carlsen
→ Reinhard Kleist, DER TRAUM VON OLYMPIA, Carlsen
→ Jean-Pierre Filiu (Text)/David B. (Zeichnungen), DIE BESTEN FEINDE, avant-verlag
→ Will Eisner, DAS KOMPLOTT, Carlsen
→ Jessica Bab Bonde (Text)/Peter Bergting (Zeichnungen), BALD SIND WIR WIEDER ZU HAUSE, Cross Cult
→ Luz, WIR WAREN CHARLIE, Reprodukt

6 Praktisch unter den Hufen: In EL CID ist der Krieg heiß, trocken, staubig - dabei sein mag man nicht, aber zugucken irgendwie schon.

20

Man muss sie irgendwie anders lesen, und junge Fans kriegen offenbar nicht genug davon: Was ist eigentlich das Erfolgsgeheimnis hinter dem exotischen Comic-Importschlager aus Fernost?

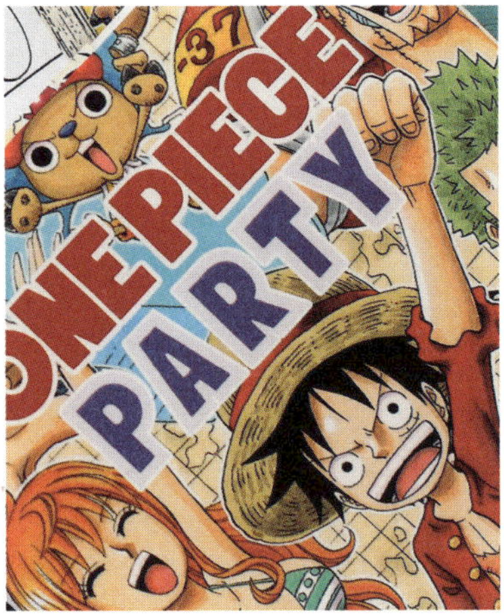

DIE SACHE MIT DEN MANGAS

Die Antwort lautet: Ja.

Mangas sind Comics, auch wenn gelegentlich in Läden oder Onlineshops von »Comics und Mangas« die Rede ist. Das ist, als stünde im Supermarktfenster, es gäbe hier »Lebensmittel und Gemüse«. Man kann allenfalls sagen, dass Mangas so zu den Comics gehören wie Torwarte zu den Fußballspielern. Eine »eigenartige Spezies«, wie es die Expertin Silke Rottenberg mal ausgedrückt hat, und das kann man eben von den Mangas genauso sagen. Eine extrem erfolgreiche Spezies, kann man auch noch hinzufügen, mit der ich allerdings meine Probleme habe. Deswegen gibt's hier auch kein Kapitel mit Mangaempfehlungen: Denn wenn ein Manga gut ist, dann kann er auch in ganz normalen Kapiteln empfohlen werden, wie jeder andere Comic auch. Eines kann man schon mal festhalten: Gute Mangas sind gut, weil sie gute Comics sind – und nie deshalb, weil sie die besonderen Mangastandards aufweisen.

Berechtigte Frage des Laien:

Wozu sind diese Standards dann überhaupt da?

Antwort:

Sie sind nicht zweckbedingt, sondern herkunfts- und traditionsbedingt.

Mangas stammen aus Japan, das heißt schon mal, man liest sie von rechts nach links. Was dazu führt, dass man konsequenterweise auch das Buch von hinten nach vorne liest. Man muss sich dabei ein bisschen umgewöhnen, aber das geht schnell, und sicherheitshalber haben deutsche Mangas meist eine Warnseite vorgeschaltet für den Fall, dass Sie dort zu lesen anfangen, wo der deutsche Leser normalerweise beginnt, nämlich vorne. Also: beim falschen Vorne.

Ansonsten haben Mangas vor allem deshalb ihre Eigenheiten, weil sie sich in den ersten dreißig, vierzig Jahren eher auf dem und für den japanischen Markt entwickelt haben. Und diese Charakteristika, nun ja, die muss man mögen.

Das bekannteste Merkmal haben wir hier Ende der 1970er, Anfang der 1980er kennengelernt, vor allem durch Zeichentrickfilme wie WICKIE UND DIE STARKEN MÄNNER, DIE BIENE MAJA, PINOCCHIO oder HEIDI. Sie alle stammen aus Japan, wurden aus Kostengründen dort für den deutschen Markt produziert. Die Studios in Japan sind jedoch stark verwandt mit der dortigen Mangaindustrie – deshalb haben sie auch die typische Mangaoptik: häufige Zoomfahrten auf ein stehendes Bild oder standardisierte Mimik und Gesten. Mit CAPTAIN FUTURE tauchten dann auch die enorm großen Augen auf, die wiederum zu einer geradezu fabrikmäßigen, extrem zuverlässigen Standardniedlichkeit führen. Weshalb auch Captain Future stets dreinschaut wie ein Reh im Scheinwerferlicht, kurz bevor es der Lastzug überrollt.

Während die Figuren gerne sympathisch idealisiert werden, sind die Zeichnungen meistens extrem naturalistisch und detailreich. Gerade Technikabenteuer, Raumschiffe, auch Landschaften sind daher nicht nur für Fans außergewöhnlich attraktiv, zumal der Manga diese Stärke häufig auch geschickt ausspielt: Extreme Bildausschnitte, übergroße Panels, kaum eine Comicvariante kommt derzeit so nah an die Möglichkeiten des Films, und das, ohne jemals Rücksicht aufs Budget nehmen zu müssen. Dazu kommen Zeichentechniken wie die Speedlines, aufeinander zulaufende Strahlen, die die Aufmerksamkeit des Betrachters geradezu zoomartig auf die gewünschte Person oder Bewegung lenken. **Abb.1**

Dennoch: Obwohl die Trickfilme damals aus Kostengründen importiert wurden, steckt hinter ihnen keine simple Technik, ganz im Gegenteil.

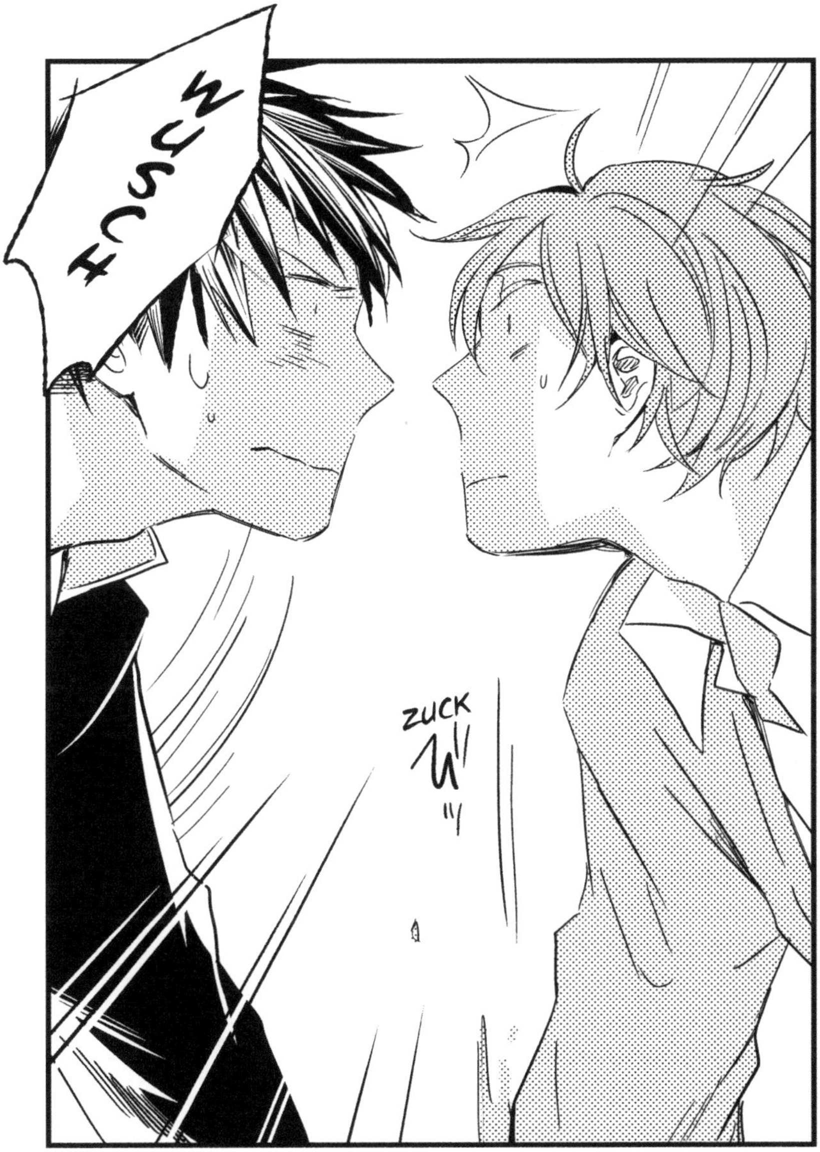

1

1 »Wusch« und »Zuck« sind im Manga noch vergleichsweise sinnvolle Soundwords.

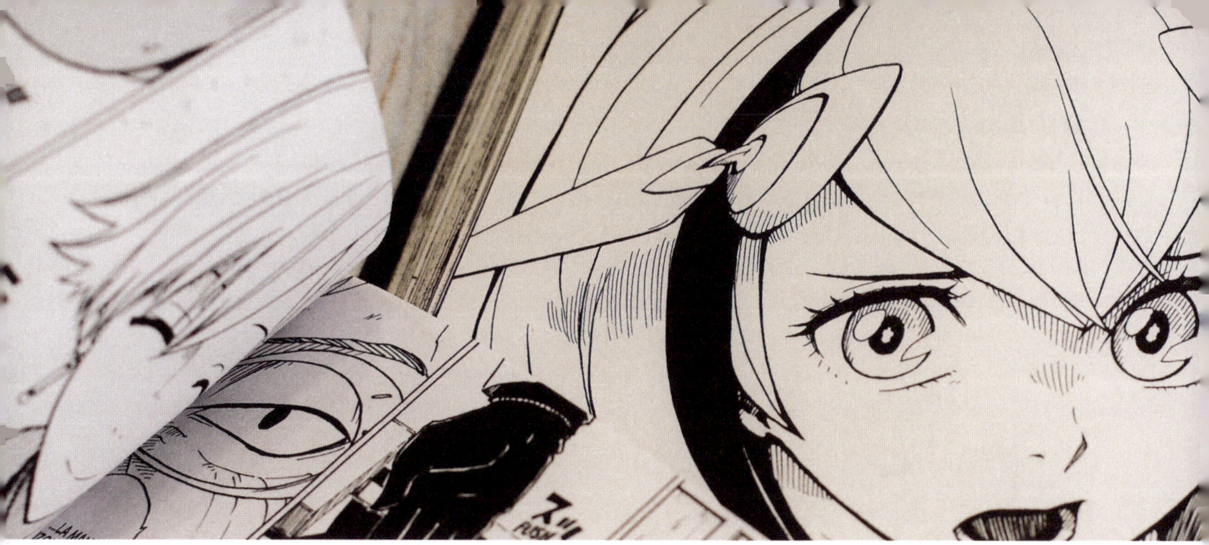

Aber gerade, weil der Manga seine Stärken hat, kennt und so einfallsreich ausspielt, gehen mir die Momente so furchtbar auf die Nerven, in denen der Manga sich so erkennbar einfallslos zeigt. Die sich ähnelnden großäugigen Gesichter sind dabei noch das kleinere Übel, auch wenn das schon mal zu Verwechslungen führen kann, wenn sich in den Zeichnungen auch noch Frisuren und Kleidung zu sehr ähneln. Was mich wirklich rasend macht, sind die ewig gleichen Gesichtsausdrücke und Gesten, die im Manga so gleichmütig eingesetzt werden wie Werkzeug: Eine Achterschraubenmutter braucht einen Achterschraubenschlüssel, fertig, aus. Wenn jemand glücklich ist, sind seine Augen geschlossen, und er grinst. Wenn jemand verlegen ist, schwitzt er und kratzt sich mit der Hand am Genick. »Brauchen wir noch eine zweite Geste?« – »Nee, wozu? Wir haben doch die eine, das reicht.«

Das wird um nichts besser, wenn man berücksichtigt, dass diese Bewegungen in japanischen Gesten wurzeln. In Italien gibt's auch typische Handbewegungen für typische Situationen, und dennoch stempeln die italienischen Zeichner sie nicht einfach in ihre Comics wie in einer Gefühlsfabrik, sondern fanden und finden Alternativen dazu. Bei Mangas habe ich eher den Eindruck, dass ich als Leser hier mitgeteilt kriege, was ich zu empfinden habe, ab hier darf ich mir meinen Comic selber denken, und der Zeichner kommt dann wieder dazu, wenn ich mit Fühlen fertig bin. Auf Deutsch: »Lieber Leser, ab hier machste deinen Scheiß mal schön alleine.« Ja, wo sind wir denn?

Richtig, im Manga. Da sind ja auch andere Sachen erlaubt: etwa die groteske Übertreibung.

Es ist im Manga möglich, auch in ernsthaften Erzählungen die Gesichtszüge völlig entgleisen zu lassen, bis hin zur kompletten Karikatur, wenn jemand beispielsweise sehr überrascht ist oder erschrickt. Und danach macht man wieder mit der normalen Figur weiter, als wäre nichts geschehen. Wir kennen das höchstens aus Tex-Avery-Trickfilmen oder aus Filmen wie DIE MASKE mit Jim Carrey, also aus Komödien.

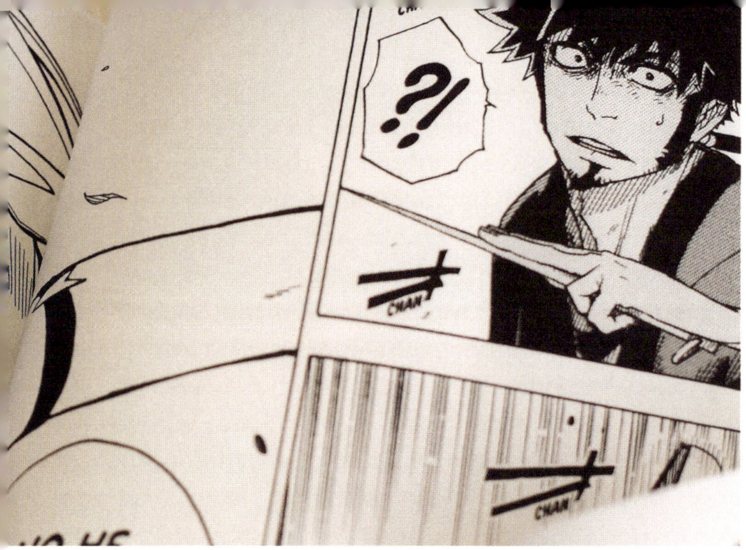

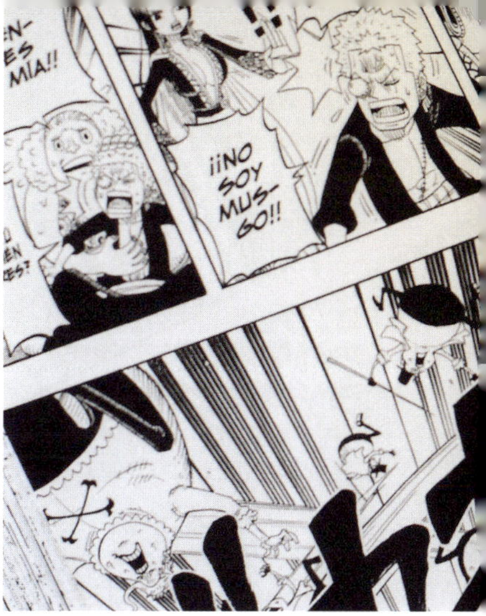

3

Und ich gebe gerne zu, dass mir rein technisch kein Argument einfällt, warum man das nur humoristisch nutzen sollte: Man kann mit Salz ja nicht nur Kartoffelchips würzen, sondern auch hübsche Effekte in Süßspeisen wie Eiscreme oder amerikanischem Käsekuchen erzielen. Trotzdem fürchte ich, dass eine Gewöhnung an die unversehens auftauchenden Kaspergesichter bei mir wohl frühestens in meinem nächsten Leben eintreten wird.

Der Grund für diese Schablonendenke ist vermutlich in der Massenproduktion der Mangas zu suchen: Es werden irrsinnige Mengen in einer irrsinnigen Schlagzahl produziert, mittlere sechsstellige Auflagen zum Start sind keine Seltenheit. Daher sind Mangas auch meist schwarz-weiß und im Taschenbuchformat, der Verkauf ist auch eine Preisfrage. Themenmäßig wird alles abgedeckt, Science-Fiction, Action, Sex, Romanzen, das ist ähnlich wie beim Groschenroman. Und vergleichbar wie beim Groschenroman werden präzise die gewünschten Gefühle bedient und/oder abgerufen. Hier dürfte auch eines der Hauptmotive für die Standardisierung liegen: Es gibt im Manga keine Missverständnisse, kaum Zweideutigkeiten, es ist sehr häufig geradezu überdeutlich, was gerade passiert, was in welchem Moment in wem vorgeht. Diese Angst davor, dem Leser zu viel selbst zu überlassen, setzt sich bis in die deutsche Übersetzung fort: Es kann passieren, dass Sie neben dem Gesicht eines zufrieden lächelnden Menschen das Klangwort »zufrieden lächel« lesen.

Als wären Sie zu doof, selber zu erkennen, was auf dem Bild zu sehen ist.

Oder: als wollte der Mangahersteller auf keinen Fall riskieren, dass Sie etwas Falsches denken. Und genau das kann einer der Erfolgsfaktoren sein: die Unmöglichkeit von Missverständnissen.

Wir leben ja in einer Zeit der Shitstorms, der Onlinestreitereien, der Internettrolle, die Streit aus allem Möglichen konstruieren. Und wir leben in einer paradoxen Zeit, in der man einerseits das eigene Leben möglichst individuell ausgestalten und möglichst viele Leute darüber informieren will, dabei aber gleichzeitig furchtbare Angst vor Fehlern hat, weil ja alle diese Menschen dieses Leben dann beurteilen und womöglich sogar blöd finden könnten. Zu den größten Gefahren gehört hier das Missverständnis, und genau das ist im Manga nicht möglich, weil man den Leser möglichst nicht von der Leine lässt. Mechanismen wie »zufrieden lächel« wären daher im Prinzip so was Ähnliches wie »betreutes Lesen«, und alle Leserinnen und Leser sind eine große Gefühlsfamile. Man kann sich das ein bisschen erklären wie bei Florian Silbereisen und seinen Schlagerfesten: Jeder weiß, wann man schunkelt und wann man mitklatscht. Darf man Mangas also als gedruckten Musikantenstadl bezeichnen? Jawohl, Erlaubnis erteilt. Und selbst die Fans können nicht leugnen, dass Wohlfühlen und Freundlichkeit ein Teil der ganzen Angelegenheit sind. Lässt sich beweisen.

Der Manga liefert nämlich gerne Extramaterial, so was Ähnliches wie der Bonustrack früher auf der CD, wie das Bonusmaterial auf DVDs. Das kann dann gerne mal ein Making-of-Teil sein, mit frühen Skizzen. Oder auch eine kleine Zusatzgeschichte, in der den Charakteren lustige Dinge passieren. Dabei ist es allerdings völlig egal, wie lustig oder wie ernst die eigentliche Erzählung ist. Oft augenzwinkernd eingeleitet, Tonfall ungefähr so: »Ach, ist doch alles nicht so gemeint.« So dass der Band – gleich, was man gerade darin erlebt hat – auf jeden Fall versöhnlich endet. Das muss nicht störend sein, aber in wunderlicheren Fällen kann man sich das in etwa so passend vorstellen wie die lustigsten Outtakes aus SCHINDLERS LISTE.

Wohlfühlzwang, die Zweite: Jüngst werden viele Mangas von einem kleinen Briefchen eingeleitet oder abgeschlossen. In diesem Briefchen steht, wie sehr sich der Zeichner oder die Zeichnerin freut, dass Sie ausgerechnet diesen Manga gekauft haben, wo Sie doch so viele andere Mangas hätten kaufen können, oder dass es sein oder ihr erster Manga überhaupt ist, dass sie so glücklich sind, dass der liebe Verlag ausgerechnet seinen oder ihren Manga druckt, dass Sie bitte Verständnis haben müssen, weil es doch der erste Manga ist und sie sicher Fehler gemacht haben. Das liest sich beim ersten Mal noch ganz leidlich, aber nach dem fünften und zehnten Brief merkt man: Der Wortlaut und Aufbau dieser 360-Grad-Rundum-Arschkriecherei ist derart ähnlich, dass man zuerst annimmt, die Zeichner seien extrem einfallslos, und dann zu dem Schluss kommt, es wäre ihnen schlichtweg scheißegal, was drinsteht. Tatsächlich ist es wohl eher das bedenkenlose Verwenden bewährter Formen, so wie sich die Klatschpresse nicht jedes Mal neue Schlagzeilen ausdenkt, sondern Worthülsen verwendet wie »Babyglück« oder »Liebesgeheimnis«.

Das gilt auch für deutsche Mangas. Denn inzwischen sind Mangas so beliebt, dass man sie weltweit nachahmt. Zeichenstil, Augen, fragwürdige Klangwörter (»sich darüber ärger!«), dusslige Bewegungen aus der Schablonenfabrik ... Hab ich eigentlich schon gesagt, dass ich Mangas nicht mag? Okay, ABER:

Ich glaube, dass es ein Gesetz gibt. Und dieses Gesetz sagt: Immer, wenn in einer Industrie Millionen und Milliarden umgesetzt werden, immer wenn in dieser Industrie viel produziert wird und lauter Leute Gründe suchen, weshalb man ihr Produkt kaufen soll und nicht das von anderen Leuten – immer dann entsteht neben viel, viel Schrott auch etwas Gutes. Und es stimmt: Ich habe gute, sogar sehr gute Mangas gefunden. Dennoch gilt:

Bei-den-normalen-Comics-einsortier!

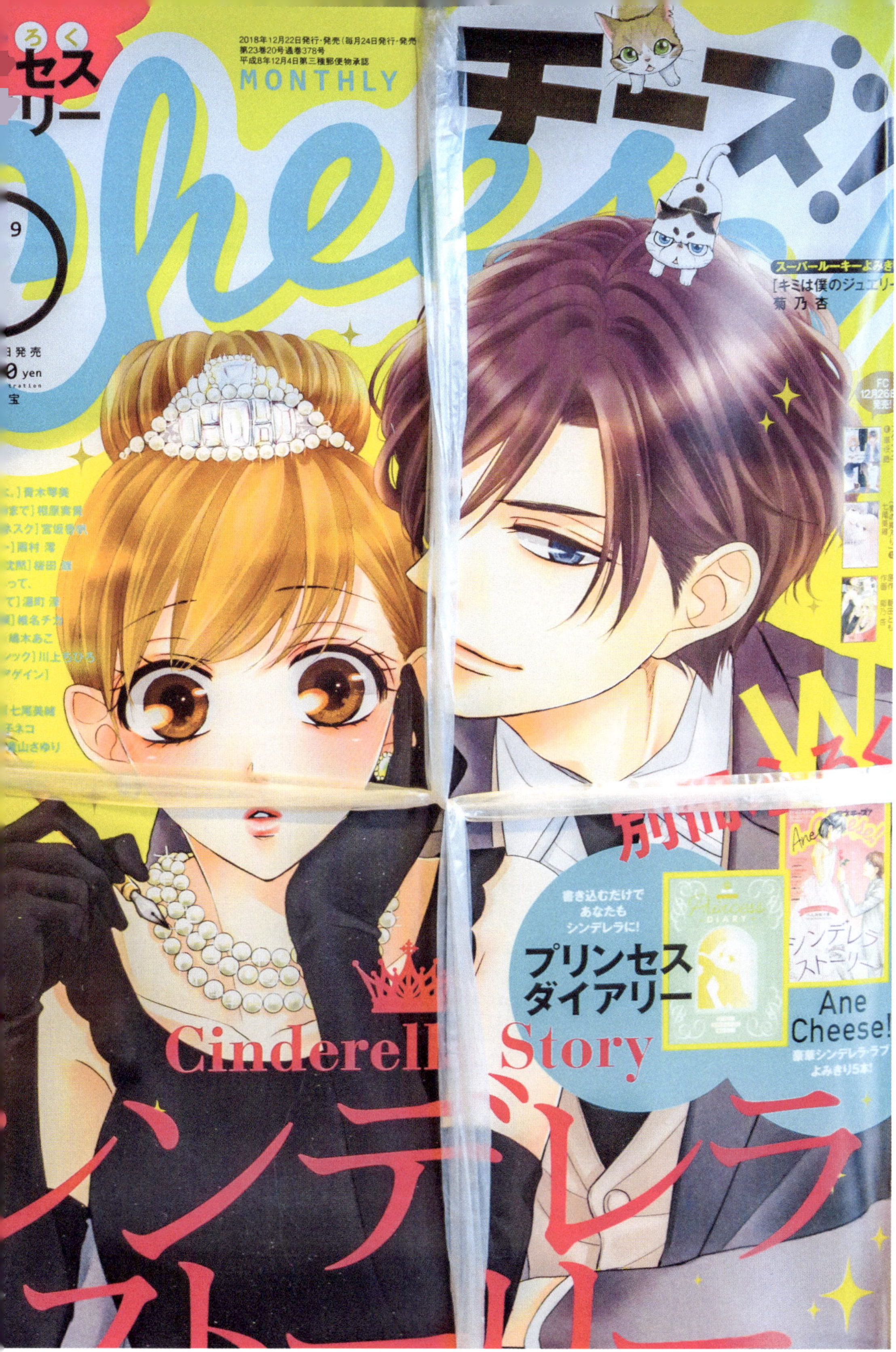

2018年12月22日発行・発売（毎月24日発行・発売
第23巻20号通巻378号
平成8年12月4日第三種郵便物承認
MONTHLY
スーパールーキーよみき
[キミは僕のジュエリー
菊乃杏
書き込むだけで
あなたも
シンデレラに!
プリンセス
ダイアリー
Ane
Cheese!
豪華シンデレラ・ラブ
よみきり5本!
Cinderella Story
シンデレラ

21

Superman und Batman taumeln heute durch unzählige Universen in die eigene Beliebigkeit: Gute Superheldencomics nutzen Lücken im Lebenslauf, Nebenfiguren – oder die Symbolkraft der Namenlosen.

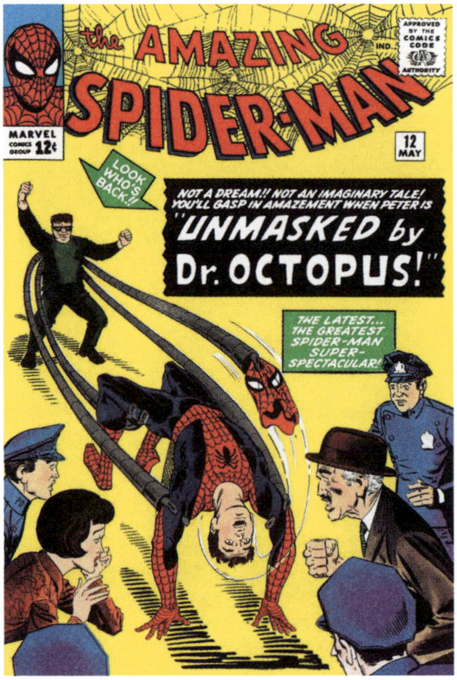

DAS CHAOS MIT DEN MASKIERTEN RÄCHERN

Irgendwelche Superheldencomics zu finden, ist kein Problem. Die werden noch immer gedruckt wie Geld zu Inflationszeiten. Richtig Freude machen sie Altfans oft trotzdem nicht. Aus zweierlei Gründen: Erstens herrschen überall neue Ordnungen – und damit das reinste Chaos. Das Problem: Die Helden haben Jahrzehnte voll Vergangenheit angesammelt. Wen sie geliebt haben, wer gestorben ist, epische Kämpfe und Feindschaften. In der LINDENSTRASSE hat Gabi Zenker in 35 Jahren auch viel mitgemacht, aber die war bei Serienende auch um die sechzig. Batman hat doppelt so viele Jahre auf dem Buckel und ist immer noch Mitte dreißig. Sowohl bei Marvel als auch bei DC, den großen Superheldenverlagen, wuchs der Wunsch aufzuräumen oder ganz neu anzufangen. Die Lösung für beide Verlage: Parallelwelten, andere Dimensionen. Also erfanden sie andere Welten, in denen alles anders sein kann und einen die Vergangenheit nicht groß zu kümmern braucht, weil alles irgendwie erklärbar ist. Außerdem konnte man so auch die Stars unter den Helden beliebig an neue Bedürfnisse anpassen.

Nachteil: So schwindet die Einmaligkeit der Superhelden. Es ist ein Unterschied, ob ich die Abenteuer von DEM Batman verfolge oder von irgendeinem der vielen denkbaren Batmans.

Grund zwei ist, dass das Erwachsenwerden (wie erwähnt) verdeutlicht, dass die Superhelden von einst in der Realität nicht möglich sind. Und trotzdem: Manche ihrer Comics funktionieren. Immer noch oder auf neue Weise.

Zum Beispiel mit neuen Helden. Man ignoriert den alten Kram und fängt neu an. Am leichtesten mit einer Parodie. In Deutschland probieren das gleich zwei Helden: TRACHT MAN, ein Held in Lederhosen, der seine Superkräfte mit Bier erweitert. Und, noch etwas bizarrer, der von Horror-Filmer Jörg Buttgereit erdachte CAPTAIN BERLIN, **Abb.1** der gegen Erich Honecker kämpft und seinen sozialistischen Genossen Berlin – oder gegen seine eigene Raubkopie, Captain Bootleg. Schwieriger ist es, wenn man ernstzunehmend bleiben will: Man kann nicht dieselben Autos hochheben wie Superman 1938, man muss schon auch andere Geschichten erzählen. Wie in BLACK HAMMER, einem der gelungensten Projekte der letzten Zeit. Texter Jeff Lemire erzählt von sechs Superhelden, die seit Jahren ohne ihre Kräfte in einem Kaff gefangen sind. Golden Gail etwa, die sich früher mit einem Zauberwort zur Superfrau wandeln konnte, sitzt fest im Körper einer Neunjährigen. Colonel Weird ist nahe an der Demenz und spricht so leise, dass seine in Blassgrau gedruckten Satze kaum lesbar sind. Abraham Slam, Barbalien, sie alle sind nur noch Schatten ihrer selbst. Und sie kämpfen mit der Bedeutungslosigkeit, der Erinnerung an glorreiche Zeiten und mit dem Rätsel ihrer Gefangenschaft. Das ist – trotz aller Nachdenklichkeit – keine Heulsusenparade, es gibt Prügeleien und

* Gelöst hat das Problem am einleuchtendsten »Phantom«, der wandelnde Geist, der nicht ewig derselbe bleibt – sondern die Maske immer wieder an einen Nachfolger übergibt.

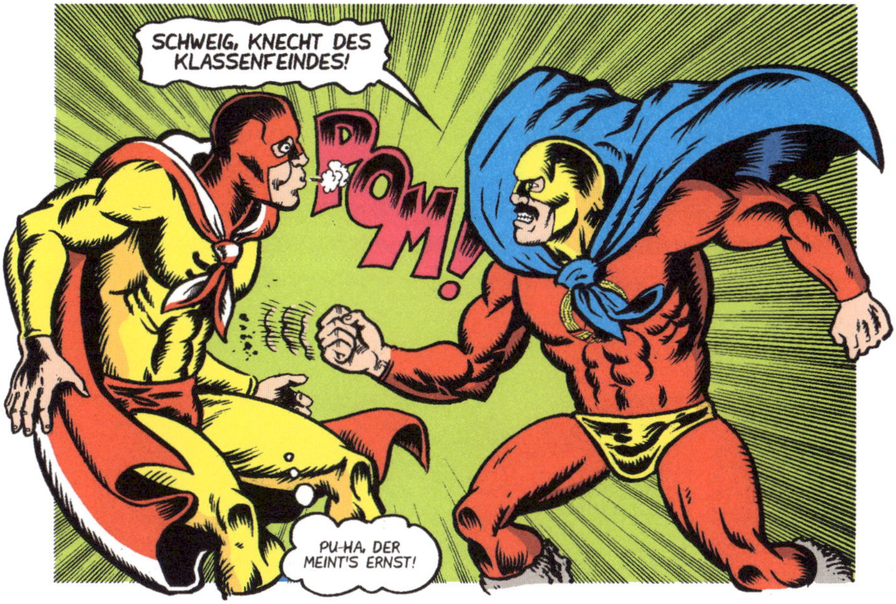

1

1 Kampf der Systeme: CAPTAIN BERLIN kämpft gegen den sozialistischen Genossen Berlin. Interessantes Detail: Beide knoten das Cape wie sonst eigentlich nur Kinder ihr Badehandtuch – oder Supergoof.

Action, meist in Rückblenden, denn die ganze Serie lebt von dem immer wieder aufblitzenden Gegensatz zwischen dem Ruhm von einst und der tristen Gegenwart. Doch es herrscht eine leicht melancholisch herbstliche Grundstimmung, die durch den kongenialen Retrostil des Zeichners Dean Ormston noch angenehm wehmütig verstärkt wird.

Ähnlich clever: KICK-ASS. Hier sind alle Superhelden das, was sie tatsächlich sind: Comichelden, nicht mehr. Der Teenie David Lizewski ist derjenige, der sie liest. Und der beschließt, es selbst auch mal zu versuchen. Er bestellt sich einen grünen Neoprenanzug, bastelt sich eine Maske und zieht eines Nachts los. Drei junge Sprayer in einem Hinterhof sind seine ersten Gegner, sie verprügeln ihn, rammen ihm ein Messer in den Bauch, beim Wegtaumeln wird David von einem Auto gerammt, dessen Fahrer sich schnellstens aus dem Staub macht. Es ist diese Realitätsnähe, die einen sofort packt. Wenn Sie, ich, wir alle morgen als Held losziehen, wird es genau so enden. Und von David trennen uns nur zwei Dinge: dass er es versucht und dass er nicht aufgibt. Sobald er aus dem Rollstuhl kommt, geht er nachts wieder auf Streife. Der nächste Einsatz: David gegen drei Schläger. Passanten, die er auffordert, die Polizei zu rufen, nehmen prompt ihre Handys – und drehen ein Video. Was David immerhin berühmt macht und einen Heldennamen beschert: Der Titel des Videos ist »Kick-Ass«. Mit dieser Konsequenz geht es weiter: David trifft durch das Video weitere Helden, die alle ähnlich unbedarft sind wie er – oder auch nur einfach geltungssüchtig und scharf auf Publicity. Und er trifft eine Heldin, die tatsächlich was kann: Hit-Girl, ein Mädchen, kaum älter als zehn, das von seinem paranoiden Vater skrupellos in Kampfkünsten, Schusswaffen, Sprengmitteln und vielem mehr geschult wurde. Hit-Girl macht dementsprechend auch keine Gefangenen – Hit-Girl tötet so bedenkenlos wie Kindersoldaten.

John Romita jr. bebildert die Geschichte eher konventionell, aber wirksam. Ausgedacht hat sie sich Mark Millar, und den Namen kann man sich getrost mal merken, weil recht viel Originelles aus seinem Kopf kommt, das regelmäßig mit großem Budget verfilmt wird. Etwa das Konzept des alternden Wolverine. Oder die elegante Normalo-wird-Superkiller-Story WANTED. Ein Muster lässt sich dabei beobachten: Millar genügt oft nur eine Kleinigkeit, um einen anderen Blickwinkel zu erreichen. Wie bei GENOSSE SUPERMAN.

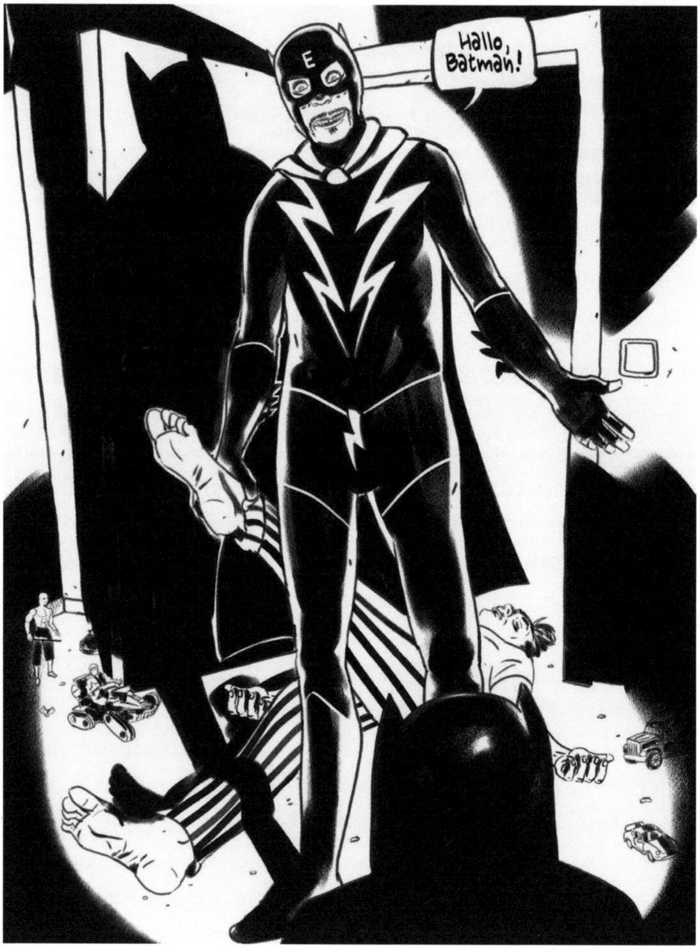

2

2 FREAKS bleibt authentisch: Wer Stromschläge austeilen kann, nennt sich »Elektroman«. Designer ist er vermutlich nicht. Also hat er auch keine bessere Idee als Blitze und einfach mal ein »E« auf dem Hirn.

Hier wird die Idee mit der anderen Welt ebenfalls nicht dazu genutzt, um irgendwas zu reparieren oder zu ignorieren. Hier landet Superman einfach in einer anderen Gegend derselben Welt.

Nicht im heilen Amerika der 1950er bei Mutter und Vater Kent. Er landet in Sowjetrussland und wird der Öffentlichkeit als getreuer Verteidiger des Genossen Stalin vorgestellt. Eine spannende Idee, auch wenn sie ausgerechnet das ausblendet, was eigentlich am spannendsten ist: Dass Superman die Idee des Kommunismus gut findet, ist ja vorstellbar – nicht aber, wie er die Unrechtsseiten des Stalinismus für gerechtfertigt halten kann. Doppelt schade, weil: Wer das hinbekommt, der hätte zugleich auch erklärt, wie Superman unter Donald Trump die Klappe halten konnte.

Trotzdem: Millar hat einen einfallsreichen Perspektivwechsel zurechtgebastelt, der nicht nur den ungewöhnlichen Anblick des Kryptoniers mit Hammer und Sichel auf der Brust bietet, sondern weitere Fragen aufwirft: Hätte Superman auch bei den Nazis landen können? Und was, wenn er in Afrika angekommen wäre? Oder in China? Denn man soll ja nicht vergessen: Superman ist nur deshalb ein (inzwischen auch alter) weißer Mann, weil er in der weißen Mittelschicht in Amerika erfunden wurde.

Ähnlich arbeitet FREAKS. **Abb. 2** Frank Schmolkes Film-Adaption verlagert einfach das Superhelden-Thema ganz ernsthaft in ein Deutschland, in dem man Menschen mit Superkräften von Kindesbeinen an mit Medikamenten normalisiert – bis sie eines Tages die Medikamente absetzen. Das ungläubige Entdecken der eigenen Fähigkeiten wirkt auch deshalb so authentisch, weil es eben nicht in New York stattfindet, sondern in einer deutschen Autobahnraststätte. Eine weitere Option, neue Facetten zu gewinnen, liegt in bislang vernachlässigten Aspekten. Wie Daredevils Trauer nach dem Tod seiner Freundin (S. 147). Frank Miller etwa besuchte als frischgebackener Comicstar noch mal Batman. Er erkannte das Potential der Anfänge seines Helden. Die lagen erstaunlich brach, obwohl die Serie SUPERBOY längst zeigte, wie man eine Superhelden-Jugend verwertet. Miller erfand die zwölf Jahre Training im Ausland, dazu eine Vergangenheit für Polizeichef Gordon, und er nutzte Batmans Unerfahrenheit, um ihn verwundbarer zu machen. Das Zeichnen überließ er David Mazzucchelli, der einen angenehm unspektakulären Stil wählte. Batmans Outfits wirken selbstgebastelt, die Action ist nicht aufgeblasen, sondern bodennah wie im Hinterhof nebenan.

Einen der interessantesten Ansätze hat gerade Panini wiederveröffentlicht: MARVELS von Kurt Busiek und Alex Ross erzählt die Anfänge der bekanntesten Marvel-Helden einfach noch mal – aber diesmal aus der Perspektive eines Pressefotografen. Bisher sah das ja eher so aus, dass die Weltbevölkerung unter dem Schutz der Superhelden ein wohlbehütetes Leben führte, und manche Leute, wie Jimmy Olsen, bekamen irgendwann eine Superuhr geschenkt, mit der man seinen Superkumpel jederzeit rufen kann. Busiek und Ross nehmen diesen Gedanken etwas realistischer unter die Lupe: Bei ihnen ist das Leben in einer Welt voller Superhelden ein konstantes Wechselbad der Gefühle. Denn so aufregend und spannend die neuen Ereignisse auch sind, stets sind die Menschen nur Zuschauer, den Ergebnissen ausgeliefert. Die Superhelden und ihre Gegenspieler sind für die Menschen abwechselnd und auch gleichzeitig Bedrohung, Beschützer, Prominente – und nicht zuletzt auch Konkurrenten. So wie heute die »alten weißen Männer« um ihre Privilegien fürchten, fürchten in MARVELS alle Menschen die aufkommende neue Generation von Helden und Mutanten, und ihre Reaktionen setzen dabei die Menschheit in ein – freundlich ausgedrückt – recht unvorteilhaftes Bild. Was nicht für die Zeichnungen gilt: Alex Ross sorgt mit seinem Fotorealismus für besondere Glaubwürdigkeit.

Bei den WATCHMEN (S. 224) mit den Protagonisten ohne lange Vorgeschichte war es natürlich einfacher, eine neue Geschichte zu erzählen. Nach dem Erfolg gab es etliche Ansätze, mit den ambivalenten Starfiguren weiterzuarbeiten, die Alan Moore erfunden hatte. Doch Moore weigerte sich – nicht zuletzt auch, weil der Reiz der Watchmen gerade darin besteht, dass man sie so nehmen muss, wie man sie vorfindet. DC Comics fand die Figuren allerdings zu reizvoll, um sie ungenutzt herumliegen zu lassen. Der Verlag beauftragte namhafte Autoren damit, Prequels zu entwickeln.

Einer dieser Autoren war 100 BULLETS-Mastermind Brian Azzarello, der für die zwei reizvollsten Antihelden Vorgängerstorys entwickeln durfte – und sich dabei sehr respektabel aus der Affäre zog. Vor allem mit der Geschichte um den zynischen Rauf- und Saufbold Comedian: Azzarello macht ihn zum zwiespältigen, skrupellosen Vertrauten und Bodyguard der Kennedys, der im Einsatz von der Ermordung JKFs erfährt und mit den verhafteten Verbrechern um den toten Präsidenten trauert. Der nach Vietnam geschickt wird, weil er zu Hause untragbar wird. Der dort erst richtig auf den Geschmack kommt, wie man sich im Auftrag des Staates über alle Gesetze hinweg amüsiert. Und dann noch abgebrühter zurückkehrt, um die Unruhen der 1960er-Jahre niederzuschlagen. Azzarello fügt dem Originalcomedian nicht allzu viel hinzu: Nach wie vor ist er der Ansicht, man könne als Superheld nicht viel ändern, aber sich straffrei auf die barbarischste Art amüsieren, solange der Staat es für nützlich hält – weshalb er sich vom Vigilanten zum Genuss-Hooligan im Regierungsdienst gemausert hat. Doch Azzarello nutzt den gebotenen Platz für zahlreiche weitere Beispiele der paradoxen Comedianlogik. Ein Mann, der oft recht hat, aber keine Seele mehr. Lesenswert.

Eins noch, weil's gar so schön ist: Alan Moore ist ja immer einen Versuch wert. Und dieser Versuch ist zudem auch noch angenehm überschaubar, wenn Sie nicht viel Zeit haben. Der Band WAS WURDE AUS DEM MANN VON MORGEN? versammelt seine Geschichten, die er dereinst für Superman schrieb. Darunter auch die clevere Episode »Das Geschenk«, in der ein Schurke Superman kaltstellt, indem er ihn in eine Traumwelt schickt, in der er hat, was er offenbar immer wollte: eine Familie, ein Kind, seine Ruhe. Gezeichnet hat das Ganze einer von den Guten der 1970er: Curt Swan.

~~Outtakes~~

Mark Millar (Text)/Frank Quitely (Zeichnungen), JUPITERS LEGACY, Panini
Die Kinder der Superhelden sind missraten, ruhen sich auf den Lorbeeren ihrer Eltern aus, langweilen sich, fühlen sich schlecht behandelt. Manche Superhelden fühlen sich auch nicht richtig gewürdigt. Millar inszeniert die Revolution der beleidigten Leberwürste und ihre Konsequenzen. Ordentlich, streamingtauglich.

Frank Miller (Text)/Bill Sienkiewicz (Zeichnungen), ELEKTRA: ASSASSIN, Modern Graphics Distribution
Eine schöne Gelegenheit, den eigenwilligen Stil von Bill Sienkiewicz zu entdecken. Mal Cartoon, mal Collage, mal naturalistisch. Wer Sienkiewicz liest, braucht keine Drogen mehr. Dazu gibt's Qualitätsradau rund um Millers Lieblingskillerin Elektra.

Diverse, BATMAN: THE WORLD, Panini
Vierzehn Teams aus aller Welt ermöglichen Batman vierzehn Abenteuer im jeweiligen Heimatland. Für Deutschland am Start: die Gung Ho-Crew Thomas von Kummant/Benjamin von Eckartsberg mit einem der stärksten Beiträge des Bands. Vierzehn neue Blicke auf den dunklen Ritter in neuem Umfeld – da sollte auch was Gutes zu finden sein.

Steven Appleby, DRAGMAN, Schaltzeit Verlag
Preisgekrönt, unterhaltsam: August Crimp, der heimlich Frauenkleider trägt, merkt, dass er in ihnen fliegen kann. Er entdeckt eine Welt ähnlicher Menschen, manche gut oder harmlos, manche missgünstig oder böse. Ob Appleby sein Thema geschickt breitenwirksam verniedlicht oder ihm so die letzte Ernsthaftigkeit vorenthält – lesen, selber rausfinden!

Die Titel aus diesem Kapitel

→ Christopher Kloiber, TRACHT MAN, Plem Plem Productions
→ Jörg Buttgereit (Text)/Levin Kurio, u. a.. (Zeichnungen), CAPTAIN BERLIN, Weissblech Comis
→ Mark Millar (Text)/John Romita jr. (Zeichnungen), KICK-ASS, Panini
→ Mark Millar (Text)/Dave Johnson u. Kilian Plunkett (Zeichnungen), GENOSSE SUPERMAN, Panini
→ Frank Miller (Text)/David Mazzucchelli (Zeichnungen), BATMAN – DAS ERSTE JAHR, Panini
→ Marc O. Seng (Text)/Frank Schmolke (Zeichnungen), FREAKS, Edition Moderne
→ Kurt Busiek (Text)/Alex Ross (Zeichnungen), MARVELS, Panini
→ Brian Azzarello (Text)/Jeffrey Glenn Jones (Zeichnungen), BEFORE WATCHMEN: COMEDIAN, Panini
→ Brian Azzarello (Text)/Lee Bermejo (Zeichnungen), BEFORE WATCHMEN: RORSCHACH, Panini
→ Alan Moore (Text)/Curt Swan (Zeichnungen), SUPERMAN – WAS WURDE AUS DEM MANN VON MORGEN?, Panini

22

Trotz seines Erfolgs der Serie GUNG HO: Gäbe es nur den deutschen Markt, käme Thomas von Kummant auf keinen grünen Zweig. Ein Gespräch über lukrative Nebenjobs, die Wertschätzung im Ausland und den verschlungenen Weg zum Comiczeichner.

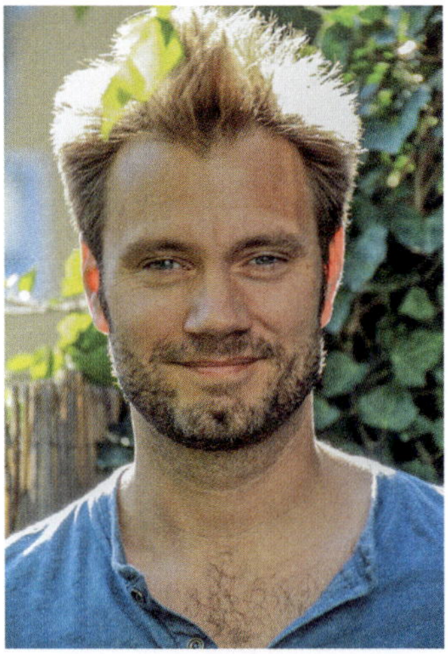

»ICH HAB KEINE LUST AUF VERFAULTE TYPEN«

Timur Vermes: Herr von Kummant, hat sich für Sie ein Traum erfüllt, weil Sie schon immer Comics zeichnen wollten?

Thomas von Kummant: Ich wollte gar nicht schon immer Comics zeichnen.

Sondern?

Profifußballer werden. Wie mein Vater. Der war Bundesligafußballer beim 1. FC Nürnberg. Und ich wollte auch da hin. Ich war sogar ziemlich gut dabei, nach der Schule hab' ich beim FC Augsburg gespielt. Aber dann ist meine Freundin schwanger geworden, und ich hab was Sichereres gebraucht.

Comics zeichnen klingt aber auch nicht gerade bodenständig.

So hat es ja auch nicht angefangen. Ich habe neben den Fußball eine Ausbildung zum Druckvorlagenhersteller gemacht.

Weil Sie schon in der Schule so gut und gern gezeichnet haben?

Auch nicht. In der Schule zeigen sie dir ja nichts. Da sagen sie dir ja nicht, wie du ein Papier aufreißt oder irgendwas, da wird halt gemalt. Und ich bekam für meine Malerei immer irgendwelche Vierer. Nein, erst in der Ausbildung haben sie mich immer ermutigt, Sachen auszuprobieren, Logos zu entwerfen, so was. Und eine Freundin hat mich dann zum Aktzeichnen mitgenommen und mir gesagt, dass man sich an der Designschule München noch bewerben kann.

Die haben Sie genommen?

Ja, ich hatte ja aus der Ausbildung ein bisschen was zum Vorzeigen, ich hab dann die Aufnahmeprüfung bestanden. Das lief ganz gut. Dort waren zu 99 Prozent Mädels, und die sagten mir immer, wie gut doch meine Zeichnungen wären. Es hat etwas gedauert, bis ich mitkriegte, dass sie das einfach allen Jungs erzählten – aber dann war ich schon richtig angefixt. Und genauso, wie ich vorher vier Stunden am Tag Fußball trainiert habe, habe ich jetzt gezeichnet. Ich wollte besser werden.

Und? Wie wird man richtig gut?

Sagen wir so: Man muss die Frustration annehmen. Es ist wie bei allem: Erst machst du rasch Fortschritte, doch plötzlich geht nix mehr voran. Das ist aber die wertvollste Zeit. Da ist dein Kopf schon woanders und merkt, dass deine Fähigkeiten noch nicht entsprechend sind. Das zeigt, dass du auf dem richtigen Weg bist. Diese Frustphase kommt immer wieder, aber inzwischen mag ich sie richtig.

Und dann haben Sie angefangen, Comics zu zeichnen?

Nein, die Sache mit der Familie und den Kindern war ja nicht vom Tisch. Ich musste Geld verdienen. Also hab ich Jobs angenommen, und Comics waren einer der Jobs. Ich sollte den zweiten Teil eines Goethe-Comics zeichnen, mit dem ersten war der Verlag nicht so zufrieden. Und das hab ich dann relativ schnell geliefert, auch Dank Benjamin von Eckartsberg, der die Kolorierung übernahm. Das war auch ganz ordentlich bezahlt.

Ab da wusste der Verlag, dass Sie was können.

Ja. Und da gab es dann ein Angebot, einen Fantasybestseller zu verarbeiten, DIE CHRONIK DER UNSTERBLICHEN von Wolfgang Hohlbein. Benjamin hat das Szenario draus erarbeitet, und ich habe gezeichnet. Da bin ich dann mit Schulden rausgekommen.

Man arbeitet und hat dafür Schulden? Wie geht das?

Ich hab mir das Leben selber schwer gemacht. Ich war mit Goethe nicht zufrieden, da war so gar keine Atmosphäre. Also hab ich bei den UNSTERBLICHEN die Hintergründe aufwendig in Acryl gemacht und die Vordergründe separat getuscht und dann beide im Computer zusammenmontiert, noch mal irre aufwendig. Wir hatten aber nur eine Pauschale als Bezahlung ausgemacht – jetzt können Sie sich's selber ausrechnen. Sie arbeiten zu lange für zu wenig Geld, die laufenden Kosten gehen weiter – dann haben Sie Schulden.

Heute sehen Sie das offenbar entspannter.

Ja, weil die Arbeit sich doch gelohnt hat. Das Ding hat sich in Deutschland über zehntausendmal verkauft, und dann sind die Franzosen drauf aufmerksam geworden. In Frankreich gingen vom Start weg zwanzigtausend Exemplare raus.

Das ist eine andere Hausnummer, oder?

Eine ganz andere. Der ganze französische Markt ist viel größer: Jedes Jahr erscheinen dort fünftausend neue Comictitel. Die waren auch ganz scharf auf den zweiten Teil der CHRONIKEN. Aber ich konnte nicht so schnell liefern.

Weil Sie Geld verdienen mussten?

Weil ich Geld verdienen musste. Ich hatte Lust, den zweiten Teil der CHRONIKEN zu zeichnen. Aber ich konnte die anderen Aufträge eben nicht liegen lassen. Und daran erkennen Sie den Unterschied des französischen Marktes: Der Verleger musste dringend den zweiten Teil liefern. Dann hat er zusätzliches Geld in die Hand genommen, damit wir liefern. Ab da war klar, dass die Franzosen sich dahinterklemmen. Aber Benjamin und ich wollten lieber was Eigenes machen.

Wieso? Das lief doch gut.

Weil jede Menge Anfragen kamen. Spiele, Verfilmungen, alles. Und wir sagten jedes Mal: Danke für die Blumen, aber da müssen Sie den Herrn Hohlbein fragen. Da war klar: Nächstes Mal wollen wir diejenigen sein, die man fragen muss.

Und was sagten die Franzosen?

Die haben zuerst mal Benjamin und mich eine Woche lang nach China geflogen. Dort sollten wir die Zeichner aussuchen, die unsere Arbeit weiterführen sollten.

Eine Woche China für zwei Newcomer?

Ich sage doch, das ist eine ganz andere Liga. Comics sind dort ganz anders angesehen: Unsere Serie ist da in manchen Regionen Schullektüre. In Belgien schleifen die Lehrer Schulklassen ins Comicmuseum. Da besprechen die dann Details wie Licht oder Stiftführung. Das ist schon irre.

Und nach China haben Sie dem Verlag GUNG HO vorgeschlagen.

So etwa, auch wenn die Serie da noch anders aussah. Benny wollte eine Geschichte, bei der ein ganz normaler Jugendlicher morgens aufsteht: Es ist der Tag einer wichtigen Prüfung. Und auf dem Weg zur Prüfung merkt man, das ist eine seltsame Stadt. Und die Prüfung ist dann ein Kampf gegen Zombies. Das fand ich gut, bis auf die Zombies.

15. Ext. Siedlung – Dachbau neben Clarissas Elternhaus – Tag

1. Archer und Zack haben Arbeitsdienst. Dachrenovierung. Gemeinsam mit einigen anderen Jugendlichen und Erwachsenen decken sie ein Dach mit Holzschindeln und zimmern eine Ausguckplattform darauf.

2. Archer trägt seine Wollmütze und das »Sexy Beast«-T-Shirt. Er kniet oben auf dem Dach und beobachtet über die Straße hinweg ...

3. ... Clarissa, die auf dem flachen Garagendach neben ihrem Elternhaus Bettlaken zum Trocknen aufhängt.

4. Zack bemerkt seinen Blick.

5. Unten arbeitet Clarissas Mutter, Mrs. Wilk, in ihrem Gemüsegarten. Sie trägt einen blaue Drillich und ein Kopftuch.

6. Ihre ältere Nachbarin Mathilde Meyer steht am Gartenzaun, angetan mit Schürze und Gartenhandschuhen.

7. MRS. MEYER
»Ich habe mir die beiden Neuen auf dem Grillfest genau angesehen. Und ich sage dir, den Älteren muss man im Auge behalten. Wie der den Mädchen hinterherschaut ...«

8. MRS. WILK
»Ach komm schon, Mathilde, das sind doch ganz harmlose Jungs.«

9. MRS. MEYER
»Dass du so sorglos bist! Die sind nicht umsonst hierher versetzt worden. Deine Clarissa ist schon gut entwickelt, da solltest du aufpassen!«

10. MRS. WILK
»Clarissa ist zwar schon sechszehn, aber sie ist nicht so eine. Wir haben sie gut erzogen.«

11. MRS. MEYER
»Sei doch nicht so naiv, Sonya. In dem Alter müsste man das Jungvolk getrennt in Käfigen halten, damit sie nicht übereinander herfallen.«

12. Archer meldet sich beim Vorarbeiter ab, der eine orangefarbene Armbinde trägt.

13. ARCHER
»He, Mr. Atkins, ich muss mal austreten.«

14. MR. ATKINS
»Ist gut, Archer. Aber trödel nicht rum! Wir haben noch viel zu tun.«

15. Als Archer an ihm vorbei nach unten klettert, zischt Zack ihm zu:
ZACK:
»Mach keinen Quatsch, Archer!"

16. Clarissas Mutter steigt die Treppe zum Garagendach hinauf und betritt das Dach.

17. Mehrere Reihen weißer Leinenlaken trocknen in der Sonne.

18. Sie hört ein leises Kichern und schleicht zwischen den Laken hindurch und bleibt vor einem stehen.

19. Wieder ist ein Kichern zu vernehmen.

20. Sie reißt das Laken beiseite. Vor ihr stehen Archer und ihre Tochter Clarissa.

21. Clarissa trägt Archers Mütze, dafür aber kein Oberteil. Archer steht hinter ihr und hat mit beiden Händen ihre vollen Brüste umfasst.

22. Beide schauen sie überrascht und mit großen Augen an.

1

1 So geht's los: das Original-Script zu GUNG HO.

2 Schritt zwei und drei: Erst sind alle Szenen gleich groß – dann wird über Größe und Form gewichtet.

9.

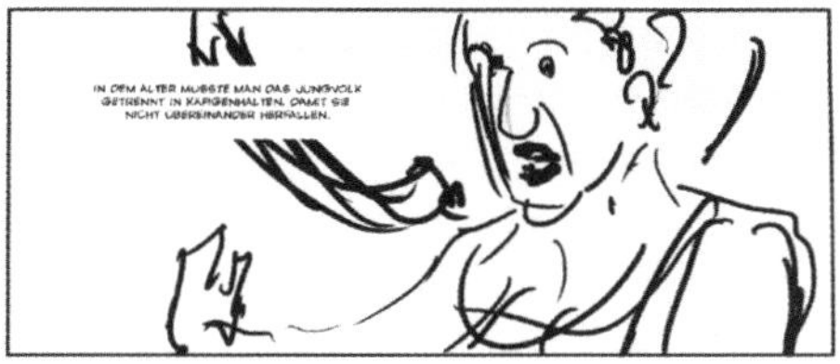

10.

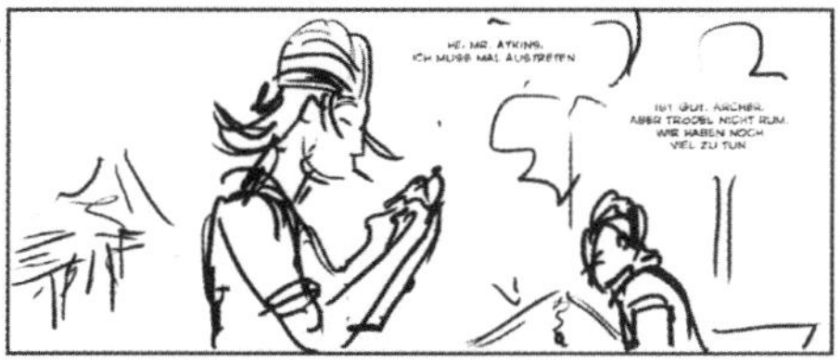

11.

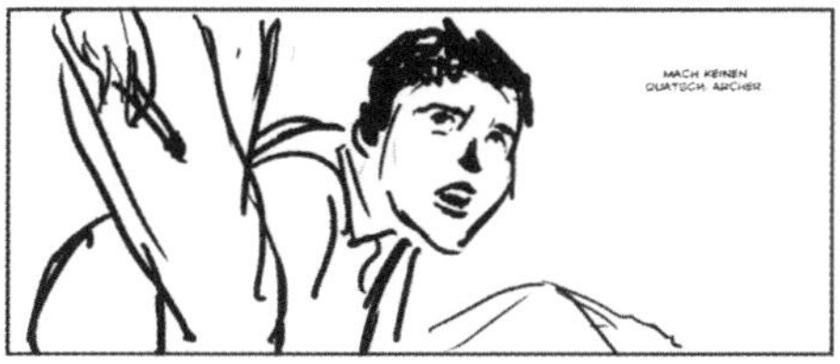

12.

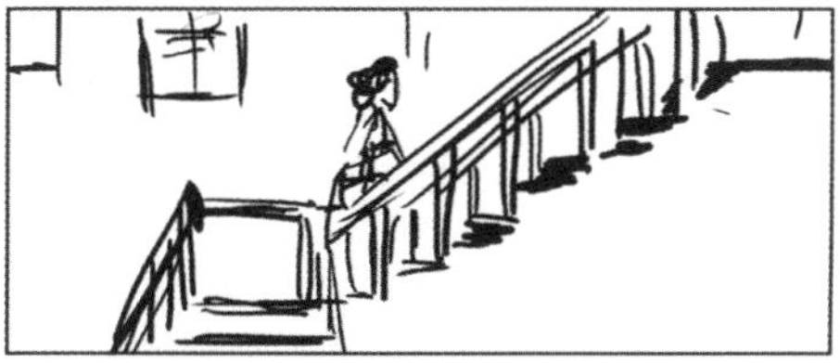

13.

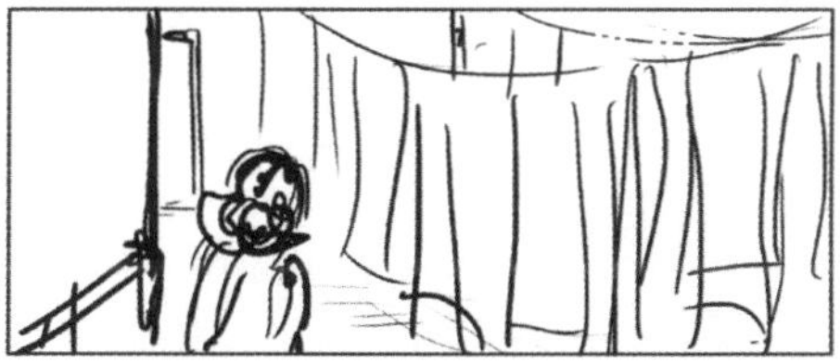

14.

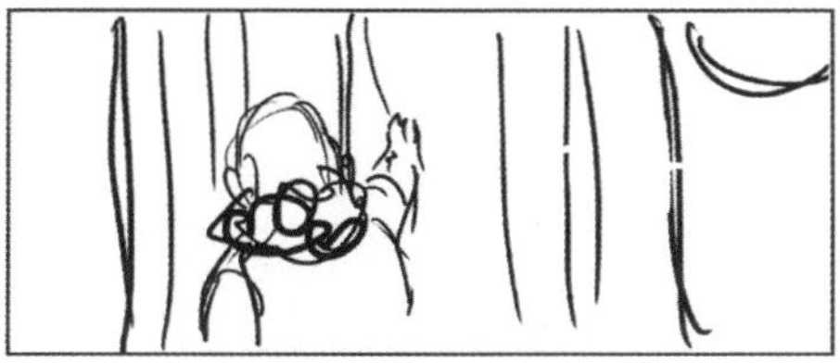

15.

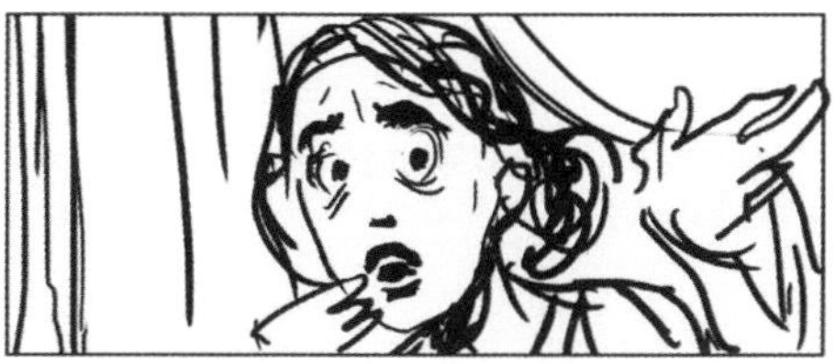

16.

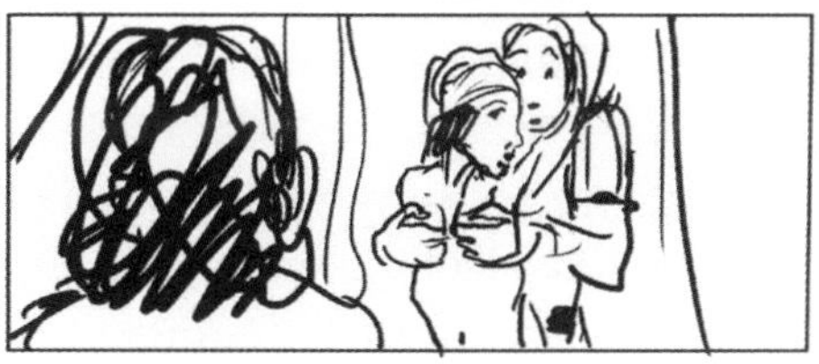

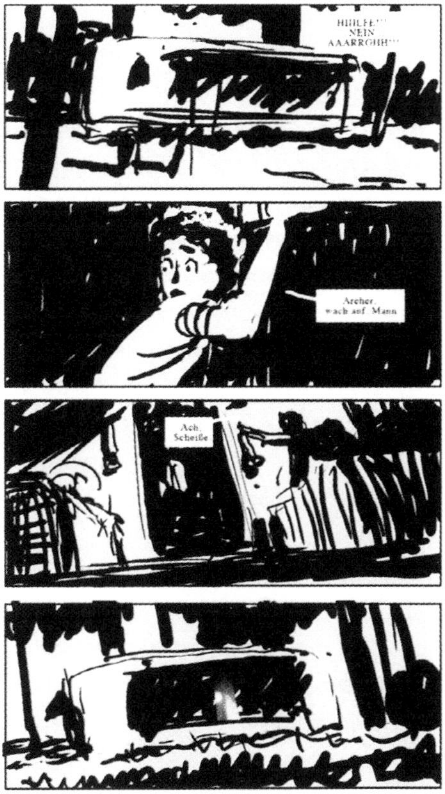

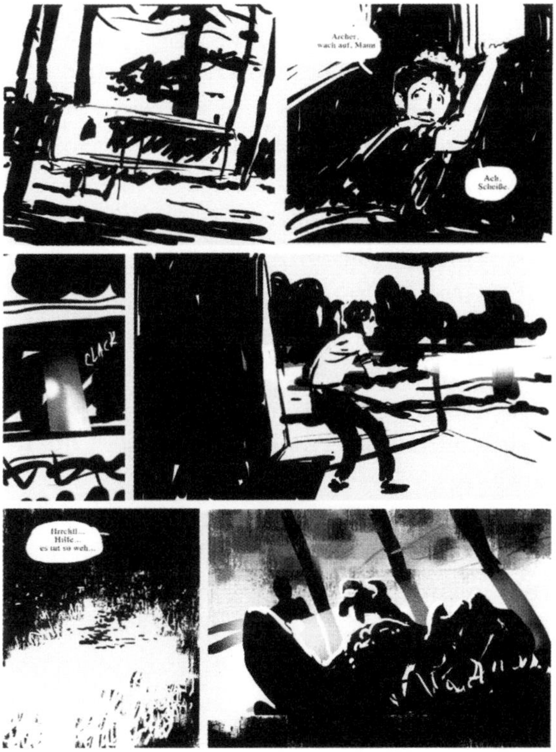

Was spricht gegen Zombies?

Ach, jahrelang diese ganzen verfaulten Leute zeichnen, das reizt mich nicht. Aber dieser Gegensatz gefiel mir: ganz normale Jugendliche – und die permanente Bedrohung. Wir mussten uns nur eine andere Bedrohung einfallen lassen.

Und das sind dann in GUNG Ho die »Reißer«?

Ja, im Wesentlichen. Jugendliche in einer Ausnahmesituation. Dauernd sollen sie diszipliniert sein. Aber genau darauf haben sie keinen Bock. Und natürlich sind sie verliebt, obwohl das doch eigentlich gar keine Umgebung für Liebe ist. Trotzdem. Das fand ich super, auch weil meine älteste Tochter gerade in dem Alter war.

Die Franzosen mochten es?

Oh ja. Und sie sind wieder in Vorleistung gegangen: Sie haben uns bezahlt, für die Entwicklung des Stoffes, die Vorentwürfe, eine Art richtiges festes Gehalt. Benny hat das Konzept geliefert, vierhundert Seiten, fünf Bände. Alles aus einem Guss.

Ein ganz anderer Markt.

Ein ganz anderer Markt.

Wie arbeiten Sie zusammen?

Benny entwirft das Szenario. **Abb. 1** Die Dialoge. Ich übersetze das dann in Bilder. Das sind grobe Skizzen, alle gleich groß. **Abb. 2** Dann verteile ich die Bilder und komponiere daraus die Seite. Das ist wie der Filmschnitt: Ich will eine langsame Kamerafahrt – das ist dann ein Querformat, wo der Leser von links nach rechts durchschauen muss. **Abb. 3** Dann drei schnelle Bilder, die er schnell hintereinander wegguckt. Wo soll wer was sagen? Welches Bild eignet sich für einen großen Effekt? Welches Bild kommt nach unten rechts, damit man schnell weiterblättern muss. Dann sprechen wir das durch.

Er gibt die Regie in Ihre Hände?

Ja, weitgehend. Er sagt dann manchmal: Das Bild kann raus oder jenes, weil ich ganz gerne noch mehr Zwischenschnitte mache. Ein Ast, Blätter, ein Vogel sitzt drauf, und erst allmählich sehen wir den Reißer im Hintergrund.

Und wer hat recht?

Mal er, mal ich.

Und dann zeichnen Sie?

Ja, das ist dann die Fleißarbeit.

Ich dachte, das ist dann der große Spaß?

Nein, der Spaß ist für mich das Skizzieren, das Komponieren, das Ausdenken. Zeichnen, na ja, das ist schon auch nett. Aber das muss ich dann eben auch abarbeiten.

Und was kommt jetzt?

Ich weiß nicht. GUNG HO war ein richtiger Türöffner, lief aber nicht ganz reibungslos. Und genau dadurch haben sich viele andere Dinge ergeben. Der Verleger hat das Geld für uns auch nicht einfach so aus dem Ärmel geschüttelt. Das hakte schon manchmal. Aber durch GUNG HO bekam ich zwischendurch immer neue Angebote. Ich konnte nichts Festes zusagen, aber dazwischen immer wieder phasenweise für Filmfirmen wie Pixar arbeiten. Der Verlag war nicht sehr glücklich, weil er natürlich immer auf den nächsten Band wartete. Aber letztlich war es finanziell auch für sie entlastend, weil die Filmleute richtig gut zahlen.

Um was ging es da?

Szenarien, Szenen- und Setentwürfe. Das da zum Beispiel, da geht es um so eine Fantasystadt, in der Ritter auf gigantischen Vögeln reiten. Jeder Ritter hat seinen Vogel vorm Haus – so, und wie soll das dann aussehen? Dann gibt es einen gigantischen Vogelschlag, oder sitzen die auf einer Stange vor dem Haus? Das zu entwerfen und durchzuspielen, das ist total aufregend und fühlt sich eigentlich gar nicht wie Arbeit an.

Klingt wie ein Wechsel zum Film.

Vor allem will ich allmählich was Eigenes erzählen. Das darf gern wieder ein Comic sein. Aber ich lerne gerne Neues. Ich bin jetzt in einer neuen Ateliergemeinschaft, da sind jede Menge Filmmenschen. Special Effects, Production Designer, ich habe mit dem Comic so viel Entwicklung verpasst, das will ich alles wieder mitkriegen. Was die inzwischen machen können, Wahnsinn.

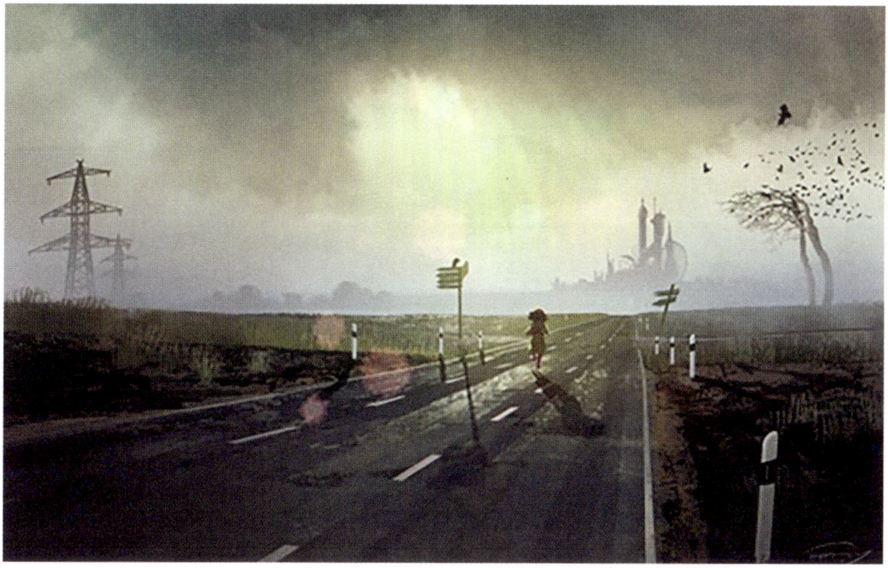

3

3 Zusatzjob: von Kummant entwirft visuelle Entwicklungen, hier für den Kinofilm »Zombillenium«.

23

Vom Kribbeln im Bauch bis zum bitteren Alltag. Die kleinen Unsicherheiten und die großen Ängste. Die richtigen Worte, die passenden Bilder. Porno kann jeder, diese Comics können mehr.

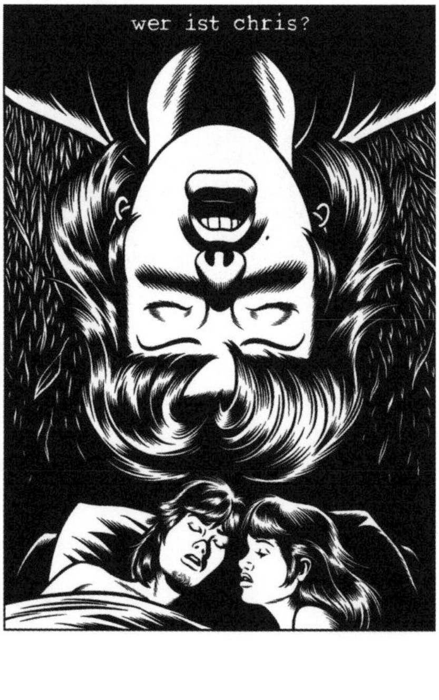

DER GUTE, DER SCHLECHTE UND DER HÄSSLICHE SEX

Sex ist definitiv was für Erwachsene. Daisy Duck war zwar immer wieder Objekt der Begierde sowohl für Gustav Gans als auch Donald, aber letztlich war nie klar, was die beiden mit der tantigen Nervensäge eigentlich anfangen würden – also außer sie am Ende des jeweiligen Abenteuers als Siegespreis mit dem Auto heimzufahren. Ich erinnere mich allerdings, dass ich für eine kurze Zeit Petra Pichelsteiner etwas eingehender und länger betrachtete, als es ihrer Rolle in den PICHELSTEINER-Episoden eigentlich entsprochen hätte, aber das war nur eine kurze Phase. Dann stellte sich heraus, dass DIE PICHELSTEINER als Bezugsquelle interessanter Frauen nicht erste Wahl waren, dass es da auch andere Comics gab, die man aber irgendwie nicht so einfach in die Finger kriegte, und na ja …

Aber diese Zeiten sind ja nun vorbei, und Sex wird inzwischen in Comics nicht nur immer wieder thematisiert, Sex ist auch ein eigenständiges Comicthema. Damit ist übrigens keineswegs die Pornoschiene gemeint, für die man keinen Comicverführer braucht – das findet mannfrausonstwer, denke ich, bei Interesse von selbst. Aber irgendwas müssen Pornos richtig machen, sonst würden sie nicht funktionieren. Deshalb empfehle ich als Einstieg eine sehr unterhaltsame Schnittstelle namens Ralf König.

Ziemlich oft wird König als der Humorist mit dem BEWEGTEN MANN betrachtet, der ja auch in der FAZ viel zeichnet und dadurch so eine Art Ritterschlag hat. Aber König hat eigentlich auch schon immer einen schönen ferkelig expliziten Einschlag gehabt. Was seinen Erfolg gerade anfangs in der schwulen Szene erklärt: Witzig ist schön und gut, aber kombiniert mit Sex geht das ab wie weiland die Tijuana Bibles, die kleinen, handgerechten Sexcomics der 1930er- bis 1950er-Jahre. Und König hat aus dieser fruchtbaren Mischung weit mehr gemacht als man davon erwartet hätte.

Nehmen wir mal SUPERPARADISE. König schickt Paul, seinen dauergeilen Lieblingsprotagonisten, nach Mykonos zum schwulen Sexurlaub, natürlich ohne Pauls schöngeistigen und stubenhockenden Dauerlover Konrad. Und neben den sehr lustigen Dialogen über schwule (und damit gar nicht selten auch heteromännliche) Denkschienen spielt König immer wieder mit geschickt reduzierter Lustigkeit die Sexkarte aus. Etwa als Paul am Strand einen italienischen Gigolo entdeckt. Wenn Paul hastig die Videokamera hervorkramt und heimlich filmt, ist das noch komisch, aber wenn König zur Nahaufnahme schreitet, ist da allenfalls noch der Kopf karikiert, und wenn der nicht mehr im Bild ist – Bingo. König nimmt sich auch viel Zeit, Paul beim Cruising zu begleiten, beim Abchecken der Szene auf Mykonos, um was für die Nacht abzuschleppen. Das sind auch mal Seiten ohne Worte, damit auch ohne schnelle Pointen, und man gewinnt Einblicke in eine Szene, die man als Hetero nicht unbedingt kennt – die einen aber auch nicht gerade langweilen. Na ja, und sexmäßig passieren da eben dann auch Sachen, die, tja, schon irgendwo auch irgendwie nicht völlig uninteressant sind, wenn man sich, wie es neuerdings so scheußlich heißt, mal ein Stück weit ehrlich macht.

Geradezu einzigartig ist bei König aber immer wieder, dass er beide Elemente, Erotik und Unterhaltung, zu einem stimmigen Ganzen verrührt. Da ist eben nicht nur das eine das Alibi fürs andere wie dereinst beim PLAYBOY die Interviews, es gehört einfach zum Leben der Protagonisten. Deswegen begleitet nicht nur König in HERBST IN DER HOSE (S. 145) pflichtbewusst Paul ins unerfreuliche Altern, sondern der Leser folgt beiden. Auch in SUPERPARADISE, wo später im Band einige ernstere Töne ... Nein, nein, wird nicht verraten. Und wenn wir schon dabei sind: BULLENKLÖTEN ist durchaus vergleichbar geeignet. Wie überhaupt die These aufgestellt werden darf, dass Ralf König zwar nie wirklich schlecht ist, aber je schwuler, desto purer und besser. Oder spielt einem da nur die »Boys Love«-Denke einen Streich? Also: die (auf S. 147 erwähnte) Nummer mit der beruhigenden Schwulenoptik und -geschichte, die unser Hirn fortwährend in die eigene Sexualität übersetzt, aber so heimlich, dass wir's selber gar nicht so genau mitkriegen?

Eine wesentlich handfestere Transferleistung kann ich vom Splitter-Verlag empfehlen: ESMERA von Vincent »Vince« Roucher (Zeichnungen) und Philippe »Zep« Chapuis (Text).

Die Geschichte spielt in den 1960ern, und die junge Esmera, die auf eine katholische Mädchenschule geht, entdeckt den Sex. Das ist so klischeehaft, wie es klingt, mit einer kleinen Ausnahme: Jedes Mal, wenn Esmera einen Orgasmus hat, wechselt sie hinterher das Geschlecht. Und wer gestern noch mit einer jungen Frau ins Bett ging, findet sich kurz darauf neben einem jungen Mann wieder. Klingt banal, aber das eröffnet einerseits sehr abwechslungsreiche (und sehr anregend gezeichnete) erotische Konstellationen, gibt aber andererseits auch die Möglichkeit, unauffällig verschiedene Fragen zu stellen. Wie ist Sex als Mann? Und wie als Frau? Und ist es wichtig, ob die Person, mit der man Sex hatte, immer dasselbe Geschlecht hat? Nicht schlecht für einen Comic, der vor allem auch sämtliche zeichnerischen Ansprüche an erstklassige Pornografie problemlos erfüllt.

Mindestens so gut wie Sex selbst lässt sich auch das Abgründige im und am Sex thematisieren. Einer der Besten auf diesem Gebiet ist der US-Amerikaner Charles Burns. Seine Graphic Novel BLACK HOLE spielt in den 1970er-Jahren unter Jugendlichen. Burns zeichnet sie linkisch, **Abb.1** pickelig, neugierig, irritiert. Sie treffen sich im »Planet Xeno«, einem Versteck im Wald, wo sich bald Eigenwilliges findet. Menschliche Häute, abgestreift wie Schlangenhäute. Bizarre Aussätzige tauchen auf. Es ist ein schleichender Horror, der aber ohne Axtmörder auskommt.

Burns nutzt die Pubertät, um den Leser in eine Welt zu führen, in der man auf einmal dem eigenen Körper nicht mehr trauen kann. Es wachsen Haare, wo sie nicht hingehören, aber auch Schwänze, und ständig drohen Situationen, in denen man verbergen muss, wer man ist oder wie man aussieht. Jede Seite ist schwitzig vor lauter Unsicherheit, Burns zapft dazu unsere eigenen peinlichen Jahre an, und da ist es völlig gleich, ob man in den 1970ern oder -80ern, -90ern aufgewachsen ist. Burns konstruiert seinen Schrecken aus dem Alltäglichen, David Cronenberg fällt einem dazu ein. Alles ist neu und faszinierend und gefährlich zugleich, Menschen verändern sich oder sind auf einmal ansteckend, und die eigenen Freunde von früher sind genauso ratlos wie man selbst. Ganz sicher kein Wohlfühlcomic, aber dafür ein unvergesslicher Trip in die Unbehaglichkeit.

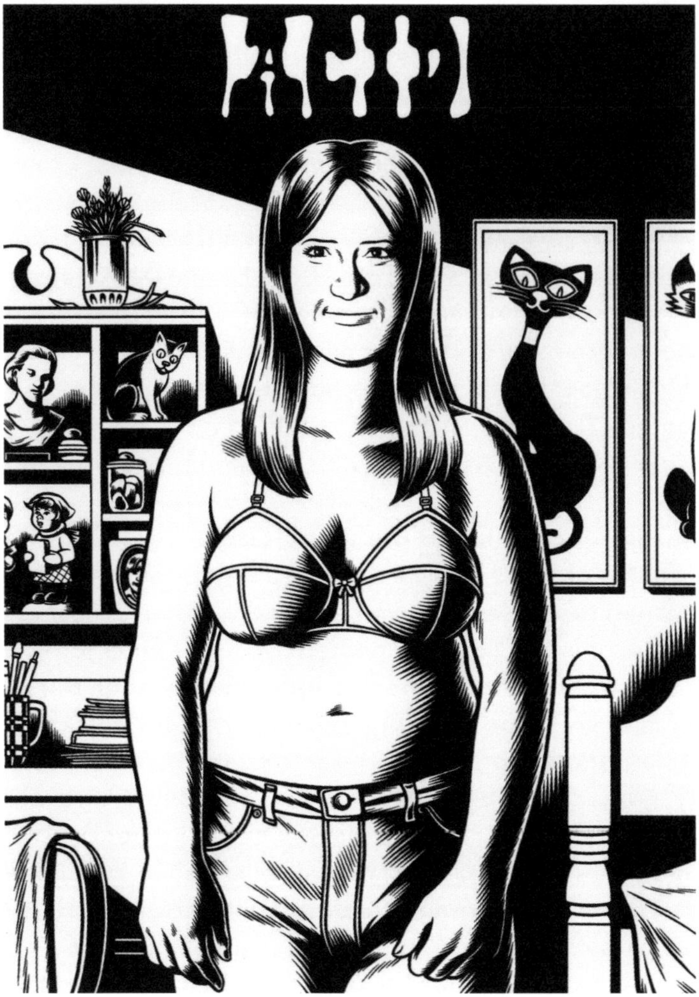

1

1 Unsicher in der eigenen Haut: Charles Burns macht in BLACK HOLE die unbehaglichen Seiten der Pubertät fast körperlich spürbar.

Weil wir grade beim Düsteren sind: Nina Bunjevac hat sich in BEZIMENA an eine Missbrauchsgeschichte gewagt. Aus der Täterperspektive. Der Junge Benny lebt in einer kleinen Stadt und guckt von klein auf den Mädchen hinterher. Dabei spielt er an sich herum und wird dafür regelmäßig gemaßregelt. Also zieht Benny sich zurück, verrät niemandem mehr, was in seinem Kopf vorgeht, in dem sich selbstverständlich nichts ändert. Und weil kein Mensch sich gerne als perverser Sonderling fühlt, reduziert er die Kontakte zu anderen Menschen und arbeitet als Tierpfleger, denn Tiere reden nicht und beschuldigen einen noch seltener. Die Geschichte geht, klar, nicht gut aus: Plötzlich trifft Benny traumhafte Frauen, die lauter Sachen machen, die er mag, die ihn geradezu dazu auffordern. **Abb. 2** Und während man selbst sofort denkt, dass da was nicht stimmen kann, denkt Benny dabei: nichts. Aber was in seinem Kopf einvernehmlicher Ledersex ist, ist in der Realität der Geschichte Mord.

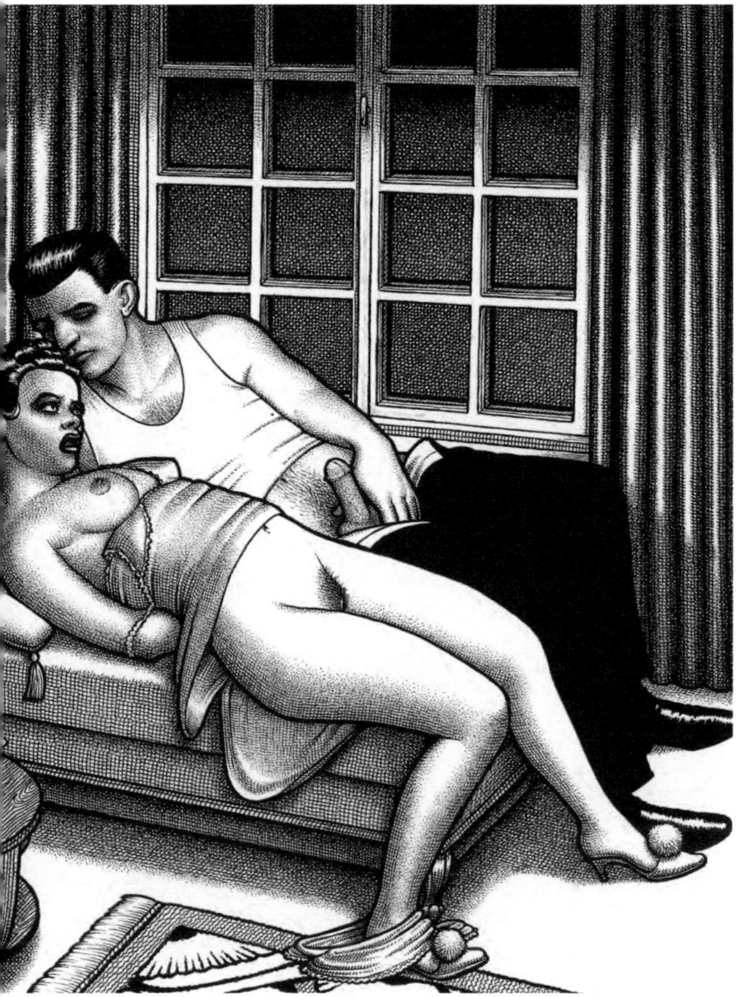

2

2 Nina Bunjevac zeigt Gewalt aus der Täterperspektive – extrem verstörend und zugleich mit ihrer Schraffurtechnik extrem ästhetisch.

Ungewöhnlich glaubhaft fühlt sich Bunjevac in den Täterkopf ein. Benny ist ein Getriebener. Er hat seine Vorliebe nicht gewählt, sondern nur vorgefunden. Ausgrenzung hilft nicht: Benny radikalisiert sich in der Isolation. Ebenfalls einleuchtend: Bennys Erleichterung, als in seiner Scheinwelt der Konflikt zwischen Lust und Realität plötzlich wegfällt. Man ahnt, wie erlösend das Internet für zahllose Kindersexfans gewesen sein muss: endlich Gleichgesinnte treffen, nichts mehr verstecken müssen, sogar noch Anerkennung für die eigenen Vorlieben bekommen.

Dennoch bezieht Bunjevac trotz eigener Opfererfahrung nur sehr unaufdringlich Stellung. Nicht im Text, nur im Bild. Dort wächst das Düstere aus ihrer faszinierend akkuraten Schraffurwelt, die tatsächlich in Handarbeit entsteht. Wie sie unglaublich exakt auf schwarz-weißen Panels riesige Flächen abtönt, indem sie immer noch eine weitere Lage Linien versetzt darüberlegt und noch eine und noch eine, das ist schon eine ästhetische Attraktion für sich. Es gibt natürlich mehr zu lesen von Nina Bunjevac. Aber nicht mit Sex.

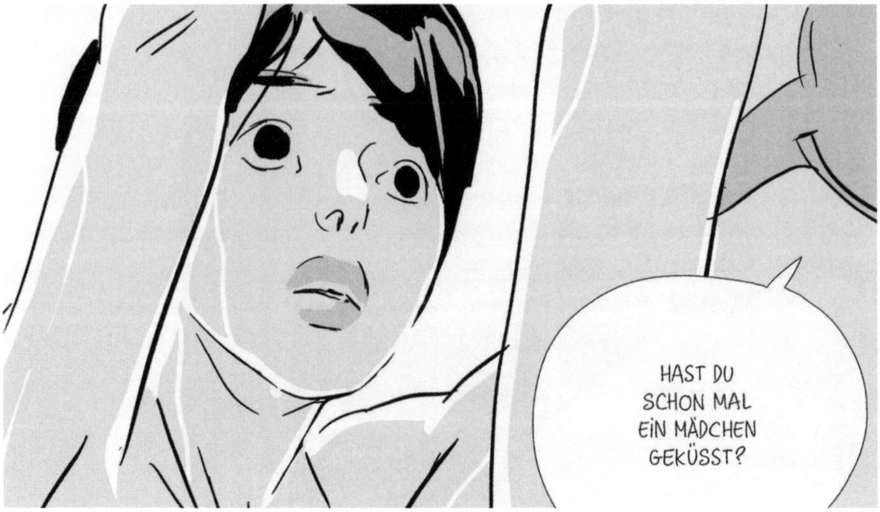

3

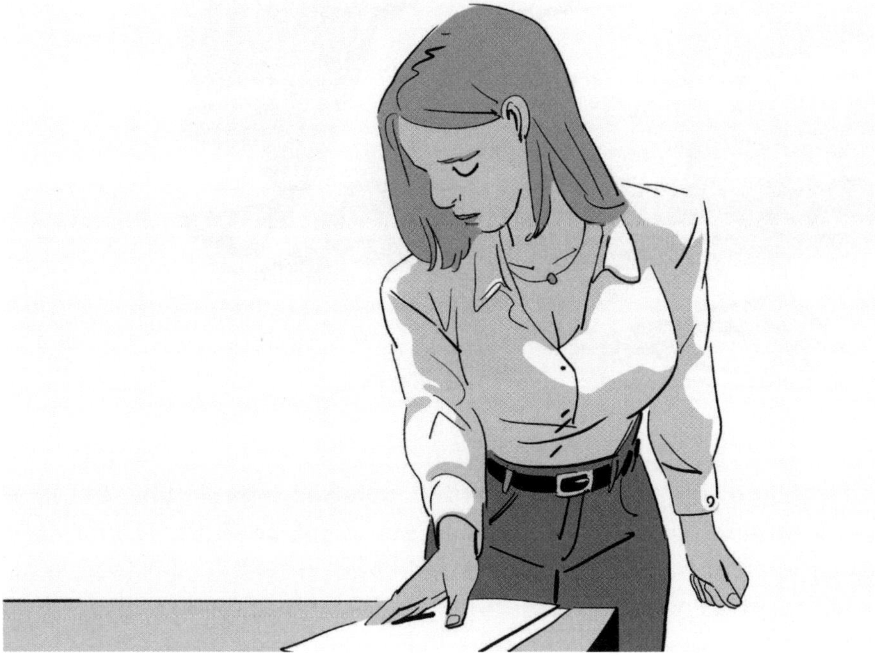

4

3 Erstaunen, Sehnsucht, Gefühlstsunami: Antoine entdeckt die Frauen – und Bastien Vivès zeigt geschickt einen Großteil der Faszination in den aufgerissenen Augen des Dreizehnjährigen.

4 Vorteilhaft betont: DIE BLUSE zeigt praktisch nichts, aber Vivès deutet mit ein paar Strichen, viel Weiß und etwas Grau alles an, was man sich vorstellen mag.

Genug von der dunklen Seite, Sex ist ja insgesamt schon eher was Positives. Was derzeit kaum jemand so schön zeigt wie der fabelhafte Bastien Vivès. EINE SCHWESTER heißt die knisternde Geschichte: Ein Ehepaar fährt mit seinen beiden Söhnen Antoine und Titi ins Ferienhaus. Die Jungs gehen an den Strand, und als sie zurückkommen, sind weitere Gäste im Haus. Eine Freundin der Familie mit ihrer Tochter Hélène. Hélène ist 16, glotzt ins Smartphone, trägt Sonnenbrille und knappe Klamotten – und ist viel näher am geheimnisvollen Erwachsenenuniversum als Antoine, der gerade 13 ist. Aber für die Erwachsenen ist sie noch ein Kind, also wird sie bedenkenlos mit Antoine und Titi losgeschickt.

Wie Vivès den Zauber eines Sommers einfängt, den Zauber der ersten Liebe, das macht ihm keiner nach. Titi ist ein guter, nervig charmanter kleiner Bruder. Antoine ist schüchtern, und dass er sich so um seinen Bruder kümmert, ist wiederum der Schlüssel dafür, dass ihn Hélène ernst nimmt. Die abends beim Weinfest eine halb leere Flasche klaut und Antoine mittrinken lässt, woraufhin ihm Hélènes Figur auffällt, die der Leser schon die ganze Zeit bemerkt. Ab da hofft man, dass Antoine Hélène kriegt, man hat richtig Angst um ihn, weil an dem Ferienort auch ältere Jungs unterwegs sind. Es gibt vertraute Momente, **Abb.3** den ersten Kuss, ich zeig dir was, zeigst du mir was ... – und Vivès zeigt allen alles. Mit praktisch nichts.

Denn so reduziert wie hier hat er noch nie gearbeitet. Schwarz-weiß, zweierlei Sorten Grau zur Schattierung, fertig. Hélènes Kopf besteht manchmal nur aus drei Linien, dennoch ist alles da, Körperhaltung, Gefühl, die Blicke, obwohl Vivès oft sogar die Augen weglässt. Ihm genügt die Bewegung: wie Mädchen und Frauen gehen, sitzen, stehen und wie Antoine, mal kindlich, mal wie ein Mann, der sich noch an seinen Körper gewöhnen muss. Das ist so dezent und **Abb.4** direkt, dass er auch an den knisternden Stellen nicht wegschauen muss – und wir gerne hinsehen: Blowjob, Erektion, Ejakulation, Schamhaar inklusive. Das funktioniert so ausgezeichnet, dass man auch den Nachfolger DIE BLUSE noch gut empfehlen kann, auch wenn die Geschichte nicht ganz so stark ist.

Der unscheinbaren Studentin Séverine kotzt beim Babysitten das Kind aufs T-Shirt, weshalb ihr der Hausherr ein Hemd von sich leiht – mit unerwarteten Folgen. Denn in dem Hemd wirkt Séverine plötzlich viel aufregender. Klingt nicht so magisch, ist aber ein schöner Vorwand für Vivès atemberaubende Zeichenzauberei. Und elegant ist es trotzdem, denn der bekennende Russ-Meyer-Superbusenfan zeichnet hier eben nicht die Möpse, sondern raffiniert den Faltenwurf drum herum, wenn nicht nur die Silhouette, die Proportionen. Den Bluseninhalt sozusagen, den liefert das lesende Gehirn als willfähriger Komplize des Zeichners.

Eins noch, auch wenn es nicht ganz einfach zu bekommen ist. Weil es thematisch und perspektivisch so einzigartig ist: Das Buch heißt ICH BEZAHLE FÜR SEX und stammt von dem Kanadier Chester Brown. Brown ist einer von den Selbstschonungslosen, die irgendwann mal beschlossen haben, man müsse autobiografische Comics machen und dabei ganz, ganz ehrlich sein.

Sein Kumpel Joe Matt hat beispielsweise den bizarr unterhaltsamen Comic SPENT herausgegeben, in dem er seinen geizigen, pornosüchtigen Alltag detailliertest schildert, inklusive der Manie, mittels zweier (der damals noch üblichen) Videorecorder Pornokassetten zusammenzuschneiden, auf denen dann wirklich nur die besten, aber wirklich die superbesten Szenen drauf sind. Und währenddessen zu masturbieren bis praktisch zur Sehnenscheidenentzündung. Das bitterpeinlich-witzigverstörende Wichswunder erschien (ich sage: leider) nie auf Deutsch. Chester Browns Nuttenerfahrung hingegen schon, und völlig zu Recht.

Mit Voyeurismus hat der Band nichts zu tun, zeichnerisch kann man Browns Stil sogar durchaus eintönig nennen. Aber er zeigt einen authentischen Blick in den Kopf eines Mannes, der aus Überzeugung zu Prostituierten geht. Weil es ihm weniger kompliziert scheint. Er beschreibt, wie er sie aussucht, wie er ihnen begegnet, was er beim Sex mit ihnen denkt, ob er sich wohlfühlt oder nicht und warum. Manchmal machen die Prostituierten Dinge, die er nicht mag, oft ist es ihm aber unangenehm, ihnen das zu sagen. Manche sehen auch nebenher einfach weiter fern, was er ebenfalls seltsam findet. ICH BEZAHLE FÜR SEX ist also beileibe kein Nuttenführer oder Sexratgeber. Es ist eine frappierend nüchterne Selbstreflexion eines ziemlich verkopften Freiers aus Überzeugung. Und die Hintergründe, die Einwände dagegen kommen auch nicht zu kurz: Immer wieder diskutiert Brown über seine Einstellung zur Prostitution mit seinen engsten Freunden Gregory »Seth« Gallant (S. 218) und, wen wundert's, Joe Matt. Aber der würde Browns Wahl aus verschiedenen persönlichen Phobien heraus nicht treffen. Ach ja, und nicht zu vergessen: aus Geiz.

Die Titel aus diesem Kapitel

- → Ralf König, SUPERPARADISE, Männerschwarm
- → Ralf König, BULLENKLÖTEN, Männerschwarm
- → Zep (Text)/Vince (Zeichnungen), ESMERA, Splitter
- → Charles Burns, BLACK HOLE, Reprodukt
- → Nina Bunjevac, BEZIMENA, avant-verlag
- → Bastien Vivès, EINE SCHWESTER, Reprodukt
- → Bastien Vivès, DIE BLUSE, Reprodukt
- → Chester Brown, ICH BEZAHLE FÜR SEX, Walde + Graf
- → Joe Matt, SPENT, Drawn & Quarterly

~~Outtakes~~

Paolo Eleuteri Serpieri, DRUUNA, Schreiber & Leser
Das ist oldschool bis zur Unzumutbarkeit. So großartig Serpieri zeichnet, so furchtbar sind seine Geschichten. Erstens, weil er ein schrecklich platter Schwätzer ist, der sich auch noch brummdummstumpfe Dialoge ausdenkt. Und zweitens, weil darin ständig die typischen Gewaltfantasien auftauchen, bei denen es der Frau dann irgendwann aber trotzdem Spaß macht. Das geht heute eigentlich gar nicht mehr, aber Druuna stammt halt aus den 1970ern.

Scarlet Beriko, JEALOUSY, Egmont
Mein persönlicher Favorit, was die Manga-»Boys Love«-Schiene betrifft. JEALOUSY ist tatsächlich mal was komplett anderes. Zwei Yakuza (also: japanische Mafiosi) stoßen bei ihren Jobs immer wieder auf einen nackten gefesselten Kleingangster – der steht nämlich auf Bondage. Pfiffige Dialoge, eigenwilliger Sex und clever entwickeltes Mystery, man kann's nicht anders sagen: Das ist unterhaltsam, überraschend und sieht auch noch richtig gut aus.

Quentin Zuttion, EN GARDE!, Splitter
Noch mal Missbrauch, aber deutlich zuversichtlicher. Drei Frauen melden sich beim Therapiekurs »Fechten« an. Zuttion erzählt drei glaubhafte Frauenschicksale, aber stärker noch als die Geschichte sind die Bilder. Viel, viel Weiß, ein bisschen Grau, mit wenigen Strichen und etwas Schatten gelingen ihm immer wieder Panels, die sowohl Mut machen als auch Spaß.

Keri Kusabi, UNSER UNSTILLBARES VERLANGEN, Tokyopop
Eine Geschichte aus dem Omegaversum: eine Fantasiewelt, die Männer in attraktive Alphas, durchschnittliche Betas und gebärfähige Omegas aufteilt, die unwiderstehliche Sexmaschinen werden, wenn sie ihre Tage haben. Sensibel finden Sie woanders …

Alan Moore (Text)/Melinda Gebbie-Moore (Zeichnungen), LOST GIRLS, Cross Cult
Schwer zu finden, aber auch nur mittel suchenswert. Ich erwähn's bloß, weil sich Alan Moore hier an Erotik versucht hat, aber für mich hat's nicht so gut funktioniert.

Koogi, KILLING STALKING, Altraverse
Clevere Webtoon-Stalkergeschichte aus der »Boys Love«-Schublade, die vieles richtig macht: Sie beginnt sofort im Kopf des Stalkers, sie zeigt viel und schwafelt wenig.

Kate Worley (Text)/Reed Waller (Zeichnungen),
OMAHA, Schreiber & Leser (S. 301)

24

Woran macht ein Kritiker fest, ob er einen Comic gut oder schlecht findet? Ist das nicht nur Geschmackssache? Als Albert Mitringers Band REQUIEM in der Post war, hab ich einfach mitgeschrieben.

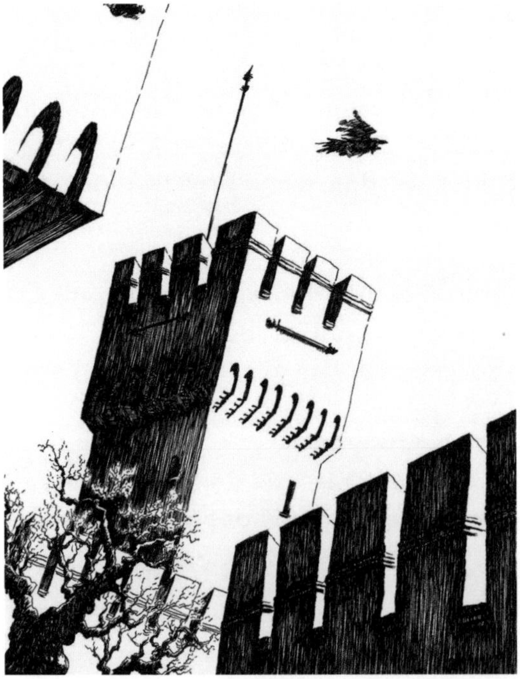

HUNDERTE VON TOTEN, HUNDERTE VON PFEILEN

Ein neuer Comic. Ich schlage ihn auf. Ich kenne den Autor nicht. Die Aufmachung ist vertrauenerweckend: Der Verlag hat ihm ein Hardcover gegönnt, ein wertiger Auftritt, 25 Euro, das ist nicht billig. Ich weiß, dass der Verlag meistens günstigere Bände herstellt, sie haben also was riskiert. Ist er's wert?

Der Anfang ist ein Gedicht, irgendwas mit Jahreszeiten. Na ja, steh ich nicht so drauf, also ignoriere ich es beiläufig. Auch weil die Seite daneben so viel attraktiver ist: ein Splash, ein Burgturm, eine fliegende Krähe (S. 202). Schon mal gut. Warum? Das Panel ist schwarz-weiß, der ganze Comic ist offenbar schwarz-weiß, aber Hell und Dunkel sind geschickt verteilt. Die Sonnenseite des Turms ist weiß, die Schattenseite aber nicht schwarz, sondern schraffiert. Die Perspektive ist gut gewählt, von unten. Mein Blick wird gelenkt, eine Fahnenstange zieht mich ganz hinauf, andere Gebäude sind angerissen. Obwohl wenig zu sehen ist, bleibe ich länger im Bild als unbedingt nötig. Der Zeichner weiß also, wie man ein Bild komponiert. Das weckt mein Vertrauen, obwohl ich selbst nicht wüsste, was man machen muss. Als wäre ich zu Gast bei einem Koch, es steht schon mal etwas Brot da, und das Brot ist super. Da weiß ich auch schon mal, dass in dem Laden mindestens einer weiß, wie man zu ordentlichem Brot kommt.

Umblättern, ein weiteres Splash, **Abb.1** diesmal über eine Doppelseite. Nein, zwei Splashes, eines links, eines rechts. Leichte Irritation, weil ich's nicht gleich erkenne, das finde ich nicht so gut. Aber die Bilder, die er liefert, sind stark: ein Belagerungsturm von oben, aus der Perspektive der Krähe von vorhin. Um den Turm sind Dutzende, Hunderte Tote, im Turm und in den Toten stecken Hunderte von Pfeilen wie Zahnstocher in einem Käseigel. Gutes Bild, macht neugierig, hier ist etwas passiert, von dem ich mehr wissen will. Die Krähe schwebt weiter auf die rechte Seite und setzt sich eine Seite weiter langsam auf einen pfeilgespickten Toten in einer Ritterrüstung, der vor den ganzen anderen liegt. Eine Feder fällt herab. Der Zeichner lässt sich Zeit, und zu Recht, weil ich ja schon wegen der ganzen Toten neugierig bin und es nicht noch mehr Anreize braucht. Schön inszeniert, nicht nur das Brot ist gut, sondern die Butter dazu auch.

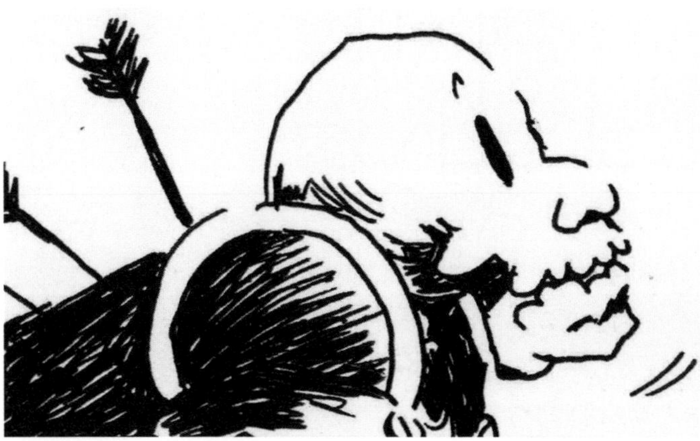

2

1,2 Kopf hoch, wird schon nicht so schlimm sein – oder ? Einerseits sind die Kollegen auf der Brücke (rechts) tatsächlich alle erschossen. Andererseits ist der Herr (links) noch so lebendig, wie man mit einem Totenkopf auf den Schultern sein kann.

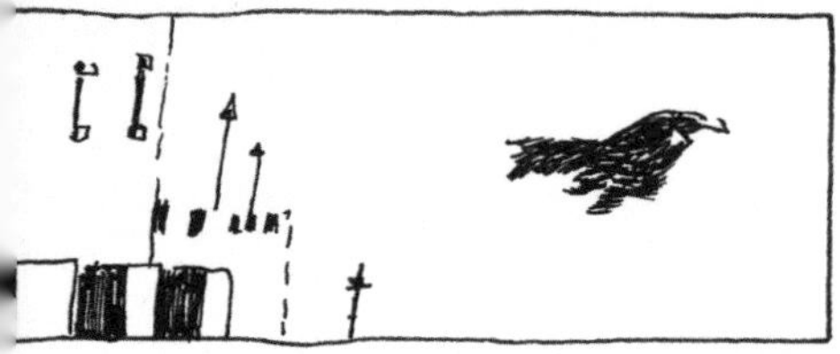

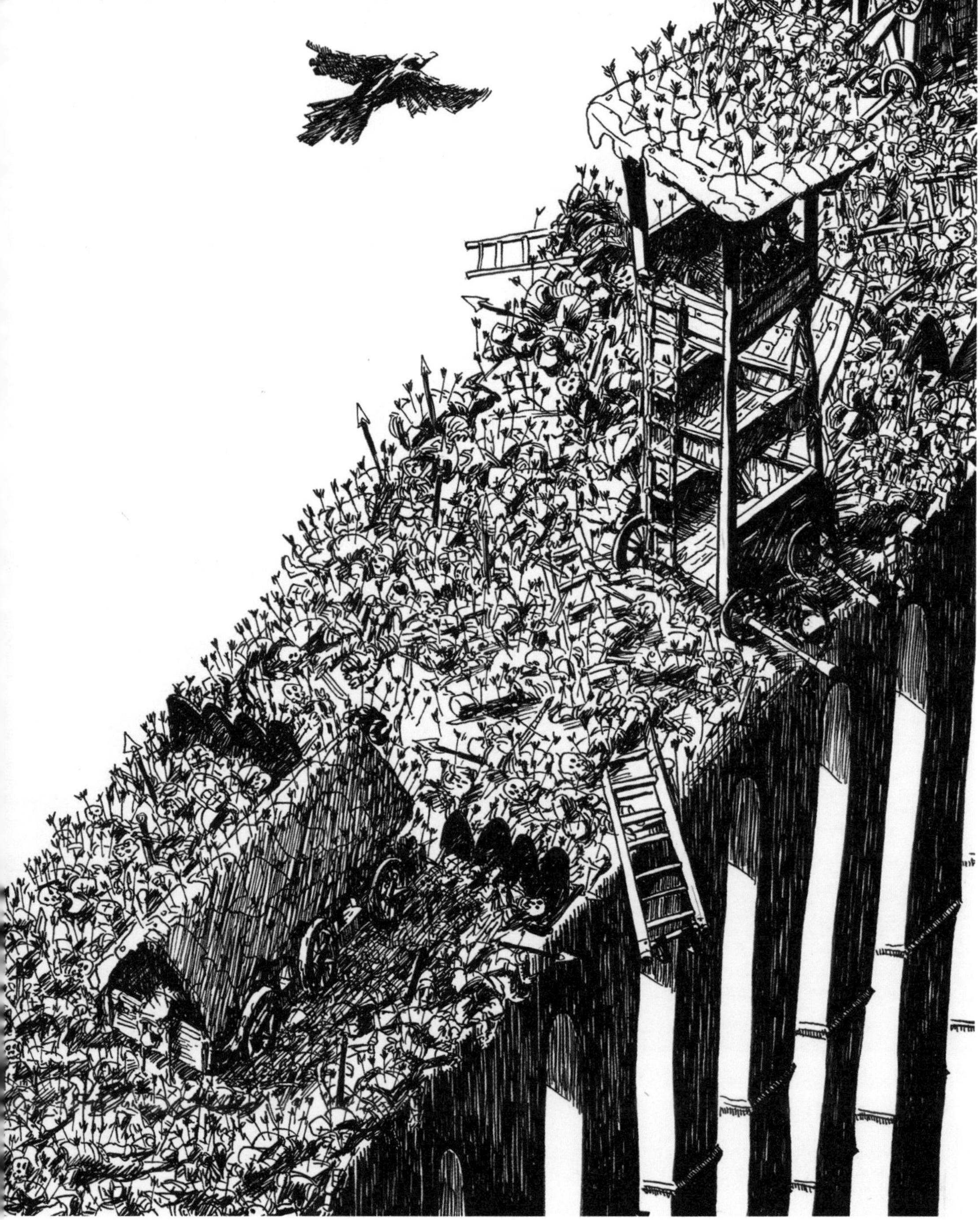

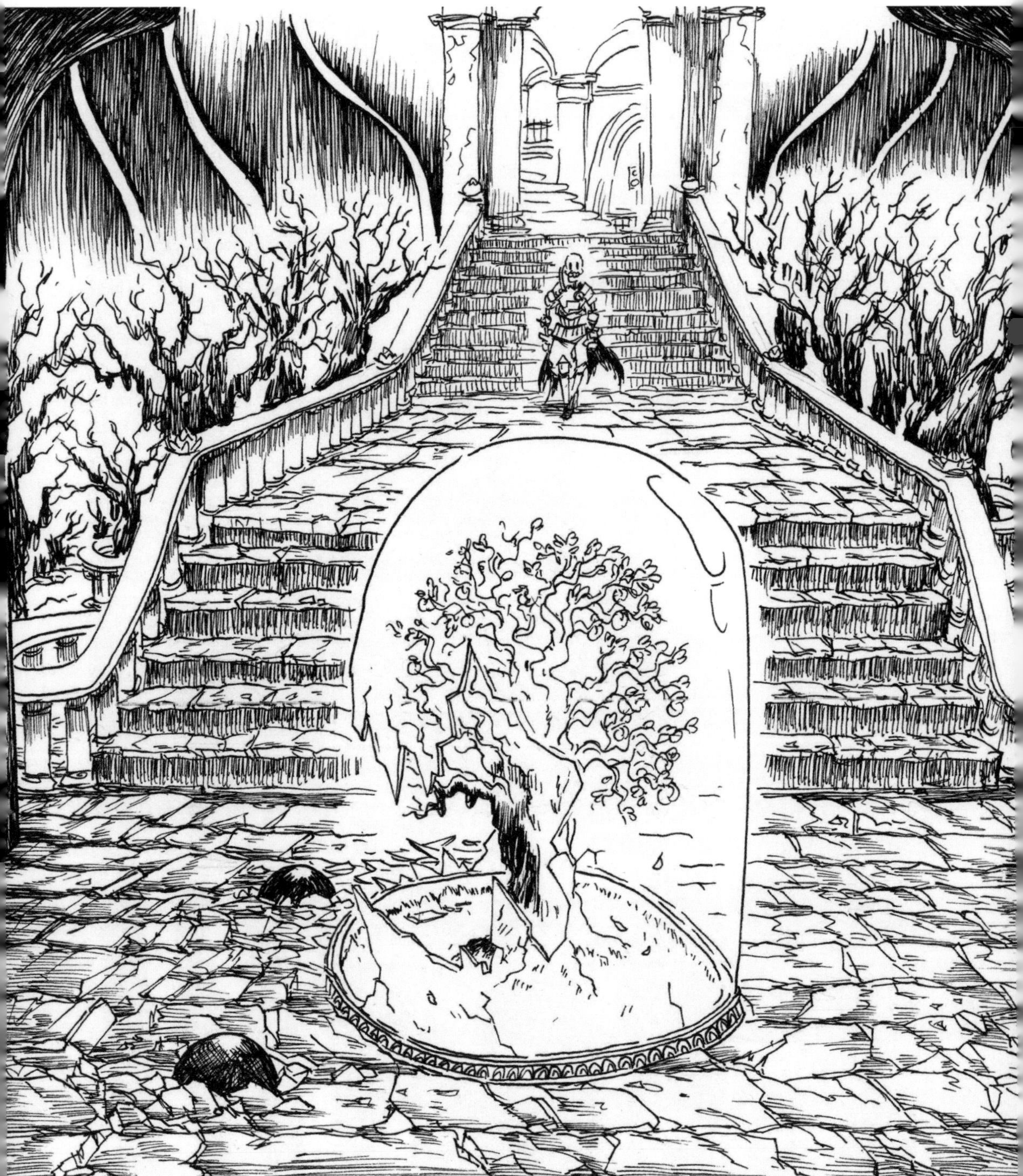

3

3 Schönes Splash, oder? Vorne die kaputte Glaskuppel als gelungener Blickfang, die weite Treppe, unser Held, alles zeigt die komplett entvölkerte Stadt. Resultat: elegant mysteriöser Grusel.

Plötzlich erhebt sich der Tote. **Abb. 2** Sein Kopf ist ein Totenschädel, leicht karikaturhaft. Finde ich nicht so gut, ich fand das bisher schön gruselig, ich habe tatsächlich Angst um die schöne Stimmung, ich will jetzt keine blöden Witze. Aber: Brot und Butter waren gut, was kommt jetzt?

Das Skelett in der Rüstung rappelt sich auf, drei kleine Panels, und dann sehen wir in einem weiteren Splash, dass vor dem Skelett ein gigantischer, bockartiger Dämon steht, ebenfalls ganz leicht karikiert. Jetzt hat das schon einen sehr starken Geschmack nach dem DONJON von Trondheim und Sfar (S. 300), einer gut ausbalancierten Parodie. Aber für diese Balance muss man echt gut sein. Ich bin immer noch neugierig, aber schon wieder besorgt.

Der Dämon erklärt dem Skelett, warum es wieder lebt. Das Skelett reagiert etwas desinteressiert, unkonzentriert. Das ist wieder leicht komisch angelegt, denn der Dämon kriegt einen sehr beeindruckenden Auftritt mit Donner und Krawumms, er bringt die ganze Brücke zum Einsturz, der Zeichner liefert das in beeindruckenden Totalen und Großaufnahmen. Das Skelett ist nicht so beeindruckt. Es entkommt dem Zorn des Dämons und geht in die menschenleere belagerte Stadt. Auf vier wortlosen Seiten erkundet es die Stadt, und jede dieser Seiten zeigt wieder: Der Zeichner weiß, wie er mich im Bild hält, wie man die Spannung ausdehnt und in Bilder übersetzt. Das Skelett sieht sich um wie ein Tourist, immer noch sehr viel DONJON-Geschmack, aber allmählich macht mir das nicht mehr so viel aus. Ich freunde mich sogar langsam damit an.

Das Skelett findet eine Glaskuppel, **Abb. 3** unter der ein Baum wächst. Die Kuppel ist teilweise zerschlagen, das Skelett geht hin und setzt sich unter den Baum. Ein ungewöhnliches Bild, wieder ein Pluspunkt. Es sieht nach oben und entdeckt im Baum eine Krähe. Und plötzlich ist der Baum bunt: Der Zeichner liefert mir irgendwas mit Aquarell oder Tusche, es ist aber sehr locker und frühlingshaft, das sieht wieder gut aus. Dann fliegt die Krähe davon.

Neues Kapitel: Sommer, das mit den Jahreszeiten ist wohl wichtig. Das Skelett läuft der Krähe hinterher, weil ihm die bunte Seite auch so gut gefallen hat – es war offenbar eine Rückblende. Das Skelett wandert durchs Gebirge, und auch hier gibt es wieder jede Menge guter Panels. Schließlich findet das Skelett die Krähe, die auf einem großen Holzkreuz sitzt. Das Skelett wartet, und als es ungeduldig wird, tritt es das Kreuz um und – ich weiß nicht genau, was dann passiert: Es ist eine Actionsequenz, und obwohl sie gut aussieht, kann der Zeichner sie nicht ganz so schlüssig aufsplitten wie die anderen Szenen.

Das Skelett packt das Bein der Krähe und lässt sich von ihr wegtragen, es muss also eine andere Krähe sein, eine Riesenkrähe, mit der es dann wohl auch kämpft, aber das ist schwer zu erkennen. Es folgt eine weitere Rückblende, wieder bunt. Das Skelett, damals noch ein junger Mann, zieht von zu Hause aus, um ein Held zu werden. Dann steht es, wieder in Schwarz-Weiß, auf dem Totenschädel eines Riesen. Es sieht immer noch gut aus, aber ich habe keine Ahnung, was genau passiert ist. Das muss sich jetzt schnell aufklären, sonst verliert mich der Zeichner.

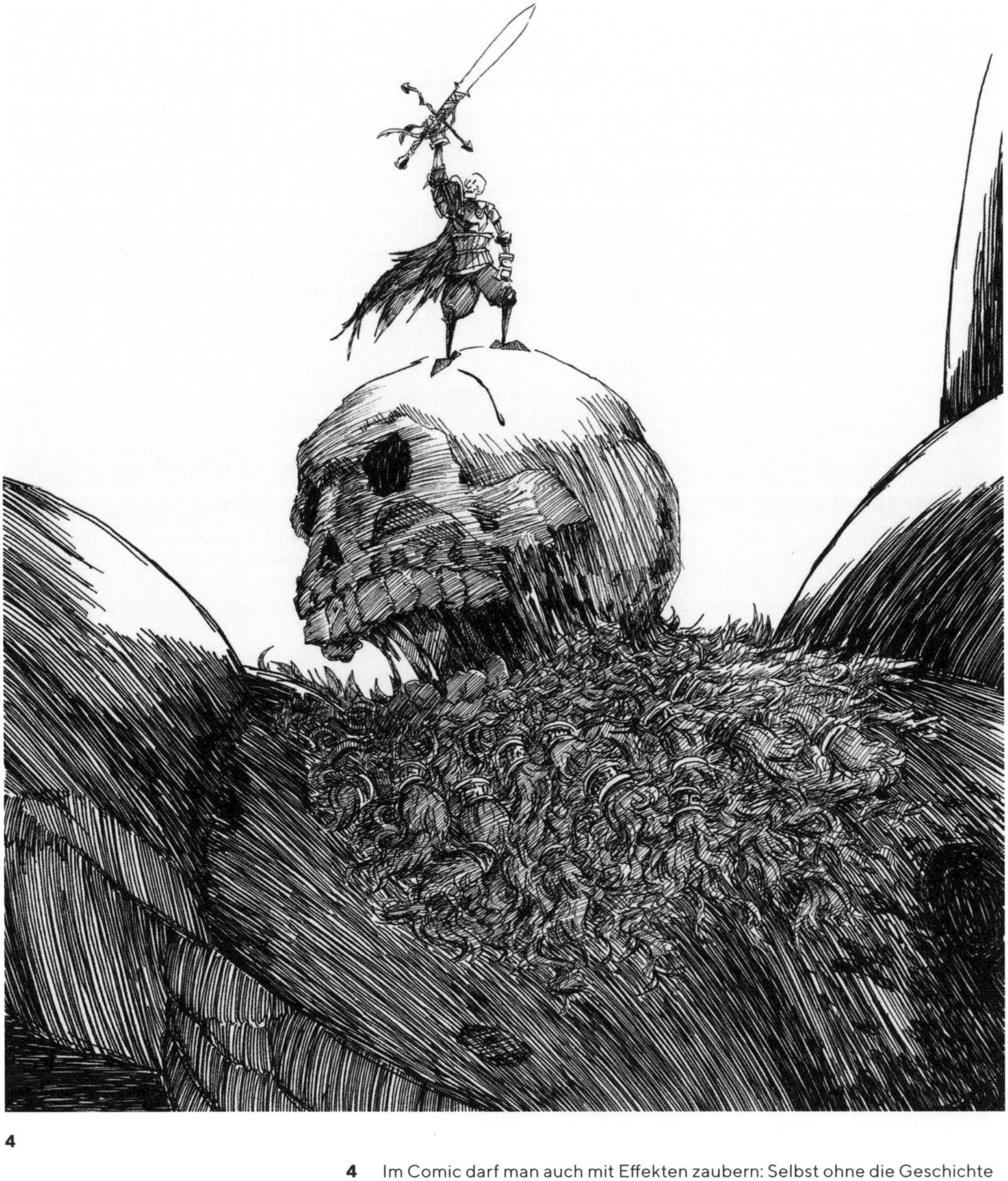

4

4 Im Comic darf man auch mit Effekten zaubern: Selbst ohne die Geschichte zu kennen, bleibt man an dem Splash hängen – ein echter Hingucker.

Das kann ja manchmal passieren, dass man auch im Film mal als Zuschauer den Faden verliert, aber man muss wieder einsteigen können.

Der Riesenschädel **Abb.4** gehört zu einer Riesenleiche, deren ausgestreckter Arm in den Himmel zeigt. Wir sehen es aus der Ferne, denn dort sitzt – wieder sehr malerisch – der gigantische Bockdämon und beobachtet, wie weitere Riesenkrähen sich auf den Arm stürzen. Oben auf dem Arm steht das Skelett und kämpft jetzt gar nicht schlecht, aber ich weiß immer noch nicht recht, weshalb. Der Arm stürzt um, das Skelett fällt in den See, in dem die Riesenleiche liegt, und versinkt im Schwarz.

Es taucht in einer Art Totenstadt auf, trifft auf der Suche nach der kleinen Erinnerungskrähe einen Wärter, den es von früher kennt, eine weitere Rückblende verrät etwas mehr, jetzt bin ich skeptisch. Der Autor erzählt mir zu viel. Das Skelett will offenbar mehr über seine Vergangenheit herausfinden, und je mehr mir angedeutet wird, desto größere Angst habe ich, dass die schöne mysteriöse Geschichte irgendwie banal endet. Trotzdem, die Panels bleiben sehr, sehr überzeugend, und das Weiterblättern sieht auf jeden Fall gut aus.

Der Dämon hat inzwischen bei einer Burgruine die Krähe gefangen und wartet, bis das Skelett sie eingeholt hat, okay. Das Skelett kommt, der Dämon will einen Kampf, beide werden von einem gigantischen Monster überrascht und müssen es erst einmal zu zweit besiegen. Die Bilder sind immer noch überzeugend, aber der Kampfablauf ist schwer nachvollziehbar. Danach trennen sich Dämon und Skelett problemlos (warum eigentlich?), ein Kind stößt dazu, und tatsächlich wird das schön Mysteriöse allmählich leider immer banaler. Es gibt mehr bunte Seiten, mehr Rückblenden, es wird klar, dass der Zeichner mit Farben sehr gut umgehen kann, seine Menschen sind allerdings seltsam unentschlossen. Hier ist ihm keine gute optische Lösung eingefallen, also hat er eine harmlose gewählt. Jetzt verliert mich der Autor allmählich.

Das kann hier aber Geschmackssache sein: Immer mehr Erklärungen tauchen auf, die alles Mysteriöse schön ordentlich aufdröseln, ich mag diese Ordnung nicht. Aber es gibt Leser, die finden das besser, als wenn's mysteriös bleibt. Die finden vielleicht, dass es ab hier immer stärker wird.

Tja, und so ungefähr wühle ich mich in Comics, die ich nicht kenne. Dieser hier heißt REQUIEM und ist von Albert Mitringer, erschienen im Zwerchfell-Verlag. Und obwohl ich nicht alles darin mag, kann ich ihn eindeutig empfehlen.

Der Titel aus diesem Kapitel

→ Albert Mitringer, REQUIEM, Zwerchfell

25

Comicversionen von Romanen sind heikel wie Verfilmungen: Am spannendsten sind Künstler, die ihren eigenen Weg entwickelt haben, um mit Bildern in einem literarischen Tempo zu erzählen.

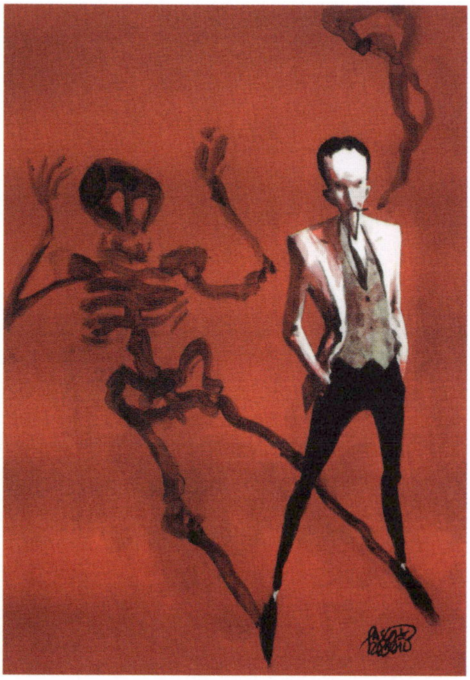

WIRKT
WIE EIN
BUCH –
WAR MAL
EIN
BUCH

Also gut: Sie sind ein Büchermensch. Und Sie waren womöglich mal enttäuscht, weil irgendwelche Graphic Novels letztlich auch nur Comics waren beziehungsweise eigentlich näher am Film sind als am Buch (S. 150).

Aaaber!

Es gibt sie. Diese Comics, die, hm, irgendwie buchiger sind. Nicht nur, weil manche von ihnen Romanvorlagen haben. Die kann man ja auch knallend gegen die Wand fahren, passiert oft genug. Sondern weil ... äh ... Gar nicht so leicht zu begründen. Oder doch: weil sie optisch vorsichtiger arbeiten. Sie lassen sich Zeit, vor allem aber sind es nicht die Bilder, die aufs Tempo drücken. Das ist so ähnlich wie bei Jugendromanen, da waren früher (oder sind heute noch?) oft Bilder drin. Erich Kästners KONFERENZ DER TIERE mit den ikonischen Illustrationen von Walter Trier ist das älteste mir bekannte Beispiel einer gefühlten Fifty-fifty-Mischung. Aber je mehr sich Bücher an Erwachsene richteten, desto öfter wurden die Illustrationen dann weggelassen. Ich fand's immer schade. So was gibt's jetzt aber wieder!

Am besten bekommt diese Mischung derzeit Posy Simmonds hin. Angefangen hat sie als Cartoonistin für den GUARDIAN, wo sie die Befindlichkeiten der britischen Familie Weber boshaft aufspießte: Liberal, stets bemüht, gut und rational und menschlich zu handeln, aber nie in der Lage, es wirklich allen recht zu machen. Drei Graphic Novels hat sie bisher vorgelegt, allesamt sehr buchaffin. GEMMA BOVERY lehnt sich sogar an eine Vorlage an, Flauberts MADAME BOVARY. Hier zieht ein britisches Paar in die Normandie, **Abb.1** wo der belesene Ortsbäcker sofort die Namensähnlichkeit beobachtet – und ab da sämtliche Vorgänge rund um das nicht

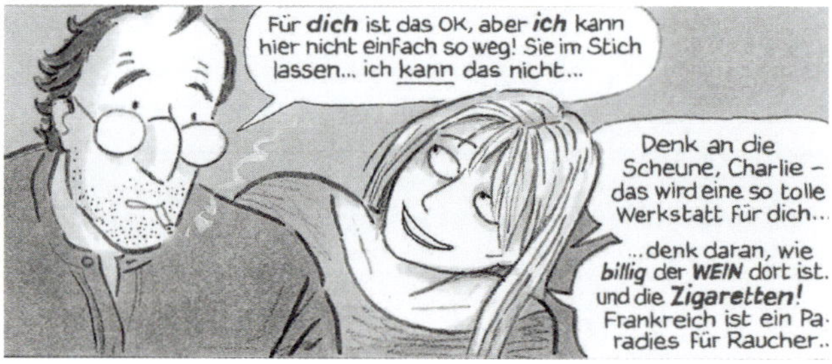

1

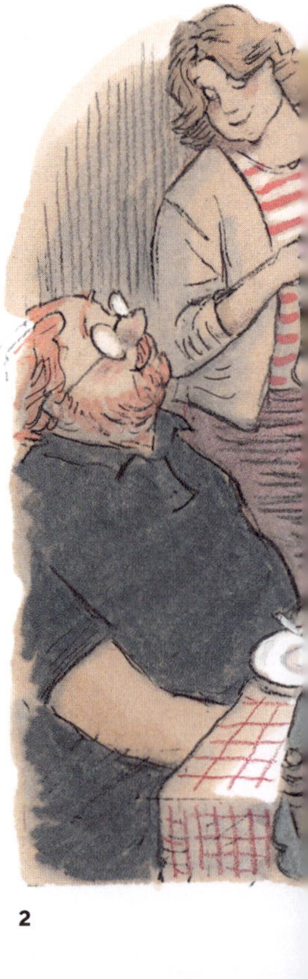

2

1 Blonde Einflüsterungen: GEMMA BOVERY holt den Klassiker EMMA BOVARY schwarzhumorig in die Gegenwart.

2 Hahn im Korb: In TAMARA DREWE lassen sich in der Künstlerpension Stonefield die weiblichen Gäste willig vom Hausherrn zutexten. Posy Simmonds genügen zum Entlarven der Protagonisten nur die Körperhaltungen.

mehr so junge Glück. Gemma ist schnell genervt vom verschnarchten Landleben, ihr schwebt Größeres vor, sie weiß aber nicht genau, was. Ihr Mann Charlie ist so ratlos wie lethargisch, eine Affäre verleiht Gemmas Langeweile so etwas wie Glanz, und der nervtötende Bäcker vergleicht unablässig Realität und Buchvorlage, dass es eine einzige schaurige Freude ist. Simmonds ist dabei fies und verständnisvoll zugleich. Schon den Umzug nach Frankreich will eigentlich niemand, aber Gemma und Charlie reden ihn sich beide schön, wie man das eben oft so macht. Posy Simmonds stellt einfach die Annonce des leeren Häuschens dazu und ein Malen-nach-Zahlen-Bild von Gemma und Charlie. Wenn Gemma von ihrer Zukunft als Inneneinrichterin träumt, stellt sie ein großes Panel mit vielen Details hin, und Bildtexte drum herum erläutern und entlarven all die kleinen Tagträume, der Blick geht ins Bild und wieder hinaus, und es fällt immer wieder auf, dass Simmonds auch eine immens talentierte Giftspritze ist.

Ähnlich gruselig gut ist TAMARA DREWE: Das Nachbarhaus eines ländlichen Refugiums für hoffnungsvolle Schriftsteller ist plötzlich wieder bewohnt – von Tamara, der unscheinbaren Nachbarstochter. Allerdings hatte sie inzwischen eine Nasen-OP, sieht ziemlich gut aus und trennt sich rasch von ihrem Freund. Tamara ist Klatschkolumnistin, halb berühmt, rasch überfordert und das Starartigste, was in der Provinz seit Langem zu sehen war. Und wieder erzeugt Posy Simmonds zielsicher eine ätzende Mischung aus Träumen und Sehnsüchten, die mit realen Kompromissen und Enttäuschungen konkurrieren. Das Faszinierende daran ist, wie schwer es sein kann, Posy Simmonds etwas nachzuweisen. Wenn sie will, ist alles klar, wie hier: **Abb. 2**

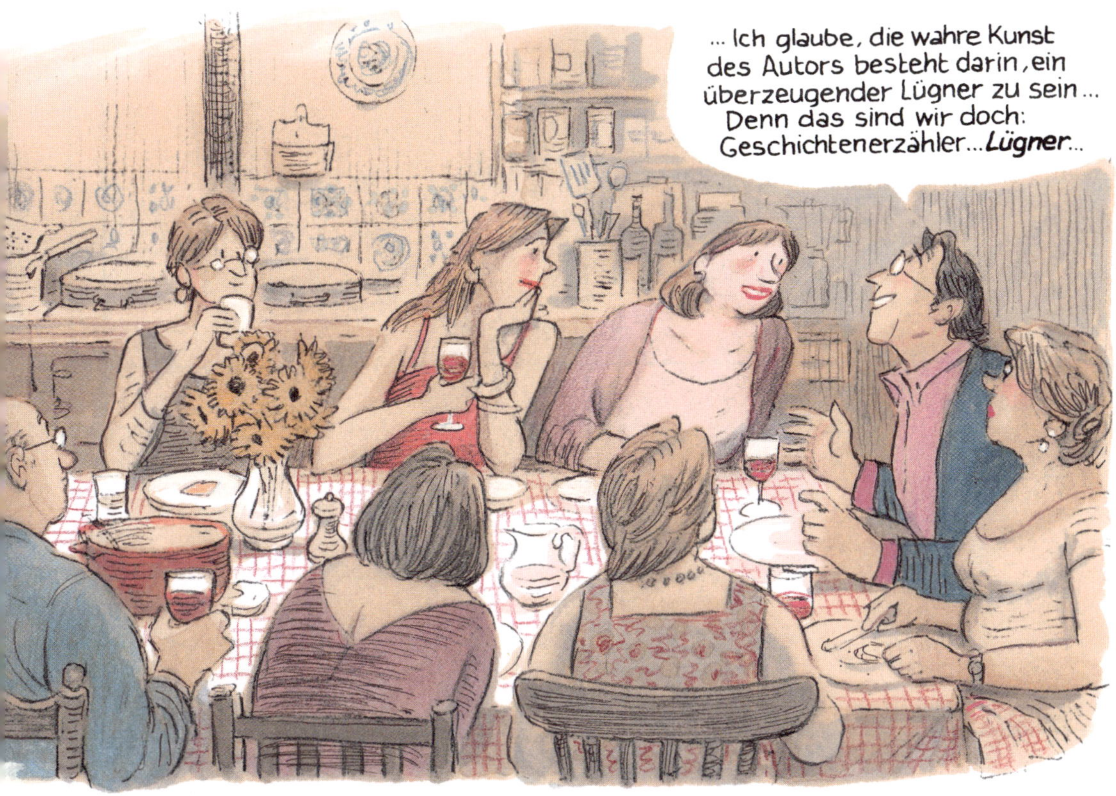

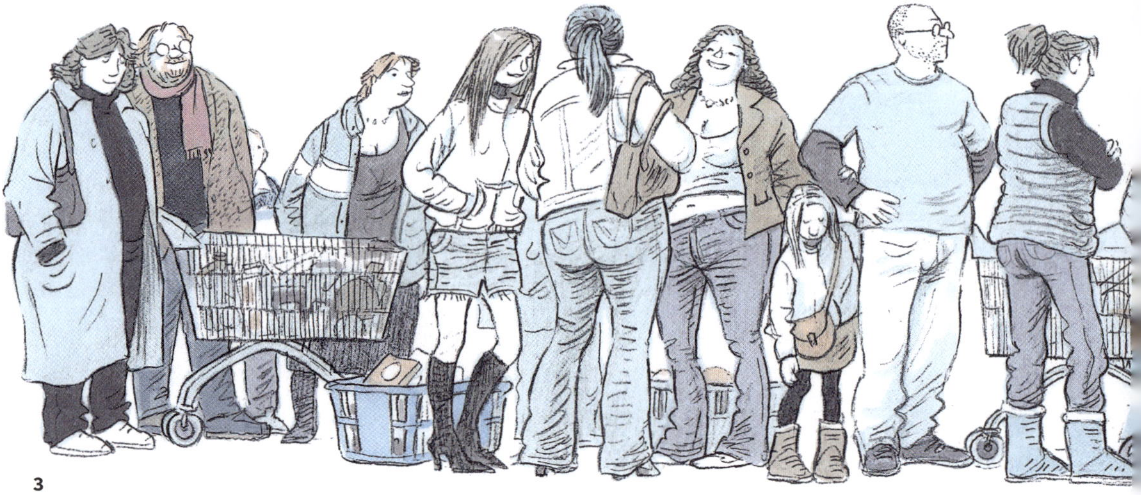

3

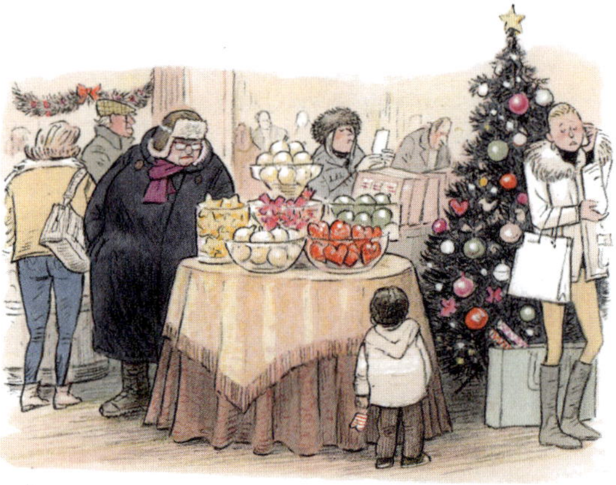

4

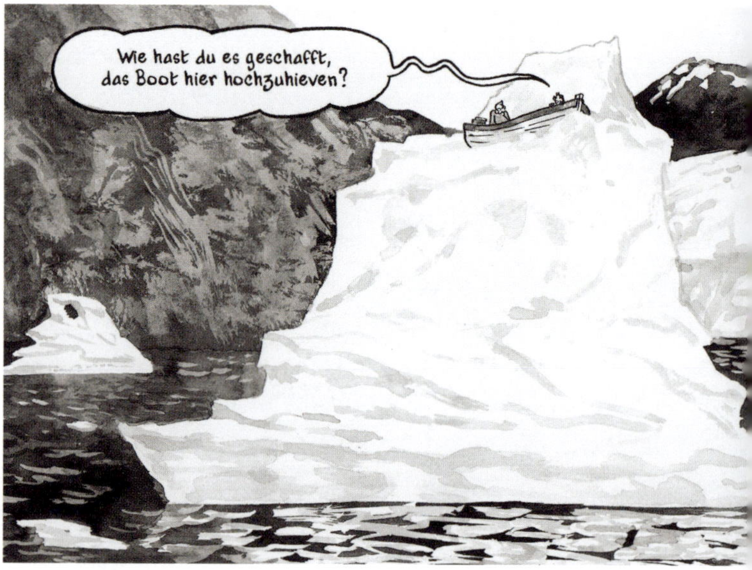

5

3 Satire oder Realität? Posy Simmonds zeichnet Menschen so authentisch, dass es wehtut.

4 Der Klumpen mit der Pelzhaube ist die Titelheldin: CASSANDRA DARKE, eine misslaunige alternde Ex-Galeristin, der der rechte Sinn für Weihnachten fehlt.

5 Gute Vorlage: Aus Jorn Riels Erzählungen machte Hervé Tanquerelle die wundervoll versponnene GRÖNLAND ODYSSEE.

Das Abendessen im Schriftstellerhotel, das Beth, die Frau mit dem Handtuch, betreibt. Ihr Mann, Nicholas, ist selbst leidlich erfolgreicher Autor, der abends den gesellschaftlichen Magneten gibt, vor allem für die Schriftstellerinnen, und ein bisschen von diesem Glanz streicht auch Beth ein, denn keine der Autorinnen scheint eine Konkurrenz. Das ist Posy Simmonds, wie sie messerscharf seziert und bloßlegt. Aber was ist hier? **Abb. 3**

Wir sehen eine ganz normale Schlange an der Kasse im Supermarkt. Nicht sehr charmant, aber so sehen wir doch auch alle aus, oder? Ja, es ist eine Karikatur, aber wo fängt sie an? Dass die Hosen nicht super sitzen? Oder falsch gewählt sind? Dass wir manchmal schlumpfig dastehen? Dass wir manchmal empört gucken und uns über andere ärgern? Das kommt doch vor, das kann doch auch nur Zufall sein, nicht wahr? Ist es aber nicht, sondern Posy, wie sie mit dem Degen, mit der Hutnadel, mit der Injektionsnadel zusticht.

Teil drei des Lobgesangs geht an CASSANDRA DARKE. Diesmal ist die Heldin weder jung noch sexy, sondern irgendwas zwischen sechzig und siebzig und war mal Galeristin. Dabei hat sie allerdings geschummelt: Sie hat heimlich Kopien hergestellt und als echt verkauft, die Sache flog auf, und Cassandra hat ihr Vermögen verloren. Jetzt lebt sie in einem dieser englischen Reihenhäuser, geht nicht mehr unter Leute, und im Winter vermummt sie sich im Mantel unter einer pelzgefütterten Fliegerhaube. **Abb. 4** Dann findet sie plötzlich zu Hause eine Pistole in der Schmutzwäsche.

Was für eine Romanheldin! Eine selten unsympathische Kartoffel, verbiestert, unerbittlich, arrogant, und es gibt nur eine Sache, die sie mehr hasst als sich selbst, nämlich alle anderen. Die Leute in der Stadt sind »verblödete Weihnachtsshopper«, die Frau des von ihr kopierten Künstlers ist ein »altes, naives Schaf«. Cassandra nimmt auch die junge Nicki nur als Untermieterin auf, um sie als Hundesitterin auszunutzen. Und natürlich fliegt Nicki schnell wieder raus, weil sie Kunst fabriziert, die Cassandra für Mist hält, weil sie so laut vögelt, dass es Cassandras Gäste hören. Wobei Cassandra schmerzlich klar wird, dass kein Mann beim Sex je ihren Namen geschrien hat und es wohl auch nicht mehr tun wird: »Jetzt saß ich da, alt und grau, und beschäftigte mich in Gedanken mit dem Tod, obwohl ich gar nicht wirklich gelebt hatte.« Aber dann: Die Pistole in der Wäsche …

Genug! Jetzt mal was richtig Schönes! Oder wenigstens was Unverbittertes. Aber trotzdem mit einer ganz eigenen Welt, das soll doch so sein in Romanen, oder? Zeichner Hervé Tanquerelle hat sich mit dem Texter Gwen de Bonneval an die Erzählungen von Jorn Riel gemacht.

Wir sind in der Arktis, **Abb. 5** Anfang des zwanzigsten Jahrhunderts. In weit verstreuten Hütten leben einige Jäger und Forscher. Manche allein, manche zu zweit. Man kann davon ausgehen, dass einige von ihnen schon vorher seltsam waren, aber nach einigen Jahren in der Einsamkeit … Ab und zu packt sie der Rappel, dann besuchen sie sich und lassen das ganze aufgestaute Gequassel heraus. Fairerweise muss der Quatscher dann im Gegenzug auch das gesammelte Gebrabbel des anderen anhören. Herbert erinnert sich an die schöne Zeit mit Alexander, einem Hahn, der leider die Polarnacht nicht verkraftet hat. Ein besonderer Hahn, findet Herbert: »Alexander kann einfach nur stillsitzen und über alle möglichen Sachen nachdenken, von denen du nichts verstehst«, erklärt er dem Schwarzen William, »Alexander hat richtig was in der Birne, Kamerad!« Andere vergnügen sich mit einer imaginären Frau, und nach dem Ende der wunderlichen Affäre wird die imaginäre Frau weitergetauscht. Es sind kleine Ereignisse, die im großen kalten Eintönigen große Bedeutung gewinnen. Und eine hübsche Erinnerung ist es auch – ich meine, wer weiß, wie lange wir den Nordpol noch haben?

Noch eine eigene Welt: AM LIEBSTEN MAG ICH MONSTER von Emil Ferris. Die eigene Welt eines Mädchens, sie ist durchgehend liniert, weil Emil Ferris die Zeichenkladde dieses Mädchens imitiert, Löcher zum Raustrennen und Abheften inklusive. Manchmal sind Fotos und Schnipsel dazugeklemmt – die Kladde gehört Karen Reyes, zehn Jahre alt. Karen hat nicht viele Freunde und wird in der Schule gehänselt, sie ist viel allein und hält sich selbst für hässlich, nicht zuletzt deshalb träumt sie davon, selbst ein Monster zu werden. Es verwirrt ein wenig, dass eine Zehnjährige so gut schraffiert, aber das Ergebnis ist bestechend: Nichts als schwarze Striche auf weißem Papier, und Ferris zaubert daraus gleich zu Beginn eine wunderschön plastische Bilderfolge darüber, wie Karen zum Monster wird. In

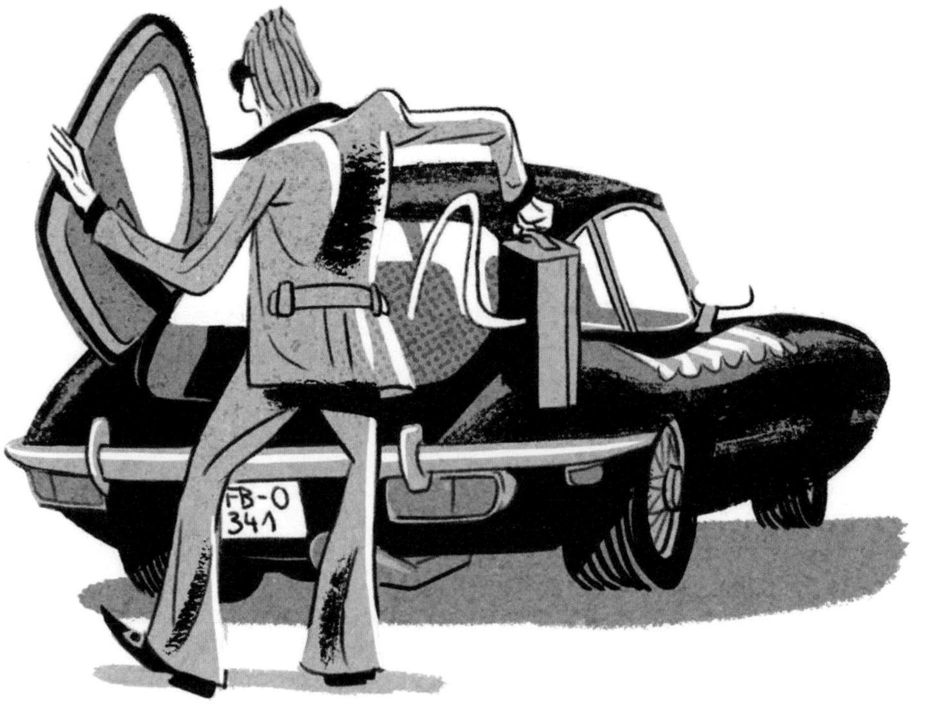

6

6 Ein Alptraum-Mann der 1970er: Aus dem eigenen Papa, viel Fantasie und einem Hauch Monaco Franze entwickelt Uli Oesterle den Markisenvertreter Rufus Himmelstoß.

einem Chicago mit düsteren Hausfassaden und fratzenbesetzten Portalen, verfolgt von einem Mob, der nicht nur Fackeln schwingt, sondern auch schönen Blödsinn wie Burgerwender, Bügeleisen oder Telefonhörer.

Es geht so skurril los, wie man es von einem Mädchen erwarten kann, das bizarre Valentinskarten bastelt, bei denen aus Makkaroni rote Lebensmittelfarbe blutet. Und dann lässt Ferris den geheimnisvollen Tod der schönen, aber spinnerten Nachbarin Frau Silberberg stattfinden. Karen skizziert das gesamte Haus mit seiner verschrobenen Einwohnerschaft, dem verlotterten Mr. Chugg mit seinen Bauchrednerpuppen, dem kriminellen »Lachenden Jack« Gronan, einem mysteriösen verschlossenen Keller, und all das verquirlt das inzwischen in Schlapphut und Trenchcoat ermittelnde Detektivmonsterchen zu einem ebenso verwirrenden wie erfrischenden Mix, ein bisschen wie STAND BY ME und DAS HAUS DER KROKODILE (alte Version). Mit bewundernswerter Leichtigkeit eröffnet Emil Ferris tiefste Abgründe, die Vergangenheit der toten Mrs. Silberberg führt zurück in das Berlin der 1920er-Jahre, die Ferris mit einer fantastischen Doppelseite aus Straßenszene und Passantenstudien krönt. Leider bricht Ferris im letzten Viertel der Geschichte etwas ein, aber bis dahin – was für ein Debüt!

Von einer anderen, auch recht gruseligen Scheinwelt erzählt Uli Oesterle in VATERMILCH. Es geht um die Angst eines Sohnes, so zu werden wie sein Vater, um Alkohol, Drogen, Absturz, und nichts wäre leichter, als daraus ein Sozialdrama zu machen, das in seiner eigenen Schwere ersäuft. Oesterle entgeht der Falle durch einen Trick: Er wechselt die Perspektive. Auftritt Rufus Himmelstoß **Abb. 6** Verkäufer für Markisen und Jalousien, der in den 1970ern mit seinem Jaguar durch die Münchner Vorstädte kreuzt und dort »desperate housewives« verschattet und vernascht. Der kokst, säuft, pokert, abends Runden schmeißt und Frauen aufreißt, während Frau und Sohn daheim das Geld ausgeht. Jeder sieht, dass der Billig-Casanova mit allem Schmiercharme tagsüber nie so viel verkaufen kann wie der Aufschneider nachts verbrennt. Und dass er privat ein rücksichtsloses Arschloch ist, das seine eigenen Lügen noch glaubt, als längst niemand mehr zuhört.

Schön ist, dass Oesterle zwar hier die eigene Familiengeschichte mit einbaut, aber hinter attraktiven Flunkereien verbirgt, was echt und was erfunden ist. Rufus Himmelstoß macht er daher zum Möchtegernkönig von Schwabing, unterwegs im Auto gewordenen Schwanzvergleich, der auf Kosten anderer Leute in einem einzigartigen Palast Hof hält: der Disco Yellow Submarine, ein Hotspot mit lebenden Haien hinter Bullaugen, Prunkstück des größenwahnsinnigen (und historisch korrekten!) Megakomplexes Schwabylon. Und von hier lässt Oesterle Himmelstoß dann beängstigend gut abstürzen ...

Auch der Zeichner Pascal Rabaté hat einen Hochstapler gefunden: Aus Alexej Tolstois Roman IBYKUS machte Rabaté DER SCHWINDLER, das Porträt einer gewissenlosen, nicht mal besonders geschickten Drecksau. Am Vorabend der russischen Revolution prophezeit eine Wahrsagerin dem Hallodri Semjon Newsorow, er werde reich. Fortan versucht der rückgratlose Windbeutel die Prophezeiung umzusetzen. Erster Erfolg: Er begegnet einem Antiquitätenhändler. Als der überfallen wird, schnappt sich Newsorow dessen Vermögen: Er begräbt den Verletzten unter einem schweren Schrank und setzt sich mit dem Geld nach Moskau ab, wo er sich als Graf ausgibt, vögelt, kokst und einen Spielsalon eröffnet. Als die Bolschewiki sich durchsetzen und den Salon schließen, flieht Newsorow ins von Deutschen besetzte Charkow und lässt sich dort – selbst nicht der Hellste – ein Landgut aufschwatzen. Als die Deutschen abziehen, stecken die wütenden Bauern das Gut in Brand, Newsorow flieht nach Odessa, wird als Spion angeheuert, lügt und betrügt sich stümperhaft durch die Gegend, das alles ist so widerlich wie unterhaltsam.

Nicht zuletzt optisch: Rabatés Bildregie ist mitreißend. **Abb.7** Er lässt Newsorow etwa in ein verlassenes Dorf stolpern, ein Pferd stehlen – und beim Davonreiten bemerken, warum das Dorf verlassen ist: Die ehemalige Bevölkerung hängt an der Landstraße, aufgeknüpft an den Drähten der Telegrafenleitung, über Kilometer hinweg. Rabaté zeigt es wortlos, lässt seine Kamera vom Boden aufsteigen und wählt dann Hunderte von Krähen für den Vordergrund, die an den Leichen knabbern, bis er den Abschluss komponiert, seitengroß, die immer neu hinzukommenden Vögel, während Newsorow entsetzt in die weite Ebene davonreitet. Erstaunlich auch, dass Rabaté in dieser völlig verwahrlosten, enthemmten Welt immer wieder schöne Bilder findet: verführerisch arrangierte Stadtansichten von Istanbul oder Odessa zum Beispiel. Einziger Nachteil: Der fünfpfündige Band ist manchmal beim Lesen etwas unbequem.

Wer es besinnlicher mag, ist bei Seth gut aufgehoben: Seth heißt eigentlich Gregory Gallant und trauert vor allem der Vergangenheit hinterher. Früher war alles besser und irgendwie noch inordnunger, weshalb er alte Dinge sammelt, alte Comics und seine Geschichten mit einem nostalgischen Hauch versieht. Die autobiografische Graphic Novel EIGENTLICH IST DAS LEBEN SCHÖN erzählt davon, wie Seth einem verschollenen Cartoonisten hinterherrecherchiert, **Abb.8** denn: »Die Zukunft macht mir einfach nur Angst. Alles wird von Jahr zu Jahr schlimmer.« Und dann entführt Seth seine Leser, stets in Filzhut und Trenchcoat 1950er-like gekleidet, in diese melancholische Welt, in der gefühlt immer Herbst ist. Sein nostalgischer Zeichenstil, ganz einfach, ganz reduziert, irgendwie vertraut, hält panisch alles fest, was alt und schön ist – und macht süchtig, weil Seths Herbst nie verregnet ist, sondern immer leicht golden.

Aus diesem Material hat Seth hat längst neuen Stoff produziert: Die wunderbar superlangsame Erzählung CLYDE FANS, die von einer untergegangenen Ventilatorenfirma erzählt, **Abb.9** die es mal in der erfundenen Stadt Dominion gab. Und weil's so schön traurig ist, hat Seth die ganze Stadt auch noch in klein nachgebastelt und schickt sie als Ausstellung durch die Welt. Demnächst vielleicht auch mal zu Ihnen ... Kleine Randnotiz: Ich hab ziemlich lange gegrübelt, woran mich Seths Stil erinnert, bis ich ausgerechnet in Deutschland fündig geworden bin: bei Manfred Schmidts NICK KNATTERTON. Muss Zufall sein.

BRODECKS BERICHT ist weniger gülden. Im Gegenteil: so kalt, dass man Angst kriegt. Die Geschichte spielt in einem abgelegenen Bergdorf nach einem Krieg. Brodeck kommt in den Dorfgasthof – und findet dort die versammelten

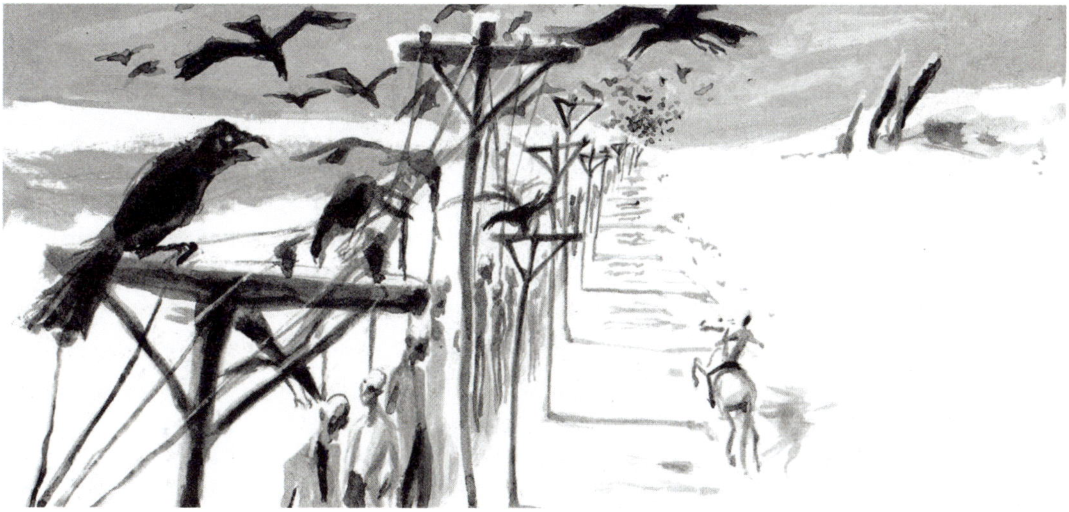

7

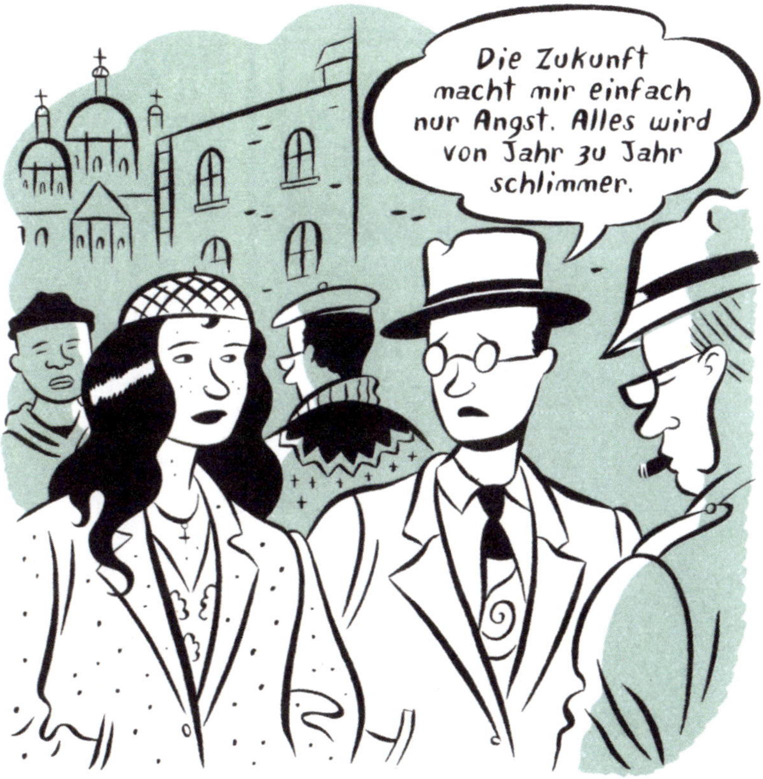

8

7 Leichen wie Lametta: DER SCHWINDLER beruht auf dem unbarmherzig bissigen Revolutionsroman IBYKUS.

8 Vergänglichkeit und Nostalgie: Seths EIGENTLICH IST DAS LEBEN SCHÖN trifft voll ins erwachsene Leserherz.

Männer vor, die gerade »den Anderen« umgebracht haben, einen Maler, der im Gasthof abgestiegen war. Der eingeschüchterte Brodeck, der öfter für die Verwaltung schreibt, soll einen Bericht verfassen, sagen sie. Der Bericht soll alles beschreiben und sie zugleich entlasten. Brodeck gehorcht. **Abb.10**

Manu Larcenet schildert nun Brodecks Recherche in dem verschneiten Ort, in dem es nie richtig hell zu werden scheint, in dem jeder stets alles von den anderen weiß. Larcenet bleibt schwarz-weiß, Brodeck flüchtet sich in die Einsamkeit des Waldes, die Larcenet mit einer Vielzahl seiner großartigen Tierzeichnungen verstärkt. Aber mindestens so verstörend wie Abgeschiedenheit, Kälte und Armut sind die Gesichter der Dorfbewohner. Misstrauisch, vorwurfsvoll, übellaunig, finster – nur der reiche Bürgermeister strahlt jovial, als er Brodeck am Tag nach dem Mord noch mal anhand seiner Schweine erklärt, wie das Dorf tickt: »Sie fressen alles, und sie stellen sich keine Fragen. Sie denken nicht nach. Sie kennen weder Schuld noch Vergangenheit – sie leben einfach. Meinst du nicht, dass sie es richtig machen?«

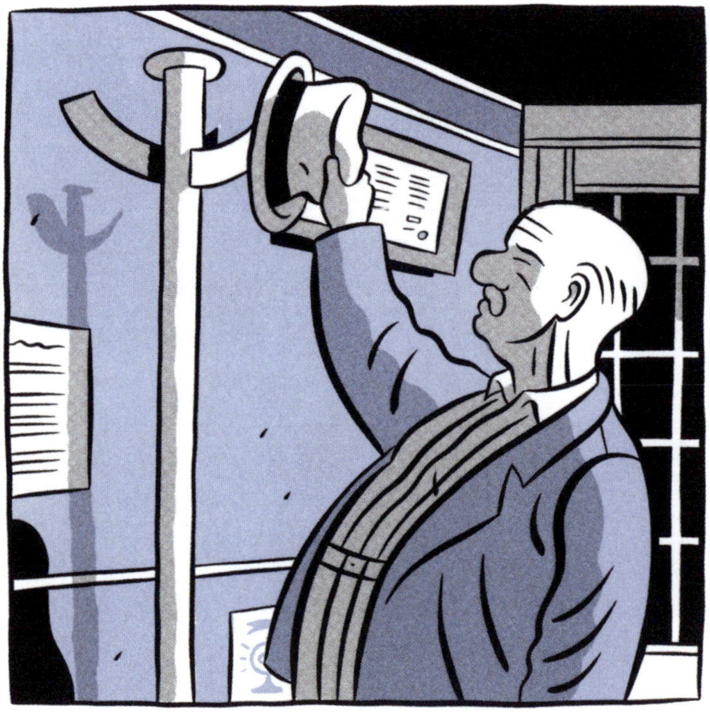

9

9 Episches aus dem Mittelstand: CLYDE FANS erzählt mit melancholischer Ruhe von der Ventilatorenfirma zweier Brüder. Manche finden's fad – ich finde es verblüffend meditativ.

Diese Vergangenheit ist tatsächlich der Schlüssel: Das Dorf hat sich im Krieg schuldig gemacht – mit Ausnahme von Brodeck, der eingesperrt war. Kein Wunder, dass man da gern »weder Schuld noch Vergangenheit« kennen möchte. Dass man da fremde Maler als Bedrohung empfindet und auch mal umbringt.

Larcenet tut einiges, um die Naziparallelen nicht zu sehr hervorzuheben: Das eigentliche Grauen sind die Dorfbewohner. Brodeck, der Unschuldige, ist auch nach Jahrzehnten im Ort nur der »Fußball spielende, ministrierende Senegalese« des CSU-Generalsekretärs Scheuer – eben keiner von »uns« und stets der Erste auf der Abschussliste: »Da ich dies schreibe, begreife ich plötzlich, wie gefährlich es ist, Unschuldiger unter Schuldigen zu sein. Im Grunde nicht anders, als der einzige Schuldige unter Unschuldigen zu sein.«

Schwerer Stoff? Ja, wer hat gesagt, dass so was nur Büchern vorbehalten ist? Aber zum Abschluss gibt's noch was sehr Vergnügliches. Pénélope Bagieu hat Roald Dahls Kinderbuch HEXEN HEXEN zum rasanten Comic umgezeichnet. Ein Junge wächst bei seiner Oma auf, die erstaunliche Kenntnisse über Hexen hat: dass sie kahl sind und saubere Kinder nicht leiden, dreckige aber nicht riechen können. Natürlich Quatsch, aber als der Junge mit Oma in den Urlaub fährt, sind dort auch einige sehr merkwürdige Frauen, und Omas Beschreibungen erweisen sich als: kein Quatsch, sondern sehr präzise.

Bagieu entschlackt die Vorlage und drückt im richtigen Moment aufs Gaspedal: Nachdem sie das innige Verhältnis des verwaisten Enkels und seiner kettenrauchenden Oma mit der gigantischen lila Haarhaube **Abb. 11** sensibel etabliert hat, geht die Post ab, und zwar ausgesprochen lustig und spannend zugleich – was rein handwerklich auch noch mal eine extraknifflige Hürde ist. HEXEN HEXEN eignet sich für Kinder, aber mindestens genauso für Erwachsene.

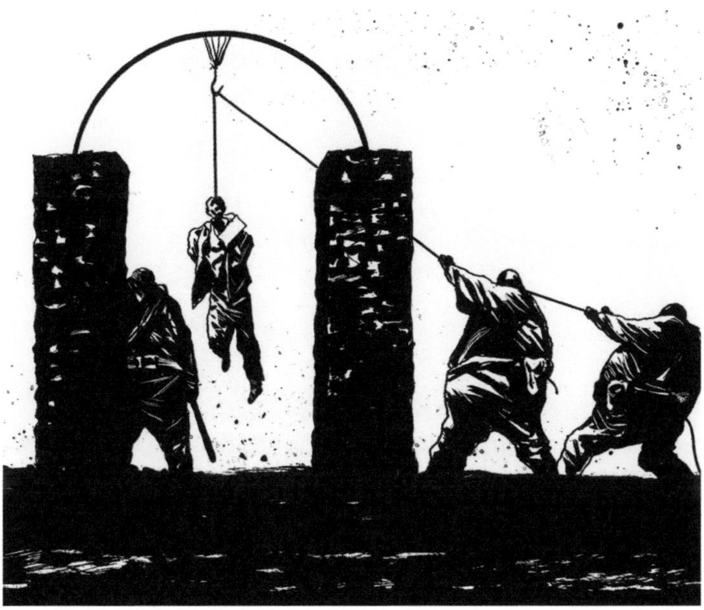

10 Mitleidlos: In BRODECKS BERICHT vertuscht eine Dorf ein Verbrechen.

10

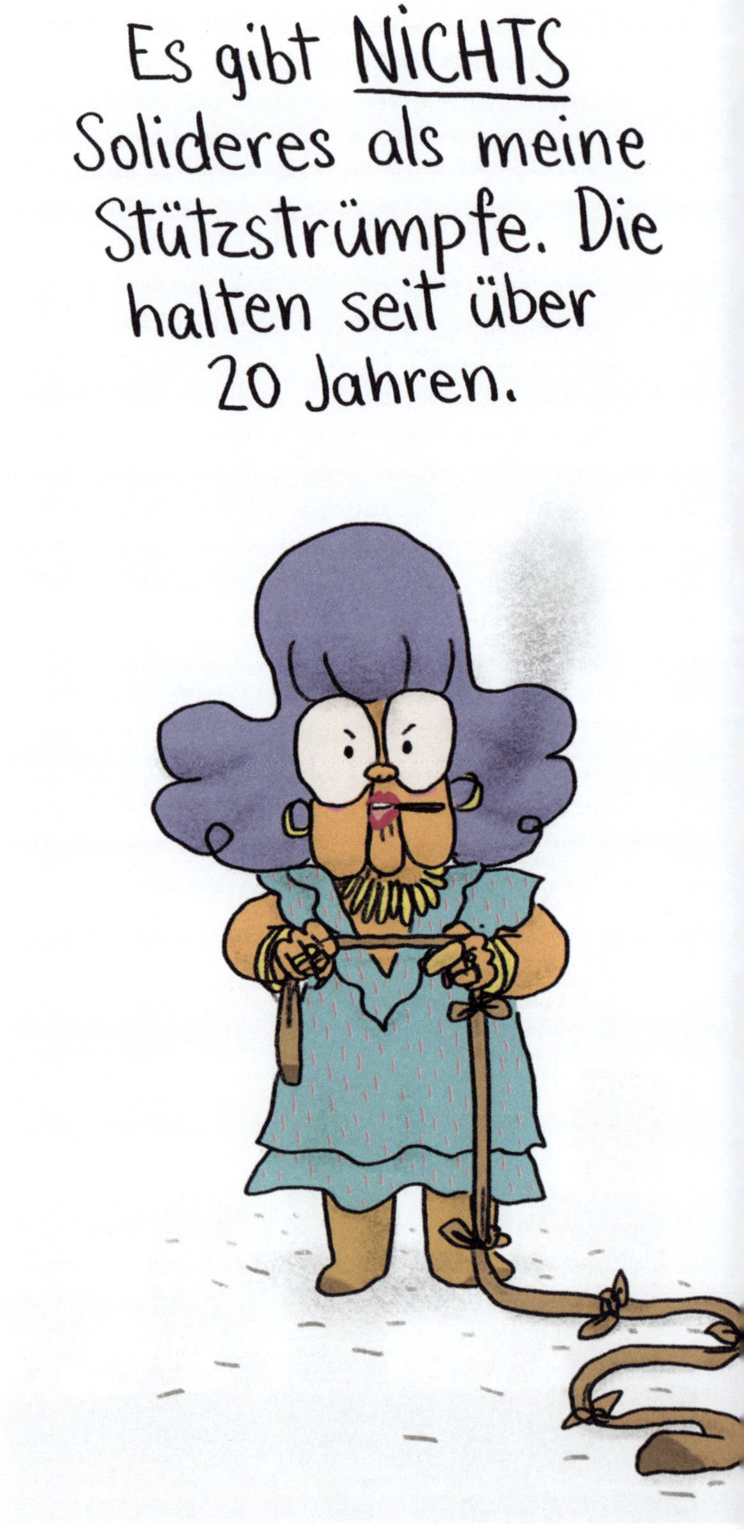

11 Tempo und Action: Penelope Bajeu hat Roald Dahls HEXEN HEXEN nochmals mitreißend zugespitzt – kinder- und erwachsenentauglich.

~~Outtakes~~

Kristina Gehrmann, DER DSCHUNGEL, Carlsen
Upton Sinclairs Roman gehört zu den aufrüttelndsten Büchern, die man lesen kann – Gehrmann dimmt ihn mit ihren sauberen Zeichnungen von »empörend« runter zu »bedauerlich«. Sage ich, aber viele Käufer sahen das anders.

James Vance (Text)/Dan E. Burr (Zeichnungen), AUF DEM DRAHTSEIL, Walde + Graf bei Metrolit
Ergreifendes Bubenschicksal aus der Zeit der Großen Depression. Gebraucht leicht zu kriegen, denn Depression ist nun mal nicht sehr lustig.

Dashiell Hammett (Text)/Hans Hillmann (Zeichnungen), FLIEGENPAPIER, avant-verlag/dtv/Zweitausendeins
Mit einem Bild pro Seite hat Hillmann Dashiell Hammetts Geschichte großzügig umgesetzt. Das bremst das Lesetempo geschickt auf Buchgeschwindigkeit herunter. Erschien schon 1984 bei Zweitausendeins, 2005 bei dtv, zuletzt beim avant-verlag. Gebraucht mittelgut erhältlich, wird aber sicher wieder mal aufgelegt.

Charles Bukowski (Text)/Matthias Schultheiss (Zeichnungen), KAPUTT IN DER CITY, Carlsen
Richtig schwer zu kriegen, aber dafür auch sensationell gut! Schultheiss hat in jungen Jahren Kurzgeschichten von Charles Bukowski vercomict. Exzellent sind nicht nur seine schwarz-weißen Zeichnungen, schnell und dreckig, sondern auch die kluge Auswahl der Storys und ihre geschickte Transformation. Wer's heute neu kaufen will, muss auf die spanische Version zurückgreifen. Die haben halt Ahnung, die Spanier.

Die Titel aus diesem Kapitel

→ Posy Simmonds, GEMMA BOVERY, Reprodukt
→ Posy Simmonds, TAMARA DREWE, Reprodukt
→ Posy Simmonds, CASSANDRA DARKE, Reprodukt
→ Gwen de Bonneval (Text)/Hervé Tanquerelle, GRÖNLAND-ODYSSEE, avant-verlag
→ Emil Ferris, AM LIEBSTEN MAG ICH MONSTER, Panini
→ Uli Oesterle, VATERMILCH, Carlsen
→ Pascal Rabaté, DER SCHWINDLER, Schreiber & Leser
→ Seth, EIGENTLICH IST DAS LEBEN SCHÖN, Edition 52
→ Seth, CLYDE FANS, Edition 52
→ Manu Larcenet, BRODECKS BERICHT, Reprodukt
→ Pénélope Bagieu, HEXEN HEXEN, Reprodukt

26

Die erfolgreichste Graphic Novel aller Zeiten: Die Superhelden in Alan Moores Meisterstück wissen kaum noch, was Gut und Böse ist – doch dafür haben sie Neurosen, Dachschäden und Werbeverträge.

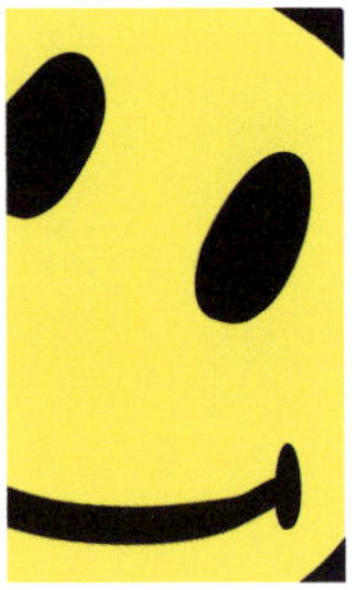

Wiedereinstiegsdrogen IV

WATCHMEN

Das Hinterlistigste an WATCHMEN ist womöglich die Optik. Jedenfalls hab ich den Comic wegen der Optik zuerst ignoriert, es sah alles so nach 1970ern aus, ein bisschen veraltet. Es wirkte wie die Superheldencomics, die mich irgendwann gelangweilt hatten, und überhaupt nicht wie Frank Miller. Und dann auch noch dieses strenge Layout, die meisten Seiten mit drei mal drei Panels, alle gleich groß – es gibt öffentliche Toiletten, die sind aufregender gefliest. Aber dann hab ich angefangen und ...

Ein Mann wird ermordet. Jemand hat ihn durchs Fenster seines Hochhausapartments geschleudert. Der Superdetektiv Rorschach entdeckt: Es war nicht irgendein Mann – sondern der unverwüstliche Superheld Comedian. Rorschach fürchtet, dass jemand all die Superhelden von früher jagt, und deshalb besucht er sie, einen nach dem anderen. Und schon da, etwa auf Seite zehn, hat einen die Story komplett verschlungen. Weil alles so anders ist. So großartig gemacht.

Sie müssen sich beispielsweise nicht wundern, dass Sie noch nie von Rorschach gehört haben. Niemand hat das. Alan Moore hat ihn einfach neu erfunden, genauso wie die übrigen WATCHMEN-Helden; Superheldenexperten und -laien beginnen alle gleichermaßen bei null.

Deswegen ist die Story auch für alle gleich zugänglich: Moore kann sich nicht auf Fans verlassen, weil es keine gibt. Also lockt er uns mit dem brutalen Mord in die Geschichte, dann erst vertraut er uns dem seltsamen Rorschach an, und hinter Rorschach herlesend lernen wir die anderen Helden kennen und ihre Welt.

Diese Welt sind die leicht modifizierten 1980er-Jahre. Superhelden sind inzwischen verboten, nur manche dürfen – das ahnt Moore ähnlich wie Frank Miller – im Staatsdienst weiterarbeiten. Rorschach ist als Einziger in den Untergrund gegangen, und genauso erleben wir ihn: selbstgerecht, verbittert, und nach seinem Besuch tratschen die Superhelden untereinander, dass Rorschach müffelt. Er ernährt sich auch grauenhaft: Beim Ex-Kollegen Nite Owl tritt er die Tür ein und bedient sich an dessen Dosenbohnen, kalt, aus der Büchse. Manchmal isst er auch einfach Würfelzucker oder rohe Eier. Da ahnen wir schon: Diese Superhelden haben zwar nicht alle richtige Superkräfte, aber vor allem eines: einen Dachschaden.

Der ermordete Comedian etwa hat sich zu einem gewissenlosen Zyniker entwickelt. Für ihn ist der Job vor allem die Chance zu ungestraftem sadistischem Amüsement, und wenn es ihm mal um Gerechtigkeit ging, ist das lange her. Er ist Staatsheld geworden, hat in Vietnam genüsslich Menschen mit dem Flammenwerfer abgefackelt, und als eine Gespielin ihm sagt, dass sie sein Kind erwartet, erschießt er sie. Heldenkollegen, die glauben, dass sie etwas Gutes bewirken können, lacht er aus. Silk Spectre ist vor allem deshalb Heldin, weil's ihre Mutter schon war, und die hatte einen Manager, der mit ihren Fotos Geld verdiente, früher, als sie noch nicht im Altersheim saß und soff.

In Rückblenden erzählt der Ex-Held Hollis Mason von der guten alten Zeit: Als maskierte Helden sich, inspiriert vom ersten SUPERMAN-Abenteuer, nur mit den Fäusten durch die Unterwelt prügelten. Sie lernen, wie blödsinnig die ganzen Capes tatsächlich sind, weil einer von ihnen erschossen wird, als sich der effektheischende Umhang in einer Drehtür verheddert. Und die meisten hören auf, als der erste echte Held mit Superkräften auftritt: Doctor Manhattan.

Der kann seit einem Atomunglück Atome, Moleküle kontrollieren, Leute und Gegenstände teleportieren, aus dem Nichts Schlösser bauen. Verbrecher jagen wird ihm bald so langweilig wie Klamotten zu tragen. Beim Sex mit seiner Freundin verdoppelt er sich zu einem flotten Dreier, aber da ist er schon nicht mehr bei der Sache, weil zwei weitere Duplikate von ihm längst wieder im Labor sind und an den Zusammenhängen der Welt knobeln. Menschen interessieren Manhattan nur noch insoweit, als er sie studieren kann wie Insekten im Terrarium. Nicht zuletzt deswegen kann er auch für die USA den Vietnamkrieg gewinnen, indem er den Vietcong massenweise mit einem schlichten Fingerzeig in die Luft sprengt. Ähnlich abgehoben ist Adrian »Ozymandias« Veidt, der gutaussehende »klügste Mensch der Welt«, der sich zur Marke stilisiert hat und Werbemilliarden macht, inklusive Actionfiguren und dem Parfum »Nostalgia by Veidt«, das sogar seine Ex-Kollegen kaufen.

All das enthüllt Alan Moore in meisterlich konstruierten, genauso oft nachdenklichen wie schlagfertigen und witzigen Dialogen. Rorschach erklärt im Gefängnis seinem Psychiater, wie er zu Rorschach wurde. Der Comedian erklärt den versammelten Superhelden, wie wenig ihre Arbeit wirklich verändert. Die alternde Heldin erklärt ihrer Tochter, warum sie es heute charmant findet, wenn Verehrer von früher ihr alte Pornocomics über sie selbst senden. Wir erfahren, wie erst das Auftauchen der Helden Superschurken inspirierte, die sich auch was von diesem neuartigen Aufmerksamkeitskuchen abschneiden wollten. Und manche waren auch schlicht pervers und wollten einfach nur gerne mal verprügelt werden.

1

1 Für WATCHMEN wichtig: die 1980er-Jahre-Angst vorm Atomkrieg. Der Comedian bringt es zynisch auf den Punkt: Superhelden sind nutzlos, weil »in 30 Jahren die Sprengköpfe hier rumfliegen wie die Maikäfer. Und unser Ozzy ist dann der klügste Mann auf der Asche«.

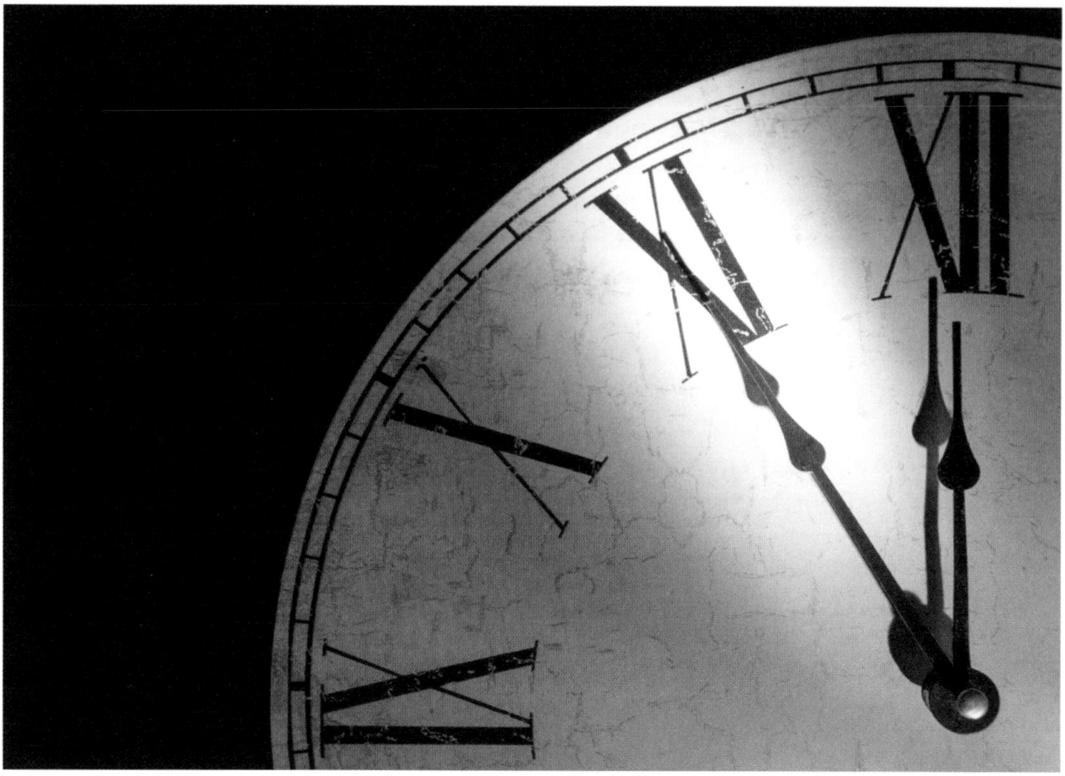

2

Bewundernswert ist natürlich, wie viele Fäden Alan Moore durch seine Handlung zieht, ohne dass ein unheilbares Chaos draus würde. Es wird nicht einmal dann unübersichtlich, als er auch noch einen Comic im Comic einbaut, die blutrünstige Horrorerzählung der SAGEN DES SCHWARZEN FRACHTERS. Aber einzigartig ist vor allem, mit welcher Leichtigkeit er die schwersten Themen den Lesern wohlschmeckend serviert. Das ganze Abenteuer, ursprünglich in zwölf Einzelbänden erschienen, funktioniert fortwährend als spannender Superheldenkrimi um das ganz große Verbrechen, aber auch als romantische Rückblende für Comicfans. Die Frage, was (Super-)Macht mit den Helden – und damit mit Menschen – anrichtet, Alter, Tod, Gerechtigkeit und die Frage nach Gott: Nichts spart Moore aus.

Was ist Zeit, und wie bedeutend sind Verbrechen, Opfer und Leid überhaupt, wenn man – wie Dr. Manhattan – in Äonen denkt? Wie viele Menschenleben darf man opfern, um wie viele Menschenleben zu retten? Manches ist unerträglich brutal, aber oft scheint die Brutalität nur umso deutlicher daran zu erinnern, dass Moore und sein Zeichner Dave Gibbons noch Brutaleres elegant andeuten können, ohne es zu zeigen. Weit öfter als heldenhaft zeigen sich diese Helden als hilflos, unfähig, eitel, auch mal unbeholfen oder dämlich. Die Welt, in der sie leben, ist dabei immer extrem nahe an der Wirklichkeit, inklusive der Sondersendungen im Fernsehen zum Thema, ob ein atomar begabter Superheld wie Doctor Manhattan eigentlich krebserregend ist.

Bei alldem hilft, dass Moore keine richtigen Sympathieträger bereitstellt: Der Comedian ist klarsichtig, aber, wie Ozymandias feststellt, »praktisch ein Nazi«. Rorschach ist ein Fanatiker, der zu keinem Kompromiss mehr fähig ist. Nite Owl ist sicher kein Nazi, dazu überlegt und zweifelt er zu viel, aber er hat einen Bauch, Potenzschwierigkeiten und ist letztlich nur ein Bedenkenträger. Doctor Manhattan ist gefühlskalt, arrogant und kaum noch zu simpelstem normalem Verhalten in der Lage, etwa dem Tragen einer Hose. Silk Spectre ist eine Zicke, ihre Mutter ein alterndes Püppchen, das die eigene Vergewaltigung romantisiert – je länger man liest, desto eher fragt man sich, wie man je annehmen konnte, Superman könne etwas anderes sein als verhaltensgestört.

Wie WATCHMEN mit unseren eigenen Vorlieben und Wünschen spielt, wie die Geschichte den Traum vom Superhelden aufnimmt und in seine Bestandteile zerlegt, das ist Liebeserklärung und Abgesang in einem. WATCHMEN vereint Unvereinbares, verknotet und entwirrt es wieder, und auch beim zehnten Lesedurchgang fällt einem immer wieder Neues auf und ein.

In der Realität hingegen passiert wenig Neues: Der Erfolg von WATCHMEN ließ es nicht zu, die Geschichte für sich stehen zu lassen. Weil die Fans und die Verlage sich in die zerrissenen Charactere verguckt haben, gibt es ein Prequel, es gibt ein Sequel. Und weil weder die Fans noch die Verlage mit Mehrdeutigkeiten klarkommen, weil alle wissen müssen, wie es sein kann, dass Superman dies macht, wenn doch wer anderes jenes macht, wie sich eine Batman-Story von 2019 mit einer von 1949 verträgt, weil sie nicht mit der Fiktionalität leben können, sondern alles ganz ordentlich aufräumen und einsortieren müssen wie Briefmarken, haben sie inzwischen ein Multiversum, in dem Ozymandias dann Lex Luthor treffen kann. Und aus den WATCHMEN-Helden, die symbolisch angelegt waren, als Platzhalter dienen sollten, sind inzwischen Marken- und Merchandisingprodukte geworden wie Superhinz und Spiderkunz. Aber: Alan Moore hat da nicht mitgemacht, er hat seinen Namen aus allem rausgehalten, auch aus der WATCHMEN-Verfilmung.

Guter Mann.

2 Die verbleibende Zeit bis zum Ende der Welt: Die »Doomsday Clock« beendet jedes WATCHMEN-Kapitel.

Der Titel aus diesem Kapitel

→ Alan Moore (Text)/Dave Gibbons (Zeichnungen), WATCHMEN, Panini

27

Wählerisch: Diese Comics nutzen nur die knisterndsten Momente und dramatischsten Augenblicke der Geschichte. Manchmal helfen sie der Realität auch etwas nach, aber die Wahrheit bleibt stets in Reichweite.

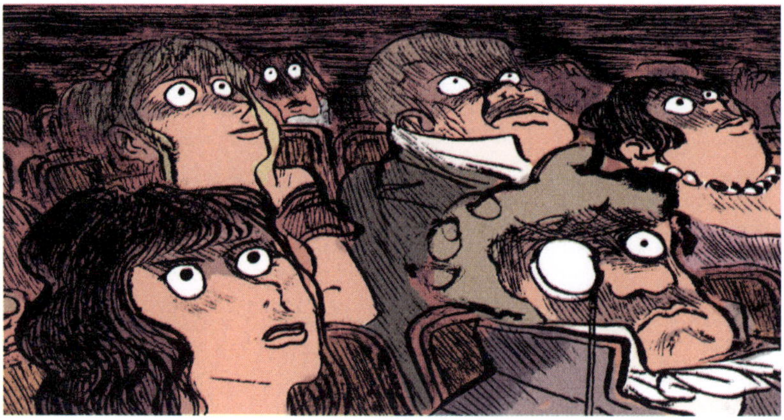

HISTORISCHE HÄPPCHEN FÜR ZWISCHEN-DURCH

Man kann es auch Rosinenpicken nennen: Es gibt eine zweite Möglichkeit, sich die Geschichte vorzunehmen, und das ist die etwas leichtere. Man nimmt sich nur eine Episode vor, eine komische, eine spannende, und dann bereitet man sie auf. Damit wird die Geschichte, egal ob heiter oder tragisch, auf jeden Fall süffiger, man ist aber noch immer sehr nahe an der historischen Wahrheit. Manchmal so nahe, dass man besser die Namen verändert, wie Christophe Blain in QUAI D'ORSAY.

Der Quai ist das französische Außenministerium, die Geschichte schildert den Alltag eines jungen Redenschreibers unter dem extrovertierten, eitlen, bildungshubernden Schöngeist Alexandre Taillard de Worms. **Abb.1** Brisant ist, dass de Worms gerade einen Krieg der US-geführten Welt gegen das kleine Königreich Lousdem verhindern muss. Man braucht nicht lange, um herauszufinden, dass Lousdem der Irak ist, de Worms der französische Außenminister Dominique de Villepin und wir uns am Vorabend des Irakkriegs befinden. Die Informationen stammen aus erster Hand, von Antonin Baudry, der selbst persönlicher Mitarbeiter de Villepins war. Was Christophe Blain aus diesen Zutaten macht, ist ein Feuerwerk an Skurrilität, Brisanz und Situationskomik.

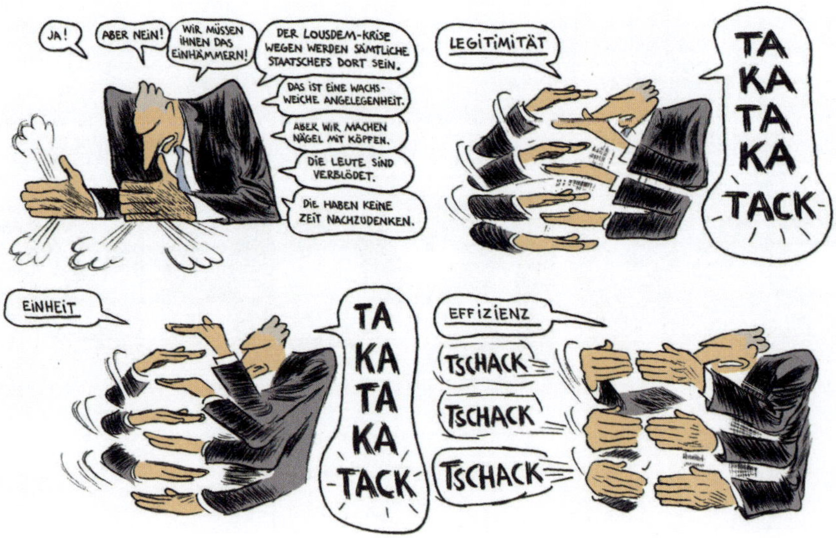

1

1 Hand-Arbeit: Die Marotten des Außenministers in QUAI D'ORSAY beruhen auf Marotten des früheren Ministers Dominique de Villepin.

2 Ein Lichtstrahl in einer grauen Stadt: Eine junge Frau besucht Bremen am Vorabend der Hinrichtung der Giftmörderin Gesche Gottfried.

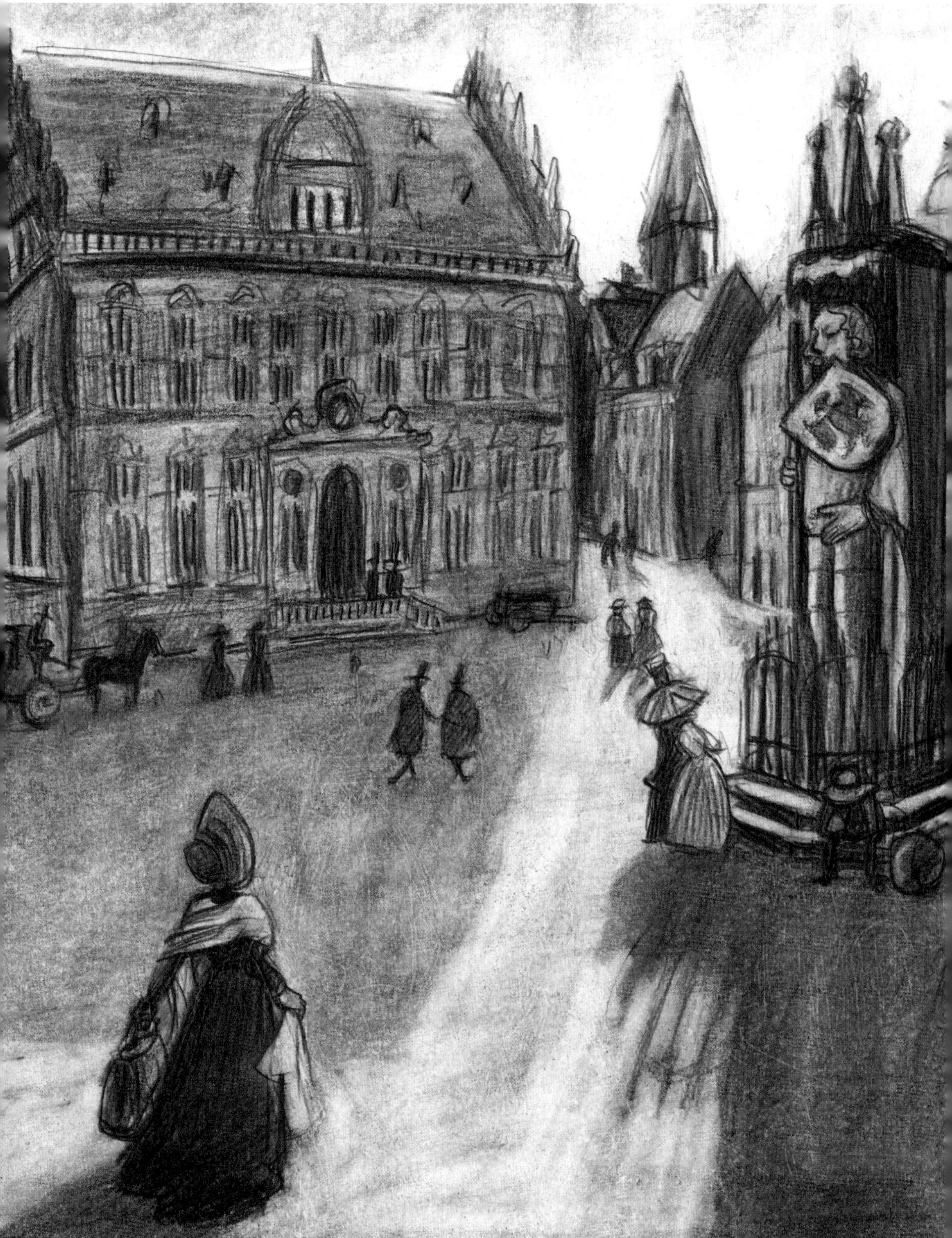

Sein De Worms braucht alles sofort, am besten gestern, glaubt, dass man Bücher nicht liest, sondern stabiloisiert, was bedeutet, dass man darin wild mit dem Leuchtstift herumfuhrwerkt. Er ist umgeben von Leuten, die nichts können, denen er die Welt erklären muss, und zugleich muss er immer beschäftigt werden, weil er allein mit sich eigentlich nichts anzufangen weiß und dann aus Langeweile den eigentlichen Diplomaten beim Arbeiten ins Handwerk pfuscht. Der Mann ist eine Zumutung – und dennoch ist er zusammen mit dem deutschen Außenminister einer der wenigen, die sich gegen einen zweifelhaften Krieg stemmen. Und wer könnte diesen Zwiespalt besser aufzeigen als Christophe Blain, der innerhalb zweier Panels mit Nuancen vom Porträt zur Karikatur wechselt, mit dem man erst über den ewig fuchtelnden Minister grinst – und wenig später mit ihm fiebert, als er Colin Powells Massenvernichtungswaffen bezweifelt. Ganz nebenher liefern Baudry und Blain eine gewitzte Analyse des Mitarbeiterstabs, die man so ähnlich durchaus auch auf jeden anderen Verwaltungsapparat übertragen kann.

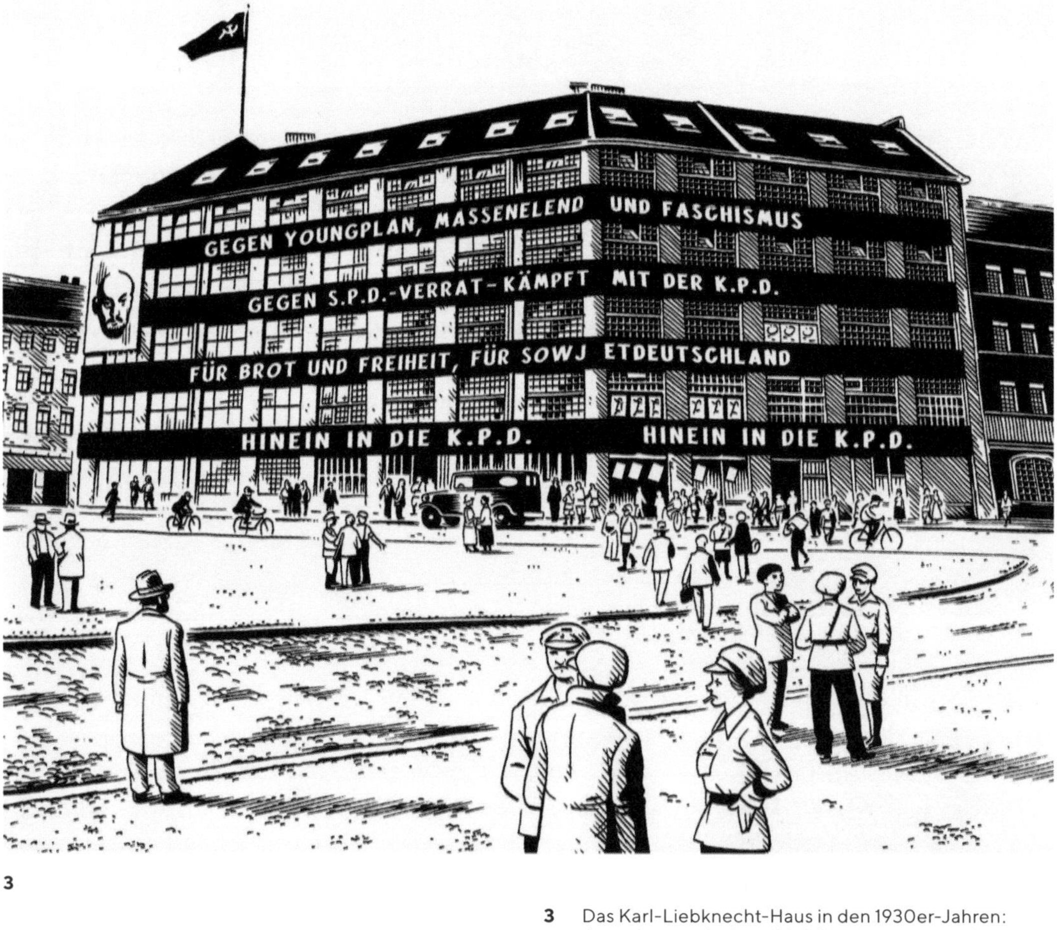

3

3 Das Karl-Liebknecht-Haus in den 1930er-Jahren: Jason Lutes arbeitete 20 Jahre an seinem sauber recherchierten Epos BERLIN.

Ähnliche Einsichten vermittelt THE DEATH OF STALIN: Von Fabien Nury stammt das Szenario aus den letzten Tagen des Sowjetdiktators, und im Gegensatz zur raschen, stargespickten, humorbetonteren Verfilmung ist der Comic weitaus frostiger, brutaler.

Das beginnt schon bei der ersten Szene, in der Stalin eine Aufzeichnung eines gelungenen Radiokonzerts wünscht – leider wurde nicht mitgeschnitten. Wie der Radiodirektor panisch in kürzester Zeit ein zweites, identisches Konzert organisiert, dokumentiert das Klima der Angst besser als jeder Blick in den Gulag. Und es wird diese Angst sein, die sich gegen den Diktator selbst wendet: Stalin erleidet einen Schlaganfall, und niemand wagt etwas zu tun, weil keiner weiß, was schlimmer ist – wenn man den Tod Stalins verantworten muss oder wenn Stalin überlebt und hinterher etwas an der organisierten Hilfe auszusetzen hat. In geschickt arrangierten Szenen lassen Nury und sein Zeichner Thierry Robin den gelähmten Diktator dahinsiechen, während nebenan die Mitglieder des Politbüros in eiskalten Dialogen einen Mehrfrontenkrieg aus Nachfolgeregelung, Denunziation, Erpressung und unterlassener Hilfeleistung ausfechten. Was soll man sagen: ein einziger Gräuel und zugleich doch eine einzige Freude.

GIFT **Abb. 2** ist ein noch etwas bittererer Genuss, aber der Tod spielt auch hier eine nicht unwesentliche Rolle: Barbara Yelin rollt den Fall der Giftmörderin Gesche Gottfried auf, die Anfang des neunzehnten Jahrhunderts in Bremen innerhalb von fünfzehn Jahren fünfzehn Menschen mit Arsen vergiftete. Die Motive sind bis heute so unklar, dass eine Geisteskrankheit noch am ehesten einleuchtet – hingerichtet wurde sie 1831, und am Vorabend dieser Hinrichtung besucht in GIFT eine junge Schriftstellerin die Stadt und erfährt von dem Fall. Yelin nutzt die Gelegenheit, die Leser in die düstere, selbstgerechte, engstirnige Stadt einzuführen. Bleistiftgraue Gassen, gehässiges Getuschel hinter einer Fassade bürgerlichen Anstands, überall Argwohn und Angst, vor Menschen, vor Frauen, vor Sex sowieso, denn die Giftmörderin, so heißt es, habe natürlich mit diesem und mit jenem ... und anschließend auch noch Gift, jaja! Weshalb die Stadt aus einer Geisteskranken lieber eine habgierige Massenmörderin macht, die man auf dem Schafott öffentlichkeitswirksam köpfen kann. »Jeder Mann sollte seiner Frau als Pflicht auferlegen, die Hinrichtung anzusehen«, legt Szenarist Peer Meter den Bremern in den Mund, und so beeindruckend die Reise in diese beklemmende Vergangenheit ist – so befreiend ist nach dem Lesen die Rückkehr in die Gegenwart.

Mal was ganz anderes: Sie sind nicht zufällig Fan von BABYLON BERLIN? Dieser Serie aus dem Weimarer Berlin? Es gibt mehr davon – wenn auch nicht von Volker Kutscher. Jason Lutes hat in knapp zwanzig Jahren ein Mammutwerk vorgelegt, das es jetzt gesammelt gibt: Berlin. Die Krimizutat fehlt hier, aber das Besondere an BABYLON BERLIN ist doch diese schmuddlig verrucht-verzauberte Ära, **Abb. 3** in der Deutschland unverhitlert hätte bleiben können. Lutes deckt fünf Jahre ab, von 1928 bis 1933, er erzählt aus einer Vielzahl von Perspektiven, von Proletariern, jüdischen Bürgern, Lesben, Polizisten, Obdachlosen, Nazis – trotzdem verliert man den Faden nicht. Alles ist drin und vermischt sich in seinen

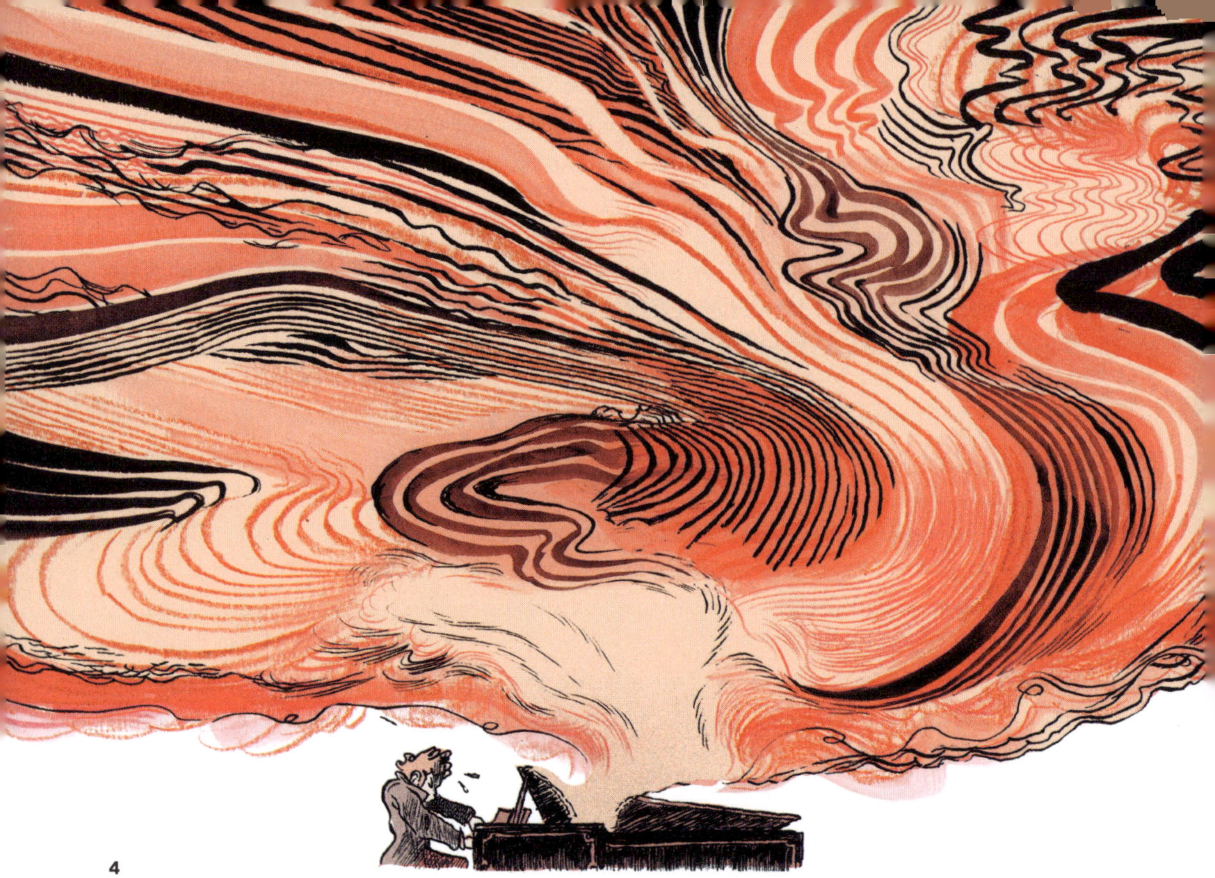

4

Händen zu einem Strudel, in dem die von ihrer Offenheit berauschte Gesellschaft allmählich versinkt. Die Menschen wissen nicht, was sie zu verlieren haben, sie suchen die Sicherheit der Vergangenheit und wählen dafür die Zukunft der beiden Utopien, die damals noch nicht durch die Praxis widerlegt sind – Faschismus und Kommunismus. Wie die Vernunft zwischen diesen beiden Fronten zermürbt und zerrieben wird, ohne Rückhalt in Staat und Gesellschaft – Jason Lutes macht es spürbar. Und wenn Sie mir nicht glauben, dann glauben Sie's BABYLON BERLIN-Vater Volker Kutscher: Der ist nämlich selber Fan.

Es muss natürlich nicht immer die ganz große Welterklärung stattfinden. Es gibt auch Leichteres. Zum Beispiel, wie Beethoven sich mit seinen jüngeren Brüdern herumschlagen muss, die ebenfalls Musiker werden möchten und schon ein Orchester für Achselfürze gegründet haben. GOLDJUNGE heißt der Band, in dem Mikael Ross Beethovens Jugendjahre erzählt und zeichnet. Das kann mal derb werden, es gibt etliche Slapstickeinlagen, doch das Beste ist, dass Ross über dem Entertainment die Musik nicht vergisst – und dadurch zugleich Leser wie mich mitnimmt, die keine Klassikfans sind. Für GOLDJUNGE muss man Beethovens Musik nicht kennen. Ross übersetzt sie in Bilder, in optische Klangkaskaden, **Abb. 4** Schnörkel, Geräusche, die aus den Händen und dem Klavier quellen. Das sieht enorm gut aus, und wer weiß, vielleicht hör ich mir mal was an, von diesem Beethoven da!

~~Outtakes~~

Peer Meter (Text)/Rem Broo (Zeichnungen),
BEETHOVEN: UNSTERBLICHES GENIE, Carlsen
Noch mal was von Beethoven, aber vom Ende. Eine schöne Abrechnung mit Wien und den Wienern und dem Starkult um den großen Komponisten, von dessen Leiche sich jeder am liebsten noch ein Lockerl abschneiden tät.

Alan Moore (Text)/Eddie Campbell (Zeichnungen), FROM HELL,
Cross Cult/Süddeutsche Zeitung Edition/Thomas Tilsner Verlag
Sorry, grade schwer zu bekommen, ist aber bisher immer wieder mal neu aufgelegt worden. Alan Moores sensationelle Aufbereitung der Jack-the-Ripper-Morde ist so was wie die Mutter aller Verschwörungstheorien, eine sagenhaft gruslige Zeitreise in das viktorianische England, dort, wo es am bitterärmsten ist. **Abb. 5**

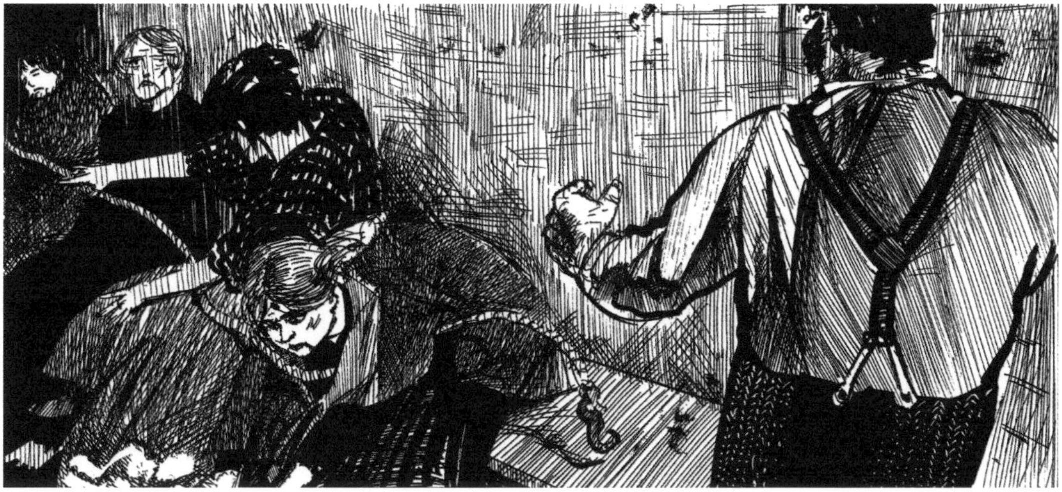

5

4 Klangwolken, sichtbar gemacht: Mikael Ross zeichnet Musik in GOLDJUNGE.

5 Weckdienst auf viktorianisch: Morgens löst in FROM HELL der Wirt das Seil, das seine Übernachtungsgäste zum Preis von einem Penny auf der Bank fixiert.

Die Titel aus diesem Kapitel
- → Christophe Blain, QUAI D'ORSAY, Reprodukt
- → Fabien Nury (Text)/Thierry Robin (Zechnungen), THE DEATH OF STALIN, Splitter
- → Peer Meter (Text)/Barbara Yelin (Zeichnungen), GIFT, Reprodukt
- → Jason Lutes, BERLIN, Carlsen
- → Mikael Ross, GOLDJUNGE, avant-verlag

28

Das gibt's bei keinem Schriftsteller, Schauspieler oder Popstar: Comic-Künstlern können Sie beim Arbeiten über die Schulter sehen – und manchmal gibt's sogar exklusive Kunst zum Mitnehmen.

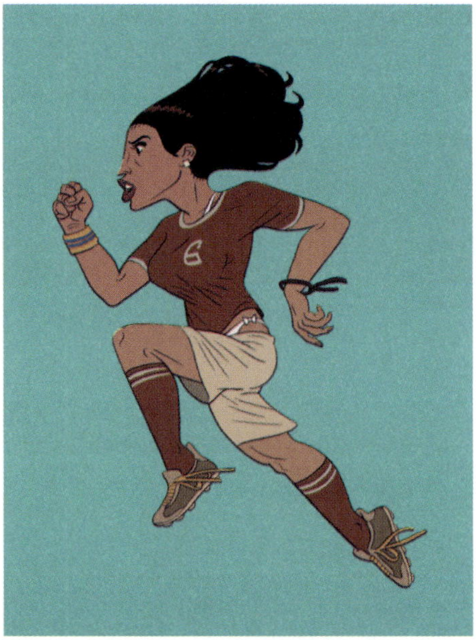

MITTENDRIN STATT NUR DABEI

Mal Steven Spielberg beim Drehen zusehen. Aus zwei Metern Entfernung. Oder mal vorab die Szenen bestaunen, die ihm für den neuen Film schon jetzt richtig gut gefallen. Geht natürlich nicht.

Mal neben Elton John auf der Bühne sitzen. Oder im Probenraum. Und jeden Song hören, der es nur ganz knapp nicht mehr auf die jeweilige Platte geschafft hat. Geht natürlich auch nicht.

Oder Andreas Gursky beim Fotografieren zusehen. So dass Sie ganz genau sehen, welche Kamera, welche Einstellung er für welches Bild nimmt. Ist auch nicht drin.

Aber das geht bei Comic-Künstlern. Das und noch mehr. Und ohne großartige Beziehungen, ohne Backstagepass, ohne alles. Sie können das genauso wie Hinz und Kunz und ich. Und wir reden hier nicht von den Amateuren oder den Aufsteigern, das geht auch bei den Stars der Szene. Eben den Spielbergs, den Elton Johns des Comics.

Gut, die wohnen jetzt nicht alle bei Ihnen um die Ecke. Sie müssen schon zu einer der großen Comicveranstaltungen* gehen, aber das ist sowieso schon mal empfehlenswert. Eine der großen Messen, sagen wir das Comicfestival in München oder der Comicsalon in Erlangen. Da gehen Sie hin, lösen ein Ticket, und dann schnuppern Sie sich vorsichtig hinein. Kann sein, dass Sie sich anfangs ein bisschen komisch vorkommen, weil viele verkleidet hingehen. Aber die erwarten nicht, dass Sie mitmachen, die freuen sich, wenn man sie anguckt und ihre Kostüme mag, also genießen Sie die Show. Gehen Sie einfach zu den Ausstellungen, aber Sie finden garantiert schon auf dem Weg dorthin die ersten, die an Ständen sitzen und vor sich hinzeichnen. Manche, weil ihnen fad ist, aber die meisten, weil sie gern zeichnen und noch lieber, wenn sie umgeben sind von anderen Leuten, die gerne zeichnen und sich gerne Zeichnungen ansehen. Bleiben Sie einfach stehen und gucken Sie zu, die finden das gut. Das Erstaunliche ist da schon mal: Die werden nicht nervös, wenn man ihnen zuguckt. Das ist nicht wie bei den leicht verschwitzten Gitarrenkäufern im Musikgeschäft, die es gar nicht mögen, wenn man ihnen aufs Griffbrett schaut. Die Comiczeichner unterhalten sich vermutlich nebenbei noch mit Ihnen. Gar nicht selten handelt es sich übrigens um eine Zeichnerin.

Aber ich habe Ihnen ja Steven Spielberg versprochen, richtig?

Gehen Sie einfach weiter. In Erlangen oder München hören Sie da schon dauernd Durchsagen, dass irgendwer irgendwo signiert. Da gehen Sie dann hin. Dutzende Zeichner signieren an Dutzenden Ständen, den Steven Spielberg des Tages erkennen Sie an der längsten Schlange. Sie können sich, wenn Sie mögen, eines seiner Werke kaufen und signieren lassen. Sie können aber auch, wenn Sie sich anständig benehmen, ohne Anstellen vorne neben die Schlange stellen und einfach zusehen, was der Typ oder die Typin da macht. Comiczeichner signieren nämlich meistens nicht einfach, sondern sie zeichnen ihren Kunden oft auch was dazu.

* Bitte nicht mit Comictauschbörsen verwechseln! Am einfachsten erkennen Sie den Unterschied daran, dass es bei Tauschbörsen kein größeres Programm gibt.

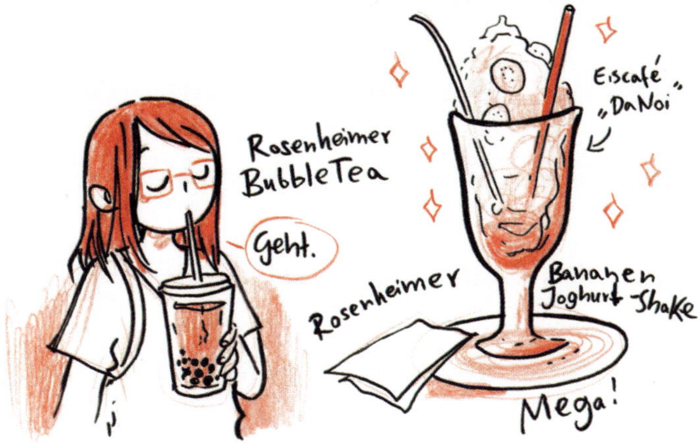

1

1 Was macht Olivia Vieweg, wenn sie keine Zombies zeichnet? Auf ihrer Homepage verrät sie ihre Lieblings-Bubble-Teas.

Das kann eine kurze Skizze sein, das kann ein kleines Panel sein, je nach Laune. Und keineswegs immer mit einem Filzstift oder einem Kugelschreiber, die haben oft siebzehnerlei Farben dabei oder arbeiten mit Tusche und Pinsel oder Aquarell oder was weiß ich noch alles. Das zu sehen ist absolut beeindruckend. Diese Sicherheit. Da wird nicht radiert, getropft, verschüttet. Die ziehen abgeschraddelte Aquarellkästen hervor, die sehen aus wie der alte Farbkasten meiner Mutter nach dreißig Jahren auf dem Dachboden, das Wasser ist schon im Pinsel (die haben neuerdings kleine Tanks), in der linken Hand ist ein Papiertaschentuch zum Abtupfen, trotz aller Farben rühren sie in verschieden graubraunen Pfützen, und mit wenigen Strichen entsteht da eine Comicfigur oder eine Skizze, ein Ornament oder sonst was. Das funktioniert ohne Vorzeichnung, und so normal das dem Zeichner vorkommt – ich als Nichtzeichner bin da jedes Mal von Neuem platt.

Wenn Sie da vorne stehen, verstehen Sie natürlich auch, warum die Schlange so lang ist. Das ist Kundenbetreuung. Und das macht die Newcomerin mit ihrem Erstlingswerk genauso wie die arrivierte Birgit Weyhe oder Stars wie Bastien Vivès (S. 283). Manche haben zum Signieren ein paar Lieblingszeichnungen, manche improvisieren wie beim Jazz. Und ja, Sie können meistens unproblematisch zugucken, so lange Sie dabei nicht mit dem Mund voller Leberwurstbrot fragen: »Pardon, wieso präferieren Sie hier nicht Pastellgelb oder Perlkupfer?«

Wenn's nicht live sein muss: Dann sind Sie bei Youtube natürlich auch richtig. Manu Larcenet zeichnet Köpfe. Christophe Blain zaubert aus dem Nichts Leutnant Blueberry. Mit zum Staunenswertesten gehört für mich ein Ein-Minuten-Filmchen mit dem Titel DRAWING WITH WATER: MAKING THE ART FOR ALAN'S WAR. Sie sehen Emmanuel Guibert, der tatsächlich mit Wasser auf Papier zeichnet. Man sieht praktisch nichts, bis er am Schluss einen Tropfen Tusche ins feuchte Papier gibt – dann entsteht das mit Wasser vorbereitete Bild plötzlich in Sekundenschnelle. Für Profis ist das vielleicht gar nicht so besonders, aber ich stehe davor wie vor jedem Töpfer mit Drehscheibe, der aus Teigklumpen elegante Gefäße wachsen lässt.

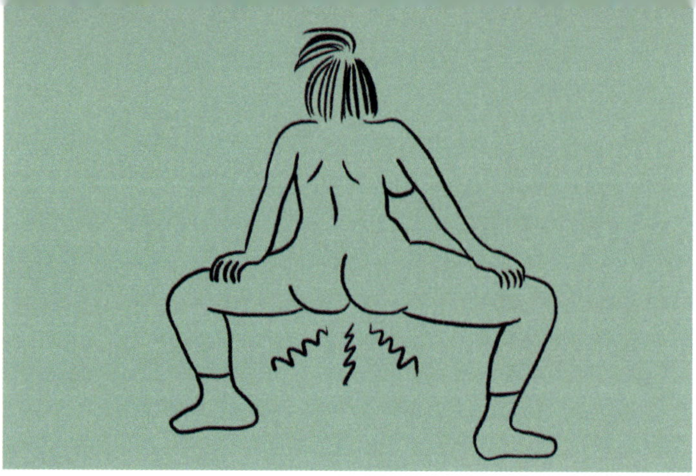

2 Outburst: Max-und-Moritz-Preisträgerin Aisha Franz kann's auch kurz und derb.

2

Aber es gibt sehr oft noch mehr, was Sie bei Comiczeichnern entdecken können. Nämlich all das, was sie so nebenher zeichnen. Ihre Internethomepages sind wesentlich spannender als die anderer Künstler. Bei Stars wie dem Pianisten Lang Lang kriegen Sie ja meist nur ein paar Fotos und eine Liste, welche Platten er gemacht hat und wo er mal auftritt – aber Sie kriegen selten seine Arbeiten an der Blockflöte zu hören. Genau das machen Comic-Künstler aber oft: Sie zeichnen auch mal in einem anderen Stil als dem, den man von ihnen kennt. Zu Übungszwecken, zur Abwechslung, weil der Stil besser zum Inhalt passt, es gibt jede Menge Gründe. In jedem Fall öffnen sie dabei ihren Werkzeugkasten – und Sie können reinschauen.

Bei Thomas von Kummant (https://vonkummant.blogspot.com/) etwa finden Sie jede Menge Aquarelle: Stadtansichten, Motorräder, Jazzkonzerte, sehr schnell, sehr frisch. Wer meint, dass Gipi nur hässliche Buben krakeln kann, wird (https://www.instagram.com/gipigianni/) schnell staunen. Oder wer bei dem REQUIEM-Zeichner (S. 202) Albert Mitringer auf die Homepage (https://studiostoneage.com/) schaut, findet auch die Abteilung Animation samt dem unterhaltsamen Pingpongfilm REMATCH. Es zeigt sich, dass Mitringer Herriman imitieren kann, Nicolas Mahler imitieren kann, er kann wie im Comic LILA auch sehr niedlich werden. Mitringer kann also offenbar mehr als nur den mir bekannten Mitringer. Aber kann Lang Lang überhaupt Blockflöte?

Eine Fundgrube ganz anderer Art ist die Homepage des Alt- und Großmeisters Matthias Schultheiss (https://matthias-schultheiss.de). Er unterhält eine der umfassendsten Comic-Künstlerhomepages. Er lässt regelmäßig in neue Seitenentwürfe schnuppern, zeigt Skizzen und schreibt immer wieder seine Gedanken und Texte dazu. Es gibt Unveröffentlichtes, abgebrochene Projekte, Comics, die er als Kind gezeichnet hat, Entwürfe zu seinen Bukowski-Stories, die ganze Vielseitigkeit.

Man kann nur hoffen, dass ein Assistent diese irrsinnigen Mengen für ihn einscannt – aber wahrscheinlich ist es nicht.

Man kann auch bei Künstlern andere Seiten erkennen, die sie einem sympathischer machen. Sarah Glidden, über die ich gerne wegen ihrer hanebüchenen Auffassung von Journalismus schimpfe, stellt auf sarahglidden.com nebenher politisch sehr sinnvolle Comics und Filmchen ins Netz. Außerdem hat sie inzwischen einen Sohn und bastelt für ihn kleine Kärtchen, die seinen Alltag einfacher strukturieren. Die recht hübschen Kärtchen darf jeder nutzen und kopieren, wie überhaupt die Comicszene oft weit weniger kommerziell denkt als Branchen, die weitaus umsatzstärker sind. Vielleicht gibt's da auch einen Zusammenhang.

Natürlich gibt es nicht immer Unerwartetes oder Einblicke in den Zeichneralltag. Für manche Stars wie Eduardo Risso (https://www.instagram.com/eduardorissocomics/) ist der Internetauftritt nur eine erweiterte Verkaufsplattform, die Hinweise gibt, was man beim Galeristen gerade erstehen kann. Guy Delisle hingegen, einer der internationalen Stars, zeigt auf seinem Blog (https://www.guydelisle.com) auch mal spannende Montagen, wie reale Gegenden in seinem Karikaturstil aussehen. Bei der Max-und-Moritz-Preisträgerin Barbara Yelin (https://www.barbarayelin.de/blog) darf man in aktuelle Projekte schnuppern, Endzeit-Autorin Olivia Vieweg (https://www.olivia-vieweg.de/mini-comics/) zeigt ihre Alltagscartoons. **Abb.1**

Gelegentlich lassen sich Künstler auch in den Kopf sehen. Politisch wie Geof Darrow, der Meister grotesker Gewalt, der zu Trump und Co. (twitter.com/darrowgeof) Stellung bezieht. Erotisch wie Aisha Franz **Abb.2** (https://www.instagram.com/aishathesheriff/), die ein recht obszönes Sketchbook wagt, wie Pénélope Bagieu (https://www.instagram.com/penelopeb/), die eine Schwäche für bärtige, jesusartige Herren andeutet, oder Bastien Vivès (https://www.instagram.com/bastienvives/), der busenmäßig in Russ-Meyer-Dimensionen denkt (S. 283), aber auch einfach mal Romy Schneider mit Michel Piccoli Karten spielen lässt. Asterix und Obelix gibt's in einer in einer ungewöhnlichen Variante bei Christophe Blain (https://www.instagram.com/blain.christophe) und einen eher heruntergekommenen Asterix von Manu Larcenet (https://www.instagram.com/manularcenetestamour). Terry Moore lässt sich mehrfach beim Entstehen seiner wunderbaren Frauen über die Schulter filmen (https://abstractstudiocomics.com/). Riad Sattouf zeigt, dass er weit mehr kann als nur Niedliches in schattiert (https://www.instagram.com/riadsattouf). Arbeitstier Lewis Trondheim füllt, wenn ich's recht sehe, nebenher gleich drei Blogs (https://lewistrondheim.tumblr.com/, https://www.lewistrondheim.com/blog, https://www.instagram.com/lewistrondheim), Merwan Chabane spendiert seiner Aster noch ein paar Extraszenen (https://www.instagram.com/merwan_chabane), KINDERLAND-Papa Mawil öffnet sein Sketchbook (https://www.mawil.net/), Brecht Evens seine (alp)traumhafte Farbenwelt (https://www.instagram.com/evens.brecht), und wenn Sie jetzt langsam müde werden, schauen Sie doch bei Charles Burns vorbei (https://www.instagram.com/fictopicto), da steht man schnell mal wieder verstört und senkrecht im Bett.

Die Entstehung von Ralf Königs Coronabewältigung VERVIRTE ZEITEN konnten Besucher seiner Homepage über Monate in Echtzeit verfolgen (https://www.picuki.com/profile/ralfkoenig.de), Joann Sfar (S. 76; https://www.instagram.com/joannsfar), Stan Sakai (S. 302; https://www.instagram.com/stansakai), Peng-Gewinner Uli Oesterle (S.283; https://www.oesterle-illustration.com/), Max-und Moritz-Preisträger Reinhard Kleist (https://www.reinhard-kleist.de/), kaum einer bietet online nicht exklusives Bonusmaterial, und über Links führen sie zu noch mehr Kollegen und noch mehr unbekannten Facetten. Man muss beinahe aufpassen, dass man ihre Comics darüber nicht vergisst.

29

Sie ist die blutige Abkürzung zum Ziel aller Wünsche. Sie ist die Fortsetzung der Politik mit anderen Mitteln. Niemand will sie in der Nähe – aber kaum jemand sieht weg, wenn sie die Bühne betritt.

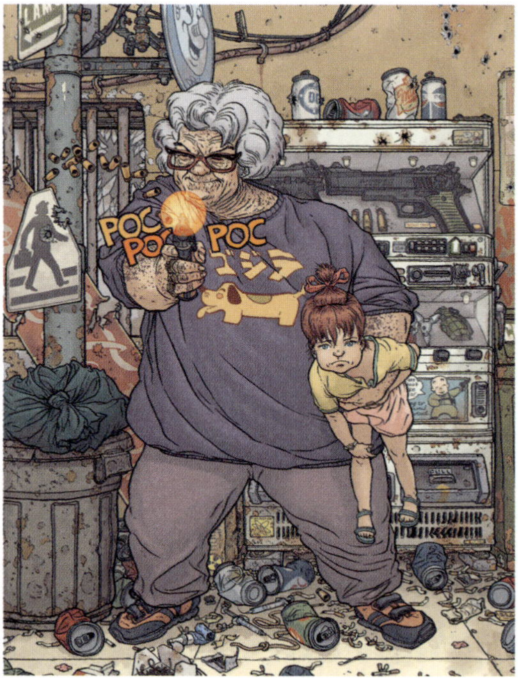

KUNST MIT ALLER GEWALT

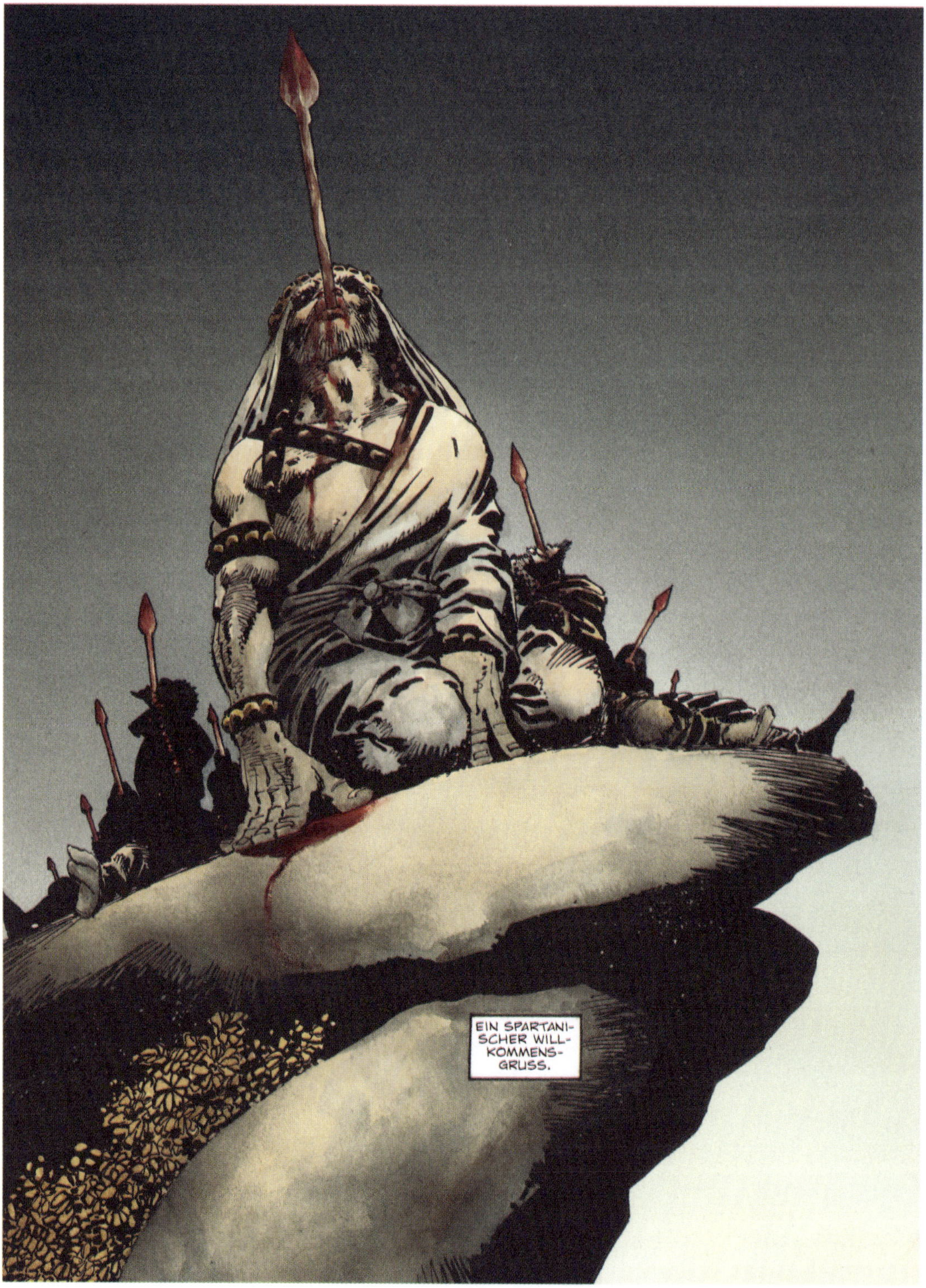

1

1 Nicht schön, vielleicht auch nicht historisch, aber wirksam: Inszenierte Abschreckung aus Frank Millers Antike-Epos 300.

Gewalt fasziniert. Ist doch so, wenn wir ehrlich sind. Keiner will unter Gewalt leiden, aber wir haben BREAKING BAD gesehen und die SOPRANOS, wir sehen Kriegsfilme, wir sehen Superhelden, die wodurch noch mal zu Superhelden werden? Dass sie Macht haben und Gewalt ausüben, wenn auch für die gute Sache. Aber wir verfolgen doch nicht die Abenteuer von jemandem wie »Der Diskutierer« oder »Bedenken-Girl«. Sondern die des »gewaltigen Hulk«. Und der hat's ja schon im Namen: der abwägende Hulk ist für die Tonne.

Gewalt fasziniert. Es sind unsere Träume von einer schnellen Lösung, sogar die realistischeren Träume, denn die Alternative ist: Magie, und verglichen mit Magie ist Gewalt wenigstens real. Das Ziel ist immer: schöner leben, besser leben oder wenigstens gerechter leben (gemäß der eigenen Vorstellungen von schön, gut und gerecht), und das ohne jahrelangen Klageweg durch alle Instanzen. Und bei den allermeisten von uns ist es der Wunsch, in eine Welt zu blicken, die wir nicht betreten möchten und insgeheim manchmal aber doch, und sei es auch nur, um einmal zu sehen, wie jemand einem Autoposer seine eigenen Auspuffrohre in die Ohren rammt.

Uh-oh, habe ich zu viele Comics gelesen?

Letztlich bringt es Matthias Schultheiss gleich zu Beginn seiner HAIE VON LAGOS auf den Punkt: Lambert ist der nicht totzukriegende Starschurke dieser Serie aus den 1980ern, und laut Lambert gibt es »keinen Gott, und wem verdammt hätte er Rechenschaft schuldig sein sollen«. Genau das ist der springende Punkt: Wir wissen, dass sich Gott nicht erkennbar ins irdische Tagesgeschäft mischt. Ob ihn und uns unser Benehmen nach Ladenschluss interessieren wird, ist daher nur noch eine Glaubensfrage. Was Gewalt zu einer Option für jeden macht, der die rechtlichen Konsequenzen akzeptiert – oder, weit praktischer, umgehen kann. Lambert ist so einer.

Lambert ist Pirat in allen chaotischen Gegenden der Welt, Schultheiss schickt ihn in die Karibik, an die Küsten und Meere Afrikas, überall dorthin, wo es nichts gibt, was man nicht mit Geld oder einem Mord regeln könnte. Das gilt auch für den Staat: Lambert wird bei Schultheiss von der Straße weg verhaftet und so explizit gefoltert, dass es auch heute nach über fünfunddreißig Jahren noch schockierend wirkt. In einer Welt ohne Recht ist Gewalt immer präsent und die einzige gültige Währung. Das wird einem klar, während eine Gefängniswache Lamberts Penis malträtiert. Kann die Darstellung von Gewalt sinnvoll sein?

Dann gibt es noch viel zu lernen aus Lamberts Welt. Sex ist allgegenwärtig und häufig als Vergewaltigung. Schultheiss zeigt das so beiläufig und niederträchtig, wie es ist, und trotzdem wirkt es geradezu normal in einer Welt, in der junge Männer permanent mit Waffen herumlaufen, vom Messer über den Revolver bis zum Schnellfeuergewehr. Bizarr, wenn man sich in Erinnerung ruft, dass die NRA in den Vereinigten Staaten das Tragen von Waffen als wirksamste Sicherheitsmaßnahme empfiehlt. Schultheiss' HAIE zeigen, wie diese Sicherheit wirklich aussieht – wie allgemeine Unsicherheit. Und wir sehen dabei genau hin, denn Schultheiss spielt durch Lamberts Antiwelt meisterlich mit unseren Träumen. Gigantische schwülfeuchte Dschungel, explosive Überfälle, Geld und nackte Haut und die namengebenden Haie, die in der grünen Tiefe ihre Bahnen ziehen, dort, wo das Licht so raffiniert scheint und schimmert, wie es nur Schultheiss hinkriegt.

Zugegeben: Man könnte statt dieser irrsinnigen Infernowelt auch das positive Gegenbeispiel des Rechtsstaates zeigen, sagen wir die ordnungsgemäß ablaufende Berufungsverhandlung eines Kleingärtners vor dem Berliner Landgericht. Aber wer will das sehen? Dann doch lieber ein paar aufgespießte persische Köpfe. **Abb.1**

Wie in Frank Millers erstaunlichem Historienspektakel 300. Die Handlung ist bekannt, oder? Wir sind im antiken Griechenland, das gigantische persische Heer macht sich auf den Landweg, und dreihundert spartanische Soldaten stellen sich ihnen an der einzigen Stelle in den Weg, wo mehr eben nicht mehr ist: an der Landenge der Thermopylen. Miller bleibt für seine Verhältnisse ungewöhnlich dicht an den überlieferten Varianten der Geschichte. Knapp bekleidete Krieger, wortkarg, düster, mit herkunftsbedingt lakonischem Humor. Blutige Schlachten, Barrikadenbau aus Leichenhügeln. Man erhält einen guten Eindruck davon, wie diszipliniert, wie leidensfähig, wie geschickt und erbarmungslos Menschen sein können, wenn sie – wie die Spartaner zu Hause – tagtäglich in Angst vor ihren zahlenmäßig zigfach überlegenen eigenen Sklaven leben. Diese Spartaner töten schnell, routiniert, weil sie den ganzen Tag nichts anderes üben und tun. Letztlich sind die Spartaner eben nur die Wachtruppe eines gigantischen Zwangsarbeitslagers. Aber wer hätte diese Herrenmenschen im Kampf um die Freiheit nicht gerne an seiner Seite?

Schon 1998 war 300 reichlich ambivalent. 2007, zum Zeitpunkt der Verfilmung, drängte sich aber eine ganz andere Interpretation auf: Da war gerade eine gigantische Armee in den Irak einmarschiert, die USA standen im Mittleren Osten. Und ihr Auftreten erinnerte nicht an Griechen, es erinnerte an einen arroganten Xerxes, der an seine überlegenen Waffen glaubt und die Welt mit seinen Starbucks-Kaffeebechern überflutet. Damals tauchten in aller Welt plötzlich Kämpfer und Kämpferinnen auf, die für ihre Sache in den Tod gingen – wie die dreihundert des Leonidas, von denen ja auch kein einziger überlebte. Und sagten diese Attentäter nicht auch dauernd cool gemeinte Sprüche in Kameras und kämpften für eine größere Sache?

Miller dürfte all das nicht so angelegt haben, im Gegenteil ist sein später erschienener Band HOLY TERROR ein ziemlich unzumutbares, islamophobes Pamphlet, Inhalt in etwa: »Man muss denen allen mal ordentlich eine aufs Maul hauen.« 300 ist trotzdem unerwartet vieldeutig geworden und setzt optisch Maßstäbe. 2018 setzt Miller die Geschichte mit XERXES fort, optisch eine noch prachtvollere Meisterleistung und so lustvoll wie lange nicht mehr. Die Geschichte selbst ist hingegen eher »Herodot im Vollsuff«. Da wird aus Gewalt nicht mehr als ein obszön gutaussehender Hingucker, Sinn ist keiner mehr vorhanden.

Allerdings kann man auch mit völlig sinnfreier Gewalt was erreichen, und das bringt uns zu Geof Darrow. 1986 tauchte er erstmals auf, mit dem Detektiv BOURBON THRET. Der ermittelt in einer seltsamen Welt, in der Kneipenschlägereien derart eskalieren, dass sie mit Kampfpanzern und Tintenfischen an Besenstielen geführt werden. Darrow zeigt diese Welt stets in gigantischen Wimmelbildern, voller Echsen und Dinosaurier und Vogelschwärme, und in einem Abenteuer spielt

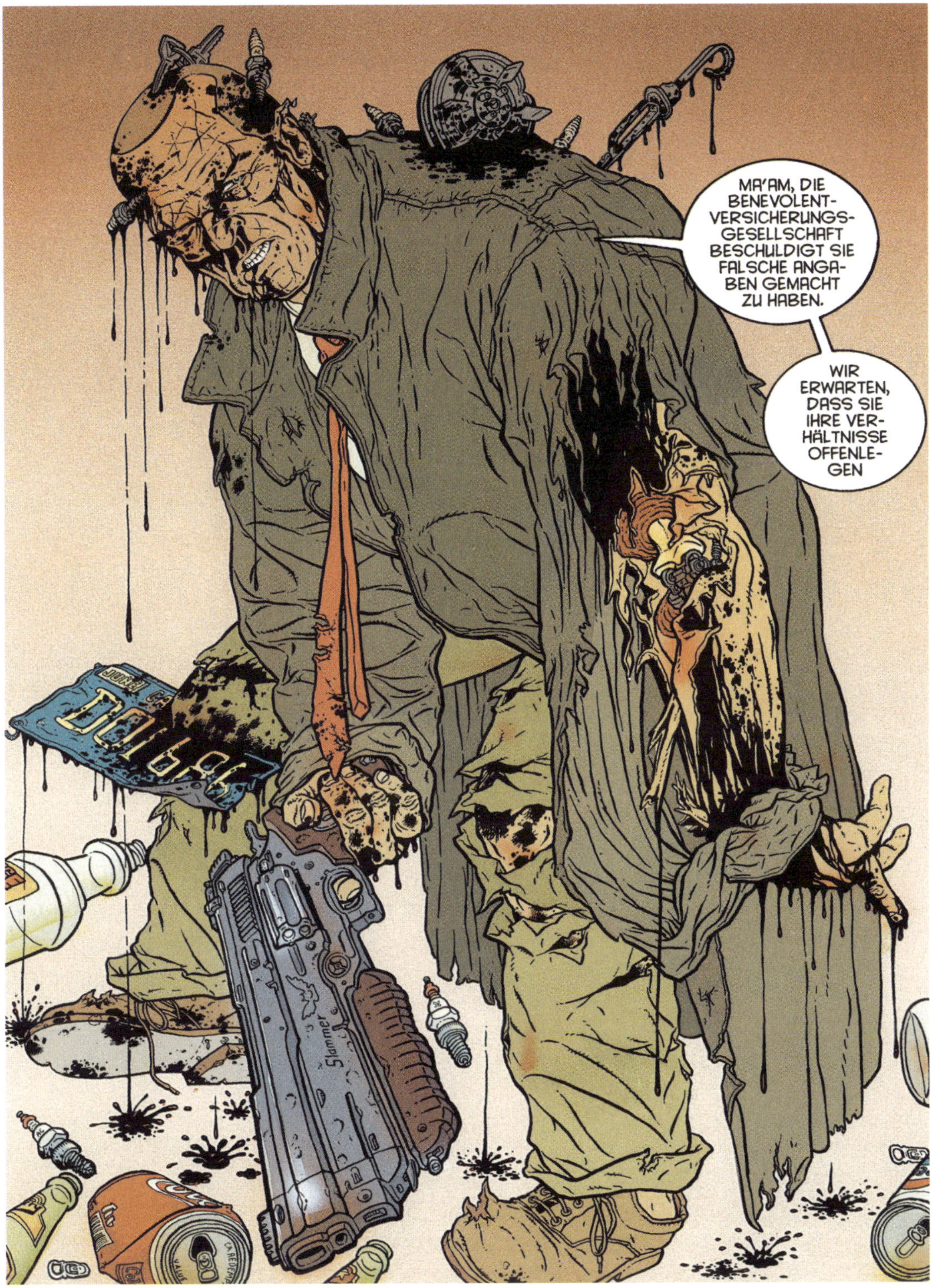

2

2 So wünscht man sich Ansprechpartner bei der Versicherung: Angemessen bewaffnet und auch mit einem Nummernschild im Knie um Sachlichkeit bemüht. Zündkerzen im Schädel können jedoch dazu führen, dass dem Mitarbeiter öfter entfällt, wie er heißt.

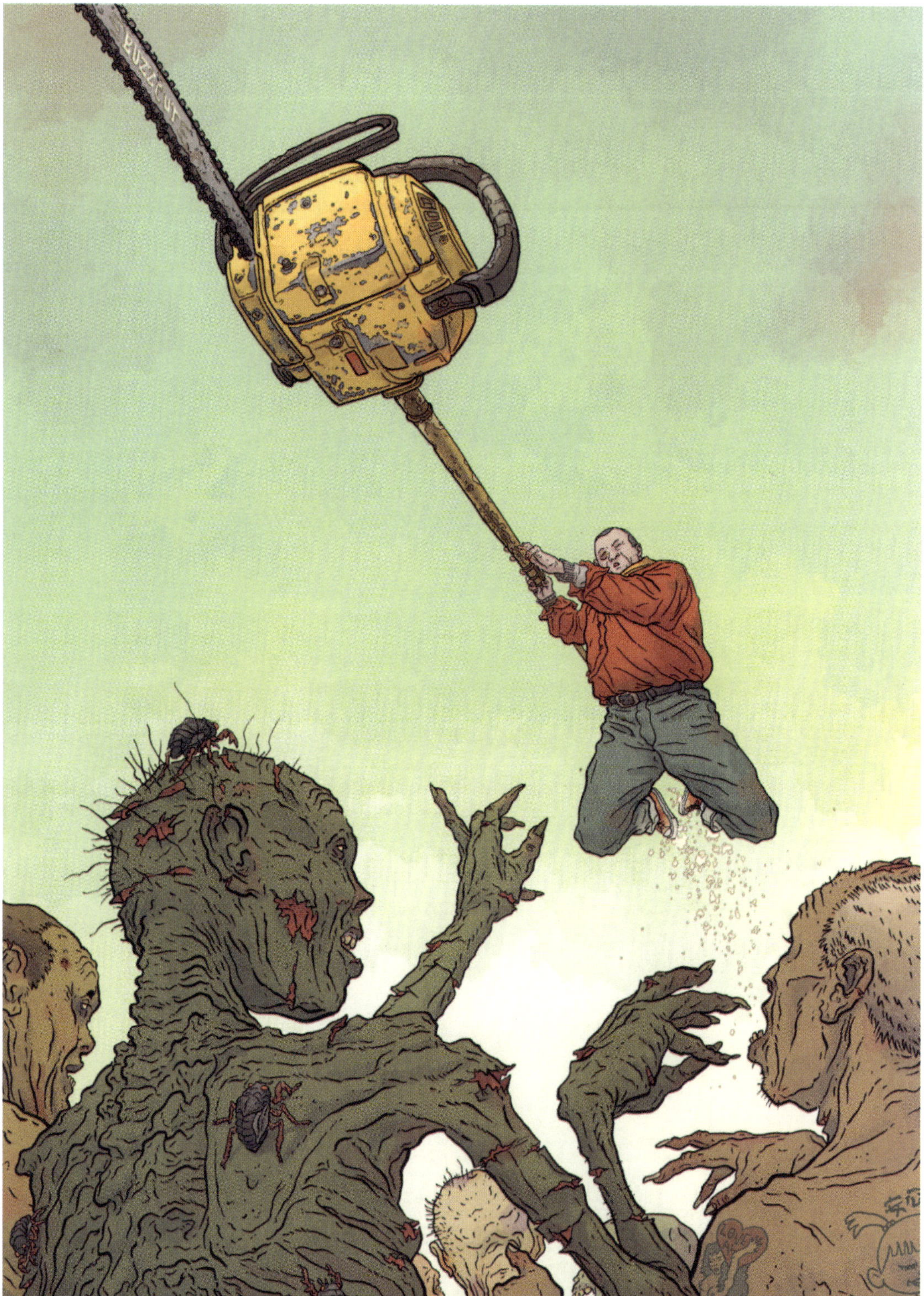

3

3 Clevere Abstumpfung: Über Seiten hinweg arbeitet sich der SHAOLIN COWBOY mit seiner Doppelmotorsäge durch detailliert ausgearbeitete Zombiefluten.

Thret sogar Ziehharmonika mit einer Kapelle von Pinguinen. Kurz darauf brachte er mit Frank Miller HARD BOILED heraus, und hier war die Welt etwas weniger absurd, dafür zugespitzter.

Wir sind in einer Zukunft, die nichts anderes ist als die Gegenwart hoch zehn. Und in der schon nach drei Seiten der angebliche Steuereintreiber Nixon ein gigantisches Blutbad anrichtet. Fünfundfünfzig Tote allein auf der ersten Doppelseite, dort rast auf Nixon eine seltsam aufgeschwollene Limousine zu, aus deren Kotflügeln feuernde Maschinengewehre hochgefahren sind ... Das alles kann man doch nicht mehr ernst nehmen, oder?

Es dauert ein paar Momente, bis man den apokalyptischen Oberüberwahnsinn durchschaut. Denn es gibt ja sooo viel zu sehen. Zunächst mal: das erstaunliche Design. Darrow zeigt eine Welt, in der die 1950er-Jahre sich durchgesetzt haben, es gibt keine Computer, nur Schrauben, Drähte, polierte Oberflächen, eine Freude für jeden, der diese wunderbaren alten Kühlschränke mag. Dann: diese geradezu krankhaften Details. Von den fünfundfünzig Toten gleicht keiner dem anderen. Ausden MG steigen Wolken von Patronenhülsen, und Darrow hat sie alle, alle gezeichnet, und genauso an der Wand hinter Nixon die Einschläge, alle, alle. Und an der Wand die Graffiti und den abplatzenden Putz, die Steine dahinter, die ganzen Fenster in der Mauer, die Klimaanlagen, die Kabel der Klimaanlagen, die Drähte, und dann kracht der Wagen mit Nixon auf dem Kühler durch die Wand, und dahinter ist ein gigantischer Pornoschuppen, in dem die Leute kreuz und quer unter Aufsicht eines Schiedsrichters vögeln, und überhaupt müsste man da mal dringend durchwischen, weil's da aussieht wie ...

Was ist das für eine Welt??

Und genau das ist die eigentliche Geschichte von Geof Darrow. Anhand einer absurden Story folgen wir ihm in die HARD BOILED-Welt, die unsere ist, oder wenigstens die der USA: eine Welt voller Dreck und Werbung und Waffen. Die Polizisten arbeiten längst für Firmen und haben auf jedem Schulterpolster noch drei Revolverhalfter und auf jedem davon hängen noch gebrauchsfertige Handgranaten. Schusswaffen gibt es in jedem Automaten, die Werbung preist voller japanischer Niedlichkeit jeden Schwachsinn. Im Behemoth-Supermarkt kaufen die Menschen kalbsgroßes Gemüse, Softdrinks in Fässern, alles, was groß und viel und billig ist. Nixons Auto ist hüfthoch voller Fastfoodschachteln, und sein überfetter Chef wird in einer Wanne intravenös mit Coca-Cola und kleinen Kindern versorgt. Und unter alldem sind Schmutz und Müll und Zigarettenkippen und Einwegflaschen, **Abb. 2** Hunde und ihre Häufchen, und es gibt keine einzige Stromleitung, bei deren Anblick ein ordentlicher deutscher Elektroinstallateur nicht schreiend davonliefe. Durch diese Welt schießt sich Nixon, der bald merkt, dass auch mit ihm einiges nicht in Ordnung ist, aber das macht das Kraut auch nicht mehr fett in dieser fesselnd abscheulichen Umgebung.

Tatsächlich ist es eine ziemliche Freude, dem Zyniker Darrow zuzusehen, wie er tadelt, indem er lustvoll übertreibt. Der Pizzadienst der Stadt heißt Dominate Pizza, das Logo ist ein Männchen mit einer dreischwänzigen Peitsche, Nixons Burger sind von Fatman-Burger, das Logo ist die gleichnamige erste Atombombe, Slogan: »Nuke your appetite«. Die Tankstelle bietet zu jeder Tankfüllung kostenlose Munition, es gibt Halteverbote für Rollstuhlfahrer, die Hunde tragen Überwachungskameras, Seite für Seite und Panel für Panel ist das der ganz normale schiere Wahnsinn.

Die einen Hauch entspanntere Variante von Darrows Welt sind die Abenteuer des SHAOLIN COWBOY, der sich stets schweigsam durch eine Menge absurder Gegner kämpft, etwa King Crab, dessen Familie der Cowboy ahnungslos in frittierter Form zu sich genommen hat. Das ist sehr unterhaltsam, wenn man vor lauter Kopfschütteln noch was scharf sieht. Und innerhalb dieser Serie gibt es ein einmaliges Experiment, den Band SHEMP BUFFET, denn Sie notfalls auch auf Englisch kaufen können, weil sehr wenig Text drin ist.

In diesem Band kämpft sich der SHAOLIN COWBOY in der Wüste durch plötzlich auftauchende nackte Zombies. **Abb. 3** Über Seiten und Seiten und Seiten. Ich schwöre: Keiner der Hunderten und Aberhunderten von graugrünbraunen Untoten sieht aus wie der andere, fett, dünn, dick, jung, alt, Männer, Frauen, Glatze, Tätowierung. Irrsinnige Details, und der Cowboy kämpft sich mit Kettensägen hindurch, dass links und rechts in immer neuen Varianten immer neue und andere Körperteile wegfliegen. Es sind Doppelseiten mit weitgehend identischer Anordnung der Panels, drüber möhrt das Kettensägensägen, drunter die immer neuen und immer anderen grauen Zombies, jede Seite so penibel ausgefeilt wie die zuvor und die danach – und dennoch ist es nicht möglich, die Aufmerksamkeit beizubehalten. Es ist unmöglich, die zehnte Seite mit detailliert ausgearbeiteten Zombies und Zombiehälften und Zombieteilen mit derselben Aufmerksamkeit anzusehen wie die erste. Und wenn man nie begriffen hat, wie man sich an Unzumutbares gewöhnen kann – nach SHEMP BUFFET weiß man's. Der Mensch gewöhnt sich an alles, an einen Job im Uigurenlager oder an ertrinkende Migranten, man muss es ihm nur oft genug zeigen.

Wieder was gelernt, durch exzessive Gewalt im Comic. Ich habe Darrow mal gefragt, woher dieser böse Blick auf seine Umwelt kommt. Warum der Dreck, warum die versiffte, mit Graffiti verschmierte Innenstadt und die genauso verdreckte, bekrakelte, zugemüllte Wüste? »Ich gehe vor die Tür«, sagt er, »und da sieht es genauso aus. Und wenn Sie den Leuten nur zwei Meter weiter einen großen Papierkorb hinstellen – sie benutzen ihn nicht. Es ist ihnen einfach scheißegal.«

~~Outtakes~~

Tatsuki Fujimato, CHAINSAW MAN, Egmont Manga
»A b'suffene Geschicht«, sagt der Österreicher: Denji arbeitet die Schulden seines Vaters ab, als Teufelsjäger für die Mafia. Er hat nämlich selber einen kleinen niedlichen Kettensägenteufel gerettet, der ihn zum Dank jetzt jedes Mal in »Chainsaw Man« verwandelt, den Kettensägenmann. Warum der Superkiller nicht einfach die Mafiosi beseitigt, bleibt sein Geheimnis, überhaupt wird die Story erschreckend wurstig zusammengeklatscht. Die Bilder sind allerdings recht originell – wenn man mal das ganze Blut abwischt.

Frank Miller/Geof Darrow, BIG GUY AND RUSTY THE BOY ROBOT, Dark Horse
Schwer zu kriegen, erschien nämlich nie auf Deutsch, ist derzeit auch auf Englisch vergriffen, aber Italienisch geht. Ist trotzdem jede Mühe wert. Ein gigantisches Monster überfällt Japan, das Land zieht seinen letzten Trumpf: den kleinen atomgetriebenen Roboter Rusty, der – versagt. Hilfe schickt der große Bruder USA, die Wunderwaffe »Big Guy«. Eine Parodie, klar. Trashlustig zu lesen wie ein alter GODZILLA-Film und eine einzige Augenweide: Denn der Big Guy ist eine Liebeserklärung an das Design der 1950er-Jahre, und Darrow schickt ihn und das Monster in einen epischen Zweikampf, bei dem einem die Augen übergehen. Auch sehr aufgeweckt: Hinten im Heft sind lauter Cover zu angeblichen »Big Guy«-Abenteuern wie seine Kämpfe gegen das Mondschwein oder Captain Chernobyl.

Die Titel aus diesem Kapitel
→ Matthias Schultheiss, DIE HAIE VON LAGOS, Splitter
→ Frank Miller, 300, Cross Cult
→ Frank Miller, HOLY TERROR, Panini
→ Frank Miller, XERXES, Cross Cult
→ Geof Darrow, BOURBON THRET, Delcourt
→ Frank Miller (Text)/Geof Darrow (Zeichnungen), HARD BOILED, Cross Cult
→ Geof Darrow, SHAOLIN COWBOY, Cross Cult

30

Mal wieder kichern wie früher als Kind? Sich wegschmeißen mit MAD und CLEVER & SMART? Warum man Lachen für Erwachsene nicht mehr so leicht garantieren kann – und welches Genre noch schwieriger in die Jahre kommt als das der Spaßvögel.

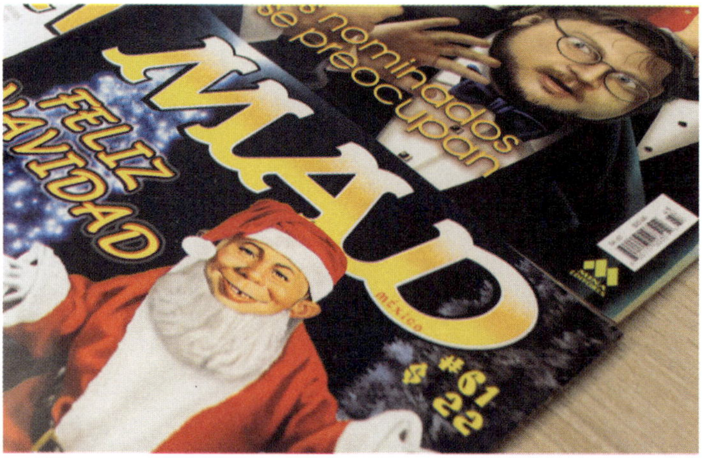

ALLES SO HUMORLOS – WAS IST MIT DEM HUMOR LOS?

Es gibt zwei Genres, die man offenbar für Erwachsene nicht gut weiterführen kann. Obwohl zweifellos Bedarf wäre. Mindestens beim ersten: Humor.

Ja, natürlich gibt es eine enorme Auswahl an komischen Strips und Cartoons. Aber wir suchen doch den Ersatz für Nachmittage mit CLEVER & SMART, oder? Himmel, was hab ich mich da weggeschmissen. Oder natürlich MAD, da war jedes Heft eine sichere Bank für zwei, drei, vier enorme Brüller und dazwischen ein schöner Teppich mit kleinen Kicherern. Und das ging nicht nur mir so, sondern praktisch allen Freunden und auch der einen oder anderen Freundin.

Aber das mit der Einigkeit ist vorbei, jedenfalls darüber, was einen lustigen Comic ausmacht. Mit Humor an sich geht das offenbar schon noch irgendwie, wenigstens haben RTL und Co kein Problem damit, Komiker für die Primetime zu finden. Aber Comics sind nicht mehr erste Wahl. Eine Zeit lang sah es so aus, als könnte Ralf König hier einspringen, aber die Massentauglichkeit des BEWEGTEN MANNES war nur vorübergehend. Wenn man heute Leute auf König anspricht, wundern die sich, dass der überhaupt noch was macht, und gucken, als erzählte man ihnen von einem One-Hit-Wonder der 80er wie weiland Al Corley. Nein, König macht noch immer starke, sehr lustige Comics (S. 145), auch gar nicht heimlich, sondern lauthals und gelegentlich sogar in der und für die FAZ, die jetzt auch nicht gerade ein Geheimtipp ist. Man kennt ihn, aber wenn »der neue König« erscheint, ist das kein Event mehr. DAS KLEINE ARSCHLOCH-Schöpfer Walter Moers hat sich mehr auf Romane verlegt beziehungsweise wird stilistisch von Guido Schröter vertreten, der sich allerdings nur auf Fußball beschränkt.

Umgekehrt kann ich auch nicht auf die Welt schimpfen, dass sie die falschen Komiker wählt: Ich kenne Comics, die ich sehr lustig finde – aber die kann ich ehrlicherweise nicht jedem empfehlen. CALVIN UND HOBBES (S. 67) finde ich grandios, aber die sind so weit in die Tageszeitungen vorgedrungen, dass sie der Leser auch ohne meine Hilfe findet. Zum Bürocomic DILBERT kann man wieder raten, auch weil er nach einer Durststrecke nicht zuletzt durch Corona und das Homeoffice wieder neuen Input bekommen hat. Allerdings muss man für den inzwischen ins Netz, wo ihn die Website Ingenieur.de täglich präsentiert, einen deutschen Verlag für die Cartoons findet Zeichner Scott Adams anscheinend seit Langem nicht mehr.

Schön ist, dass STRIZZ immerhin wöchentlich wieder in der FAZ erscheint (und hin und wieder gesammelt bei Kult Comics). Aber über den leidenschaftlichen Sammler bemooster Feldsteine kann nicht jeder lachen, obwohl er deutsche Alltagsbefindlichkeiten, -bedenken und -verhaltensweisen vergleichbar präzise aufgreift wie Loriot. Dessen ungebrochener Erfolg ist übrigens auch ein schönes Beispiel dafür, dass da auf dem gezeichneten Sektor eigentlich ein großer Markt nicht mit neuem Material versorgt wird.

Einer meiner Lieblinge wird ihn sicher nicht bedienen: Klaus Cornfield. Dazu sind seine Comics zu, hm, eigenwillig. Man kann auch sagen: zu furchtbar. »Kranke Comics« hat er sie getauft, der Weissblech-Verlag hat heldenhaft die gesammelten Abenteuer aus den 1990er-Jahren zusammengefasst und in zwei Auflagen ausverkauft, eine dritte kam März 2022 auf den Markt.

Die Handlung ist dabei immer ähnlich: Die süßen kleinen Verlegerbärchen Fou-Fou und Haha **Abb.1** aus der verträumten Stadt Fürth wollen liebe, langweilige Comics verlegen, wie etwa FIFI BACKT BROT. Leider kauft das keiner, weshalb sie aus Geldnot Geschichten aus dem Leben ihrer bizarren Bekannten drucken müssen. Dazu gehören Leute wie der Schläger Sir Angry, der Pornoproduzent VJ Slam, sein Darsteller Slupi, die Nutte Nini, der Junkie Björn, der Idiot Klobert, der kiffende Schnorrer Bernd, die dämlich geilen Zwillinge Irmi und Schirmi, Akne-Jürgen und ähnliche Gestalten, ich kenne weit und breit keinen Comic mit einer abstoßenderen Belegschaft. Tja, und dann – wie soll man beschreiben, was dann passiert? Stellen Sie sich vor, man hält Fix und Foxi zweiundsiebzig Stunden lang wach, ernährt sie ausschließlich mit Kokain und Viagra und lässt sie dann auf ihre verlotterte Umgebung los. Aber vollrohr. Im Wortsinn und im übertragenen.

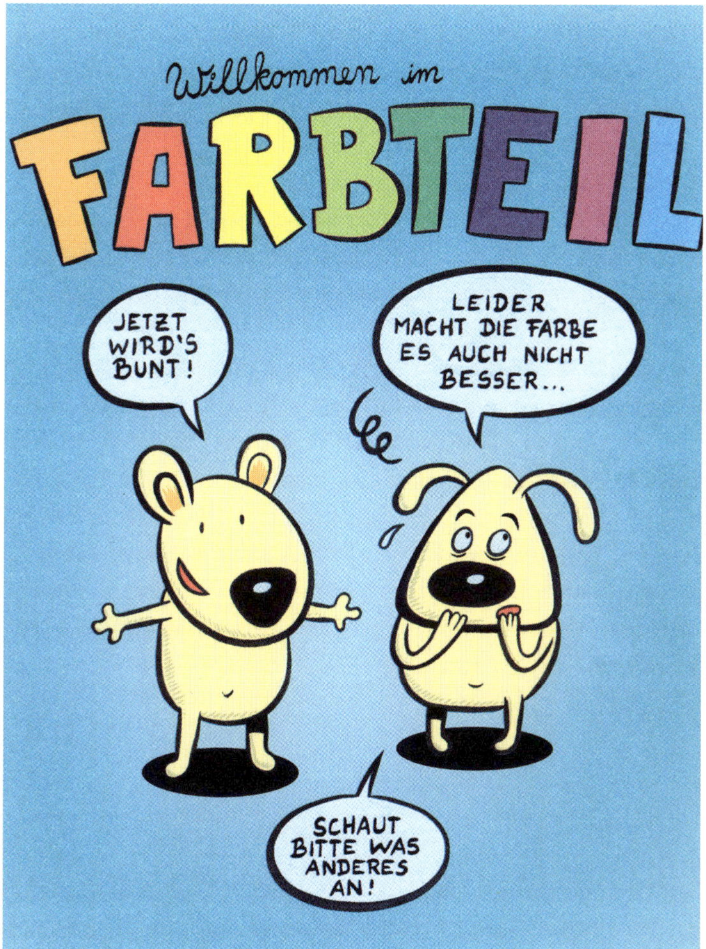

1

1 Kompetente Warnung: Die Verlagsbärchen Foufou und Haha machen so hemmungslos geschmacklose Pornocomics, dass sie sich selbst dafür schämen. Ist das lustig? Ich finde sogar: sehr.

Weshalb man ziemlich sicher davon ausgehen kann, dass Sie diese Comics auch nicht in Ihrer Stadtbibliothek finden werden. Aber wenn Sie's in die Finger kriegen können, wenn Sie nicht zu zart besaitet sind und sich von der Absurdität der ganzen potenziert übertriebenen Ekligkeiten überwältigen lassen können – dann ist das eine extrem lustige Angelegenheit. Ein Hoch auf Klaus Cornfield.

Mitunter ziemlich ähnlich derb, aber auf einem professionelleren und vielseitigeren Level ist der leider 2016 vestorbene Karikaturist Manfred Deix, der sich mit rechtschaffenem Hass und unermüdlichem Groll an seiner österreichischen Heimat und seinen österreichischen Mitbürgern abgearbeitet hat. Und obwohl Deutschland seit Jahrzehnten dringend einen eigenen Deix bräuchte, gibt es keinen. Glück im Unglück: Deix hat ein großartiges, boshaftes, bösartiges Œuvre hinterlassen, weshalb Sie – falls Sie ihn nicht kennen sollten – sich auf eine Menge aus dem Diogenes-Verlag und inzwischen dem Ueberreuter-Verlag freuen können. Immerhin, muss man sagen, denn der zum Niederknien geschmack- und hemmungslose Jean-Marc Reiser, der fast schon eine Mischung aus Deix und Cornfield war, ist praktisch überhaupt nicht mehr neu erhältlich. Dabei sind die Comics des 1983 verstorbenen Cartoonisten heute noch schockierend und treffsicher zugleich, weil sie eben nicht einfach nur dummdreist sind wie »Allesdichtmachen« oder ziellos dreist à la Lisa Eckhart, sondern durchdacht dreist.

Gegenbeispiel: Vielleicht gefällt Ihnen die sehr erfolgreiche Comicautorin Liv Strömquist, aber die finde ich wiederum grauenhaft. Weil ellenlange Vorträge noch lange nicht dadurch zum unterhaltsamen Comic werden, dass man neben die bis zum Anschlag vollgestopften Sprechblasen Figuren malt. Und weil sie der Sache der Frauen eher einen Bärendienst erweist. Wenn sie sich etwa gegen die (irrationale) Verteufelung der Menstruation wendet, indem sie darauf verweist, dass die Menstruation auch lange (und genauso irrational) als positive Magie betrachtet wurde. Hoch lebe der Aberglaube, aber nur wenn er einem nützt? Derartigen Blödsinn findet man bei ihr ständig, dennoch hält der RBB sie für »sehr witzig« *, die NZZ erkennt gar »hinterfotzigen Humor« **. Aber ich gebe zu: Es ist mindestens Gleichberechtigung, wenn junge Frauen einfach mal frei von der Leber weg so unlogisch argumentieren wie senile weiße Männer. Und ich hab doch gleich gesagt: Bei Humor ist es schwer, Tipps zu geben.

* https://www.avant-verlag.de/comics/der-ursprung-der-welt-der-ursprung-der-liebe/

** https://www.nzz.ch/feuilleton/die-liebe-das-ideal-und-der-standard-ld.1344201

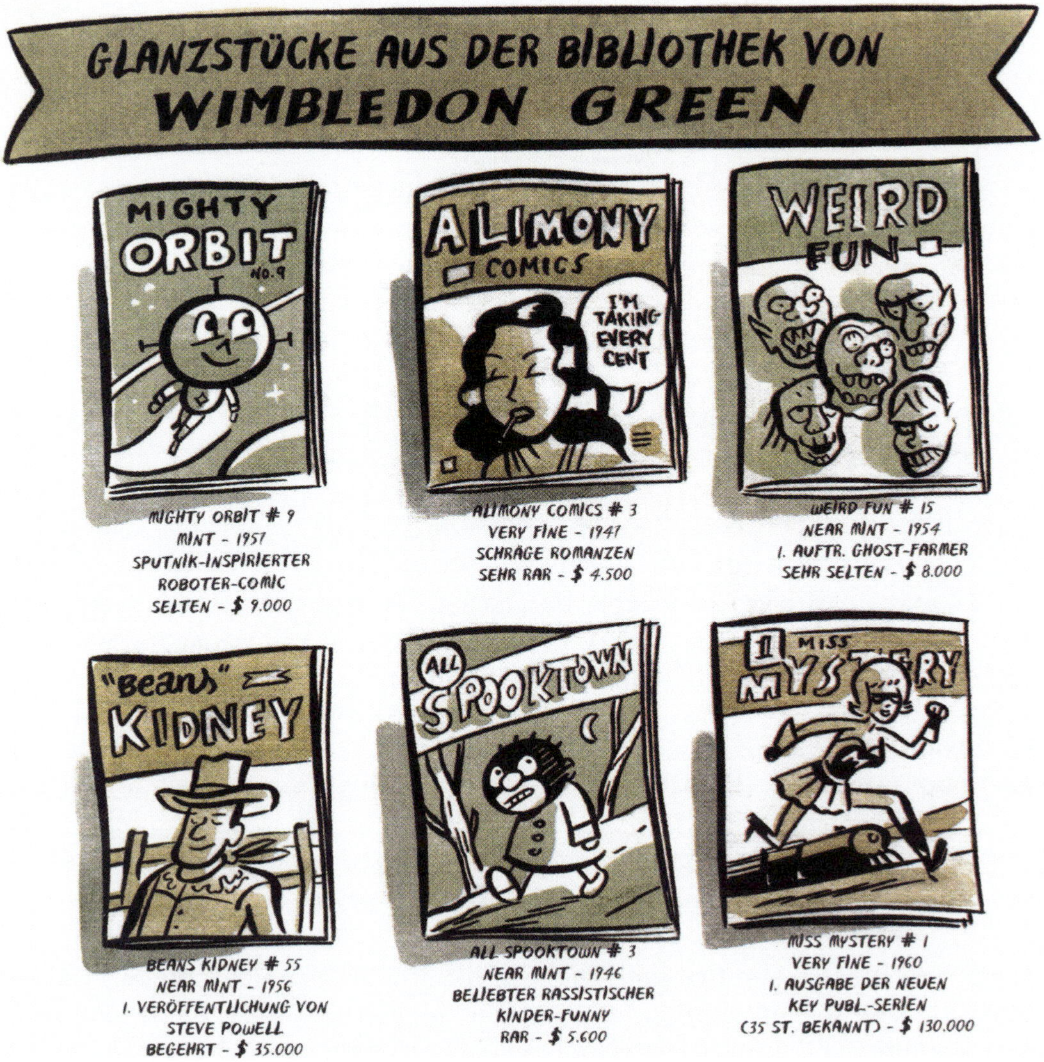

2

2 Sehr satirisch, sehr skurril: Einige erfundene Prachtstücke aus der Sammlung des erfundenen Comicgurus WIMBLEDON GREEN – mit »Alimente-Comics« und der rassistischen Antiquität »Spooktown«.

Zweimal versuch ich's noch: ganz still mit WIMBLEDON GREEN von Seth. Eine durchgängig frei, aber anspielungsreich erfundene Biografie des größten Comicsammlers aller Zeiten, inklusive eines Blicks auf seine legendärsten Fundstücke, alles detailreich aufgedröselt in Seths eigenwillig kleinteiligem Briefmarkenstil. **Abb. 2** Und wer sich mit derlei feinem Unfug anfreunden kann, der sollte auch zum GLANZ DER ALTEN TAGE greifen, der genauso ausgedachten, mit Realem durchsetzten Reportage über eine angebliche kanadische Cartoonistenvereinigung inklusive deren Vereinsheim mitsamt dem berühmten Comicfigurenrelief über der Eingangstür und weiterem Nerdquatsch.

3

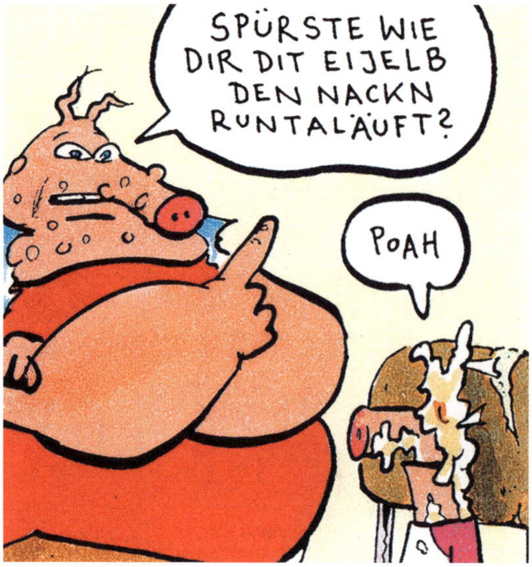

3 Nach unten treten: Wenn Didi langweilig ist (und das ist es oft), piesackt er Stulle – hier mit Eiern. DIDI + STULLE garantieren bestes Premiumfremdschämen.

Zuletzt: der große Herr Tägert, den man als Fil kennt. Fil ist, hm, möglicherweise noch am ehesten Musikkabarettist, und am besten erlebt man ihn live. Aber wenn man nicht in Berlin lebt, dann ist Fil vermutlich an dreihundertvierundsechzig Tagen im Jahr nicht anwesend, und dann sind seine Comics ein exzellenter Pausenfüller. Einmal pro Woche hat er für das Berliner Stadtmagazin ZITTY die Abenteuer der beiden Urberliner Schweine Didi und Stulle gezeichnet, was sich zuletzt zu einem siebenhundertsiebzig Seiten dicken Gesamtwerk angesammelt hat. Das ist derzeit vergriffen, aber jedes ihrer zehn wesentlich leichter erhältlichen vierundsechzigseitigen Alben ist sein Geld genauso wert. Didi ist ein infantiler, verklemmt schwuler Sadist mit dem Körper eines fetten Schranks und einem IQ, der für einfachere Aufgaben manchmal nicht mehr ausreicht. Stulle ist etwas klüger und Didi körperlich so unterlegen wie Laurel dem Hardy. Beide sind komplette Verlierer, und ihre Dialoge sind eine einzige Orgie des Fremdschämens, bei der man zugleich lachen und weinen möchte. Eine saubere Sozialstudie ist's auch, weil Fil unablässig zeigt, dass die Geknechteten sich keineswegs miteinander gegen die Welt verbünden, sondern stattdessen lieber dem noch Schwächeren eins reinwürgen. **Abb. 3** Und die Opfer lassen's mit sich machen, weil's schon immer so war, weil man nicht weiß, ob's anders besser wäre, oder weil man sich daran festklammert, dass man doch wenigstens der Klügere ist und na ja, der andere kann halt seine Gefühle nicht so ausdrücken, der Didi. Das ist aussichtslos und entsetzlich und schwer erträglich und – saukomisch. Na ja, und nebenher verarbeitet Fil praktisch alle Elemente der Popkultur aus Gegenwart und Vergangenheit, Musik, Spiele, Politiker, Comics. Madonna und David Bowie und Asterix und Umweltschutz und Pokemon und, und, und …

Wer es nicht gleich mit Didi und Stulle aufnehmen möchte: Der handliche Band MÄDCHENWORLD bietet Vergleichbares, ist eine liebevoll widerwärtige Satire auf Fortsetzungscomics (Leser von Kapitel 08 wissen: Es ist ein Comicstrip!),

Mädchenabenteuer, die Träume von Emanzipation, vollkommener Schönheit und Abenteuern auf dem Reiterhof. Na ja, jetzt ahnen Sie vermutlich, weshalb ich meine Humorempfehlungen nicht für jeden für hundertprozentig geeignet halte.

Und dann gibt's noch die andere Kategorie, die für Erwachsene nicht so leicht weiterzuverfolgen ist: Technikcomics.

Die gab's früher ja auch: Comics, deren wahre Helden eben nicht die Helden waren, sondern Rennautos wie bei MICHEL VAILLANT. Oder Flugzeuge wie bei BUCK DANNY oder TANGUY. Das ist tatsächlich ein eigenes Genre (gewesen), eine Menge Zeichner gerade im frankobelgischen Bereich verdienten sich ein gut geschmiertes Brot damit, dass sie vor allem in der Lage waren, immer wieder neue Autos oder Flugzeuge aus den besten und aufregendsten Perspektiven zu zeigen, spektakuläre Unfälle, wilde Zweikämpfe bei Unter- und Überschallgeschwindigkeit, den aufregenden Alltag an Bord eines Flugzeugträgers oder Segel- und Piratenabenteuer. Das Problem all dieser Geschichten waren – die Geschichten. Die meisten waren notdürftig zurechtkonstruiert, Hauptsache, irgendwer saß möglichst schnell wieder im Cockpit von irgendwas. Als Erwachsener greift man dann oft schneller zum Fotoband oder Sachbuch.

Denn das Problem haben ja nicht nur Comics: Rennfahrerfilme im Kino sind rar, die über dreißigjährigen Besucher von FAST & FURIOUS sind überschaubar, im Fernsehen hält sich mühsam gerade mal ALARM FÜR COBRA 11. Ansonsten geht der Autofahrer zu Gebrauchtwagensendungen, Motormagazinen oder Geschichtskanälen. Letzteres wird auch bei Comics gelegentlich probiert. Salleck Publications hat beispielsweise zwei historische Ansätze im Paket: In GARAGE DE PARIS gehen zwei Comicautoren auf die Suche nach alten Autos und erzählen zehn Geschichten zu ungewöhnlichen französischen Modellen. Die Optik ist frankobelgisch karikaturistisch, die Autos originalgetreu. Außerdem gibt's die Rennfahrergeschichte von Ayrton Senna als Comic. Aber beide Comics haben – so ansehnlich sie sind – erzählerische Schwächen: Man muss in einem Fall um die Eigenheiten von Autos Episoden basteln, was sich recht bemüht liest. Und bei Ayrton Senna muss ebenfalls zu viel erklärt werden – da fällt einem erst wieder auf, wie ungewöhnlich geschickt DIE BOMBE (S. 160) das Oberlehrersyndrom umgangen hat. Andererseits gehen einem bei den Zeichnungen die Augen auch nicht so über, dass man über die Texte hinwegsehen könnte. Also bleibt hier ganz schön Platz in der Marktnische.

Aber Sie können gerne immer mal wieder beim Händler Ihres Vertrauens nachfragen!

Die Titel aus diesem Kapitel

→ Bill Watterson, CALVIN UND HOBBES, Carlsen
→ Volker Reiche, STRIZZ UNLIMITED, Kult Comics
→ Klaus Cornfield, KRANKE COMICS, Weissblech Comics
→ Seth, WIMBLEDON GREEN, Edition 52
→ Seth, VOM GLANZ DER ALTEN TAGE, Edition 52
→ Fil, DIDI & STULLE, Reprodukt
→ Fil, MÄDCHENWORLD, Reprodukt
→ Vincent Dugommier (Text)/Bruno Bazile (Zeichnungen), GARAGE DE PARIS, Salleck
→ Lionel Froissart (Text)/Christian Papazoglakis (Zeichnungen), AYRTON SENNA, Salleck

31

Ehrlich gesagt: Die Zukunft sah schon mal rosiger aus. Der STAR TREK-Optimismus hat sich ein bisschen rar gemacht – aber dafür sind die Geschichten jetzt besser und unterhaltsamer.

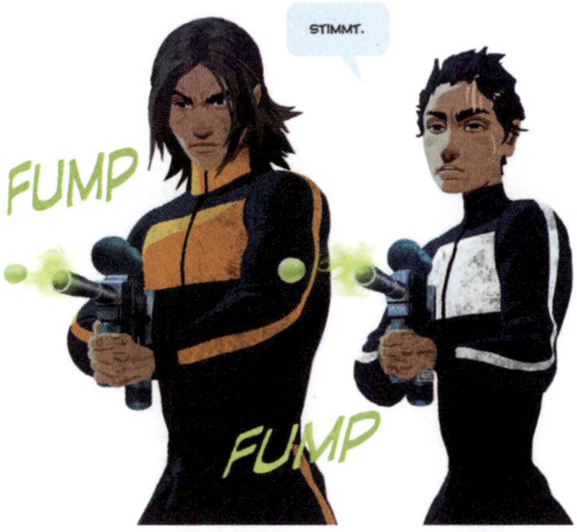

WAS VON DER ERDE ÜBRIG BLEIBT

Die Zukunft war früher einfacher herzustellen: Sie bestand meist aus neuartigen, großartig aussehenden Raumschiffen und schicken Anzügen. Eine unbestreitbare Stärke, aber auch eine unübersehbare Schwäche für Erwachsene (die Zukunftscomics mit den Technikcomics teilen): Es wird immer schwerer, darüber hinwegzusehen, dass die Comics meistens weit weniger Ideen beinhalteten als Raumschiffe. Der Vorteil ist: Wen das nicht stört, der findet heute eine Auswahl, von der man als Kind geträumt hätte, insbesondere der Splitter-Verlag hat eine gewaltige Abteilung über die unendlichen Weiten und die dafür geeigneten Fortbewegungsmittel. Aber je älter man wird, desto eher versteht man, was George Lucas mit STAR WARS tatsächlich vorhatte: Es ging ihm nie um eine richtige Zukunftsvision, letztlich wünschte er sich nur einen Western mit Laserschwertern.*

Dagegen ist nichts einzuwenden, es gibt ja genug grandiose Western. Aber während Kinder am Western vor allem das Reiten und Schießen schätzen, bleibt der Western für Erwachsene jedes Mal dann interessant, wenn Schnittstellen zu unserer Gegenwart auftauchen. Das gilt auch für die Science-Fiction. BLADE RUNNER sieht geil aus, aber es ist eine Geschichte über Technik und Identität. ALIEN ist mörderspannend, aber es dreht sich um den Weltraum als Wirtschaftsfaktor. Da wird klar, dass die Welt sich nur scheinbar ändert und tatsächlich allenfalls ein neues Design bekommt wie Staubsauger und Bügeleisen. Dass zwar Leute wie Dorothee Bär glauben, dass wir alle eines Tages dank Lufttaxis in einer besseren Welt leben, aber dass die Wahrheit eher so aussieht wie bei Andreas Scheuers E-Scootern: Sie liegen auf dem Boden im Weg herum. Und die Lufttaxis – wenn sie denn kommen werden – sind vermutlich allenfalls so zukunftsträchtig wie in FUTURAMA, sie schweben eben 100 Meter weiter oben im selben Stau.

Vielleicht gefällt mir **Abb.1** deshalb BLAME! so gut. Die Zukunft ist hier STAR WARS-mäßig, jedenfalls optisch. Und im Prinzip, denn man muss eigentlich sagen: Sie muss STAR WARS-mäßig gewesen sein, früher mal, als sie neu war. Aber das ist lange her. Wir begegnen zwei Gestalten auf einer Art Brücke, einem Mann in Schwarz und einem Kind. Die Brücke ist schmal und gigantisch und voller Löcher und Risse, und in den Löchern sind Rohre und Kabel. Wahrscheinlich ist es auch gar keine Brücke, denn sie führt von einer mit gigantischen verdreckten Platten verkleideten Wand, die sich endlos nach unten und endlos nach oben erstreckt, zu einer anderen Wand, die ebenfalls Risse hat und schimmelt, genauso hoch ist, genauso tief, genauso verkleidet. Ein einsamer Wanderer trifft die beiden, er entpuppt sich als eine Art Maschine, und ab da beginnt ein Feuergefecht, dass es einem förmlich das Buch aus der Hand reißt. Der Mann in Schwarz, Killy, eine Art Clint Eastwood der Zukunft, der keine Silbe zu viel sagt, sammelt offenbar Genmaterial, von dem es nicht mehr viel gibt. Er kämpft gegen Androiden, Roboter, Monster, die das Material auch wollen. Für wen? Warum? Das wird nur in klitzekleinen Häppchen verraten, weil Zeichner Tsutomo Nihei ahnt, dass der eigentliche Star dieser Serie diese rätselhafte, unermessliche, trostlos technisierte Welt ist, in der irgendwo andere Menschen leben sollen, »3000 Levels entfernt«. Wozu sie erbaut wurde? Was sie produziert? Will man's wissen? Bei BLAME! ist eindeutig

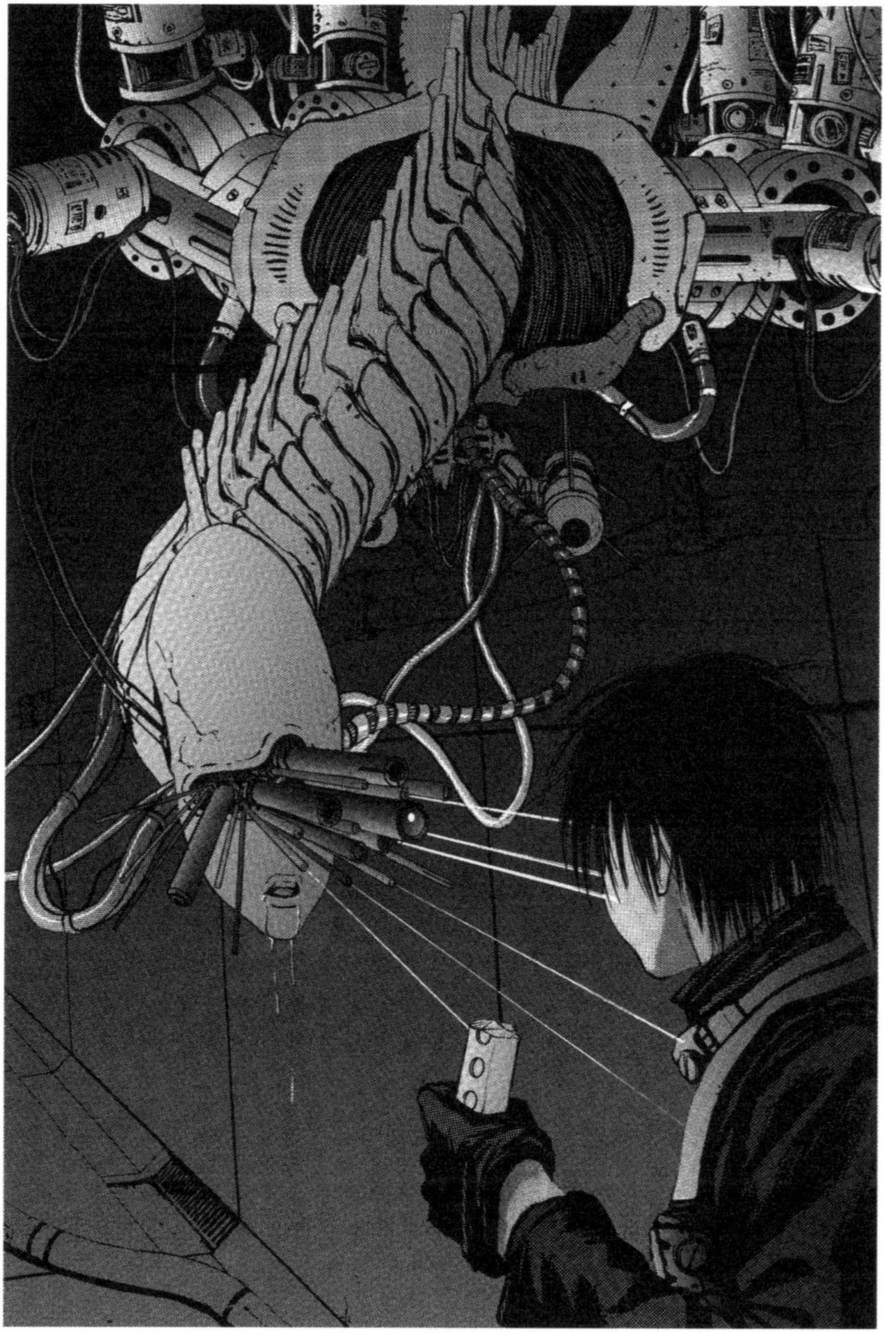

1

1 Zukunft mit Köpfchen: In BLAME wandert der rätselhafte Killy mit einer kleinen Superknarre durch eine kalte, kaputte Maschinenwelt.

* Siehe auch „George Lucas talks Origins of ‚Star Wars' and Expanding 'A New Hope' into a Triology", Artikel von Joe Bergren, ENTERTAINMENT TONIGHT, 4. Mai 2017
https://www.etonline.com/features/216728_george_lucas_on_origins_of_star_wars_and_expanding_a_new_hope_into_a_trilogy

der Weg das Ziel, und möglicherweise ist dieser Weg auch der beste Part dieser Zukunft: Denn angesichts der Trostlosigkeit ist es schwer vorstellbar, dass am Ende des Wegs wie durch ein Wunder ein Paradies erhalten geblieben ist. Aber so lange man nicht am Ziel ist, kann man auch nicht enttäuscht werden.

Es gibt einen weiteren Comic, der mich mit seinem Technikszenario beeindruckt hat, aber weniger wegen der Geschichte als wegen der Technik des Comics selbst. SHIPWRECK ist nämlich ein Rollcomic. **Abb. 2** Paul Rietzl hat ihn für den kleinen Verlag Round not Square entwickelt, der Rollbücher herstellt, also Bücher, die auf einer einzigen Rolle Papier sind. So was liest man, indem man den festen Umschlag von der Rolle auf- und dann leer nach links umklappt. Dann hat man in der linken Hand die leichte, leere Umschlagrolle und kann mit ihr wie an einem Griff das Papier von der schweren Papierrolle in der rechten Hand aufziehen. Links rollt man auf, rechts rollt man ab. Das Besondere ist, dass das Umblättern wegfällt. Man liest in einem fort von links nach rechts, es ist wie ein Film, in dem die Kamera immer und immer nach rechts schwenkt. Das führt manchmal zu Problemen, weil man Schnitte irgendwie elegant kaschieren muss. Aber gerade in Weltraumgeschichten hat es auch enorme Vorteile, denn man kann die Unendlichkeit dieses Universums sehr gut einfangen – man kann ja immer weiter nach rechts und noch weiter nach rechts und noch weiter. Und wenn man eine gigantische Weltraumschlacht darstellen möchte – dann hat man endlich auch mal ausreichend Platz dazu. Rietzl nutzt das geschickt, und als Rollcomic-Käufer kann man sich sogar aussuchen, ob man die Schwarz-Weiß-Variante möchte oder die kolorierte. Diese Rollcomics werden nämlich nicht in Tausenderauflagen in der Fabrik hergestellt, sondern einzeln pro Kunde ausgedruckt, weshalb man die Farbvariante wählen kann.

Die Zukunft besteht allerdings nicht nur aus Raumschiffen und Laserkanonen. Mindestens ebenso häufig haben wir diese Phase bereits hinter uns. Etwa in DIE WELT DER SÖHNE von Gipi. Ein Mann lebt mit seinen beiden Söhnen in einer Pfahlbauhütte mitten in einem See. Das bisschen, was man hier findet oder den Leichen im See abnimmt, kann man beim Einsiedler Aringo tauschen, und zwar gegen vergammelte Maiskolben oder etwas Dynamit, mit dem man dann giftige Fische fangen kann. Oder man fährt zu der »Hexe« und tauscht dort gegen Medizin oder was mittlerweile als Medizin verwendet wird. Die »Hexe« und der Vater, sie erinnern sich noch an die Zeit, als Hunde noch nicht gegessen wurden, sondern auf dem Teppich lagen, neben dem Sofa. Die Jungs kennen das schon nicht mehr, und sie **Abb. 3** sollen es nicht kennen: Der Vater erzieht sie hart, schlägt sie, beschimpft sie, damit sie überleben können in dieser Welt, in der keiner keinem traut.

Als der Vater stirbt, hinterlässt er den Jungen nichts weiter als sein Tagebuch, das sie nicht lesen können. Also suchen sie jemanden, der ihnen sagen kann, was drinsteht. Sie besuchen Aringo, und als er sich weigert, ihnen zu helfen, bringen sie ihn um. Sie besuchen die »Hexe«, doch während des Besuchs wird die »Hexe« gewaltsam von Fremden entführt, die Jungen können sich gerade so retten. Sie gehen zu den »Großkopfzwillingen«, einem verseuchten Brüderpaar, das Gemüse anbaut, Schweine hält und im Keller junge Mädchen gefangen hält, mit

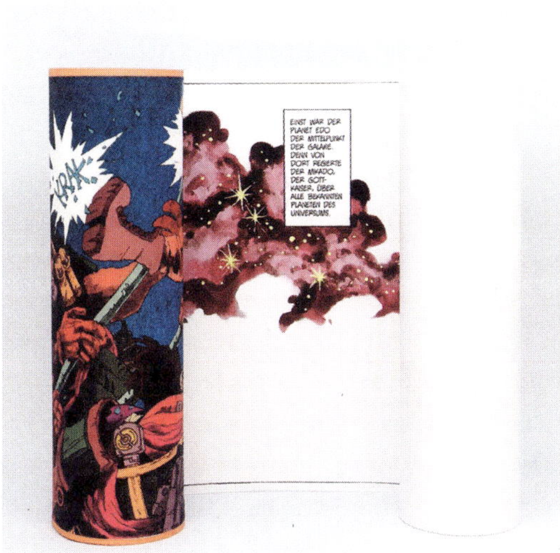

2

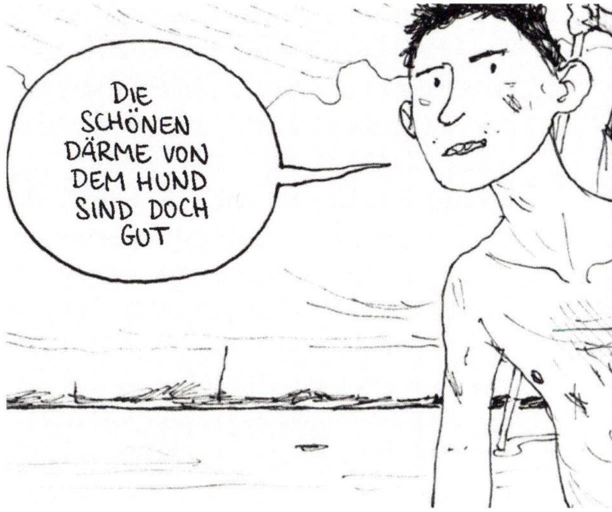

3

2 Ungewöhnlich: Das Rollbuch SHIPWRECKED erzählt eine ganze Story in einem endlos breiten Panel.

3 Die Zukunft ähnelt der Steinzeit: In Gipis DIE WELT DER SÖHNE fliegt niemand mehr zum Urlaub in die DomRep.

denen als Tribut es sich die unheimlichen Entführer vom Leib hält. Gipi entwirft mit nichts als einem schwarzen Kugelschreiber oder Filzstift eine schäbige, aber durch und durch schlüssige Welt mit einer Steinzeitmoral. Die beiden Jungs sind verunsichert und brutal zugleich, sie suchen nach dem Tod des Vaters verzweifelt Orientierung und können genauso Leichen fleddern oder den halb blinden Aringo kopfüber ersäufen. Jeder der Älteren würde alles dafür geben, wieder in der Vergangenheit leben zu können. Doch wie die Welt so weit herunterkommen konnte, weiß man nicht. Darum kümmert sich ein anderer Comic.

Der ist von Brian Wood und fast schon brandaktuell: DMZ heißt die Serie, in der der zweite Amerikanische Bürgerkrieg schon ausgebrochen ist. Was ihn ausgelöst hat, weiß man nicht, Wood hat den Comic lange vor Donald Trump und seinen realitätsresistenten Anhängern geschrieben. Die Konflikte, die zwischen den gar nicht immer so gern vereinigten Staaten herrschen, sind hingegen zu ahnen. Wood lässt einen Krieg zwischen den USA und den Hinterwäldlern entbrennen. Anfangs hätte man über die Armee auf ihren Pick-up-Trucks noch gelacht, aber weil niemand sie ernst nahm und weil auch niemand einen Plan für die Situation hatte, hätten sie die bestehenden Strukturen einfach überrollen können. Erst bei New York konnte man den Vormarsch stoppen. Die einen sind einmarschiert, die anderen haben sie wieder vertrieben, keiner ist stark genug, Manhattan zu behaupten, also ziehen sich beide Seiten zurück. Jetzt ist zwischen den neuen Kriegsparteien eine kleine demilitarisierte Zone (= DMZ) entstanden, die Insel Manhattan. Und die sieht aus wie die zerschossenen Bürgerkriegsgebiete, die man aus den Nachrichten der letzten Jahrzehnte kennt, wie in Syrien, in Libyen, Bosnien-Herzegowina oder was immer gerade neu dazugekommen ist.

Der angehende Journalist Matt Roth soll eigentlich ein Praktikum machen, aber der Hubschrauber, mit dem er an der Seite eines Starreporters einfliegt, wird abgeschossen. Matt sammelt ein bisschen was von der Ausrüstung ein, und weil er der Einzige ist, den der Sender erreichen kann, wird er von jetzt auf gleich Frontreporter. Woods Ansatz ist simpel: Er nimmt alles, was wir aus Städten wie Homs kennen, und lässt es einfach Amerikanern passieren. Immer wieder bombardieren die Kriegsparteien absichtlich oder zufällig Teile der Stadt, es gibt keine Medikamente, Erwachsene, Kinder werden verletzt, das Wasser ist permanent dreckig. Und plötzlich ist man schon wieder weniger abgestumpft. Parallel dazu hat Wood auch ein gutes Händchen für die Presseproblematik: Matt wird instrumentalisiert, getäuscht, belogen, benutzt, er soll gutes Material liefern. Der Comic ist gebraucht gut erhältlich, es verwundert nur, dass er nicht rasch wieder aufgelegt wurde.

Noch leichter erhältlich: V WIE VENDETTA von Alan Moore und David Lloyd. Kein Wunder, die Maske des Guy Fawkes wurde zum Widerstandssymbol und dem Erkennungsmerkmal der Internetgruppe Anonymous, und generell bietet die Geschichte viele Anknüpfungspunkte. Wir befinden uns nach dem Dritten Weltkrieg in England. Europa und Afrika sind Geschichte, die Insellage hat England wohl vor dem Schlimmsten bewahrt. Allerdings hat eine faschistische Regierung die Macht an sich gerissen. Intellektuelle und Liberale wanderten in Konzentrationslager, alles wird überwacht, Medien und Spitzelei sind alles eins, sie sind nur verschiedene Sinne und Organe einer Obrigkeit, »Auge«, »Ohr«, »Mund« genannt. Ein Mann nimmt den Kampf auf, der geheimnisvolle, eloquente, literarisch bewanderte V, in Hut, Mantel und hinter eben jener vom Zeichner Lloyd entwickelten Maske. In Rückblenden zeigen Moore und Lloyd immer wieder die Logik und Entwicklung des Faschismus und jedes Einparteiensystems. Der Rachefeldzug des einfallsreichen, faszinierenden V zieht den Leser in seinen Bann – aber Moore/Lloyd bleiben bewusst vieldeutig. V plant nur das System zu stürzen, ein besseres hat er nicht parat. Keine Diktatur entsteht völlig unerwünscht, sie entsteht, weil die Mehrheit sie akzeptiert oder mindestens toleriert. Und natürlich ist der Gegner in der Graphic Novel eindeutig eine Diktatur, der Gegner heutiger Fawkes-Maskenträger sehr häufig nicht. Ganz zu schweigen davon, dass wir weniger vom staatlichen Ohr belauscht werden, als vielmehr unsere Daten im Internet jederzeit gegen kostenlose Apps eintauschen. Auch deswegen liest man V WIE VENDETTA ziemlich sicher noch mal und noch mal und noch mal.

Weniger politisch, aber absolut mitreißend: Merwan Chabanes MECHANICA CAELESTIUM. **Abb.4** Das erfordert von geübten Kinogängern auch keine große Umstellung, Chabane wildert nämlich in der TRIBUTE VON PANEM-Ecke. In diesem Fall sind wir in einer kaputten Welt, in der die Hightechmacht Fortuna die kleine Reisregion Pan unterjochen will. Die Gemeinde von Pan fordert Gerechtigkeit, ein Urteil der Mechanica Caelestium: Man regelt den Streit in einer Art Völkerballspiel. Jajaja, plausibel ist das nicht, wieso soll eine Supermacht das mitmachen? Aber auch die TRIBUTE funktionieren ja nur durch die tolle Jennifer Lawrence, der man sogar den gröbsten Unfug abnimmt. Merwans Jennifer heißt: Aster.

Aster ist 17, frech, vorlaut, mit einem Fuchsschwanz am Knackarsch. Aster ist mutig, traut sich, rostende Panzer mit Skeletten drin zu plündern. Wallis, dürr, mit Schlappohrmütze, ist in sie verknallt, aber Aster kommt grad gut ohne Jungs klar. Ich habe schon lang keine Comicfigur derart auf den Seiten explodieren sehen wie Aster. Weil Merwan weiß, was er zeigen soll, wenn beispielsweise ein Mädchen einen Ball wirft. Ihre grimmige Entschlossenheit beim Ausholen und dann sofort den Moment, in dem sie schon geworfen hat: Asters verdrehter Körper schwingt aus, der Ball ist längst zehn Meter aus dem Comic rausgeflogen, übrig bleibt ein perfekter Augenblick aus Physik und Bio und Energie und Wut. Aster fängt, Aster weicht aus, rasant geschnitten, das erinnert manchmal an Mangas, ist aber eleganter: Merwan braucht keine Zoomlinien, ihm reicht der richtige Bildausschnitt und etwas Staub.

Überhaupt: die Bilder. Grandiose Landschaften, blassbunt, als Aquarell oder getuscht. Viel Zeit: Aster kriegt fünf Panels zum Aufwachen, zehn Panels für Frühstück und Katzenwäsche, zehn weitere zum Anziehen, komplett wortlos, das Bild sagt alles. Es gibt zauberhafte kleine Momente, in denen Wallis die schlafende Aster anhimmelt. All das serviert Merwan immer wieder mit sanfter Slapstickattitüde: Entspanntere Actionmomente zeigen seine Figuren zwar auf der Flucht, aber grotesk hüpfend in der Flugphase. Comic-Kenner ahnen hier: Aster verbreitet das unschuldige Chaos von Little Nemo – mit dem Wumms von Ignatz Mouse. Dem Laien kann's wurscht sein, weil das Ergebnis grandios ist. Der einzige Wermutstropfen: Merwans ähnlich hübscher Nachfolgeband PANKAT wurde nur eine 08/15-Boxergeschichte. Weil ihm zwar mit Aster eine Figur gelang, der man gern in den Völkerballquatsch folgt, wohingegen es Figuren wie seine Boxhoffnung Mané im Dutzend billiger gibt.

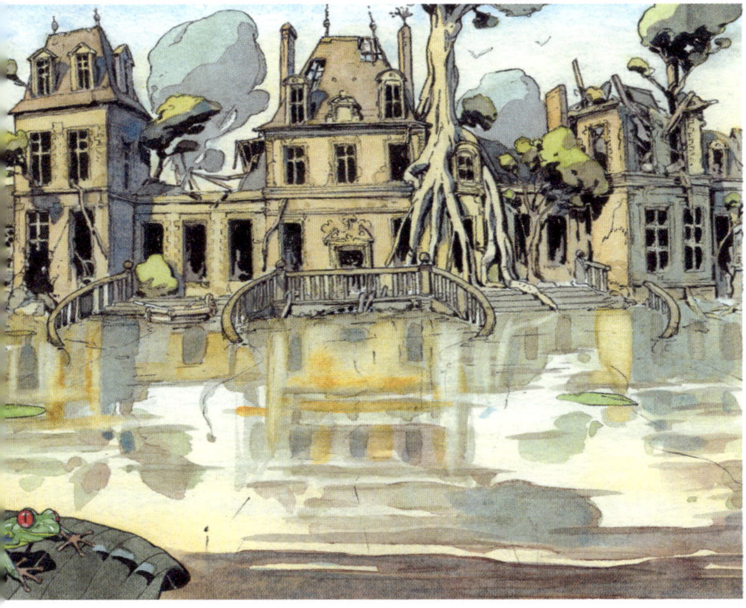

4

4 Die Städte unter Wasser, die Menschen leben vom Schrottsuchen: MECHANICA CAELESTIUM nutzt das Elends-Szenario zu einer Ode an das junge toughe Powermädel Aster.

Und zum Schluss: noch eine Augenweide. Eine clevere Zukunft, eine sommerschöne und schaurige Zukunft. Thomas von Kummant und Benjamin von Eckartsberg lassen in GUNG HO zwei Jugendliche in einer Art Festungsdorf ankommen. Dort herrscht Mangel an allem und strenge Disziplin, weil außen eine tödliche Gefahr lauert – die »Reißer«, katzenhafte, eisbärgroße Raubtiere, die die Erde überrannt haben. Man kann jetzt diskutieren, ob einem die Reißer lieber sind als Zombies, aber den Autoren ging es natürlich um was ganz anderes: Teenager, die sich den ganzen Tag zusammenreißen sollen und keine Lust dazu haben, weil sie verliebt sind oder sich ausprobieren wollen oder besaufen. Genau das ist Gung Ho geworden, eine Geschichte über erste Liebe und ersten Schmerz, zwischen großer Gefahr und großem Gefühl.

Thomas von Kummant liefert die kongenialen Bilder. Seine Teenies sind authentisch, in jeder Szene, er lässt sie zwischen cool und unsicher lümmeln, provozieren, explodieren. Und der Sommer ist allgegenwärtig. Die Sonne glüht auf dem Paar, das knutscht statt Wache schiebt. Sie glitzert beim Flirt am See. Und sie blendet beim Angriff aus dem Gegenlicht **Abb. 5** – überhaupt geschieht alles am hellichten Tag, nicht im Zombiedunkel. Von Kummant schneidet Action so rasant, wie er Reaktionen geduldig ausspielt, er inszeniert von Eckartsbergs Ideen aufregend, frisch, zusammen schildern sie eine Welt, in der Nichtmehrkinder um die schicksten Vor-Krisen-Klamotten kämpfen und um ihr Leben laufen. Eine Welt zwischen Todesangst und Italienurlaub. Die man nach Band 5 nur sehr ungern verlässt.

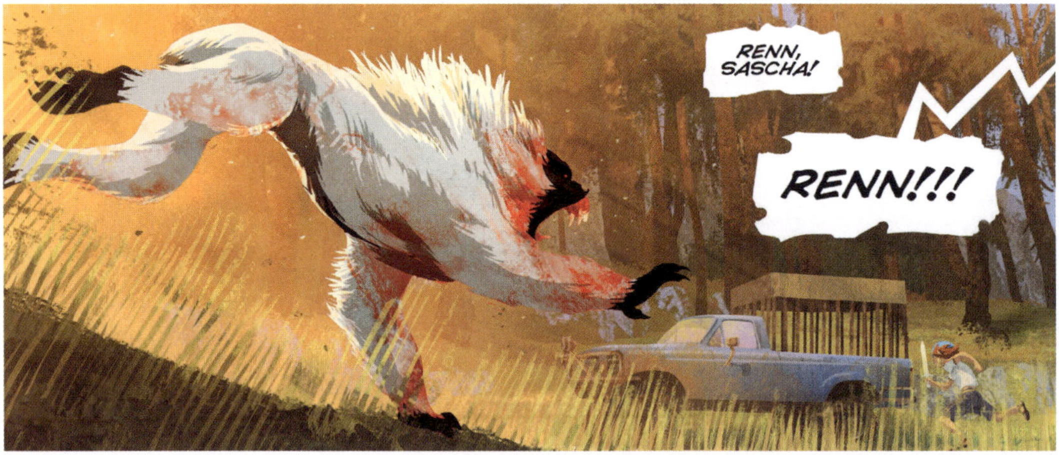

5

5 Die Reißer übernehmen die Welt: Die blutig-flauschigen Menschenfresser sind die heimlichen Stars von GUNG HO.

Die Titel aus diesem Kapitel

→ Tsutomo Nihei, BLAME, Cross Cult
→ Paul Rietzl, SHIPWRECK, Round not Square
→ Gipi, DIE WELT DER SÖHNE, avant-verlag
→ Brian Wood (Text)/Riccardo Burchielli (Zeichnungen), DMZ, Panini
→ Alan Moore (Text)/David Lloyd, V WIE VENDETTA, Panini
→ Merwan, MECHANICA CAELESTIUM, Schreiber & Leser
→ Merwan, PANKAT, Schreiber & Leser
→ Benjamin von Eckartsberg (Text)/Thomas von Kummant (Zeichnungen), GUNG HO, Splitter

~~Outtakes~~

Brian Vaughan (Text)/Fiona Staples (Zeichnungen), SAGA, Cross Cult
Ein bisschen Romeo und Julia in Space, aber ohne das traurige Ende. Alana und Marko sind Soldaten zweier verfeindeter Armeen – und ineinander verliebt. Als ihre Tochter geboren wird, entscheiden sie sich zu fliehen. Hat mich nur optisch überzeugt, aber dafür jeeede Menge anderer Comicleser auch inhaltlich. Versuch macht kluch.

Katsuhiro Otomo, AKIRA, Carlsen
Der Klassiker ist einer der ersten großen Mangabestseller – spielt nach dem Dritten Weltkrieg. Schnell geschnittene Action auf der Jagd nach Wesen mit übermenschlichen Kräften. Handwerklich erstklassig gemacht, erzählerisch gar nicht mal so gut gealtert.

Möbius (Text)/Jiro Taniguchi (Zeichnungen), IKARUS, Schreiber & Leser
Taniguchi ist einer der Topstars aller Zeiten, und mit IKARUS bietet sich eine erstklassige Gelegenheit, ihn kennenzulernen. Gigantische Bauten, sagenhafte Splashes, traumhafte Bilder. Leider mit einer Mimik wie aus der Stempelfabrik. Aber das ist immer so bei Taniguchi, und wer sich daran nicht stört, der findet hier den Einstieg ein gigantisches Gesamtwerk. Und damit ist nicht nur Taniguchi gemeint, der Herr Möbius hat ja auch ein bisschen was geschrieben.

Frank Miller (Text)/Dave Gibbons (Zeichnungen), MARTHA WASHINGTON, Panini
Nicht leicht zu bekommen, aber suchens- und lesenswert. Die Schwarze Martha Washington wächst in den Slums der Zukunft auf, sucht ihre Karriere beim Militär und landet – ebenfalls – in einem US-Bürgerkrieg. Der wird allerdings nicht nur zwischen Staaten geführt, sondern auch zwischen gigantischen Unternehmen wie Fat Boy Burgers (Facebook und Amazon gab's 1990 noch nicht). Ebenfalls beeindruckend: die bittere Schilderung von Marthas Jugend im sozialen Wohnprojekt Cabrini Green.

Frank Miller, RONIN, Panini
Muss man auf Deutsch ziemlich suchen. Eigenwilliger Mix aus Zeitreise, Magie und Zukunftsvision: Durch Magie wird die Seele eines Samurais in die Zukunft versetzt, in der ein umfassendes Ökotechnikprojekt namens Aquarius auf den Ruinen einer Stadt zum superheißen Erfolgsunternehmen wird. Bei Aquarius werden Jobs gerecht an Frauen und Männer vergeben, es wird von einem Übercomputer kontrolliert, der eigene Maschinen entwerfen und herstellen kann, der sich durch die gesamte Umgebung bis hinein in die Sitzmöbel zieht (ohne dass das Wort 3-D-Drucker fällt). Bemerkenswert: Als das Internet so um 1990 allmählich nutzbar wurde, war RONIN schon seit sechs Jahren erschienen. Könnte man mal neu auflegen.

32

Was tun, wenn es einfach nicht klappen will mit der schönen neuen Comicwelt? Keine Panik, Sie sind nicht allein. Im Gegenteil: Sie sind sogar Mitglied einer äußerst lukrativen Zielgruppe.

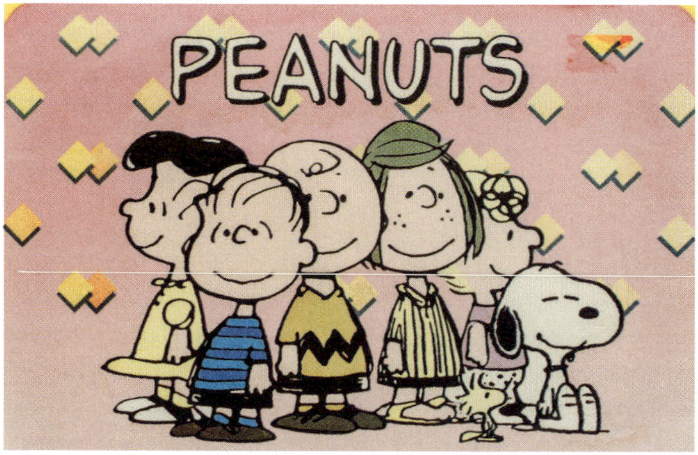

AM BESTEN NICHTS NEUES

Warum so betrübt?

Will Ihnen keiner der Neuvorschläge gefallen? Die neuen Sachen sind alle doof und voller blöder Kunst oder gar keiner Kunst, und überhaupt: Die Comics waren früher viel besser? Na ja. Ich würde Ihnen da nicht unbedingt zustimmen, aber das ist ja auch nicht wichtig. Viel wichtiger ist: Ihnen kann geholfen werden!

Doch, doch. Es gibt mehr alte Comics, als Sie je kaufen können. Und das Beste ist: Sie müssen dafür immer weniger über die Flohmärkte stromern. Weil es ja mehr Leuten so geht wie Ihnen. Und weil diese Leute inzwischen alle keine dreizehn Jahre alt sind und nur ein bisschen Taschengeld haben. Sondern diese Leute sind alle dreißig, vierzig, fünfzig, sechzig, und sie haben oft ein schönes Gehalt und manchmal auch eine gar nicht so kleine Rente. Das macht Sie nicht nur zur guten Kundschaft, sondern sogar zur Premiumkundschaft. Es gibt Verlage, die sich darauf spezialisiert haben, das Gute, Beste und Mittelgute von früher zu sammeln und neu herauszugeben. Manchmal neu übersetzt, aber wenn Sie das stört, müssen Sie vermutlich nur ein paar Jahre warten, und es gibt eine Extraversion mit den Originalübersetzungen.

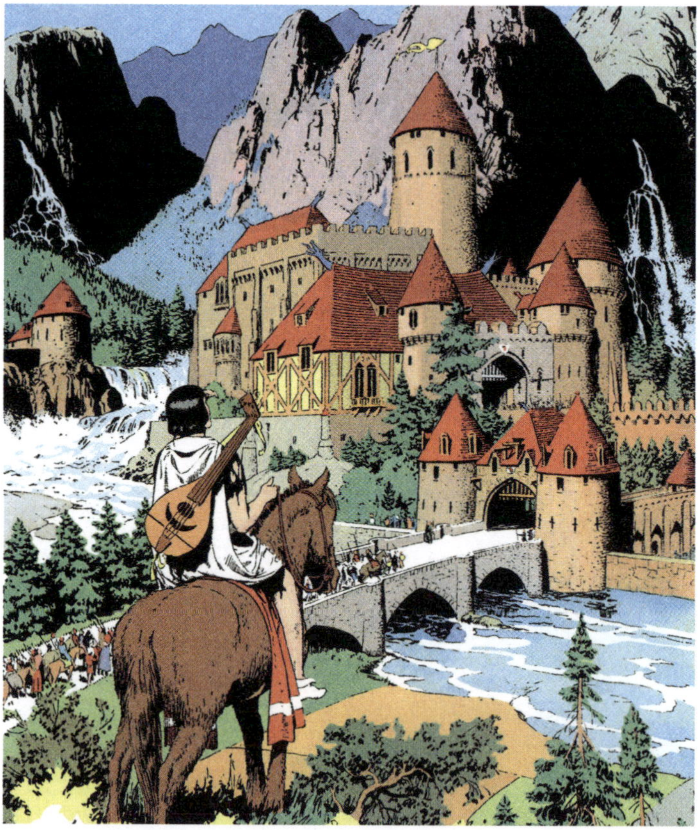

1

1 Immer wieder eine Augenweide: die schier endlose Mittelalter-Saga von PRINZ EISENHERZ. Auf Englisch erscheint sie so bunt, wie sie nie war – der Bocola-Verlag präsentiert sie deutsch im extra künstlich erzeugten Zeitungspapier-Look.

Wenn Sie Glück haben, dann kümmert sich zum Beispiel ein Verlag wie Taschen um Sie. Das ist dann der große Ritterschlag, dann schreibt Ihnen wahrscheinlich auch noch Alexander Braun ein Extraheft mit Informationen voll, die nicht nur lesenswert sind, sondern obendrein gut lesbar. Für McCays LITTLE NEMO hat er das gemacht oder für George Herrimans KRAZY KAT. Das neueste Projekt der Kölner Kunstbuchkönige ist die Marvel Comics Library. Band 1 fasst die ersten zwei Jahre SPIDER-MAN zusammen, aber nicht im Heftformat, sondern fast in der Original-Zeichengröße. Das ungewohnte Format ermöglicht tatsächlich so etwas wie ein Neu-Entdecken, das allerdings zwecks besonderer Originaltreue ohne deutsche Übersetzung daherkommt und Fans nicht nur in Lockdowns und Quarantäne ausgezeichnet unterhält. **Abb.4** Sie dürfen nur nicht erwarten, dass Sie so was gemütlich im Ohrenbackensessel am Kaminfeuer durchblättern – dafür sind die Dinger nämlich zu schwer. Das ist aber schon der einzige Nachteil.

Es geht auch eine Nummer kleiner, aber die ist immer noch ziemlich feudal. PRINZ EISENHERZ **Abb.1** gehört dazu, ein ziemlich einzigartiges Projekt des kleinen Bocola-Verlags aus dem rheinland-pfälzischen Klotten. Dort hat man die Einzelseiten von Hand digitalisiert und die Farben sanft gedimmt, damit die Optik von Zeitungspapier erhalten bleibt. Den Unterschied erkennt man erst richtig, wenn man die anders erstellte US-Ausgabe des Fantagraphics-Verlags durchblättert. Dort ist der Prinz so knatterbunt, wie er eigentlich niemals erschienen ist. Jeder Band kriegt dazu noch einen schönen einleitenden Aufsatz und Hintergrundinformationen. Was natürlich nicht darüber hinwegtäuscht, dass der Text mittlerweile hin und wieder recht großväterlich klingt. Aber das gehört auch irgendwie dazu.

Wenn Sie bei Bocola weiterstöbern, finden Sie auch noch den artverwandten TARZAN – und nicht zuletzt Alex Raymonds großartige Serie RIP KIRBY. Die ist in Deutschland gar nicht so oft erschienen, jetzt wird sie ausgebuddelt und siehe da: Es gibt nicht nur gutes Altes, es gibt sogar Sachen, die alt und neu zugleich sind. Bocola konzentriert sich dabei vorwiegend auf amerikanische Zeitungsstrips, für die es in Deutschland praktisch keinen Markt gab: Wer hätte exzellent gezeichnete Western im Tagesrhythmus abdrucken sollen, wenn doch schon die Tageszeitungen allenfalls im Wochenendteil Platz für die PEANUTS hatten?

Eine ähnliche Nische hat sich Salleck Publications gesichert, im pfälzischen Wattenheim liegt der Schwerpunkt jedoch mehr auf frankobelgischen Alben, auch wenn dort die deutsche Gesamtausgabe von Will Eisners THE SPIRIT (S. 120) ihre publizistische Heimat gefunden hat. BUCK DANNY (S. 279), der in Deutschland auch mal REX DANNY hieß, wird hier wieder aufgelegt. Auch hier ist das Wiedererleben Teil des Programms, weshalb aufwendige Zusatzinformationen und sorgsam recherchierte Aufsätze einem noch mal erklären, warum das so toll ist, was man selber so toll findet, und warum es völlig richtig ist, das so toll zu finden. Das darf man für albern halten, aber nur, wenn man bei seinem Lieblingsfilm noch nie die Making-of-Parts und Zusatzinfos angesehen hat. Weil's so schön ist, hat Salleck sich eine Menge ähnlich gelagerter Titel gesichert: Denn was bei uns in Deutschland erschien, war ja nur ein Bruchteil der frankobelgischen Albenproduktion.

Autolastiges, Flugzeuglastiges, aber auch halb humoristische Mischformen wie DIE MINIMENSCHEN, eine Art »Spirou fliegt jetzt Raumschiffe«. Oder die Abenteuer der vollbusigen Stewardess NATASCHA, die in Deutschland KATJA hieß, und, und, und.

Carlsen hat ja sogar CLEVER & SMART wieder aus der Versenkung geholt. Keine Ahnung, ob die bei jungen Lesern heute wieder einschlagen, aber bitte: Otto Waalkes enttäuscht sein Publikum ja auch nicht in seinem Job als lebende Endlosschleife. Die Hamburger haben sich vor allem um die von der Comic-Ikone Seth liebevoll betreute PEANUTS-Gesamtausgabe (S. 64) verdient gemacht. Bei der Übersetzung trauere ich ja noch immer der ersten mir begegneten Variante nach, die bei Aar-Cartoon erschien, und das zu einer Zeit, als man es noch nicht mal für nötig hielt, den Übersetzer reinzuschreiben. Weshalb ich nicht mal weiß, wem ich da nachträglich danken soll. Comicgigant Carlsen ist aber auch sonst eine hübsche Fundgrube. ANDY MORGAN **Abb. 2** haben sie sich geschnappt, YOKO TSUNO, CALVIN UND HOBBES, eh klar, TIM UND STRUPPI (mit denen ich bis heute nichts anfangen kann), SPIROU UND FANTASIO und das MARSUPILAMI – wer sich da in die richtigen Ecken hineinwühlt, kann problemlos so tun, als hätten die letzten fünfunddreißig Jahre nicht stattgefunden.

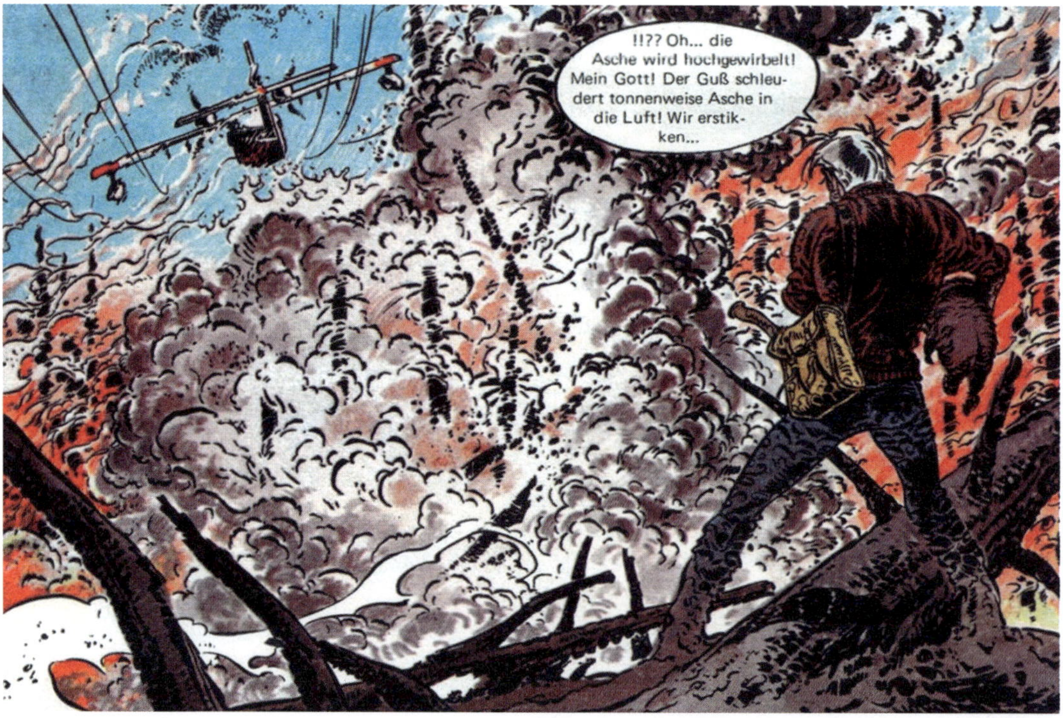

2

Bei Egmont wird Jean Gratons Rennfahrersaga MICHEL VAILLANT **Abb.3** (S. 100) wiederbelebt, auch LEUTNANT BLUEBERRY darf in einer Sammlerausgabe glänzen, und von da geht's weiter zum ROTEN KORSAR und dass Sie da ASTERIX komplettieren können, Carl Barks' Duck-Abenteuer und LUCKY LUKE, das versteht sich ja von selbst.

Tja, und wenn Ihnen dann noch was fehlt, was es im Ausland gibt, aber nicht bei uns, dann hätten wir da noch eine Möglichkeit: Sie veröffentlichen den Comic selbst. Doch, kein Witz, das ist gar nicht so schwer. Da gibt es sogar zwei Varianten, eine für Mutigere und eine für nicht so Mutige.

Die Mutigeren machen es wie Josua »Josch« Dantes aus Mannheim. Der ist eigentlich Krankenpfleger, aber auch leidenschaftlicher Fan der Serie USAGI YOJIMBO (S. 302). Weil er mit der stockenden Veröffentlichungspolitik der bisherigen Verlage nicht zufrieden war, sicherte er sich die Rechte selbst. »Ich hab den US-Verlag einfach hartnäckig angerufen«, erzählt er, »bis ich beim Verleger war. Ich hab denen gesagt, wie ich das machen möchte. Und die haben mir die Chance gegeben.« Es gab einen Probelauf, bei dem Dantes zwei Bände unter dem Dach eines anderen Verlags betreute, aber seitdem gibt er die Abenteuer in seinem eigenen Verlag heraus. So, wie er das als Leser selbst gerne hätte: neu übersetzt und nicht nur hin und wieder, sondern Schlag auf Schlag, alle zwei Monate einen weiteren

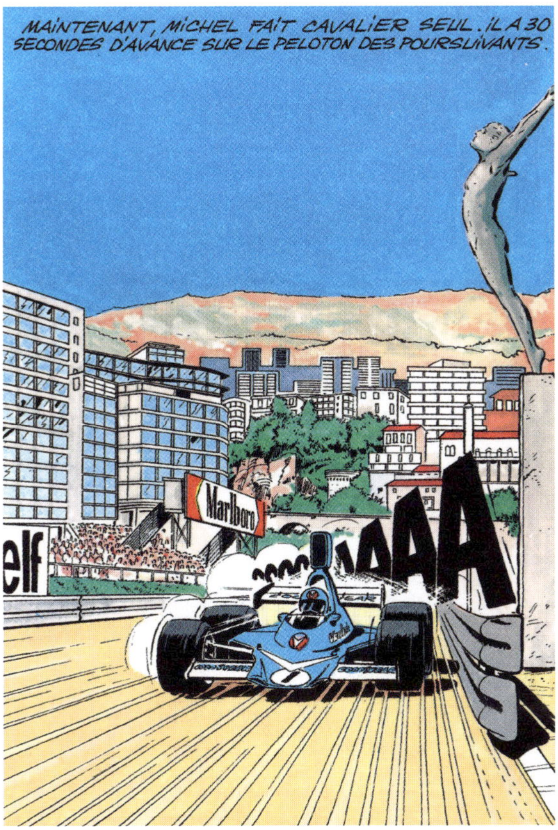

3

2 Oldschool-Action: ANDY MORGAN schwebt wieder einmal in Todesgefahr – die gesammelten Todesgefahren gibt's bei Carlsen.

3 Unnachahmlich: Das Rennfahrer-Meisterwerk MICHEL VAILLANT mit dem grandios im Sog untergebrachten Motorenlärm. In Zeiten des E-Motors ist so was natürlich zunehmend nostalgisch.

Band, in der Originalreihenfolge, in professioneller Qualität. Das Ergebnis sieht übrigens nicht aus wie von einem Krankenpfleger zusammengeflickt, sondern wie von jedem anderen seriösen Buchhaus. Angst hatte er dabei nicht: »Ich hab das vorher durchkalkuliert: Wie viel kann man verkaufen, was darf es mich kosten und was den Leser? Ich hab eine knapp fünfstellige Summe in die ersten beiden Bände investiert, aber es ist alles aufgegangen, ich hab nach einem Vierteljahr sogar 200 Euro übrig gehabt.« Seither macht Dantes weiter, furchtlos, mit kleinen Auflagen. Inzwischen hat er sogar zwei weitere Serien im Programm, die er genauso liebt: SLAINE und GRAVEL, beide haben eine deutsche Misserfolgsvergangenheit, beide feiern ein kleines Comeback und machen den Verleger weder reich noch arm, doch dafür glücklich.

Andere machen es ähnlich: Der junge Verlag Insektenhaus setzt auf deftige Erotik und solides Material der zweiten Reihe, Motto: Nicht zu verkopft. Das Geschäft läuft, man will expandieren.

Das Risiko wäre obendrein begrenzbar: Viele Klassiker sind auf Deutsch nicht mehr lieferbar (wo ich auf Bibliotheken oder Gebrauchthändler verweise). Kann ein Verlag einen Comic zu lang nicht liefern, läuft üblicherweise die Lizenz aus, die Rechte fallen an den Autor zurück, der sie neu vergeben kann. Solche Klassiker haben oft eine abwechslungsreiche Verlagsgeschichte. Alan Moores FROM HELL etwa war 2000 beim Verlag Thomas Tilsner, 2008 bei Cross Cult, 2013 bei der Süddeutschen, 2015 wieder bei Cross Cult, und das ist (hust, hust) schon sieben Jahre her. So dürfte das mit einigen Titeln gehen, die verkäuflich sein müssten.

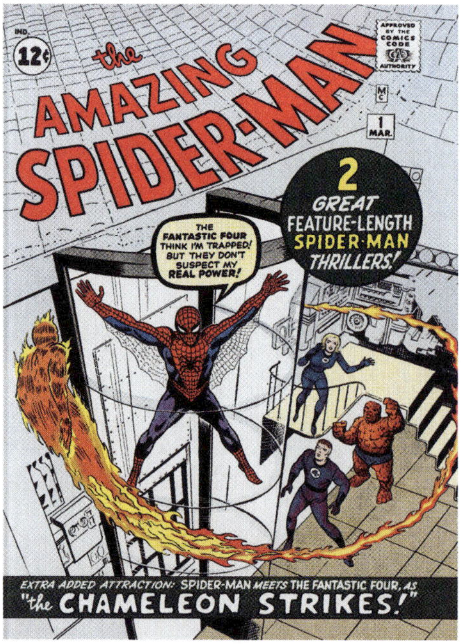

4

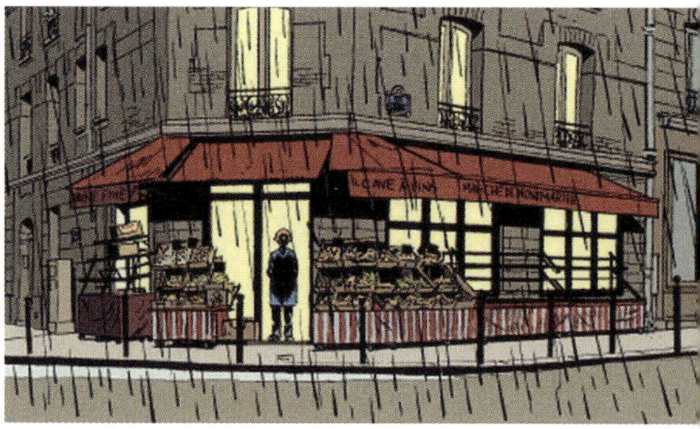

5

Tja, und wenn Sie nicht sofort einen eigenen Verlag gründen wollen, werden Sie doch einfach Mitglied in einem Verlagsverein. Oder Vereinsverlag. Finix heißt das inzwischen über zehn Jahre alte Projekt, ein Kind des Internets. In einem Forum hatten sich enttäuschte Freunde frankobelgischer Comicserien gefunden – enttäuscht deshalb, weil die Standardverlage ihre Lieblingsserien nicht mehr für den deutschen Markt importieren mochten. Die Fans gruppierten sich um den 2014 früh verstorbenen Optimisten Marc Schnackers und machten sich auf die Suche nach den Lizenzinhabern dieser Serien. Das Startkapital waren (und sind) Investments der Vereinsmitglieder, jeweils nicht mehr als 100 Euro. Und seither läuft der Laden: Zwei bis drei Dutzend Serien wurden inzwischen komplettiert. Die Wunschliste wird demokratisch erstellt, jedes Vereinsmitglied listet seine Top Ten auf. Das Ergebnis ist ein erstaunlicher Fundus frankobelgischer Qualität, nicht Champions-League-reif wie ASTERIX, aber auf jeden Fall auf Bundesliganiveau. Mit drin: die Abenteuer des sanftmütigen Detektivs JACKIE KOTTWITZ **Abb.5** oder die Tarzan-Parodie KING UND KONG. Nicht alles ist gut, aber eben darum geht es: Es zählen weder Markt noch meine Meinung, sondern die Herzensanliegen der Vereinsmitglieder. Zweihundert Mitglieder hat der Verein inzwischen, noch immer steigt man mit dem 100-Euro-Investment ein, das soll das wirtschaftliche Risiko abfedern. Man bekommt aber auch was dafür: nämlich die zehn nächsten eigenverlegten Alben gratis. Hochwertig gemacht, nimmt man die gerne in die Hand, auch wenn nicht gleich das eigene Lieblingsalbum dabei ist.

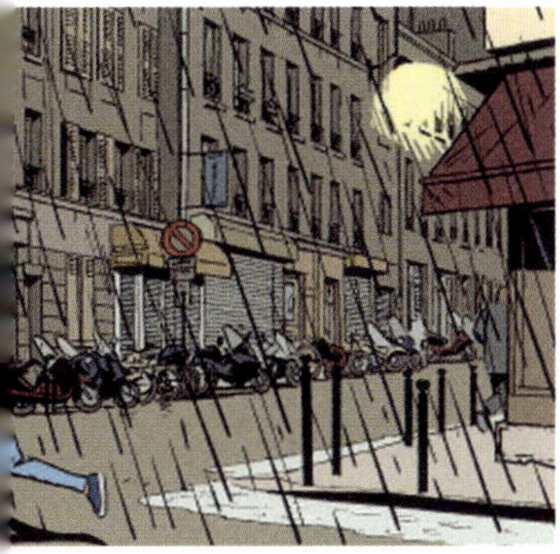

4 Größer als im Original, preisgekrönt: Wer Glück hat, der findet heute seinen Lieblingscomic als Prachtband – wie hier die Anfänge von Spiderman bei Taschen.

5 Verleger werden ist leichter als gedacht: Wer Nischencomics wie JACKIE KOTTWITZ nicht mehr auf Deutsch findet, kann sie auch selbst herausgeben.

Die Titel aus diesem Kapitel

→ George Herriman/Alexander von Braun, KRAZY KAT – DIE KOMPLETTEN SONNTAGSSEITEN IN FARBE 1935–1944, Taschen
→ David Mandel/Ralph Macchio, Marvel Comics Library, Spider-Man Vol.1,
→ Winsor McCay/Alexander von Braun, THE COMPLETE LITTLE NEMO, Taschen
→ Hal Foster, PRINZ EISENHERZ, Bocola
→ Alex Raymond, RIP KIRBY, Bocola
→ Hal Foster/Burne Hogarth (u. w. m.), TARZAN, Bocola
→ Will Eisner, THE SPIRIT, Salleck
→ Jean-Michel Charlier (Text)/Victor Hubinon (Zeichnungen), BUCK DANNY GESAMTAUSGABE, Salleck
→ Pierre Seron, DIE MINIMENSCHEN, Salleck
→ François Walthéry, NATASCHA GESAMTAUSGABE, Salleck
→ Charles M. Schulz, PEANUTS WERKAUSGABE, Carlsen
→ Greg (Text)/Hermann (Zeichnungen), ANDY MORGAN GESAMTAUSGABE, Carlsen
→ Roger Leloup, YOKO TSUNO, Carlsen
→ Hergé, TIM UND STRUPPI, Carlsen
→ André Franquin (u. a.), SPIROU UND FANTASIO, Carlsen
→ Jean Graton, MICHEL VAILLANT COLLECTOR'S EDITION, Egmont
→ Jean-Michel Charlier (Text)/Victor Hubinon (Zeichnungen), DER ROTE KORSAR GESAMTAUSGABE, Egmont
→ René Goscinny (Text)/Albert Uderzo (Zeichungen), ASTERIX, Egmont
→ Stan Sakai, USAGI YOJIMBO, Josua Dantes Verlag
→ René Goscinny (Text)/Morris (Zeichnungen), LUCKY LUKE, Egmont

33

Schluss mit seichten Schmusesoaps: Sie haben Besseres verdient! Unter Massen klebriger Standardware verstecken sich auch einige Comics, die unter die Haut und zu Herzen gehen.

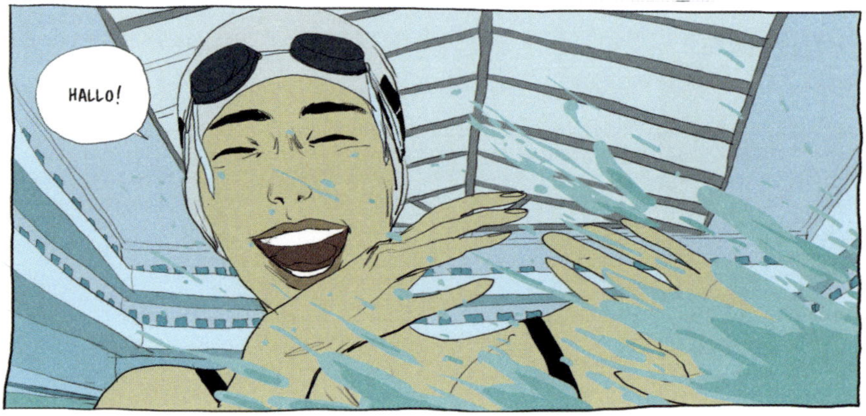

RÜCKEN-SCHWIMMEN FÜR ROMANTIKER

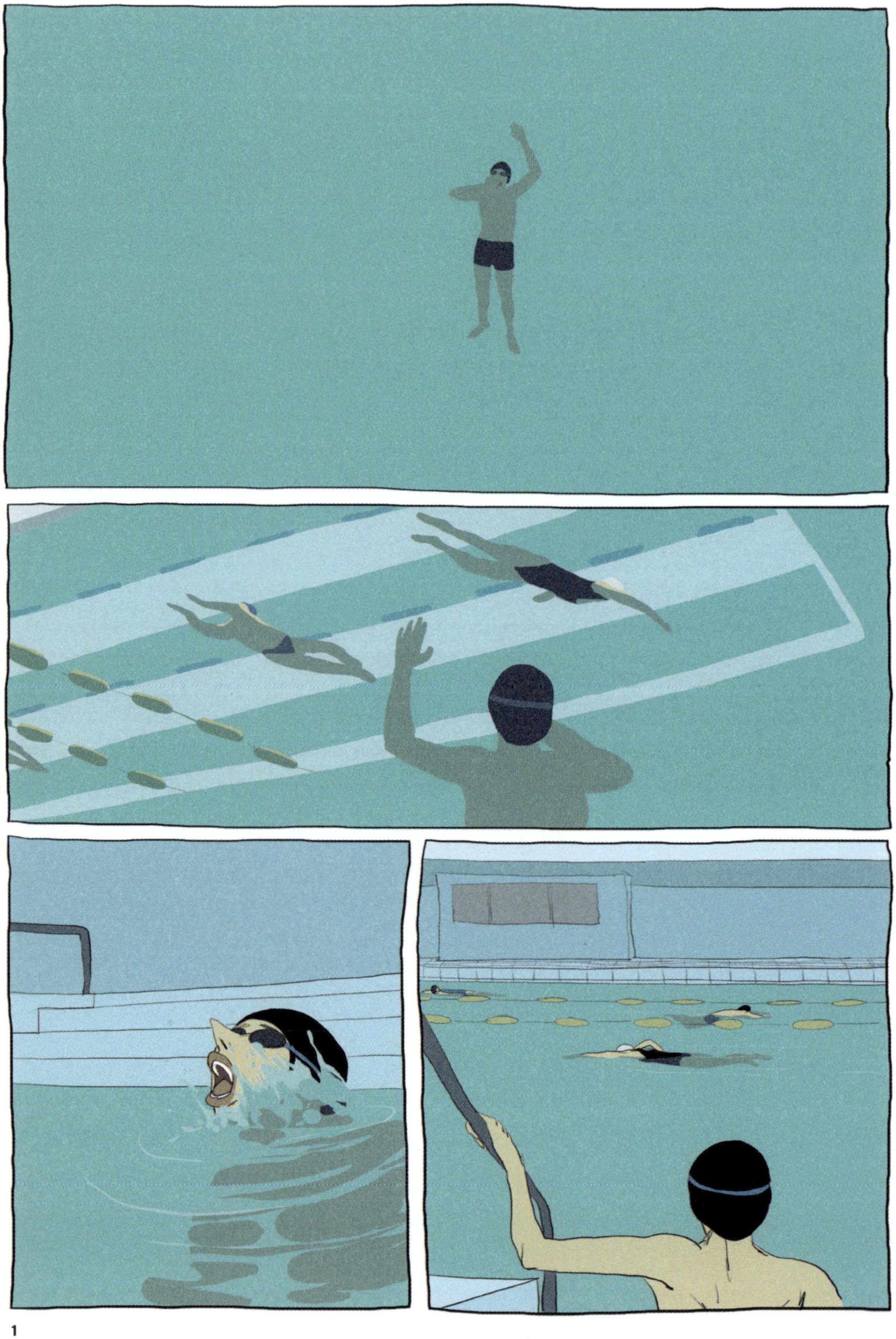

Manche Comics sind Türöffner. Comics, die einem klarmachen, dass man Sachen liest, von denen man nie gedacht hat, dass man sie lesen würde. In meinem Fall beispielsweise Rom. Rom ohne Com, wohlgemerkt. Denn RomCom, Romantic Comedy, romantische Komödien, das geht ja noch, da wird ja wenigstens gelegentlich gelacht, aber Rom ohne Com, also: Nur romantisches Irgendwas, na ja, das hielt ich ehrlich gesagt schon mehr so für eine Frauensache. Bis ich feststellte, dass das eben nicht so ist. Der Türöffner hieß DER GESCHMACK VON CHLOR **Abb.1** und stammte vom damals noch sehr jungen Franzosen Bastien Vivès.

Das Schöne war, dass Vivès das Wunder mit einem Nichts von Geschichte vollbrachte. Das Nichts geht so: Ein junger Mann hat Rücken, und deswegen, sagt der Arzt, soll er schwimmen. Und nicht nur schwimmen, sondern das langweiligste Geschwimme von allem, Rückenschwimmen. Also geht er ins Bad, schwimmt das Scheißrückenschwimmen, bei dem man immer nur die langweilige Hallenbaddecke sieht, bis ihm ein Mädchen auffällt. Sie kommen ins Gespräch, er verliebt sich, und plötzlich ist jeder Schwimmtag verheißungsvoll und aufregend. Ein Nichts von Geschichte, eine Alltäglichkeit. Hundert Jungs verlieben sich an hundert Tagen in hundert Frauen und umgekehrt, warum soll uns diese Eine interessieren? Das ist eben die Kunst.

Vivès fängt uns erst mit der Optik. Mit diesem Hallenbadblau, den gleichmäßigen Bahnen, das sieht ästhetisch aus, aber auch so fade, wie dieses Bahnenschwimmen eben werden kann. Es gibt die ganzen Nervereien des Neulings in der Sportbahn, ruppige Kampfschwimmer, trödelnde Rentner, die öde Rumglotzerei am Beckenrand – und dann plötzlich dieses Mädchen. Und sofort ist klar, dass sie viel zu hübsch ist, soo hübsch, dass unser Neuschwimmer sie nie ansprechen würde, weil sie auch noch sooo toll krault, und er kann nur blöd Brust und fad Rücken. Und wie es sich dann ergibt, dass die beiden ins Gespräch kommen, und sie sich dann regelmäßig begrüßen und sie ihm auch noch Tipps gibt und mit ihm herumalbert und dann auch noch lacht und sagt: »Bis nächsten Mittwoch« – und dann, dann ... Wem da nicht alle eigenen nächsten Mittwoche einfallen, der hat, fürchte ich, kein Herz.

DER GESCHMACK VON CHLOR ist eine Schatztruhe voller kluger Lösungen, auch optisch: Die spezielle schallgedämpfte Unterwasseratmosphäre erreicht er, in dem er die schwarzen Randlinien von Figuren und Flächen einfach weglässt. Wie er überhaupt sehr viel mit sehr wenig erreicht. Für das Mädchen etwa genügen ihm oft der Umriss und ein paar Striche für die Wirbelsäule. Ab hier war ich Vivès-Fan. Was einen Vorteil hat: Man kriegt vom selben Autor eine Menge unterschiedlicher Sachen, weil Vivès gerne experimentiert. Wie beispielsweise IN MEINEN AUGEN.

1 Raffinierte Romanze: Bastien Vivès entwickelt einen eigenen Stil für die Unterwasserbilder – die Linien fallen weg, die Welt wird ungenauer und sieht aus, wie sie mit Wasser in den Ohren klingt.

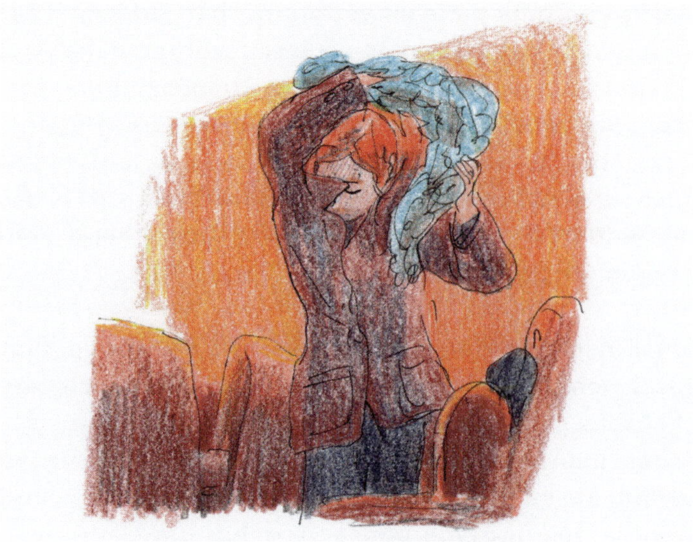

2

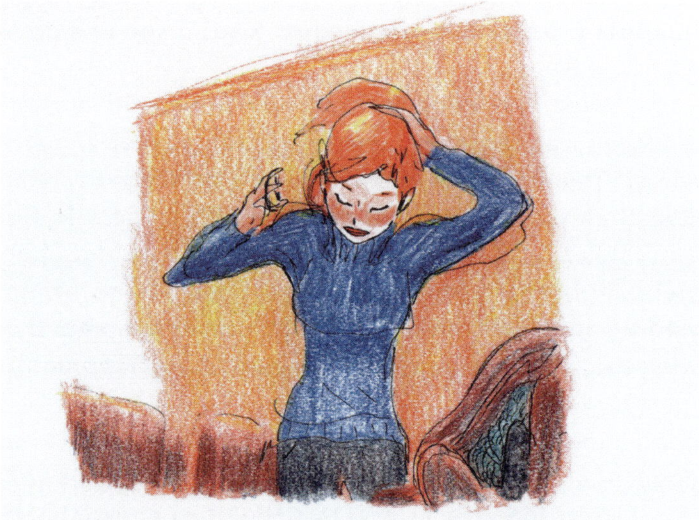

2,3 Der erste Besuch gemeinsam im Kino: IN MEINEN AUGEN begleitet eine Beziehung vom ersten Kuss bis zum Ende.

3

Eine Liebesgeschichte, bei der man den Hauptdarsteller (oder die Hauptdarstellerin) nicht sieht, weil man ja in dessen Kopf sitzt und durch seine/ihre Augen erlebt, wie er/sie sich verliebt. Subjektive Kamera, wie's im Film heißt. Weshalb man nur das Mädchen sieht, das er/sie trifft. **Abb. 2, 3** Und wenn Vivès etwas kann, dann ist es: zuschauen und Bewegungen erfassen. Etwa wenn die beiden ins Kino gehen: Es ist Herbst, also muss sie sich erst den Schal vom Hals drehen, ohne die Frisur kaputtzumachen, dann muss die dicke Winterjacke runter, dann wird der Zopf mit einer von diesen blitzschnellen Bewegungen gerichtet, und all diese Bewegungen sind so echt und flüssig, so perfekt getroffen, dass man tatsächlich diese Vertrautheit spürt, die entsteht, wenn man nicht mit irgendwem ins Kino geht, sondern mit jemandem, mit dem man sich was vorstellen kann.

Woran man merkt, dass Vivès eben nicht nur Frauen beobachten kann, sondern auch weiß, wann welche Geste was aussagt. Deswegen folgt man ihm ja auch einfach mal drei Seiten durch ein Treppenhaus, weil das der Moment ist, in dem man erstmals die Wohnung des Mädchens betreten darf, wo man erfährt, wie sie lebt, wie ihr Schreibtisch aussieht, welche Bücher rumstehen: der Moment, in dem sie bereit ist, ein paar Blicke hinter die Fassade zuzulassen.

Romantik kann also extrem unterhaltsam sein, weshalb in letzter Zeit eine ganze Romantik-Comic-Industrie entstanden ist, vor allem im Mangabereich, der hochprofessionell einzelne Zielgruppen herausfiltert und punktgenau bedient. Für junge Frauen (JOSEI), junge Männer (SHONEN), erste Liebe, zweite Liebe, es sollte einen nicht wundern, wenn's da auch noch die Zielgruppe »Dritte Scheidung« gäbe.

Der Vorteil ist: Man kriegt vieles, was sich mindestens auf dem Markt bewährt hat – aber der Markt ist nicht zimperlich. Sie können sehr viel in Groschenromanhärte haben, da werden die Protagonisten derart brachial zusammengeführt wie im Freitagabendspielfilm der ARD, neue Frau kommt in die Stadt, neuer Mann kommt in die Stadt, neues Mädchen, neuer Schüler, neue Wurst in neuen Supermarkt. Mit Vorliebe treffen zwei aufeinander, die sich zuerst nicht mögen, am besten hat auch noch der/die eine ein bisschen Angst vor dem/der anderen, das wird teilweise nach Schema F zusammengedengelt wie aus dem Ersatzteillager am Schrottplatz. Oder, wenn man ehrlich ist, wie im Pornofilm: Da ist's auch nur wichtig, dass der Klempner irgendwie zur Hausfrau kommt. Und nicht dass Sie glauben, mit den Emotionen wäre man da zimperlicher: Falls ein emotionaler Zuckerschock gewünscht ist, dann spielt das Ganze auch noch in einer Aufzuchtstation für niedliche Robbenbabys, da kennen die Mangamenschen nichts, die machen keine Gefangenen. Und niedlich sind die Viecher, zweihundertprozentig. Sie haben es hier mit Profis zu tun.

Persönlich finde ich mich da oft etwas zu sehr durchschaut: Ich weiß, dass ich Kartoffelchips liebe, weil sie Zucker und Fett und Salz und Geschmacksverstärker liefern, aber ich halte sie trotzdem nicht für gutes Essen. Das soll Sie nicht hindern, selbst mal hineinzuschnuppern. Und Sie werden merken: Es gibt auch auf einem hochprofessionell organisierten Markt richtig gutes Zeug.

Mein persönlicher Favorit ist TEN COUNT, ein »Boys Love«-Manga, der sich – nicht verwirren lassen! – eigentlich vor allem an eine weibliche Zielgruppe richtet. Die Idee ist, dass man in die Welt der Gefühle und des harten oder heftigen Sex eintauchen kann, ohne all das zu sehr mit dem eigenen Leben abgleichen zu müssen. Man guckt und staunt, und immer, wenn's zu heftig oder sonst was wird, kann man sich notfalls sagen: »Ach, na ja, klar, das ist eben bei den Schwulen so, das heißt noch lange nicht, dass ich das auch oder ...« Bei TEN COUNT geht's aber noch nicht mal richtig zu Sache, da wird unglaublich geschickt verzögert. Da wird kennengelernt und verstohlen geschaut und gerätselt, ob und wie der Blick gemeint ist, da trifft Rihito Takarai eine erstaunlich gute Auswahl, welche Situationen sich dafür eignen. In Band 1 wird noch nicht mal geschmust, und dennoch ist es nicht langweilig. Da sind wir dann schon wieder bei Bastien Vivès: Wenn man's gut macht, ist auch das Treppenhaus interessant.

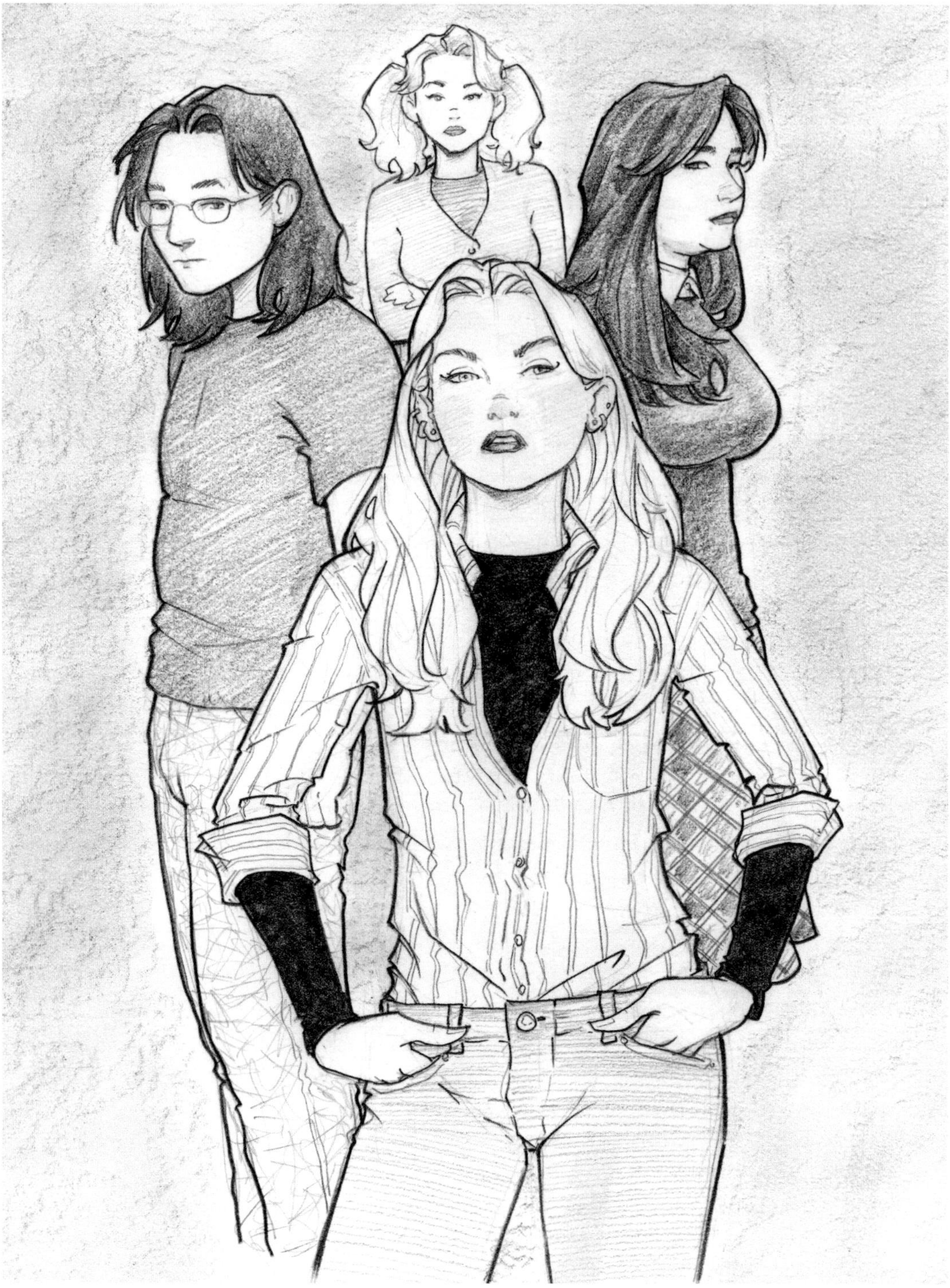

4

4 Romantisches Füllhorn: STRANGERS IN PARADISE ist eine wunderbar vielseitige Soap um Katchoo (vorne), David (links) und Francine (rechts).

Der unbestrittene Meister des Plotminimalismus ist Terry Moore. Der Amerikaner zeichnet in Eigenregie die Soap STRANGERS IN PARADISE, eine nicht enden wollende und eigentlich auch nicht enden sollende Dreiecksbeziehung: Die hübsche, zögerliche, mild zum Moppeligen tendierende Francine ist seit der Highschool befreundet mit der chaotisch impulsiven Katchoo, und natürlich wird es mehr, weil Katchoo sich in Francine verliebt. Aber Francine weiß nicht, ob sie lesbisch ist, und der Dritte im Bunde ist David, sanft, verständnisvoll, zurückhaltend, und David ist verliebt in Katchoo. Fertig, das war's, im Wesentlichen sind das alle Zutaten, drei Stück, mehr wird's nicht. Aber Moore kennt seine Stärken und spielt sie gekonnt aus: Die Bilder sind Köder, die schaut man schon mal sehr gerne an. Moore zeichnet seine Frauen ausgesprochen liebevoll und ansehnlich. Fast immer sehr erotisch, aber selten nackt. Nachdenklich, wütend, listig, hinterlistig, verliebt, besoffen, verschämt, Moore hat die ganze Gefühlspalette parat – und er weiß, wie man diese Gefühle inszeniert. **Abb. 4** Es gibt für jede Regung einen Grund, jede Aktion ist eigentlich eine Reaktion, und weil Frauen oft gesprächiger sind als Männer, gibt es auch jede Menge Dialoge, gute Dialoge, schnelle Dialoge, lange Dialoge, witzig, gemein, voller Hass, voller Kummer, voller Zärtlichkeit, oft wendungsreich, aber zuverlässig zuspitzend. Moore schreibt Dialoge so gut, wie er Frauen zeichnet. Das ist schon mal eine gute Basis.

Was er immer wieder gerne dazwischenstreut, sind Slapstickmomente, völlig überdrehte Situationskomik, und dabei entgleist ihm dann sein Zeichenstift gerne gleich mit. Dann rutschen die Gesichter in Richtung Karikatur, er überzieht Action, Bewegungen und Reaktionen cartoonartig, was eigentlich die Ernsthaftigkeit der Figuren dauerhaft beeinträchtigen müsste, und dann passiert das nächste Wunder: Wie Moore den Übergang aus der Comedy zurück in die Geschichte moderiert. Da genügt oft ein Blick in die Augen seiner Protagonisten, und dann ist unfassbar schnell wieder Schluss mit lustig. In seiner später erschienenen Horrorserie RACHEL RISING sieht man, wie das auch sehr oft in die Hose gehen kann, wie er ein ums andere Mal den Grusel mit Kaspereien ruiniert – in STRANGERS IN PARADISE meistert er sämtliche Situationen so bravourös, dass man mit offenem Mund weiterblättert.

Ein paar zusätzliche Gewürze verwendet Meisterkoch Moore schon auch. Aber nichts davon ist komplett neu: Erst bekommt Katchoo ein dunkles Geheimnis, dann bekommt David eines, das sind alles bekannte Elemente aus dem Soapbaukasten. Aber Moore erweitert auch seine Erzählmethoden. Er wechselt ständig die Perspektive, erzählt in der ersten Person, beobachtet in der dritten Person, er schreibt ganze Seiten wie einen Roman mit Bildern, er streut Songtexte ein, er zeichnet seitenweise Bilderfolgen ohne jede Sprechblase, lässt den Dialog senkrecht zwischen zwei extrem hohen Porträts ablaufen, er mischt Bild und Text grade, wie er's braucht, und mit einer Sicherheit, der man sich als Leser gerne anvertraut. Und wenn ihm all das nicht mehr reicht, dann macht er eine kleine Rückblende, fünf Jahre in die Vergangenheit. Oder er springt zehn Jahre in die Zukunft, und Francine, die sich doch soeben noch für Katchoo entscheiden wollte, hat plötzlich eine Tochter und keinen Mann mehr dazu und fragt sich, wie es je so weit hatte kommen können. Es ist schlichtweg nicht zu fassen, was Moore der Leserschaft zumutet und was der Leser (ja, explizit sogar auch DER Leser) gerne mit sich machen lässt: Es gibt eine geheimnisvolle Verschwörerverbrecherbande, es tauchen Halbschwestern auf, brutale Morde, hartnäckige Polizisten, manchmal wird's richtig heftig und auch ein wenig mörderisch, aber stets so geschickt eingesetzt, dass die Dreierlovestory die Hauptsache bleibt. Und nie ist alles aufgeräumt, nie ist alles entschieden, nie ist alles beendet, und immer gibt es ein bisschen Hoffnung.

Die gibt es nicht bei Mawil, jedenfalls nicht im Fall des Bändchens WIR KÖNNEN JA FREUNDE bleiben. **Abb.5** Dahinter verbirgt sich eine hübsche Sammlung kurzer Geschichten, die allesamt nicht so richtig gut ausgehen. Das ist ziemlich lustig und genauso häufig zum Fremdschämen, aber nicht schlimmer als die eigene Vergangenheit. Vor allem aber ist all das so vertraut und zugleich auch wieder neu, dass es nicht langweilig wird und man sich der schaurigen Faszination des Moments der Wahrheit einfach nicht entziehen kann. Obendrein erzählt Mawil immer wieder auch so melancholisch, wie ich es ihm jedes Mal von Neuem gar nicht zutraue – obwohl ich doch weiß, dass er's kann. Meine Lieblingsstelle: die unendliche Erinnerung an den Moment, in dem man's vermasselt hat. Kennen Sie auch? Und Sie? Und Sie?

Boah, war das scheiße!!!!

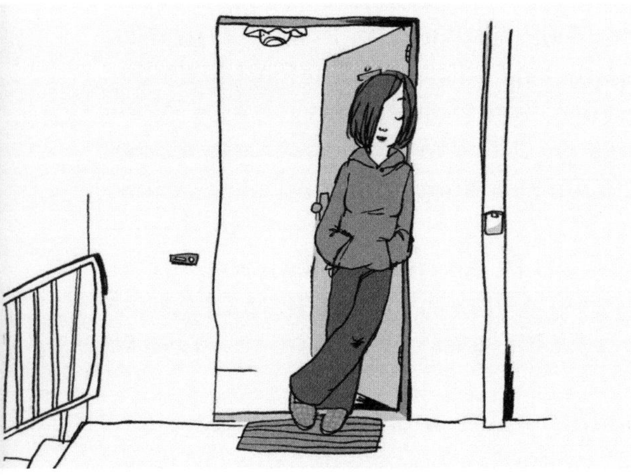

5

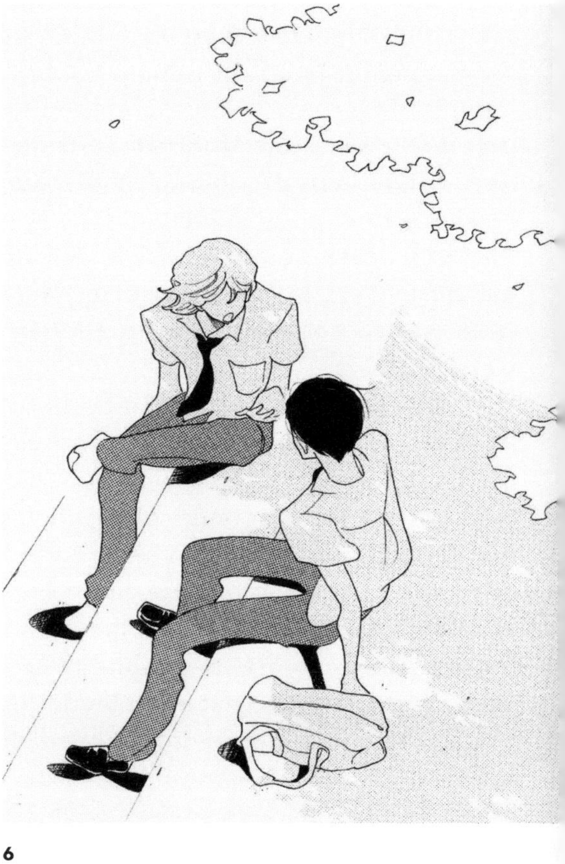

6

5 Am Anfang ist immer Verheißung: Mawils WIR KÖNNEN JA FREUNDE BLEIBEN zeigt die schmerzhaft-niedliche erste, zweite oder auch dritte große Nicht- oder Fast-Liebe.

6 Meisterlicher Boys-Love-Manga: DOUKYUSEI inszeniert das Annähern in Superzeitlupe – jede Geste so bedeutungsvoll, wie es nur Verliebte empfinden.

~~Outtakes~~

Asumiko Nakamura, DOUKYUSEI, Cross Cult
Ein erstaunlich zauberhaftes Nichts. **Abb.6** Es geht nur um die sanfte Annäherung und zartes Geschmuse, aber die Zweifel und lächerlich winzigen Irrungen und Wirrungen spielt Nakamura handwerklich tadellos aus, da wird schön verzögert, Blicke über Seiten gedehnt. Wenn schon Schmonzette, dann so!

Bastien Vivès, DIE LIEBE, Reprodukt
Szenen einer Beziehung. Nicht immer optimistisch, aber dafür häufig voll ins Schwarze.

Ammitsu, RAN THE PEERLESS BEAUTY, Tokyopop
Yuki Shiraishi, HONEY COME HONEY, Tokyopop
Makino, VERLIEBT IN PRINZ UND TEUFEL?, Tokyopop
Ich würde sagen: Romantik mit dem Brecheisen. Aber laut Verlag sind das derzeit die Mangabestseller. Testen Sie's selbst.

Tamekou, MY GENDERLESS BOYFRIEND, Carlsen
Nach »Boys Love« kommt »Weder noch Love« und »Weiß nicht Love«. In der Realität kriegt vielleicht nicht jede sexuelle Orientierung ihr passendes Klo – aber ihren passenden Manga kriegt sie sicher. Verkauft sich aber toll. Also, wenn Sie's reizt: nur zu!

Daisuke Hagiwara, HORIMIYA, Egmont Manga
Natsuki Kizu, GIVEN, Egmont Manga
Tusse findet raus, dass ein langweiliger Kerl privat Punk ist, und das bedeutet natürlich: aufregend (Horimiya). Musiker trifft einen – man kann es nicht anders sagen – Trottel mit Gitarre und findet ihn toll (Given). Verkauft sich gut. Man könnte weinen, aber nicht vor Rührung.

Die Titel aus diesem Kapitel
→ Bastien Vivès, DER GESCHMACK VON CHLOR, Reprodukt
→ Bastien Vivès, IN MEINEN AUGEN, Reprodukt
→ Rihito Takarai, TEN COUNT, Tokyopop
→ Terry Moore, STRANGERS IN PARADISE, Schreiber & Leser
→ Mawil, WIR KÖNNEN JA FREUNDE BLEIBEN, Reprodukt

34

Sagen wir's so, wie es ist: Comics kosten so viel wie Bücher – sind aber schneller gelesen. Von der Kunst, ein bisschen weniger auszugeben, obwohl es eigentlich nicht günstiger geht.

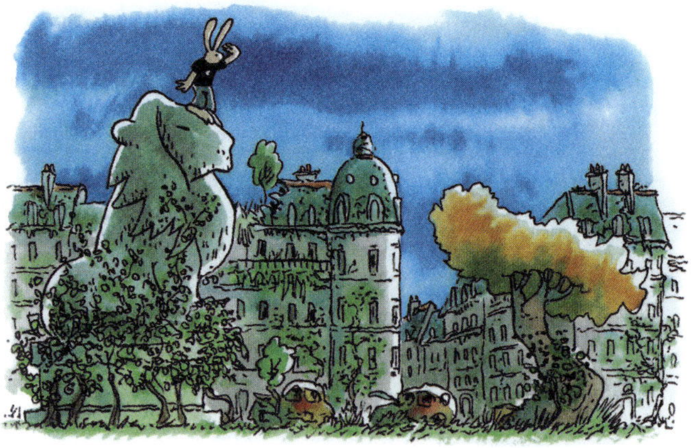

AUF VERSCHLUN-GENEN WEGEN INS SPARADIES

Lassen Sie uns über Geld reden.

Nein, nicht über das Geld, das Comiczeichner in Deutschland verdienen. Sondern über das Geld, das Comics kosten. Und wie man da, wie es so schön heißt, »preislich noch was machen« kann. Denn Comics kommen einem oft ein bisschen teuer vor. Auch wenn es so nicht stimmt.

Tatsächlich kosten Comics im Allgemeinen nicht mehr als Bücher und großformatige Comics eben so viel wie großformatige Bildbände oder Ausstellungskataloge. Man hat sie aber meist schneller gelesen, und deshalb denkt man sich: »Och, für den neuen Grisham hab ich drei Tage gebraucht, für den Abschlussband von GUNG HO nur drei Stunden.«

Trotzdem: Günstiger geht's im Laden nicht. Sie wissen, dass Comiczeichner nicht mehr pro Buch kriegen als Romanautoren, garantiert nicht mehr als zwei bis drei Euro, oder? Für Grisham, der weltweit Millionen Bücher verkauft, geht das gut aus, aber eine deutsche Graphic Novel, ein deutscher Comicband verkaufen selten mehr als dreitausend Exemplare, alle Jubeljahre mal zehntausend Stück. Und jetzt können Sie's selber ausrechnen. Die Summe teilen Sie dann durch zwei, drei, vier Jahre, denn so lange sitzt der Autor an seinem Comic, manchmal als Autor und Zeichner auch zu zweit. Dieses Jahresgehalt ernährt niemanden. Nein, am Autor können Sie da nicht sparen. Echt nicht.

Am Comicverlag auch nicht: Das sind zwar Geschäftsleute, aber keine Abzocker. Weil man nie genau weiß, mit welchen Comics man Geld verdient und bei welchen man draufzahlt, brauchen die ihre Gewinne, um Flops auszugleichen. Aber: Bei der Herstellung geht was. Man kann zwar nicht viel billiger drucken, aber man kann aufs Drucken komplett verzichten: Der E-Comic ist tatsächlich deutlich günstiger.

Über die Hälfte kann man sparen, und Regalplatz spart man damit auch. Dafür gibt es andere Probleme: Herkömmliche E-Reader sind beispielsweise ziemlich klein, also muss man dauernd vergrößern, verkleinern oder auf der Seite herumrutschen – meine Sache ist das nicht. Die Alternative ist: ein relativ großes Tablet und ein gutes Leseprogramm. Beim Tablet kann dann auf Dauer übrigens auch noch das Gewicht nerven (erstaunlich, wie schwer 600 Gramm sein können) oder Lichtreflexionen auf dem Bildschirm und dass der Akku schneller leer ist als beim E-Reader. Es stellt sich halt immer wieder heraus, dass Comics nicht in erster Linie für den Computer entwickelt wurden und …

Ach so: manche eben schon. Webcomics.

Die sind üblicherweise sogar kostenlos. Ich sag's gleich, wie's ist: Deshalb sind sie auch nur ausnahmsweise gut. NIMONA ist eine solche Ausnahme. Die Amerikanerin Noelle Stevenson hat 2012 begonnen, die Geschichte online zu erzählen. 2016 bekam sie dafür einen Eisner Award. Das geht natürlich nur mit jener Selbstausbeutung, zu der man als Praktikantin noch bereit ist, und genau das war Stevenson damals, Praktikantin. Neue NIMONA-Folgen veröffentlichte sie nebenher regelmäßig zu festgelegen Updatetagen. Es entwickelte sich eine Fangemeinde, ein Publikumserfolg. Aber dann kam ein Verlag und hat etwas getan, was die

Abb.1 Netzgemeinde bis dahin nicht gemacht hat: Er hat Frau Stevenson für ihre Arbeit bezahlt. Dann wurde der Comic auf Papier veröffentlicht, in einem handlichen Buch, dann auch nach Deutschland verkauft, übersetzt ...

Wir können es auch so zusammenfassen: Der Comic war auf einmal nicht mehr kostenlos, WEIL er was taugte.

Der Umkehrschluss gilt selbstverständlich auch: Das Internet ist noch immer voller Webcomics, die kostenlos sind, weil sie nämlich nicht sooo viel taugen. Oder die besser sein könnten, wenn die Zeichner nicht dauernd mit dem Verkaufen von Klicks und Werbeplatz beschäftigt wären, statt mehr zu zeichnen und sich bessere Sachen auszudenken. Es gibt immer wieder Glücksfälle, etwa die Geschichte DAS VERRÜCKTE UNKRAUT von Lewis Trondheim. Ein Jahr lang hat der Szenestar eine Zeichnung pro Tag ins Netz gestellt – aber letztlich ist die Geschichte gedruckt am Stück viel unterhaltsamer als in ihrem Originalschneckentempo.

Auch Katarina Greves Webcomic DAS HOCHHAUS ist etwas Besonderes. Greve hat es gereizt, das Scrollen im Browser zu nutzen. Also hat sie ein gigantisches Hochhaus entwickelt, jede Veröffentlichung ist eine Etage, sodass das endlose Nach-unten-Scrollen auf dem Bildschirm jetzt plötzlich auch für den Comic einen Sinn ergibt. Inzwischen ist aus dieser neuen Leserichtung eine neue Comicart entstanden: Webtoons. Als doppelter Gag ist **Abb.2** DAS HOCHHAUS inzwischen auch als Rollcomic erhältlich, beim Berliner Verlag Round not Square. Rollcomic bedeutet, dass hier tatsächlich der ganze Comic auf eine ganz lange Papierrolle gedruckt wird. Aber auch das Rollcomicformat kostet Geld, weil – seltsam, seltsam – die Menschen, die an Comics arbeiten, hin und wieder etwas essen möchten. Oder ihre Wohnung heizen.

Das gilt auch für Leute, die von Webcomics und Webtoons leben. Auf Seiten wie webtoons.com finden Sie Dutzende dieser Webtoons kostenlos, vieles auf Englisch, aber abei einer Menge stoßen Sie auch auf eine Paywall. Die ersten Folgen sind gratis, aber je gefragter eine Serie ist, desto eher will dann natürlich auch der Künstler bezahlt sein. Mit Recht. Die erfolgreichsten Serien wie SOLO LEVELING finden dann auch einen Verlag, der sie druckt (in Deutschland: Altraverse).

Trotzdem kann man Geld sparen.

Zum Beispiel in Ihrer Stadtbibliothek. Dazu gehört etwas Glück und eine aufgeschlossene Bibliotheksleitung. Das ist nicht selbstverständlich: Ein namhafter deutscher Comic-Künstler hat mir erzählt, wie er seine eigenen preisgekrönten Comics zu seiner Stadtbibliothek schleppte, um sie dort kostenlos zur Verfügung zu stellen. Sie haben die Bände nicht genommen, Begründungen: »Irgendwie seltsam« und »Ich weiß nicht recht« und »Das ist doch nichts für uns«. Aber von den Stadtbibliotheken in München und Nürnberg weiß ich, dass sie ein ziemlich gutes und umfangreiches Angebot beieinanderhaben. Man braucht halt einen ordentlichen Etat, das dürfte in Großstädten vermutlich einfacher zu bewerkstelligen sein. Aber wenn das nicht klappt: Versuchen Sie's auf dem Secondhandmarkt.

Der Vorteil ist, dass Sie heute nicht mehr über die Flohmärkte tingeln und auf Funde hoffen müssen, obwohl Flohmarktstöbern noch immer was Wunderbares ist. Sie können gezielt suchen. Ich will hier nicht unbedingt den Bücherteufel Amazon anpreisen, obwohl der die Gebrauchten schon sehr komfortabel neben den Neutiteln zeigt. Aber auch Amazon will seinen Schnitt machen, und bevor man denen die Weltherrschaft mitfinanziert, sollte man vielleicht auch mal gut sortierte Alternativen überprüfen, Buecher.de beispielsweise oder Medimops oder Rebuy, Booklooker. Oft kommt man gar nicht drum rum, weil eben nicht alle guten Comics noch lieferbar sind.

Bei besonders gefragten Titeln sparen Sie da allerdings auch oft nicht viel ein. Da gibt's dann einen letzten Trick: Machen Sie Ihre Fremdsprachenkenntnisse zu Geld. Je nachdem, was Ihr Englisch, Ihr Französisch, Ihr Italienisch so hergibt, können Sie viele Titel aus dem Ausland auch im Original lesen. Gerade englische Titel finden nicht selten ihren Weg zu deutschen Gebrauchthändlern, sind aber nicht so gefragt und damit oft noch etwas günstiger.

Einmal im Jahr allerdings gibt es in Deutschland Comics geschenkt.

Ist wahr, ehrlich. Am »Gratis Comic Tag«*, meistens im Frühjahr, versuchen gewissenlose Comicverlage in einer hinterlistigen Verschwörung mit hemmungslosen Comichändlern, Sie mit dem gefährlichen Zeug anzufixen. Dann drucken sie extra Comics, etwas kleiner, etwas billiger, im Heftformat. Das kann mal ein ganzes Album sein oder mal die ersten zwei Kapitel eines neuen Titels, rund dreißig verschiedene Gratishefte kann man bei den Comichändlern seines Vertrauens mitnehmen und ausprobieren. Sie müssen nicht einmal Ihre Adresse hinterlassen, das ist wie früher beim Fleischer Ihrer Jugend, der Ihnen eine Scheibe Gelbwurst schenkte. Damit Sie später auch mal bei ihm das Schnitzel kaufen. Schnell hin, bevor es andere tun!

Ich muss Sie aber trotzdem warnen: Wenn Sie zu viele Comics günstig kaufen und die Ihnen am Ende auch noch gefallen, dann ist es nicht völlig auszuschließen, dass Sie am Ende womöglich einen Comic ganz einfach im Laden kaufen. So wie er ist. Nagelneu und ungelesen und zum vollen Preis.

Und dann ist alles zu spät. Dann sind Sie hoffnungslos verloren.

Aber das ist ja auch der Sinn der Sache.

1 Auch DAS HOCHHAUS von Katharina Greve startete als Gratiswebcomic: Jeden Tag gab's eine neue Etage dazu.

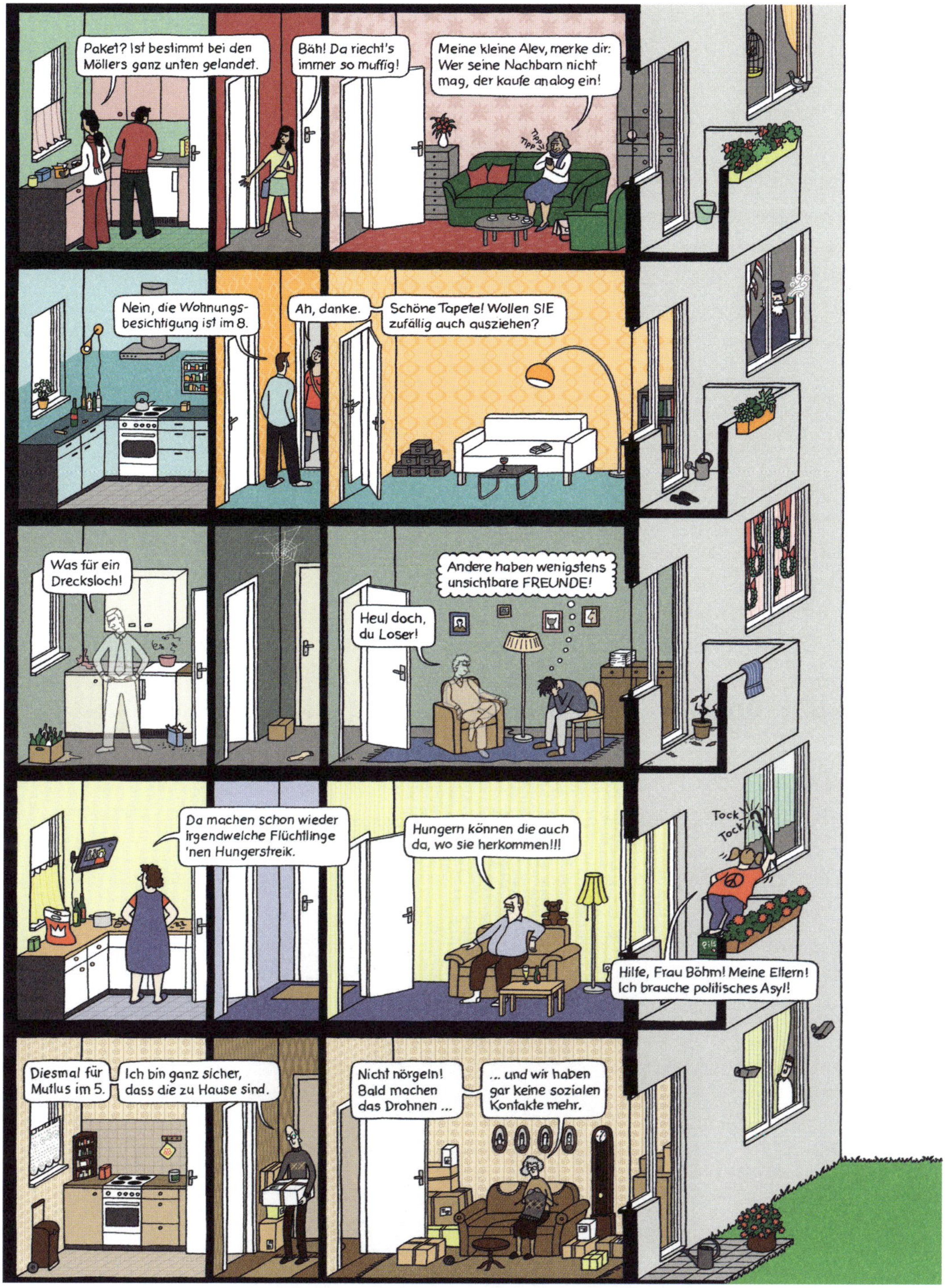

1

* Das genaue Datum und die Gratistitel erfahren Sie unter https://www.gratiscomictag.de

35

Micky Maus auf dem Federmäppchen: Tierische Helden sind für viele der erste Comic – den sie wieder aufgeben. Dabei hat das Genre viel mehr zu bieten als halbfreche Füchse und geizige Enten.

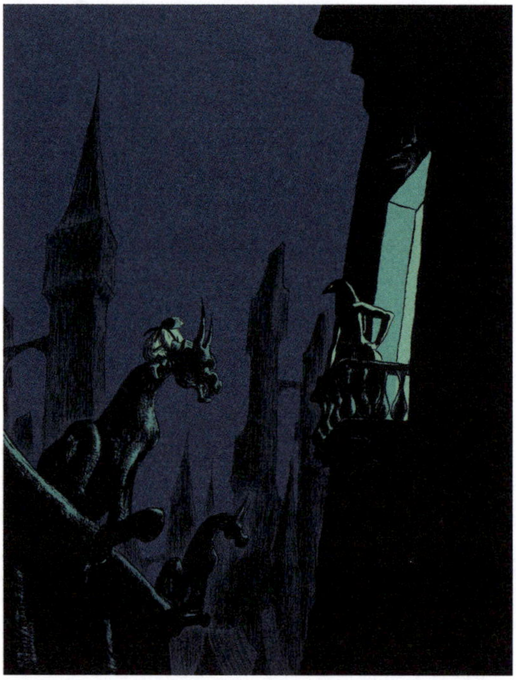

DIE NEUEN KARRIEREN VON ENTEN-HAUSEN

Donald Duck ist ein Funny Animal. Zu deutsch: ein lustiges Tier. Das haben Sie sich vermutlich schon gedacht, vielleicht auch: »Ein lustiges Tier mit einem komischen Onkel«, aber in diesem Fall gilt das gleich doppelt. Denn »Funny Animal« (oder auch »Talking Animal«) ist Donalds Gattungsbezeichnung im Comicsektor. Fix und Foxi sind Funny Animals, Goofy im Prinzip auch oder die KITTY KIDS, eine Billigserie der 1970er aus dem Kelter Verlag. Es geht um Tiere, die sich wie Menschen bewegen, Klamotten anhaben, und ich sag's auch nur deshalb, weil das die Sorte Comics ist, die Sie suchen, wenn Sie früher vor allem die LUSTIGEN TASCHENBÜCHER verschlungen haben. Die Frage ist: Kann man mit sprechenden Viechern überhaupt Comics für Erwachsene machen?

Ohhhh ja. Und wie.

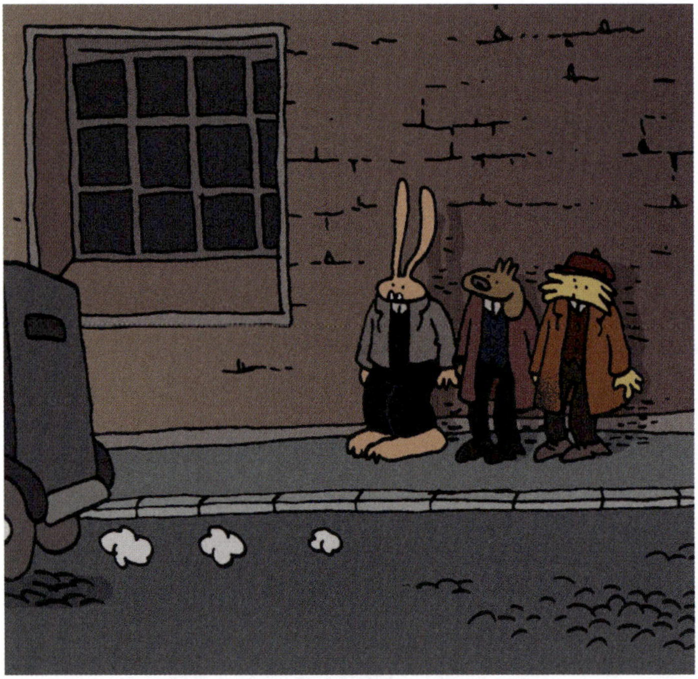

1

1, 2 DIE ERSTAUNLICHEN ABENTEUER VON HERRN HASE leben auch vom Schauplatzwechsel: Lewis Trondheim versetzt seine Protagonisten gerne in andere Zeiten und Welten – erklärt wird das nicht.

Zunächst müssen Sie dafür nicht mal einen anderen Comichelden suchen, nur einen anderen Autor: Lewis Trondheim. Der bekam 2017 das Angebot, sich ein besonderes Micky-Maus-Abenteuer auszudenken. Heraus kam Micky's CRAZIEST ADVENTURES. Die Geschichte ist Slapstick in doppeltem Tempo, noch mal beschleunigt durch einen erzählerischen Trick: Angeblich handelt sich's um eine ganz alte Comicserie, die Trondheim auf dem Flohmarkt gefunden haben will. Aber leider, leider sind nicht mehr alle Seiten erhalten, weshalb man mal eben übergangslos von Folge 4 zu Folge 7 oder von Folge 18 zu Folge 21 katapultiert wird. Natürlich haben Micky und Donald irgendeinen Auftrag, Daniel Düsentrieb pfuscht darin herum, alles ist irgendwie bekannt und doch komplett anders: Dagobert, Micky, Donald, jeder gibt sarkastische Antworten, Mickys Koffer wird von Affen geklaut, im Koffer sind Dutzende weitere seiner roten Micky-Maus-Shorts, beide stolpern von einer versunkenen Stadt in die nächste, Meer, Dschungel, Wüste, Dinosaurier, Panzerknacker, Kater Karlo, alles wird unermüdlich in die Geschichte gestopft, achselzuckend akzeptiert, schnippisch kommentiert – inklusive der Micky-Maus-Handschuhe, die man sonst oft schon gar nicht mehr als solche wahrnimmt. Die Zeichnungen imitieren Fettflecke, zerrissene Seiten, schlechten Druck und billiges Papier, Trondheim und der Zeichner Keramidas erstellen ein typisches Donald-Abenteuer und eine Art Metaabenteuer gleich dazu.

Und weil's so viel Spaß macht, schicken sie Donald ein Jahr später noch mal los, diesmal auf die Suche nach dem Glück.

Die Wahl der Disney-Verantwortlichen dürfte nicht zufällig auf Trondheim gefallen sein, er hat mit Funny Animals einschlägige Erfahrung. Der Franzose, der eigentlich Laurent Chabosy heißt, begann seine Karriere vor über dreißig Jahren mit den (von ihm geschriebenen und gezeichneten) Abenteuern des melancholisch resignativen **Abb.1** Herrn Hase und seiner eigenwilligen Freundesclique. Es geht um alles und nichts, um Befindlichkeiten, wie man den Tag rumkriegt, ein bisschen wie SEINFELD, aber das Ganze kann als Zeitreise im Westernumfeld spielen, in Paris oder jüngst in Gallien, 50 v. Chr.

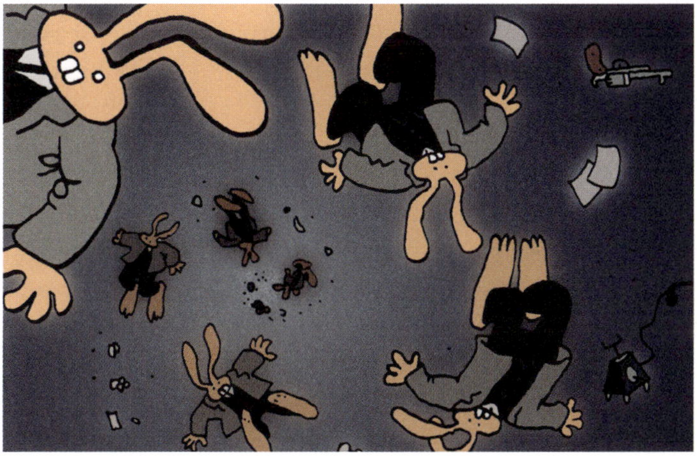

2

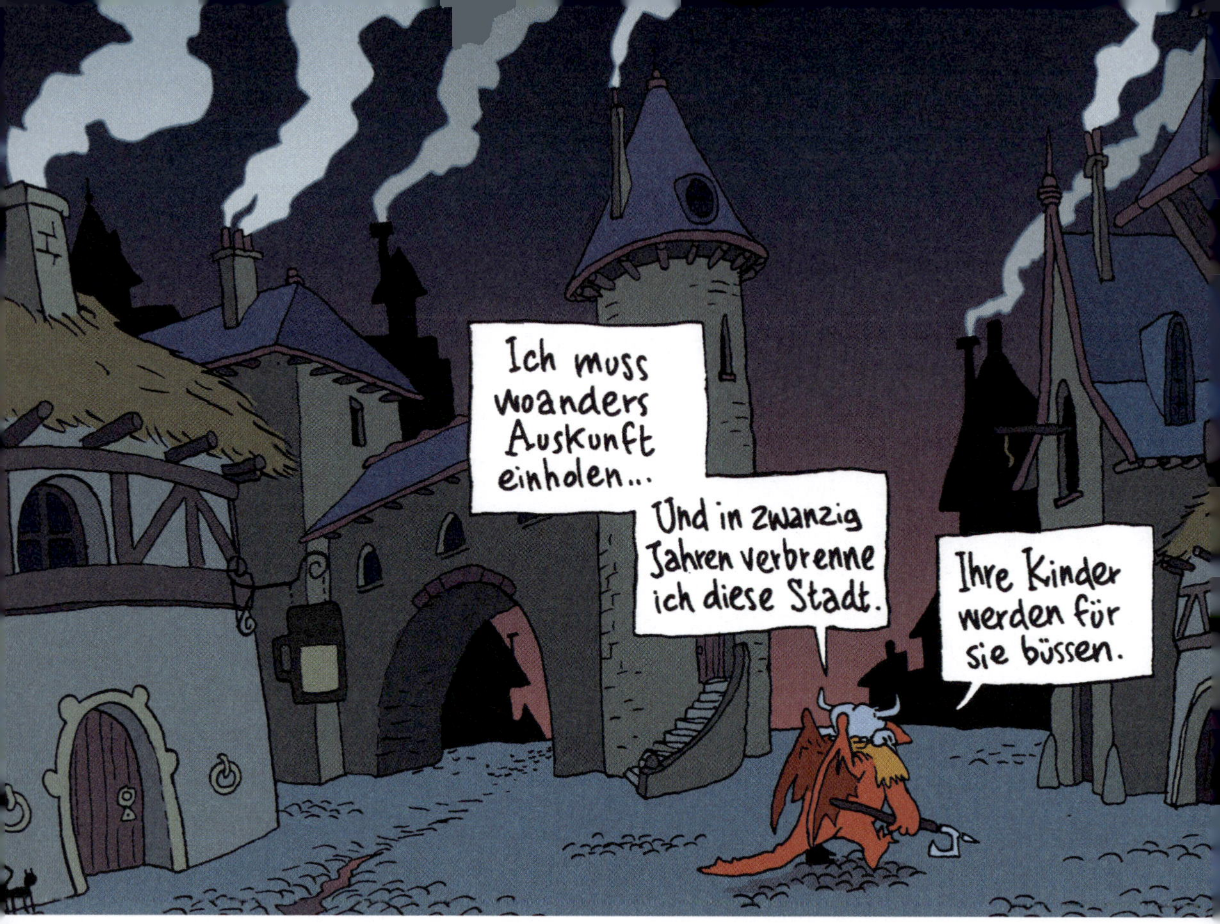

3

Ende der 1990er startete er dann mit dem ähnlich gestrickten Joann Sfar die exzellente Serie DONJON, ebenfalls eine Funny-Animal-Serie mit der Ente Herbert und dem Drachen Marvin als Stars. Der Donjon **Abb.3** ist ein gigantisches Schloss, vom Meister geschäftsmäßig betrieben als Abenteurerspielplatz, in dem die Monster und Schätze dazu da sind, um Helden anzulocken – und sie zu erschlagen, damit man dann ihre Waffen verkaufen kann. Die Serie erzählte, als sie nach und nach erschien, die Geschichte des Donjon und seine Vorgeschichte und die Geschichte nach seinem Untergang kreuz und quer (heute kann man sie auch chronologisch lesen). Sie parodiert das komplette Fantasy-Sword-And-Sorcery-Genre. Eigenwillige Zaubereien, die nie so funktionieren, wie oder wenn sie sollen, bizarre Volksstämme wie die fremdenfeindlichen Hasen von Lispellamm, geschickte und weniger geschickte Helden, erotische Verwirrungen, Sfar und Trondheim nehmen alles Vertraute und biegen es ins Absurde, ohne dass ihnen die Geschichte dabei in Albereien abgleitet. **Abb.4** Im Gegenteil: Die Episode DIE EHRE DER SOLDATEN erzählt lakonisch bitter von zwei Kriegern, Brüdern, bei denen einer den anderen hinrichten soll. In DIE ARMEEN DER TIEFE beobachtet ein junges Mädchen die Ermordung seiner Eltern und kann sich nur retten, indem sie sich als feindlicher Soldat tarnt – und dann deren Greueltaten mitmachen muss. Es ist kaum möglich

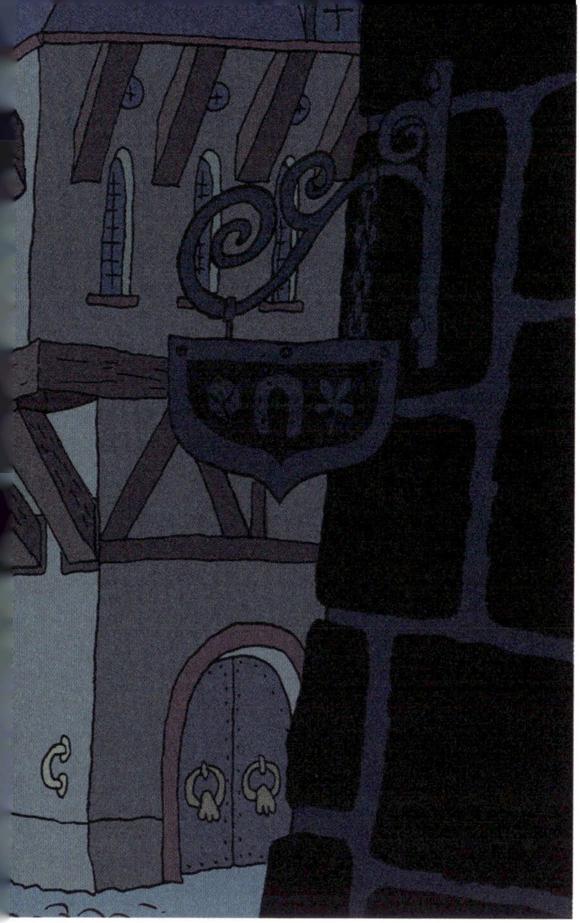

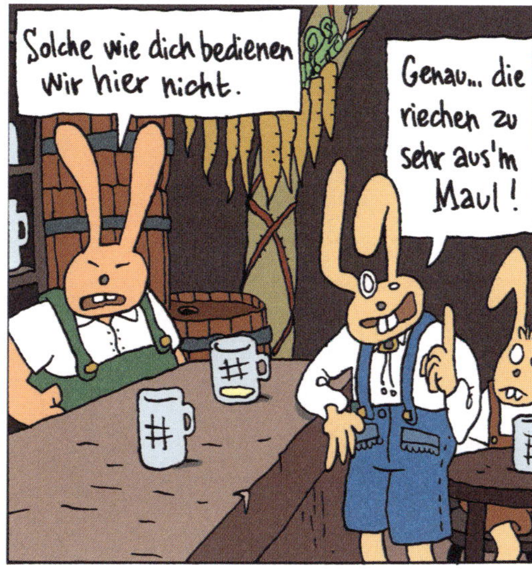

4

3, 4 Der DONJON ist nicht nur ein irrsinniger Talentschuppen – sondern auch ein Tiercomic für Erwachsene. Beleg: Bei Disney brennt der Held keine Stadt nieder (links), und es gibt auch keine rassistischen Hasen (oben).

zu beschreiben, wie viele Geschmacksrichtungen der Donjon anbietet. Eine Vielzahl an namhaften Zeichnern sorgt dabei für optische Abwechslung: Neben Sfar und Trondheim selbst illustrieren Christophe Blain, Manu Larcenet und so viele weitere spannende Leute, dass man jede Menge Anregungen bekommt, wiederum deren andere Werke zu suchen.

Das Wunderliche an den »Funny Animals« ist, dass sie immer weniger Tier werden, je länger man sie ansieht. Natürlich ist Donald Duck eine Ente, aber wer nimmt ihn schon noch als Ente wahr? Und das gilt für alle Comics des Genres, wer daran zweifelt, sei daran erinnert, dass einer der berühmtesten Comics der Moderne zu den Funny Animals zählt – Art Spiegelmans Maus (S. 82). Wenn man aber selbst den Holocaust mit Tieren erzählen kann, geht dann nicht einfach alles?

Gut möglich. Reed Waller etwa entwickelte mit Katzen und Hunden eine ungewöhnliche Dramaserie mit einer besonderen Zutat: harter Sex. OMAHA heißt die Serie, die Ende der 1970er entstand und die Geschichte der gleichnamigen Stripteasetänzerin schildert. Ein gutaussehender Katzenkopf auf einem menschlichen Körper. Oder: Da wo Daisy Duck dieses neutrale weißfedrige Untenrum hat, hat OMAHA eine sehr detailreiche Vagina, ihr Kater Chuck einen stets willigen Penis, und beides wird munter eingesetzt. **Abb. 5** Ein Porno ist Omaha trotzdem nicht:

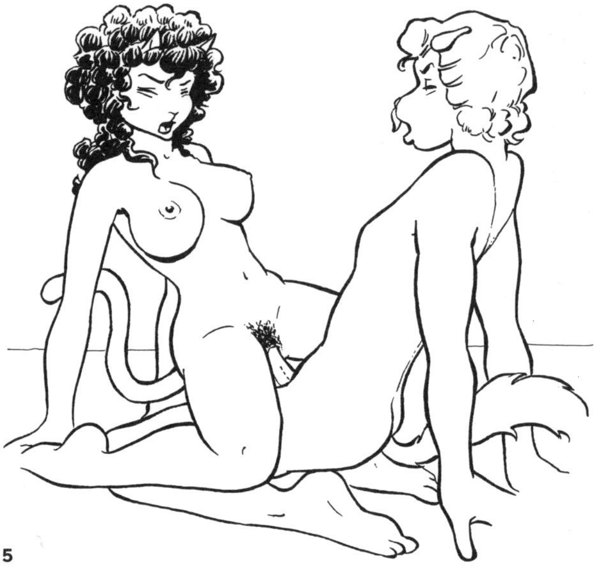

5

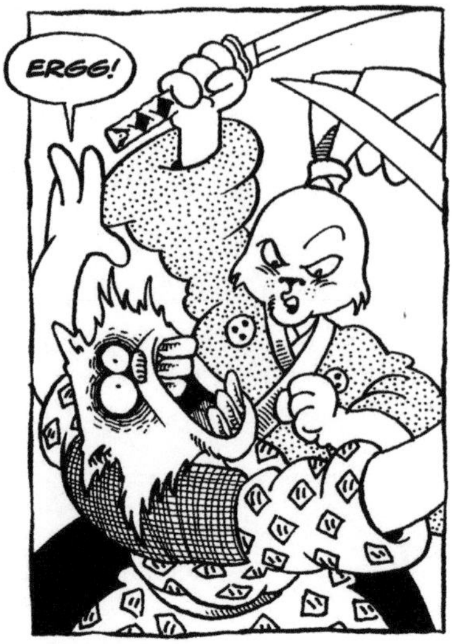

6

Die Dialoge sind absolut ernstzunehmen, sie streifen Selbstbestimmung, Geld und Macht, Häuserspekulation, öffentliche Moral, Partnerschaft, Homosexualität, Chucks Beziehung zu seinem Vater, Crime, Mystery, alles in allem ist das deutlich angehobenes Soapniveau, jeder Folge von UM HIMMELS WILLEN frappierend überlegen. Und dazwischen gibt es immer mal wieder expliziten, sehr erregenden Sex, von vorn, hinten, oben, unten. Was ganz nebenher bloßlegt, wie eigenwillig sonst Geschichten in Film, Fernsehen, Comic erzählt werden: Entweder ernsthaft, dann wird aber nur sehr dezent gevögelt. Oder es wird auf Teufel komm raus gefickt, aber dafür ist dann der Rest der Geschichte komplett für die Tonne. OMAHA kann beides und ist allein schon dadurch eine absolut einmalige Mischung. Eine Männerfantasie? Nichts könnte falscher sein: Schon kurz nach den Anfängen holte sich Zeichner Reed Waller jemanden für die Handlung mit ins Boot – eine Frau, Kate Worley. Mit Folgen: OMAHA stand Pate und war Vorbild für Terry Moores jugendfreie Soap STRANGERS IN PARADISE.

Also gut, was kann jetzt noch kommen? Eine Qualle, die Kriminalfälle löst? Eine Antilope im Wilden Westen? Ein Häschen, das mit einem Schwert Leute zerhackt?

Nun, wo wir gerade davon reden: Qualle und Antilope sind nicht im Angebot, der Hase aber durchaus. USAGI YOJIMBO heißt die Serie, und man kann sie mit Recht einen Klassiker nennen, einen erstaunlichen, empfehlenswerten. Der Amerikaner Stan Sakai hat die Serie in den 1980er-Jahren entwickelt und gezeichnet, der Hase lebt im Mittelalter in Japan und ist ein Samurai. Beziehungsweise ein Ex-Samurai ohne Herrn, ein Ronin, der durch Japan zieht und Abenteuer erlebt. Er kämpft **Abb. 6** gegen andere Krieger, Nashörner, Katzen, Hunde, Bären, und der Hasenronin macht selten Witze und viel öfter kurzen Prozess. Neben vielen aufgeschlitzten, erstochenen Tieren arbeitet Sakai auch sehr viele Details der japanischen Kultur ein, Bauten, Hintergründe, Gasthäuser, Sitten und Gebräuche, alles wirkt so japanisch, wie ich es mit meiner Film- und Mangaerfahrung beurteilen kann. Usagi erlebt Abenteuer, versucht Geld zu verdienen, verteidigt Schwächere, manchmal driftet Sakai ins Komische, manchmal ins Gruselige, denn Japan hat natürlich nicht nur eine Schwertkampf-, sondern auch eine historische Gruselkompetenz. Mindestens genauso erstaunlich ist, dass Sakai all das mit seinem drolligen schwarz-weißen Cartoonstil hinbekommt, von dem man beim ersten Reinblättern schwören würde, dass außer einigen Gags damit nichts anzufangen wäre. Von wegen: Stan Sakai kriegt mit dem Hasen nicht weniger hin als Akira Kurosawa mit Toshiro Mifune.

Einen Klassiker muss man hier noch dringend empfehlen, auch weil er oft falsch bewertet wird. FRITZ THE CAT von Robert Crumb. Die meisten halten Fritz für irgendeine ferkelige Sache, dabei gibt's weniger Sex und weit, weit weniger Details als bei OMAHA.

Tatsächlich ist Fritz the Cat Crumbs treffsichere Abrechnung mit den Achtundsechzigern. Denn Fritz ist vor allem ein schmarotzender Schwätzer, ein hemmungsloser Opportunist, der nichts will als so bequem wie möglich Geld abstauben, Essen abgreifen, Sex abschleimen. Dabei erzählt er allen alles, was man so sagen muss, wie links er ist, wie frauenfreundlich, wie revolutionär, wie antirassistisch. Fritz hat alle Phrasen parat, **Abb.7** die man so braucht, und er ist der perfekte Hochstapler: Während er sich in sein Geschwurbel hineinsteigert, glaubt er nämlich selbst seine eigenen Lügen, dass er ein Künstler sei, dass er aussteigen, frei sein möchte, an die ewige Liebe, das ewige Glück. Und das ist weit mehr als ein cleverer Blick in vergangene Zeiten: Wer die Phrasen austauscht, kann die Fritze von heute überall finden, bei den Grünen und Fridays for Future genauso wie bei Pegida und der AfD.

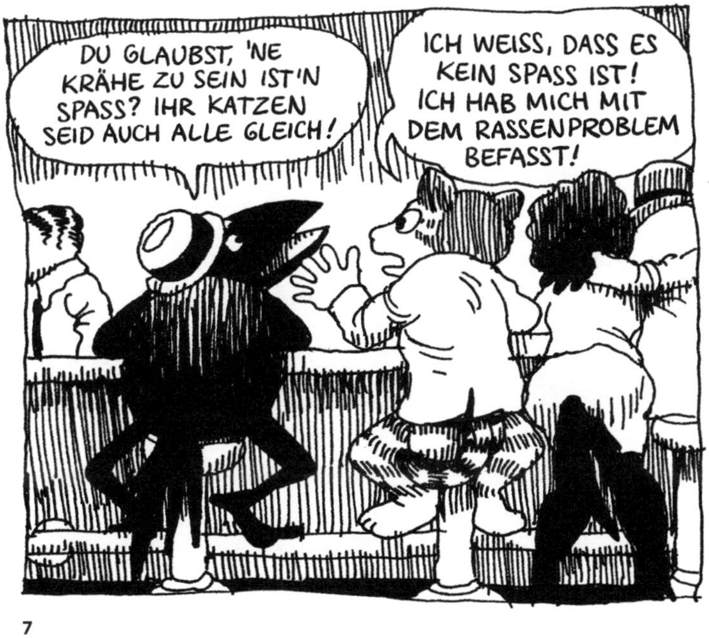

7

5 Jawohl, da ist ein Schwanz zu sehen: OMAHA ist eine innovative, gute Soap – mit Sex-Elementen. Tja. Warum eigentlich nicht?

6 Ein Hase mit Schwert massakriert eine Katze. USAGI YOJIMBO ist nicht nur ein Klassiker, sondern ebenfalls ein Tiercomic für Erwachsene.

7 Der Kater, der seine eigenen Lügen glaubt: Robert Crumbs zu einem Viertel liebenswerter, zu drei Viertel widerlicher Held FRITZ THE CAT.

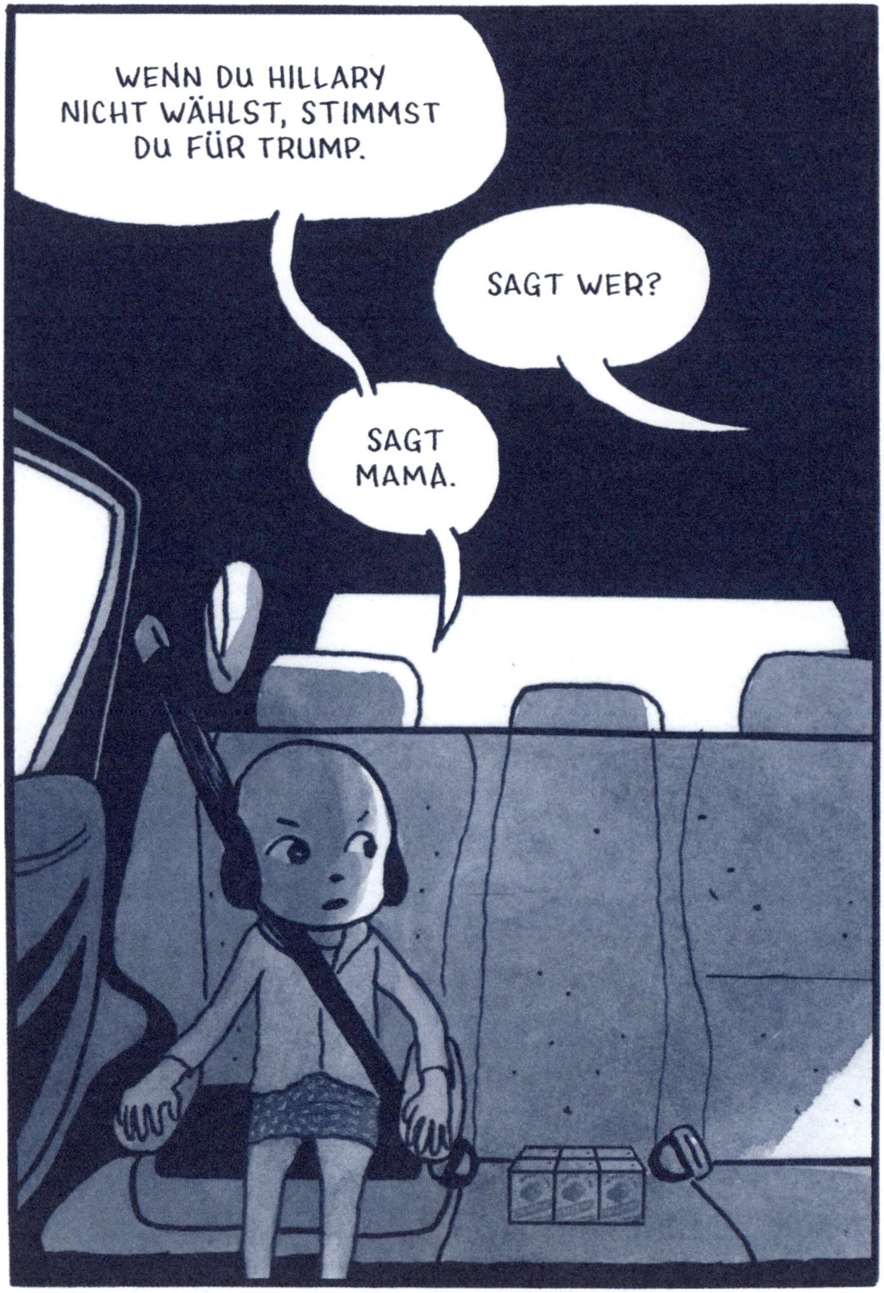

8

8 Politik im Tiercomic: James Sturms AUSNAHMEZUSTAND schildert den Alltag eines alleinerziehenden Hundes. Das funktioniert? Sehr gut sogar.

~~Outtakes~~

Fil, DIDI & STULLE, Reprodukt
Die weltlustigsten Schweine sind natürlich auch Funny Animals. Meine Vorliebe und Bedenken zu ihnen findet man im Kapitel über Humor (S. 254).

Klaus Cornfield, FOU-FOU UND HAHA IN PARIS, Carlsen
Zuckrig Sexloses vom eigenwilligen Pornoparodisten Cornfield (S. 256), der seine Fürther Niedlichbärchen in den Urlaub schickt. So lieb, dass es schon wieder wehtut. Antiquarisch.

Mawil, DAS GROSSE SUPAHASI-ALBUM, Reprodukt
Muntere Abenteuer eines kleinen Hasen mit Brille – und vielleicht nur Mawils Vorwand, um erotische Frauen zu zeichnen, denen der Hase begegnen kann. Macht Laune.

Lewis Trondheim, APPROXIMATE CONTINUUM COMICS, Reprodukt
Autobiografische, Woody-Allen-eske Innenschau des Comicstars, der sich für faul, schlampig, unzureichend hält. Kann eigentlich nicht stimmen, wenn man bedenkt, was Trondheim alles herausgebracht hat …

Lewis Trondheim, RALPH AZHAM, Reprodukt
Wer sich durch den DONJON durchgefressen hat und Entzugserscheinungen bekommt, kann mit RALPH AZHAM weitermachen, ohne sich all zu sehr umstellen zu müssen. Erstklassiger Ersatz, aber dennoch nicht ganz das Original.

Walt Kelly, POGO, Brumm Comix
Der bislang einzige (und ziemlich gelungene) Versuch, Kellys grandiosen Strip, eine der besten und berühmtesten Serien aller Zeiten, ins Deutsche zu übersetzen. Politische Anspielungen, Kalauer, Slapstick – und ein schöner Einstieg in die Pogo-Welt.

James Sturm, AUSNAHMEZUSTAND, Reprodukt
Ein alleinerziehender Hund versucht, über die Runden zu kommen. Seine Auftraggeber lassen ihn hängen, die Frau nervt und macht Wahlkampf für Hillary Clinton. Und der Hund … wird wahrscheinlich Trump wählen. **Abb. 8**

Die Titel aus diesem Kapitel

→ Lewis Trondheim (Text)/Keramidas (Zeichnungen), MICKEY'S CRAZIEST ADVENTURES, Carlsen
→ Lewis Trondheim (Text)/Keramidas (Zeichnungen), DONALD'S HAPPIEST ADVENTURES, Carlsen
→ Lewis Trondheim, DIE ERSTAUNLICHEN ABENTEUER VON HERRN HASE, Reprodukt
→ Lewis Trondheim/Joann Sfar (u. a.), DONJON, Reprodukt
→ Kate Worley (Text)/Reed Waller (Zeichnungen), OMAHA THE CAT DANCER, Schreiber & Leser
→ Stan Sakai, USAGI YOJIMBO, Dantes
→ Robert Crumb, FRITZ THE CAT, Reprodukt

36

Tja, und nun?

Ich könnte Ihnen noch viel, viel mehr von vielen, vielen anderen Comics erzählen. Der avant-verlag hat zum Beispiel gerade die gesammelten Werke von Gilbert Sheltons FREAK BROTHERS rausgebracht. Oder ein bisschen was von der merkwürdigen Welt der Aisha Franz. Oder noch viel mehr vom wirklich überwältigenden Brecht Evens, der sich aber so schwer verkauft, dass bislang niemand seinen letzten Band importieren wollte. Und es ist wirklich nicht so, dass die Comicverleger nicht wüssten, was gut ist, die wissen das schon genau – aber sie können Herrn Evens eben nicht genug Lesern nahebringen, und das ist sooo schade, weil …

Aber irgendwo muss auch mal Schluss sein. Die Hauptsache ist ja nicht, dass ich was erzähle, sondern dass Sie was Schönes erlesen. Ich wüsste gern, was Sie sich als Erstes rausgesucht haben.

Was hätte ich mir selbst zuerst rausgesucht, von allen, allen Comics?

Also, zuallererst würde ich mir einen Kaffee kochen. Eine große Tasse voll, mit kleinen Tassen soll man gar nicht erst anfangen. 400 Milliliter müssen da rein, mindestens. 600 gehen auch. Dann Milch dazu, kein Zucker.

Und dann aufs Sofa setzen. Hängt ein bisschen vom Wetter ab, vielleicht sogar mit einer flauschigen Decke. Leselampe an, man wird ja auch nicht jünger.

Und dann liegen auf dem Tischchen meine drei Topcomics.
Und einen davon würde ich nehmen.
Welchen?

→ *Fortsetzung folgt*

DER WEG IST DAS ZIEL – UND DER START IST: JETZT!

Namensregister

Literaturverzeichnis (eine kleine Auswahl)

- → Braun, Alexander, WINSOR MACCAYS LITTLE NEMO, KÖLN 2017
- → Braun, Alexander, WILL EISNER – GRAPHIC NOVEL GODFATHER, Berlin 2021
- → Eisner, Will, COMICS AND SEQUENTIAL ART, New York 2008
- → Eisner, Will, GRAPHIC STORYTELLING AND VISUAL NARRATIVE, New York 2008
- → Goulart, Ron, THE ENCYCLOPEDIA OF AMERICAN COMICS, New York/Oxford 1990
- → Gravett, Paul, 1001 COMICS, DIE SIE LESEN SOLLTEN BEVOR DAS LEBEN VORBEI IST, Zürich 2012
- → Klanten, Robert/Severt, Andrea (Hrsg.), MARVEL BY DESIGN, Berlin 2021
- → Rovin, Jeff, THE ENCYCLOPEDIA OF MONSTERS, New York 1989

Bildnachweis

Seiten	
8, 9	© Piotr Krzeslak/Shutterstock
10	© Joe Josephs/Shutterstock
13	© Morozova Oxana/Shutterstock
14, 15	© Monika Boncuk/Shutterstock
16	© Elena Seiryk/Shutterstock
18	© Walter Cicchetti/Shutterstock
19	© Molly NZ/Shutterstock
20, 21	© spatuletail/Shutterstock
23	TICONDEROGA © avant-verlag & Cong A., 2019
24	(oben) LUCKY LUKE SATTELT UM, Mawil © Egmont Comic Collection, 2019
24	(unten) LUCKY LUKE – ZARTER SCHMELZ, Ralf König © Egmont Ehapa Media, 2021
25	(links) GUS 2, Christophe Blain © Reprodukt Verlag
25	(rechts) UNE AVENTURE DU LIEUTENANT BLUEBERRY 1 – AMERTUNE APACHE © DARGAUD 2019, by Joann Sfar & Christophe Blain, after Jean Giraud & Jean-Michel Charlier, www.dargaud.com, All rights reserved
27	MONDO REVERSO 1, Cornelia & Lindbergh © Verlag Schreiber&Leser
28	MANOS KELLY © avant-verlag, A. H. Palacios, 2014
30, 31	HARD BOILED © Dave Stewart, Frank Miller, Geof Darrow. All rights reserved, Deutsche Ausgabe © Cross Cult
34, 35	HARD BOILED © Dave Stewart, Frank Miller, Geof Darrow. All rights reserved, Deutsche Ausgabe © Cross Cult
36	SIN CITY © Frank Miller. All rights reserved, Deutsche Ausgabe © Cross Cult
38	DIE STADT DER DREI HEILIGEN, Stefano Nardella & Vincenzo Bizzarri © Verlag Schreiber&Leser
41	(oben) NESTOR BURMA, Moynot & Malet © Verlag Schreiber&Leser
41	(unten) MAGGY GARRISSON, Stéphane Oiry & Lewis Trondheim© Verlag Schreiber&Leser
43	(oben) DIE STADT DER DREI HEILIGEN, Stefano Nardella & Vincenzo Bizzarri © Verlag Schreiber&Leser
43	(unten) DIE GROSSE ODALISKE, Bastien Vivès, Florent Ruppert, Jeérome Mulot © Reprodukt Verlag
44	RYUKO, © Eldo Yoshimizu
45	BLAST, Manu Larcenet © Reprodukt Verlag
46	SIN CITY © Frank Miller. All rights reserved, Deutsche Ausgabe © Cross Cult
48, 49	SCHMÖKERGRAB Handzettel-Werbung für die Aktion »Schmökergrab« Mitte der 1950er-Jahre, Stadtbücherei Hagen, Urheber nicht zu ermitteln
52	(links) KONDOM DES GRAUENS, Ralf König © Rowohlt Verlag 2007
52	(rechts) MAUS: A Survivor's Tale: My Father Bleeds History by Art Spiegelman. © Art Spiegelman, 1973, 1980, 1981, 1982, 1983, 1984, 1985, 1986. MAUS II: A Survivor's Tale: And Here My Troubles Began by Art Spiegelman. Copyright © Art Spiegelman, 1986, 1989, 1990, 1991, used by permission of The Wylie Agency (UK) Limited
54, 55	DER RISS © avant-verlag–Carlos Spottorno & Guillermo Abril, 2016
56, 57	GAZA by permission of Aragi, Inc. and The Marsh Agency Ltd., on behalf of the Author | Footnotes in Gaza © 2009 by Joe Sacco
59	DER RISS © avant-verlag–Carlos Spottorno & Guillermo Abril, 2016
60	PJÖNGJANG, Guy Delisle © Reprodukt Verlag
61	LIEBE DEINEN NÄCHSTEN© Peter Eickmeyer
62, 63	© catwalker/Shutterstock
64	PEANUTS © Peanuts Worldwide LLC. Dist. By ANDREWS MCMEEL SYNDICATION. Reprinted with permission. All rights reserved
65	(oben) PEANUTS © Peanuts Worldwide LLC. Dist. By ANDREWS MCMEEL SYNDICATION. Reprinted with permission. All rights reserved
65	(unten) ASTERIX®– OBELIX®–IDEFIX® / © 2022 LES EDITIONS ALBERT RENE / GOSCINNY – UDERZO
67	CALVIN AND HOBBES © Watterson. Reprinted with permission of ANDREWS MCMEEL SYNDICATION. All rights reserved
68	Alcante/Bollée: DIE BOMBE – 75 JAHRE HIROSHIMA © Carlsen Verlag GmbH, Hamburg 2020

70 PAPER GIRLS © Brian K. Vaughan. All rights reserved, Deutsche Ausgabe © Cross Cult
72, 73 DIE KATZE DES RABBINERS, Bd. 1, © avant-verlag, Dargaud, 2008
75 FAGIN THE JEW™ © Will Eisner Studios, Inc.
76 (links) DIE KATZE DES RABBINERS, Bd. 1, © avant-verlag, Dargaud, 2008
76 (rechts) KLEZMER, Bd. 1, © avant-verlag, Gallimard Jeunesse, 2005
80 DIE KLEINE WELT DES GOLEM © avant-verlag, Joann Sfar & L'Association, 2003
82, 83 MAUS: A Survivor's Tale: My Father Bleeds, History by Art Spiegelman. Copyright © Art Spiegelman, 1973, 1980, 1981, 1982, 1983, 1984, 1985, 1986. MAUS II: A Survivor's Tale: And Here My Troubles Began by Art Spiegelman. Copyright © Art Spiegelman, 1986, 1989, 1990, 1991, used by permission of The Wylie Agency (UK) Limited
85 MAUS: A Survivor's Tale: My Father Bleeds, History by Art Spiegelman. Copyright © Art Spiegelman, 1973, 1980, 1981, 1982, 1983, 1984, 1985, 1986. MAUS II: A Survivor's Tale: And Here My Troubles Began by Art Spiegelman. Copyright © Art Spiegelman, 1986, 1989, 1990, 1991, used by permission of The Wylie Agency (UK) Limited
87 MAUS: A Survivor's Tale: My Father Bleeds, History by Art Spiegelman. Copyright © Art Spiegelman, 1973, 1980, 1981, 1982, 1983, 1984, 1985, 1986. MAUS II: A Survivor's Tale: And Here My Troubles Began by Art Spiegelman. Copyright © Art Spiegelman, 1986, 1989, 1990, 1991, used by permission of The Wylie Agency (UK) Limited
88, 89 HELLBOY Kompendium © Mike Mignola. All rights reserved, Deutsche Ausgabe © Cross Cult
90 HELLBOY Kompendium © Mike Mignola. All rights reserved, Deutsche Ausgabe © Cross Cult
93 (oben) JENSEITS, Fabien Vehlmann & Kerascoët © Reprodukt Verlag
93 (unten) PANTER, Brecht Evens © Reprodukt Verlag
94 (links) MOONSHINE © Brian Azzarello & Eduardo Risso. All rights reserved, Deutsche Ausgabe © Cross Cult
95 (rechts) PROFESSOR BELL © avant-verlag, Guy Delcourt Productions – Sfar, 2004
96 HORRORSCHOCKER/DIE HEXENKÖNIGIN VON URUK © 2004/22 Levin Kurio
97 Hiram Lowatt & Placido 1 – LA RÉVOLTE D'HOP-FROG © DARGAUD 2000, by Christophe Blain & David B., www.dargaud.com, All rights reserved
98, 99 BLAST, Manu Larcenet © Reprodukt Verlag
102 AM FALSCHEN ORT, Brecht Evens © Reprodukt Verlag
104 PERSEPOLIS © Edition Moderne/Marjane Satrapi
105 THE SPIRIT and WILL EISNER are trademarks owned by Will Eisner Studios, Inc. and both are registered ® in the U. Patent and Trademark Office.
106 HARD BOILED © Dave Stewart, Frank Miller, Geof Darrow. All rights reserved, Deutsche Ausgabe © Cross Cult, Ausgabe 2018
107 HARD BOILED © Dave Stewart, Frank Miller, Geof Darrow. All rights reserved, Deutsche Ausgabe © Cross Cult, Ausgabe 2008
108, 109 PAPER GIRLS © Brian K. Vaughan. All rights reserved, Deutsche Ausgabe © Cross Cult
110 (rechts) KINDERLAND, Mawil © Reprodukt Verlag
110 (links) PERSEPOLIS © Edition Moderne/Marjane Satrapi
112 (oben) DER ARABER VON MORGEN, Riad Sattouf © Penguin Random House
112 (unten) DIE SPUTNIK-JAHRE, Baru © Reprodukt Verlag
113 TEKKON KINKREET © 2007 Taiyō MATSUMOTO / SHOGAKUKAN
114 PAPER GIRLS © Brian K. Vaughan. All rights reserved, Deutsche Ausgabe © Cross Cult
116 (links) HILDA UND DIE VOGELPARADE, Luke Pearson © Reprodukt Verlag
116 (rechts) ESTHERS TAGEBÜCHER – MEIN LEBEN ALS ZEHNJÄHRIGE, Riad Sattouf © Reprodukt Verlag
117 AUFZEICHNUNGEN FÜR EINE KRIEGSGESCHICHTE © avant-verlag, Gipi, 2004
118, 119 Will Eisner: EIN VERTRAG MIT GOTT © Carlsen Verlag GmbH, Hamburg 2010
121 Will Eisner: EIN VERTRAG MIT GOTT © Carlsen Verlag GmbH, Hamburg 2010
122 Will Eisner: EIN VERTRAG MIT GOTT © Carlsen Verlag GmbH, Hamburg 2010
124, 124 DAS GOLDENE ZEITALTER, Cyril Pedrosa & Roxanne Moreil © Reprodukt Verlag
127 DAS GETRIEBE, Christophe Blain © Reprodukt Verlag
128, 129 DAS GOLDENE ZEITALTER, Cyril Pedrosa & Roxanne Moreil © Reprodukt Verlag
131 AYA AUS YOPOUGON, Clément Oubrerie & Marguerite Abouet © Reprodukt Verlag
132 PETIT, Bertrand Gatignol & Hubert © Reprodukt Verlag
134, 135 © spatuletail/Shutterstock
137 © rook76/Shutterstock
138 (oben) © tristan tan/Shutterstock
138 (unten) © Yavuz ILIDZ/Shutterstock
140, 141 ALS DAVID SEINE STIMME VERLOR, Judith Vanistendael © Reprodukt Verlag
143 (oben) LES VIEUX FOURNEAUX 2 – Bonny et Pierrot © DARGAUD BENELUX (DARGAUD-LOMBARDA.) 2014, by Wilfrid Lupano & Paul Cauuet, www.dargaud.com, All rights reserved

143	(unten) LA CASA, Paco Roca © Reprodukt Verlag
144	(links) KÖNNEN WIR NICHT ÜBER WAS ANDERES REDEN? – MEINE ELTERN UND ICH, Roz Chast © Rowohlt Verlag, 2015
144, 145	DER SOMMER IHRES LEBENS, Barbara Yelin & Thomas von Steinacker © Reprodukt Verlag
146	HERBST IN DER HOSE, Ralf König © Rowohlt Verlag, 2020
147	DER UMFALL © avant-verlag & Mikael Ross, 2018
148	ALS DAVID SEINE STIMME VERLOR, Judith Vanistendael © Reprodukt Verlag
150, 151	HARD BOILED © Dave Stewart, Frank Miller, Geof Darrow. All rights reserved, Deutsche Ausgabe © Cross Cult
152, 153	CLYDE FANS, Seth © Edition 52
154, 155	ASTERIX®– OBELIX®– IDEFIX® / © 2022 LES EDITIONS ALBERT RENE / GOSCINNY – UDERZO
157	HARD BOILED © Dave Stewart, Frank Miller, Geof Darrow. All rights reserved, Deutsche Ausgabe © Cross Cult
158, 159	BALD SIND WIR WIEDER ZU HAUSE © Jessica Bab Bonde, Peter Bergting. All rights reserved Deutsche Ausgabe © Cross Cult
161	DER ERSTE WELTKRIEG by permission of Aragi, Inc. and The Marsh Agency Ltd., on behalf of the Author | The Great War © 2013 by Joe Sacco
161	(links) Reinhard Kleist: KNOCK OUT! © Carlsen Verlag GmbH, Hamburg 2019
161	(rechts) DIE BESTEN FEINDE © avant-verlag, Futuropolis, 2014
165	(links) BALD SIND WIR WIEDER ZU HAUSE © Jessica Bab Bonde, Peter Bergting. All rights reserved, Deutsche Ausgabe © Cross Cult
165	(rechts) WIR WAREN CHARLIE, Luz © Reprodukt Verlag
166	EL CID © avant-verlag, A. H. Palacios, 2016
168, 169	© Olga_Berezhna/Shutterstock
171	GIVEN, Natsuki Kizu © Egmont Manga
172, 173	© Olga_Berezhna/Shutterstock
175	© DFLC Prints/Shutterstock
176	Cover of AMAZING SPIDER-MAN NO. 12, May 1964, © 2021 MARVEL, erschienen in: The Marvel Comics Library. Spider-Man. Vol. 1. 1962–1964, David Mandel, Ralph Macchio, Taschen Verlag, 2022
179	CAPTAIN BERLIN © und ® 1982/2022 Jörg Buttgereit, Zeichnung von Rainer F. Engel
180	FREAKS © Edition Moderne / Frank Schmolke / Marc O. Seng
184, 185	THOMAS VON KUMMANT © Clarissa von Kummant
188	Originalscript GUNG HO © Thomas von Kummant
189	GUNG HO © 2013 BELG Prod Sàrl – originally published in Switzerland by Éditions Paquet, Deutsche Ausgabe © Cross Cult
191	COUNTRYSIDE/ZOMBILLENIUM © Zombillenium 2017
192, 193	BLACK HOLE, Charles Burns © Reprodukt Verlag
196	BLACK HOLE, Charles Burns © Reprodukt Verlag
197	BEZIMENA © avant-verlag & Nina Bunjevac, 2018
198	(oben) EINE SCHWESTER, Bastien Vivès © Reprodukt Verlag
198	(unten) DIE BLUSE, Bastien Vivès © Reprodukt Verlag
200, 201	REQUIEM © Albert Mitringer
204	REQUIEM © Albert Mitringer
205	REQUIEM © Albert Mitringer
206	REQUIEM © Albert Mitringer
208	REQUIEM © Albert Mitringer
210, 211	DER SCHWINDLER, Pascal Rabaté © Verlag Schreiber&Leser
212	(links) GEMMA BOVERY. Posy Simmonds © Reprodukt Verlag
212, 213	TAMARA DREWE, Posy Simmonds © Reprodukt Verlag
214	(oben) TAMARA DREWE, Posy Simmonds © Reprodukt Verlag
214	(mittig) TAMARA DREWE, Posy Simmonds © Reprodukt Verlag
214	(unten) GRÖNLAND ODYSSEE © avant-verlag, Sarbacane, 2018
216	Uli Oesterle: VATERMILCH. Buch 1: Die Irrfahrten des Rufus Himmelstoß © Carlsen Verlag GmbH, Hamburg 2020
219	(oben) DER SCHWINDLER, Pascal Rabaté © Verlag Schreiber&Leser
219	(unten) EIGENTLICH IST DAS LEBEN SCHÖN, Seth © Edition 52
220	CLYDE FANS, Seth © Edition 52
221	BRODECKS BERICHT, Manu Larcenet & Philippe Claudel © Reprodukt Verlag
222	HEXEN HEXEN, Pénélope Bagieu & Roald Dahl © Reprodukt Verlag
224, 225	© Zdenek Sasek/Shutterstock

227	© sergio34/Shutterstock
228	© Loes Kieboom/Shutterstock
230, 231	GOLDJUNGE © avant-verlag & Mikael Ross, 2020
232	QUAI D'ORSAY, Abel Lanzac & Christophe Blain © Reprodukt Verlag
233	GIFT, Barbara Yelin & Peer Meter © Reprodukt Verlag
234	Jason Lutes: BERLIN Gesamtausgabe © Carlsen Verlag GmbH, Hamburg 2019
236	GOLDJUNGE © avant-verlag & Mikael Ross, 2020
237	FROM HELL © Alan Moore, Eddie Campbell. All rights reserved, Deutsche Ausgabe © Cross Cult
238, 239	FUSSBALLERIN/GOAL © Uli Oesterle: www.oesterle-illustration.com
241	»Bubble-Teas« © Olivia Vieweg
242	»Outburst« © Aisha Franz
244, 245	HARD BOILED Hard Boiled © Dave Stewart, Frank Miller, Geof Darrow. All rights reserved, Deutsche Ausgabe © Cross Cult
246	300: Kapitel drei © Frank Miller. All rights reserved Deutsche Ausgabe © Cross Cult
249	HARD BOILED © Dave Stewart, Frank Miller, Geof Darrow. All rights reserved, Deutsche Ausgabe © Cross Cult
250	SHAOLIN COWBOY Shemp Buffet © Geof Darrow. All rights reserved, Deutsche Ausgabe © Cross Cult
254, 255	© OScar HMz/Shutterstock
257	KRANKE COMICS © 1997/2022 Klaus Cornfield
259	WIMBLEDON GREEN, Seth © Edition 52
260	DIDI & STULLE, Fil © Reprodukt Verlag
262, 263	GUNG HO © 2013 BELG Prod Sàrl – originally published in Switzerland by Éditions Paquet, Deutsche Ausgabe © Cross Cult
265	BLAME! © 2015 Tsutomu Nihei / KODANSHA LTD.
267	(links) SHIPWRECKED © Round not Square
267	(rechts) DIE WELT DER SÖHNE © avant-verlag, Gipi, 2016
269	MECHANICA CAELESTIUM, Merwan © Verlag Schreiber&Leser
270	GUNG HO Band 1 © Thomas von Kummant, Benjamin von Eckartsberg. All rights reserved, Deutsche Ausgabe © Cross Cult
272, 273	© Keith Homan/Shutterstock
274	PRINZ EISENHERZ © King Features Syndicate, Inc./Distr. Bulls.
276	BERNARD PRINCE 7 – LA FOURNAISE DES DAMNÉS © ÉDITIONS DU LOMBARD (DARGAUD-LOMBARD S.A.) 1999, by Greg & Hermann, www.lelombard.com, All rights reserved
277	MICHEL VAILLANT 26 – CHAMPION DU MONDE © Jean Graton, 1974 © Jean Graton / Graton Editeur / Dupuis 2011, by Jean Graton, www.dupuis.com – www.michelvaillant.com, All rights reserved
278	(links) TASCHEN's Marvel Comics Library Spider-Man. Vol. 1 featuring cover art from Amazing Spider-Man No. 1, March 1963, © 2021 MARVEL
278, 279	JACKIE KOTTWITZ, Jérôme K. Jérôme Bloche 9 – L'Absent © ÉDITIONS DU LOMBARD (DARGAUD-LOMBARD S.A.) 1993, by Dodier, www.lelombard.com, All rights reserved
280, 281	DER GESCHMACK VON CHLOR, Bastien Vivès © Reprodukt Verlag
282	DER GESCHMACK VON CHLOR, Bastien Vivès © Reprodukt Verlag
284	IN MEINEN AUGEN, Bastien Vivès © Reprodukt Verlag
286	STRANGERS IN PARADISE, Terry Moore © Verlag Schreiber&Leser
288	(links) WIR KÖNNEN JA FREUNDE BLEIBEN, Mawil © Reprodukt Verlag
288	(rechts) DOUKYUSEI © 2008 Asumiko Nakamura / AKANESHINSHA
290, 291	DAS VERRÜCKTE UNKRAUT, Lewis Trondheim © Reprodukt Verlag
295	DAS HOCHHAUS © Katharina Greve & avant-verlag, 2017
296, 297	DONJON – DAS HERZ EINER ENTE, Joann Sfar & Lewis Trondheim © Reprodukt Verlag
298	DIE ERSTAUNLICHEN ABENTEUER VON HERRN HASE, Walter, Lewis Trondheim © Reprodukt Verlag
299	DIE ERSTAUNLICHEN ABENTEUER VON HERRN HASE, Walter, Lewis Trondheim © Reprodukt Verlag
300, 301	DONJON – DAS HERZ EINER ENTE, Joann Sfar & Lewis Trondheim © Reprodukt Verlag
301	(rechts) DIE ERSTAUNLICHEN ABENTEUER VON HERRN HASE, Walter, Lewis Trondheim © Reprodukt Verlag
302	(links) OMAHA THE CAT DANCER, Kate Worley & Reed Waller © Verlag Schreiber&Leser
302	(rechts) USAGI YOJIMBO 3, Stan Sakai © Fantagraphics
303	FRITZ THE CAT, Robert Crumb © Reprodukt Verlag
304	AUSNAHMEZUSTAND, James Sturm © Reprodukt Verlag
307	Zhitkov Boris/Shutterstock
310	TIMUR VERMES © Jörg Koch

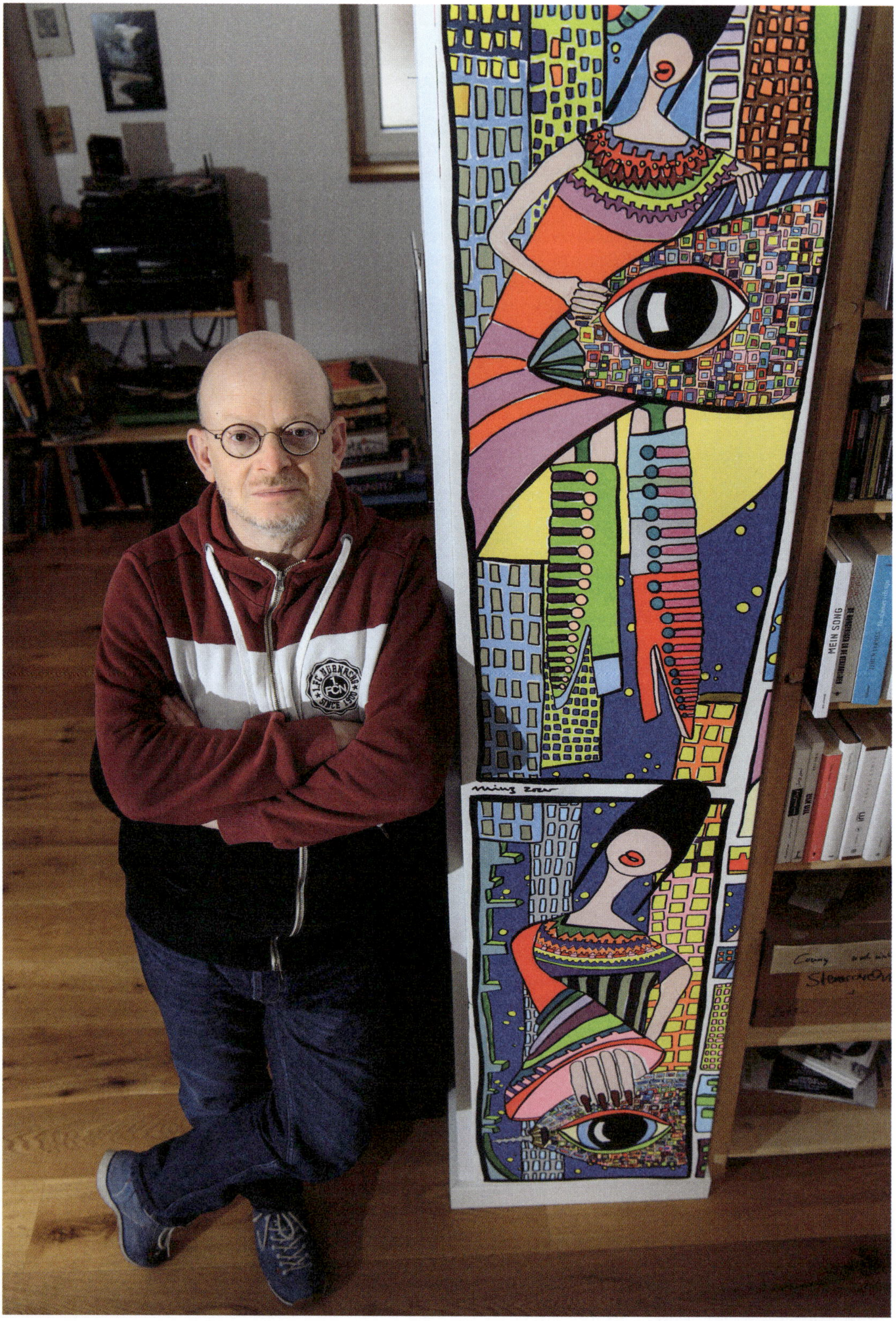
MEIN SONG

Der Autor

Timur Vermes wurde 1967 in Nürnberg als Sohn einer Deutschen und eines Ungarn geboren. Er studierte in Erlangen Geschichte und Politik, arbeitete anschließend als Journalist und Ghostwriter. Seine 2012 erschienene Satire ER IST WIEDER DA gehört zu den weltweit erfolgreichsten Romanen der letzten Jahrzehnte. Nicht ganz so bekannt ist seine Liebe zu Comics, die mit Peanuts, Donald Duck und Asterix begann – und mittlerweile ganze Galaxien umfasst. Sein COMICVERFÜHRER vereint das Beste aus allen Welten. Timur Vermes lebt, liest und schreibt in München.